财经类专业新文科改革建设试点系列教材

ERP Integration of Business and Finance Practical Training Course

Based on Yonyou ERP-U8 V10.1 Edition

ERP业财一体化实训教程

基于用友ERP-U8 V10.1版

附实训评阅系统

胡际莲 李小明／主 编

许静 朱美赢 毛珊 彭易梅／副主编

东北财经大学出版社
Dongbei University of Finance & Economics Press

大连

图书在版编目（CIP）数据

ERP业财一体化实训教程：基于用友ERP-U8 V10.1版 / 胡际莲，李小明
主编 . —大连：东北财经大学出版社，2024.8. —（财经类专业新文科改革
建设试点系列教材）. —ISBN 978-7-5654-5379-3

Ⅰ . F232

中国国家版本馆CIP数据核字第2024UY5989号

东北财经大学出版社出版

（大连市黑石礁尖山街217号　邮政编码　116025）

网　　址：http://www.dufep.cn

读者信箱：dufep@dufe.edu.cn

大连图腾彩色印刷有限公司印刷　　东北财经大学出版社发行

幅面尺寸：185mm×260mm　字数：435千字　印张：19　插页：1

2024年8月第1版　　　　　　　　2024年8月第1次印刷

责任编辑：包利华　　　　　　　　责任校对：刘贤恩

封面设计：原　皓　　　　　　　　版式设计：原　皓

定价：50.00元

前　言

　　党的二十大报告强调了科技创新和信息技术在推动经济发展、优化社会经济结构和提升社会治理能力中的重要作用。随着信息化和数字化的迅速发展，企业的运营环境日益复杂，传统的管理方式已无法满足现代企业的需求。作为企业财务共享平台的重要基础，ERP系统集成了企业内部各项管理功能，通过标准化和自动化的业务流程，显著提升了企业的管理效率和决策能力。因此，掌握ERP系统的操作技能、理解其在企业管理中的应用，对大数据与会计专业的学生至关重要。

　　本教材以用友U8 V10.1为实操训练平台，通过提供一套完整的企业会计业务资料，实现与实际企业经济业务的无缝对接，以增强教学的实用性和连贯性，使学生能够更深入地理解企业的实际经济业务运作，引导其深入理解并有效运用企业ERP系统，以提高其应对现代企业管理中日益复杂挑战的能力。

　　教材主要有以下特色及创新点：

1.紧跟行业标准，提升教材的实用性

　　本教材严格遵循最新修订的会计准则和税收法规，确保所学知识与当前行业标准保持一致。教材通过介绍最新ERP技术与应用案例，帮助读者了解行业发展趋势，确保教材内容的实用性。

2.融合思政教育，培养学生的综合素质

　　编写团队始终贯彻党的教育方针，在教学内容中融入思想政治教育内容，使学生在学习专业知识的同时，提升道德素养和社会责任感，培养健全的人格和高尚的道德情操。

3.采用项目导向的方式，增强学生的实际操作能力

　　教材采用项目导向的方式，结合制造业企业的实际业务案例，直观展示会计理论与业务操作流程的融合，使学生在循序渐进掌握ERP系统功能的同时，增强解决实际问题的能力，提升学习的系统性。

4.注重数据处理技能，满足现代企业需求

　　本教材强调财务与业务相结合的数据处理和分析能力，涵盖系统设置、日常业务处理、期末业务处理和财务报表生成，满足数据驱动时代对会计人才的要求。

5.配套用友ERP-U8实训评阅系统和案例操作演示视频，提升教学质量

　　为支持教学，本教材配套了编写团队自主开发的用友ERP-U8实训评阅系统（网址：106.15.224.148：8888/）和标准账套数据，提供详细的错误分析和可视化反馈，显著提高教学效率和评阅的准确性。同时，教材还配有案例操作演示视频，可以减轻教师备课和授课的劳动强度，方便学生自主学习。

本教材由重庆三峡学院会计学新文科建设项目团队组织编写，胡际莲、李小明任主编，许静、朱美赢、毛珊、彭易梅任副主编，张娟、赵琴、张娥、姜蕾、谭静等参与了编写工作。

在本教材编写过程中，张杰、李洪翔、向耀、谭云和罗鑫鑫承担了与本教材配套的用友ERP-U8实训评阅系统的开发与运维，张攀协助赵琴承担了案例操作演示视频的制作，姚珊珊帮助收集和整理本教材案例资料，并协助操作流程的验证测试。此外，本教材的编写和出版还得到了西南财经大学天府学院、重庆安全技术职业学院、重庆电信职业学院和东北财经大学出版社的大力支持，在此一并表示衷心的感谢。

我们相信，通过本教材的学习，读者将能够更好地理解ERP系统的核心价值，熟练掌握用友U8的关键功能，并将这些知识应用到实际工作中，为企业的数字化转型和管理升级贡献力量。希望本教材能成为读者在ERP系统学习和应用中的有力工具，助力职业发展和企业管理实践。

由于编者水平有限，书中难免存在不足之处，恳请广大读者批评指正，以便我们不断改进和完善，联系邮箱：531402190@qq.com；也可加入QQ群与我们取得联系，QQ群号：260020927，或用手机QQ扫描下方二维码：

ERP业财一体化实训教学交流群

编　者

2024年8月

目　录

项目一
认知企业及其会计工作

思政要点

本项目旨在引导学生了解企业的经济运作和会计管理的重要性，通过对企业及会计工作的基本认知学习，培养学生树立正确的企业发展观和会计职业道德，增强其社会责任感和使命感，从而为国家经济发展贡献力量。

实训一　了解模拟实训企业概况

企业名称：方达国际股份有限公司

地址：北京市东城区北四环东路27号

法定代表人：陈逸舟

注册资金：1 000万元人民币

企业类型：股份有限公司

行业：工业

联系电话：01087326521；邮编：100005

记账本位币：人民币（元）

经营范围：生产销售C-1车床和H-1铣床，销售业务为内销，兼营房屋租赁业务。

统一社会信用代码：911101018937465212

基本存款账户：中国工商银行北京东城支行0200002356487219763

启账时间：2024年1月1日

行业性质：2007年新企业会计制度科目

实训二　模拟实训企业会计核算与管理制度

1.录入或生成"记账凭证"均由指定的会计人员操作，含有库存现金和银行存款科目的记账凭证需由出纳签字，采用记账凭证。为保证财务与业务数据的统一性，能在各子系统生成的记账凭证不得在总账系统中直接录入。根据原始单据生成记账凭证时，除特殊规定外不得采用分开制单。除指定业务外，收到发票同时支付款项的业务使用现付功能处理，开出发票同时收到款项的业务使用现结功能处理。

2.原材料及周转材料按照计划成本法核算，材料成本差异按照材料类别分类核算，期末结转材料成本差异。运费按取得的增值税专用发票9%的税率计算可抵扣进项税额，采购业务发生的运费直接计入相关材料成本。存货发出均按月末一次加权平均法计价。

3.材料的计划入库时间为1月31日，商品的出库时间为1月31日。

4.产品生产工艺：公司设有三个基本生产车间：铸造车间、机加工车间和装配车间，另外还设有一个辅助生产车间——机修车间，负责对全厂机器设备的维修。

5.该公司产品生产工艺流程：首先由铸造车间根据生产计划浇铸各种铸件，经检验合格后全部供给机加工车间，经过不同的工序加工成不同的零部件，经检验合格后直接送装配车间。装配车间将收到的各种零部件连同由仓库领来的各种外购件组装成两种型号的机床，经检验合格后送交产成品仓库。

6.本企业生产的产品和自制完工半成品直接材料按投料率在完工产品和在产品之间分配，直接人工和制造费用采用约当产量法在完工产品和在产品之间分配。

7.机修车间发生的所有费用先在"辅助生产成本——机修车间"归集，月末按各车间、部门实际耗用工时进行分配。

8.生产车间发生的所有费用按车间进行归集后，月末按各半成品及产成品实际耗用工时进行分配。

9.各月水费、电费按各部门的实际用量分摊，电话费全部计入管理费用。

10.坏账损失的核算采用备抵法，于每年年末，按应收账款余额4%的比例计提坏账准备，调整坏账准备余额。

11.为使资产达到预定可使用状态所必要的购建活动已经开始时，开始资本化，当所购建资产达到预定可使用状态时，应停止资本化。其他借款利息及不符合借款费用资本化条件的专门借款利息均计入发生当期的财务费用。按月计算借款利息资本化的金额。

12.企业所得税税率：25%；增值税税率：13%（本企业为增值税一般纳税人）、9%（房屋租赁）；城市维护建设税税率：7%；教育费附加征收率：3%；地方教育附加征收率：2%；房产税税率：自用1.2%、出租12%；个人所得税：按综合所得7级超额累进税率代扣代缴。

13.养老保险：单位16%，个人8%；医疗保险（含生育）：单位10.8%，个人2%+3；失业保险：单位0.8%，个人0.2%；工伤保险：单位0.2%；住房公积金：单位12%，个人12%；工会经费：2%。

14.损益类科目除结转外，一律按科目性质的借贷方向记账，其他科目发生反向业务统一用负数表示。

15.每年年末按税后利润的10%计提法定盈余公积，按税后利润的5%计提任意盈余公积，由股东大会批准分配利润。

思政要点

本项目旨在引导学生理解科技创新在信息管理中的应用，通过系统管理的实训，培养学生掌握先进技术和管理方法，提升其创新精神和实践能力，为国家信息化建设贡献智慧和力量。

系统管理功能概述

系统管理负责对整个系统的公共任务进行统一管理，包括账套管理、操作员及其他权限设置等。

系统管理功能的基本流程一般是以系统管理员（admin）注册的方式进入会计软件 U8 的"系统管理"窗口，建立账套，添加新的操作员并设置新操作员的权限、指定该账套的账套主管，然后以账套主管重新注册系统管理功能，进行账套启用的设置。

一、新建账套

U8 系统属于通用型商品化管理软件，系统中并没有任何与使用单位相关的信息，因此要使用计算机进行业务处理工作，首先必须进行账套文件设置，以存放企业开展会计工作的信息。账套中存放的内容包括会计科目、记账凭证、账簿、会计报表等。建立账套是在建账向导指引下进行的，主要确定账套号、账套名称、企业所属行业、记账本位币、会计科目体系结构、会计期间的划分和设置账套启用期间等。

二、恢复和备份

备份账套功能是指将所选的账套数据进行备份。

恢复账套功能是指将以前备份的账套数据引入本系统中。

整个账套的恢复和备份功能只能由系统管理员进行操作。

三、系统管理员与账套主管

系统管理功能只允许系统管理员和账套主管两种用户登录。

系统管理员负责整个系统的运行维护工作，包括账套建立、恢复、备份，为账套设置操作员及权限，指定账套的账套主管等。

账套主管负责所指定账套的维护工作，包括账套参数的修改，年度账的建立、清空、恢复、备份、结转，以及该账套的操作员权限设置。

实训一　建账

一、账套信息

账套号：建议以学生学号后三位为账套号

账套名称：建议以学生本人学号+姓名作为账套名称

单位名称：方达国际股份有限公司

单位简称：方达国际

地址：北京市东城区北四环东路27号

法定代表人：陈逸舟

联系电话：01087326521；邮编：100005

统一社会信用代码：911101018937465212

启用日期：2024年1月1日

行业：工业

行业性质：2007年新会计制度科目

基础信息：存货有分类，客户、供应商、外币无分类

编码方案：科目编码级次4-2-2-2

数据精度：采用系统默认

启用：总账、应收款管理、应付款管理、采购管理、销售管理、库存管理、存货核算系统

操作视频

建账与账套管理

二、操作员及权限分工

操作员及权限分工见表2-1。

表2-1　　　　　　　　　　　　　　操作员及权限分工

编码	姓名	隶属部门	职务	操作分工
A01	朱沫	财务部	经理	账套主管
W02	本人姓名	财务部	会计	财务会计-总账、UFO报表、应收应付款管理（除收、付款单据处理-中"卡片编辑"权限）、供应链-存货核算
W03	李惠	财务部	出纳	总账-凭证（出纳签字），应收、应付款管理-日常处理（票据管理；收、付款单据处理-卡片编辑、卡片删除、卡片查询、列表查询）
G01	刘海	采购部	业务员	供应链-采购管理全部权限
X01	李强	销售部	业务员	供应链-销售管理全部权限
C01	孙楠	仓储部	库管员	供应链-库存管理的全部权限，公共目录设置和公共单据全部权限

操作提示

以实训学员本人学号后三位作为账套号，以实训学员本人的学号+姓名作为账套名称；W02的操作员姓名设置为实训学员本人姓名（本教材以"姚讪"为例）；在录入操作员编码和姓名时，W字母要求大写，实训学员姓名的字符前后以及各字符之间不能留空格。这样限定是为了保证实训账套操作人员基本信息准确无误。

【操作指导】

操作岗位：admin

1.登录系统管理

（1）执行【系统管理】命令，打开"系统管理"窗口。

（2）执行【系统】【注册】命令，打开"登录"窗口。

（3）在"登录"对话框中输入操作员"admin"，密码为空，利用默认账套，如图2-1所示，单击"登录"按钮，进入系统管理。

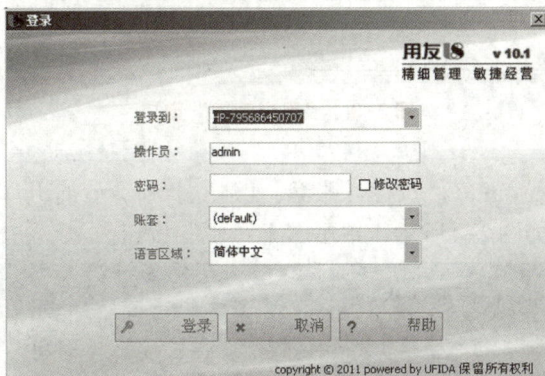

图2-1　"登录"对话框

2.增加用户

以系统管理员"admin"身份进入系统管理后，选择【权限】【用户】命令，打开"用户管理"窗口。单击工具栏中的"增加"按钮，打开"操作员详情情况"窗口。根据资料依次输入用户的编号、姓名、口令等信息后，单击"增加"按钮完成添加用户的操作，如图2-2、图2-3所示。

图2-2　"操作员详情情况"窗口

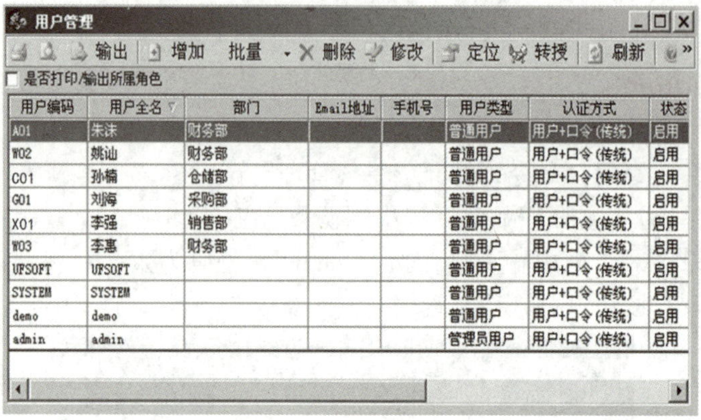

图2-3　"用户管理"窗口

3.建立账套

（1）在"系统管理"窗口，执行【账套】【建立】命令，打开"创建账套"窗口，选择"新建空白账套"，如图2-4所示，单击"下一步"按钮。

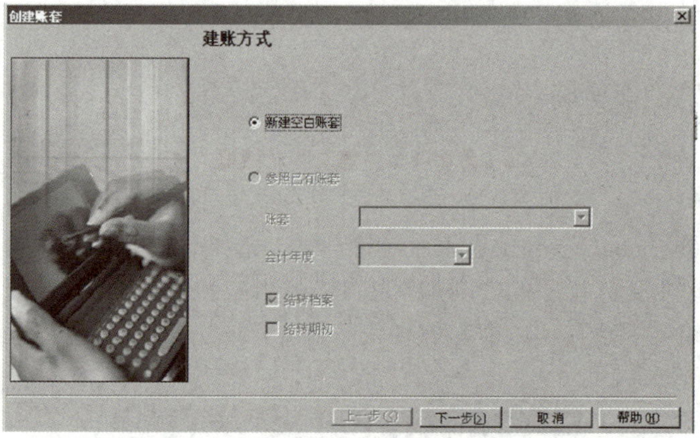

图2-4　新建空白账套

（2）在打开的"账套信息"窗口中输入账套号（账套号为学生本人学号后3位，本书以"001"为例）、账套名称（学号+姓名，本书以"方达国际股份有限公司"为例）及启用会计期（2024年1月），如图2-5所示。

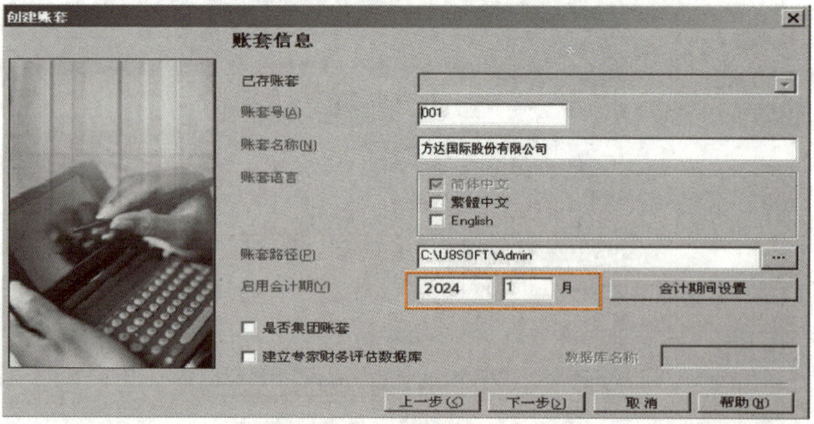

图2-5　输入账套信息

操作提示

① "已存账套"是系统已经建立并使用的账套，在这里不能修改。

② "账套号"一般是000～999之间的三位数字，账套号唯一，不能重复，教学中可根据实训要求采用学生学号。

③ "账套名称"是能够标识该账套的信息，根据企业信息输入。教学中采用学号+姓名作为账套名称。

④ "账套路径"是存放账套数据的位置，一般采用系统默认的路径即可。教学实训中按照实训要求存放在具体的路径，也可自行确定。

⑤ "启用日期"用来输入新建账套启用的时间，具体到"月"。用户可根据实际情况点击"会计期间设置"按钮进行设置。

（3）单击"下一步"按钮，打开"单位信息"窗口，依次输入单位名称、单位简称、单位地址等信息，如图2-6所示。

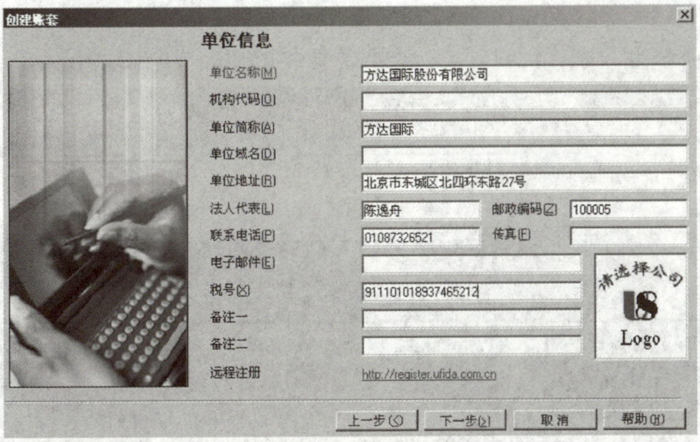

图2-6　输入单位信息

（4）单击"下一步"按钮，打开"核算类型"窗口，企业类型选择"工业"，行业性质选择"2007新会计制度科目"，账套主管选择"［A01］朱沫"，勾选"按行业性质预置科目"复选框，如图2-7所示。

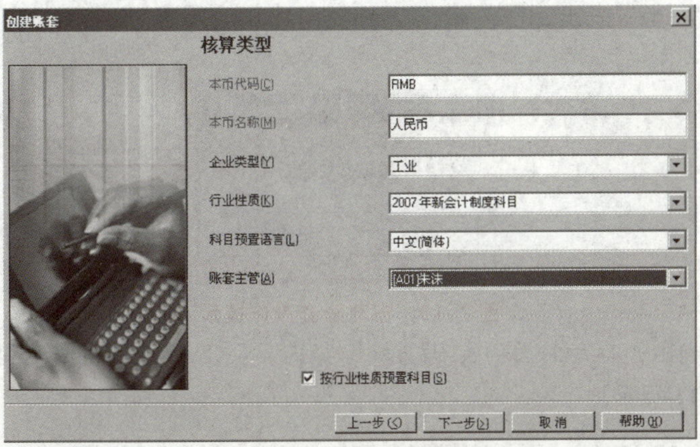

图2-7　核算类型设置

（5）单击"下一步"按钮，打开"基础信息"窗口。取消勾选"客户是否分类"及"供应商是否分类"前的复选框，勾选"存货是否分类"前的复选框，如图2-8所示。

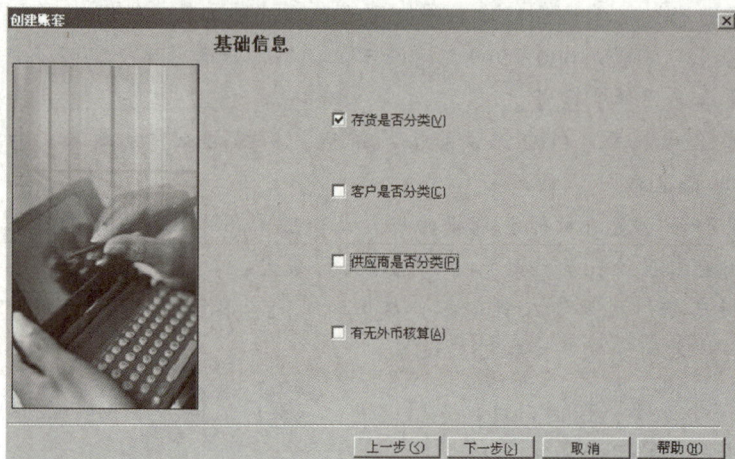

图2-8　基础信息设置

（6）单击"下一步"按钮，打开"创建账套"窗口，如图2-9所示。

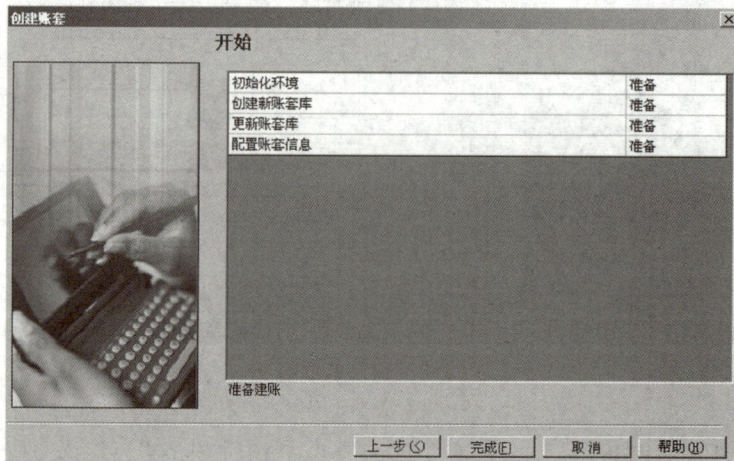

图2-9　"创建账套"窗口

（7）单击"完成"按钮，系统弹出"可以创建账套了么?"提示框，如图2-10所示，单击"是"。

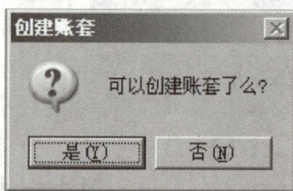

图2-10　创建账套操作提示

（8）建账完成后，自动打开"编码方案"窗口，按照所给资料修改科目编码级次，其余默认，如图2-11所示。

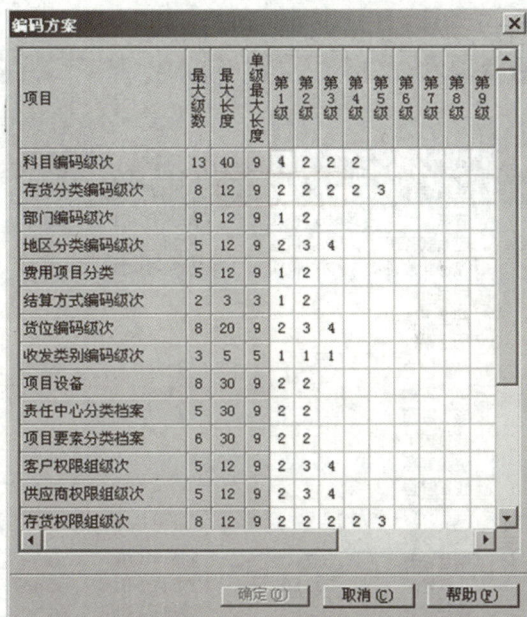

图 2-11　编码方案设置

（9）单击"确定"按钮，再单击"取消"按钮，进入"数据精度"窗口，如图2-12所示。

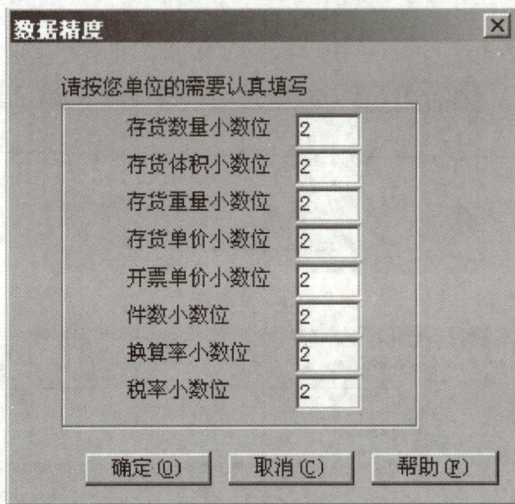

图 2-12　"数据精度"窗口

（10）数据精度采用系统默认，单击"取消"按钮后，系统提示建账成功，如图2-13所示。

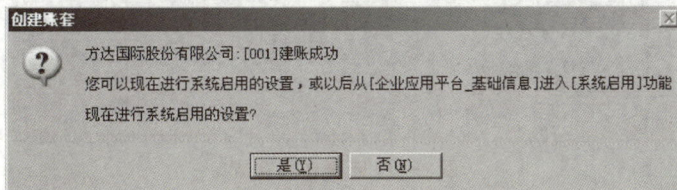

图 2-13　系统提示建账成功

（11）单击"是"按钮，打开"系统启用"窗口。在"系统启用"窗口，依次启用"总账""应收款管理""应付款管理""采购管理""销售管理""库存管理""存货核算"

子系统，启用日期为2024年1月1日，如图2-14所示。

系统编码	系统名称	启用会计期间	启用自然日期	启用人
☑GL	总账	2024-01	2024-01-01	admin
☑AR	应收款管理	2024-01	2024-01-01	admin
☑AP	应付款管理	2024-01	2024-01-01	admin
☐FA	固定资产			
☐NE	网上报销			
☐NB	网上银行			
☐WH	报账中心			
☐SC	出纳管理			
☐CA	成本管理			
☐PM	项目成本			
☐FM	资金管理			
☐BM	预算管理			
☐CM	合同管理			
☐PA	售前分析			
☑SA	销售管理	2024-01	2024-01-01	admin
☑PU	采购管理	2024-01	2024-01-01	admin
☑ST	库存管理	2024-01	2024-01-01	admin
☑IA	存货核算	2024-01	2024-01-01	admin

[001]方达国际股份有限公司账套启用会计期间2024年1月

图2-14　"系统启用"窗口

（12）单击"退出"按钮，系统弹出"系统管理"窗口，提示"请进入企业应用平台进行业务操作!"，如图2-15所示，单击"确定"按钮，完成账套建立，如图2-16所示。

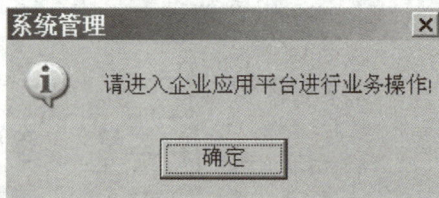

图2-15　系统提示

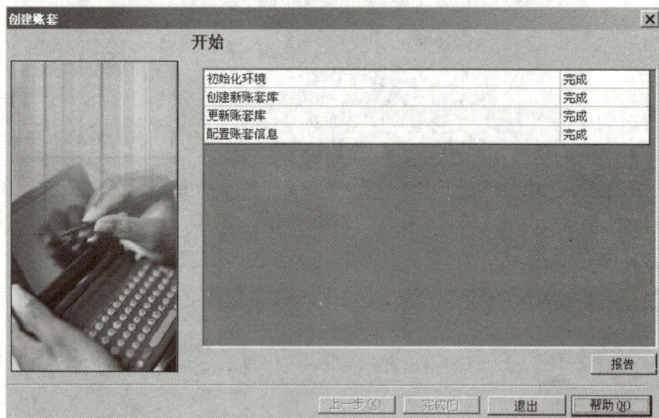

初始化环境	完成
创建新账套库	完成
更新账套库	完成
配置账套信息	完成

图2-16　账套建立完成

4.用户授权

（1）在"系统管理"窗口中，执行【权限】【权限】命令，打开"操作员权限"窗口，选择"001"账套（账套号为学生本人学号后三位），时间为2024年，从窗口左侧操作员列表中选择"W02 姚讪"（学生本人姓名）。

（2）单击"修改"按钮，按照资料设置权限，单击"保存"按钮，如图 2-17 所示。依次设置其他操作员的权限。

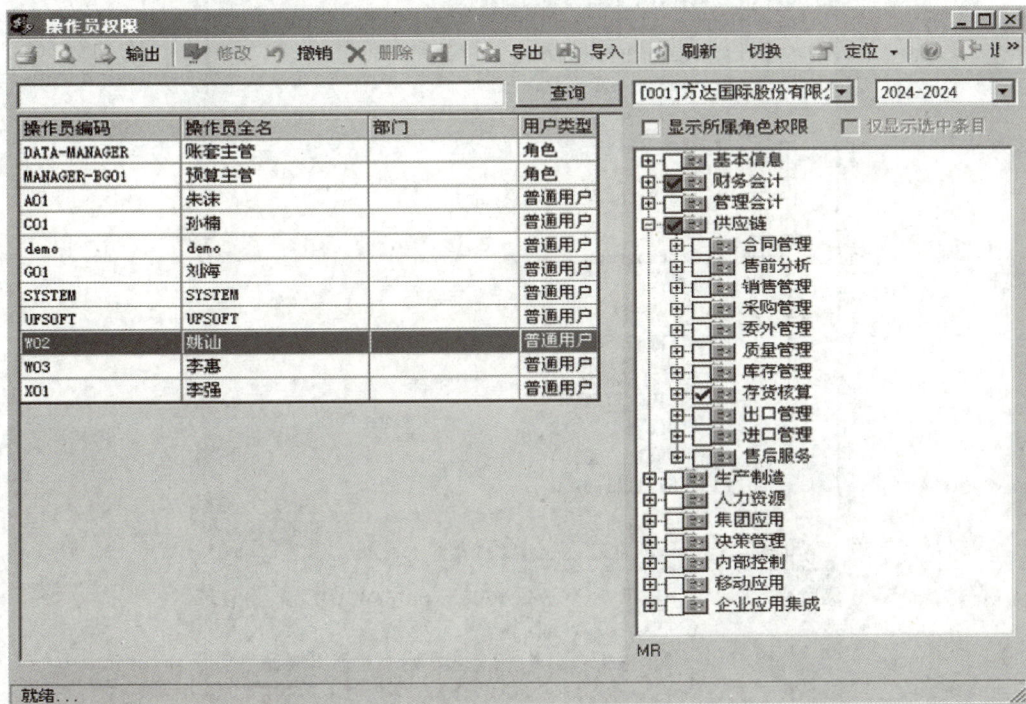

图 2-17　操作员权限设置

实训二　账套管理

一、账套备份/输出

（1）在"系统管理"窗口中，执行【账套】【输出】命令，打开"账套输出"窗口，选择"001"账套（账套号为学生本人学号后三位），如图 2-18 所示。

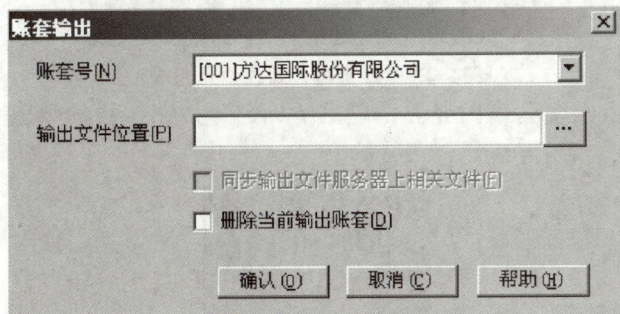

图 2-18　账套输出

（2）选择输出文件位置，打开"请选择账套备份路径"窗口，选择系统默认路径（提示：可自行选择对应备份位置新建文件夹），如图 2-19 所示。

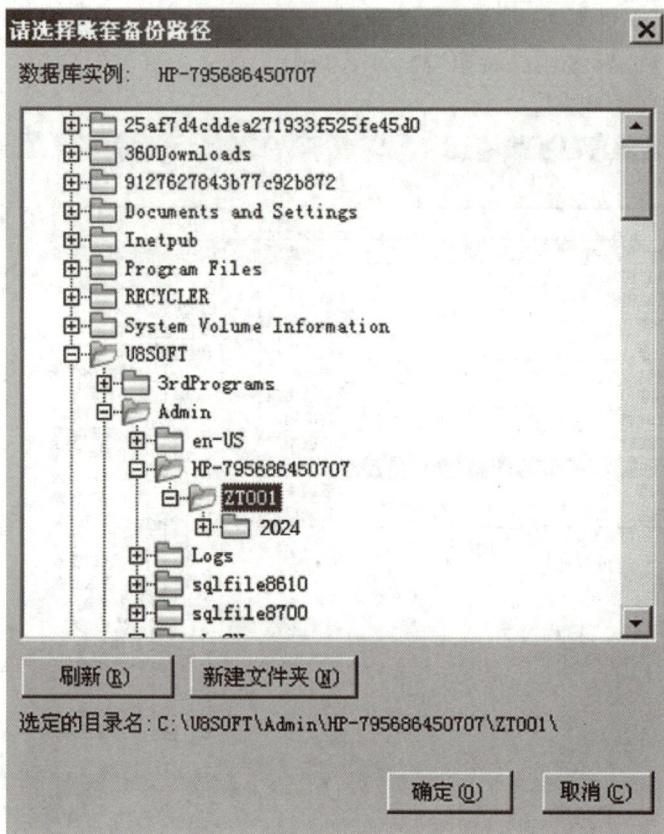

图2-19　账套备份路径设置

单击"确定"按钮，系统弹出已有备份数据提示框，单击"确定"按钮。如图2-20所示。

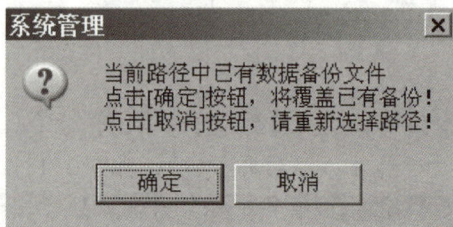

图2-20　账套备份路径设置完成

（3）系统自动返回账套输出界面，单击"确定"按钮，系统弹出"输出成功"提示框，如图2-21所示，备份完成。

图2-21　账套输出成功确认

二、账套删除

（1）同账套备份/输出的步骤（1）~（2）。

（2）系统自动返回账套输出界面，如图2-22所示，勾选"删除当前输出账套"复选框，单击"确定"按钮，系统弹出输出成功提示框，删除完成。

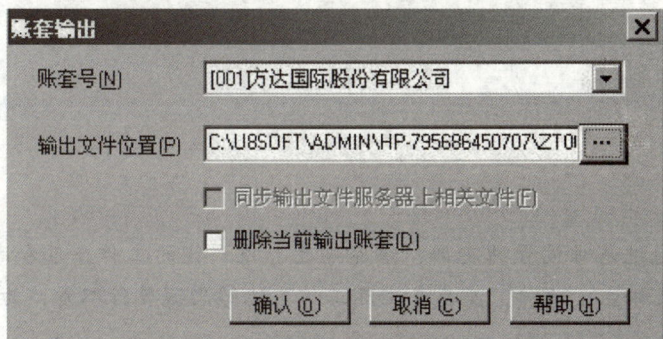

图2-22 删除账套操作

项目三
基础设置

思政要点

　　本项目旨在通过基础设置的实训，培养学生养成严谨的工作态度和高效的工作方法，提升其责任心和集体主义精神，使其在实际工作中能够忠诚履行职责，为社会和谐稳定作出积极贡献。

基础设置概述

一、准备工作

　　会计核算软件在正式应用前，还要做一些准备工作，主要包括确定会计核算规则、准备所需的初始基础数据等，这些工作将直接影响后续的使用效果。

二、基础设置操作方法

　　用友U8软件的基础信息设置包括三部分：一是与总账有关的基础信息，如设置会计科目、凭证类别等；二是与供应链业务有关的信息，如设置采购类型和销售类型，设置收发类别，设置仓库档案等；三是总账与供应链业务共同需要的基础信息，如部门及人员档案设置、外币种类设置、存货分类设置等。业务系统的部分基础数据也可以在使用该业务系统时设置。

　　登录用友U8企业应用平台后，选择"基础设置"模块设置相关基础数据。

　　基础信息设置在账套初始化工作中处于非常重要的地位，其数据档案的分类划分是否合理、准确，将直接关系到整个U8软件系统能否协调一致、功能是否能充分利用，而要进行基础档案设置，其信息编码必须满足编码方案与数据精度的定义。

　　基础设置中的信息可以集中设置，也可以分散设置。集中设置就是将基础信息全部设置完成后再使用业务系统。分散设置是先设置部门、人员、客户、供应商等基本信息，其他信息在使用相关业务模块时设置。本实训采用集中设置。

实训一　基础档案设置

操作视频

机构人员设置和
客商信息设置

一、机构人员设置

（一）部门档案设置（见表3-1）

表3-1　　　　　　　　　　　　　部门档案设置

部门编码	部门名称
1	总经办
2	财务部

续表

部门编码	部门名称
3	采购部
4	销售部
5	仓储部
6	生产部
601	铸造车间
602	机加工车间
603	装配车间
604	机修车间

（二）人员类别设置（见表3-2）

表3-2 人员类别设置

档案编码	档案名称
10101	管理人员
10102	采购人员
10103	销售人员
10104	生产人员

（三）人员档案设置（见表3-3）

表3-3 人员档案设置

人员编码	人员姓名	行政部门	人员类别	性别	是否业务员	费用部门	雇佣状态
101	陈逸舟	总经办	管理人员	男	否		在职
201	朱沫	财务部	管理人员	女	是	财务部	在职
202	姚汕	财务部	管理人员	女	是	财务部	在职
203	李惠	财务部	管理人员	女	是	财务部	在职
301	刘海	采购部	采购人员	男	是	采购部	在职
401	李强	销售部	销售人员	男	是	销售部	在职
501	孙楠	仓储部	管理人员	女	是	仓储部	在职
601	陈刚	铸造车间	生产人员	男	是	铸造车间	在职
602	王丰明	机加工车间	生产人员	男	是	机加工车间	在职
603	李明	装配车间	生产人员	男	是	装配车间	在职
604	李海	机修车间	生产人员	男	是	机修车间	在职

【操作指导】

操作岗位：A01（朱沫）

1.登录企业应用平台

双击桌面上的企业应用平台，打开企业应用平台"登录"界面，在操作员处输入"A01
（朱沫）"，账套选择"001（default）方达国际股份有限公司"（账套号为学生本人学号后三
位），操作日期选择"2024-01-01"，单击"登录"按钮，进入企业应用平台。如图3-1、
图3-2所示。

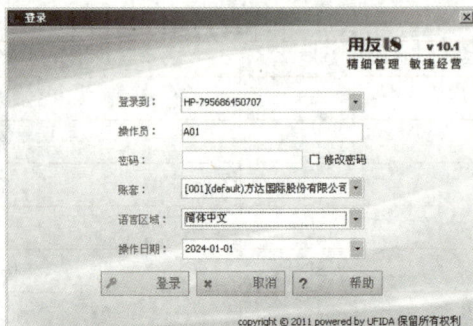

图3-1　企业应用平台登录

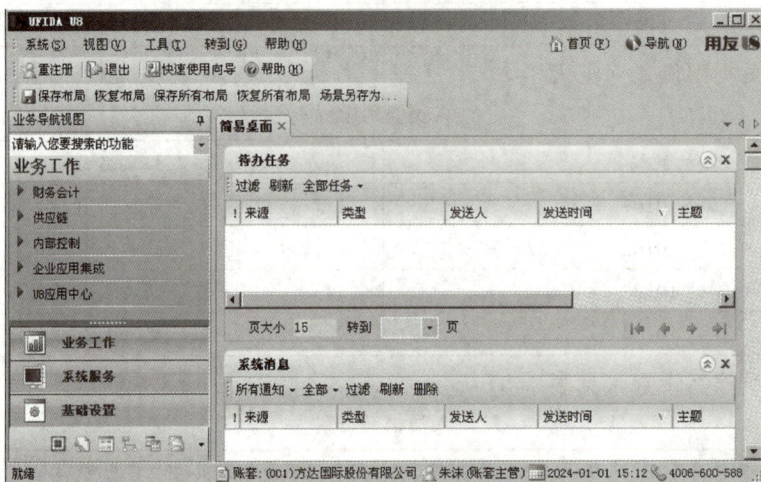

图3-2　企业应用平台

2.设置部门档案

在企业应用平台中，执行【基础设置】【基础档案】【机构人员】【部门档案】命令，打开"部门档案"窗口。单击"增加"按钮或按【F5】键，根据表3-1输入相关信息，单击"保存"按钮或按【F6】键，如图3-3所示。

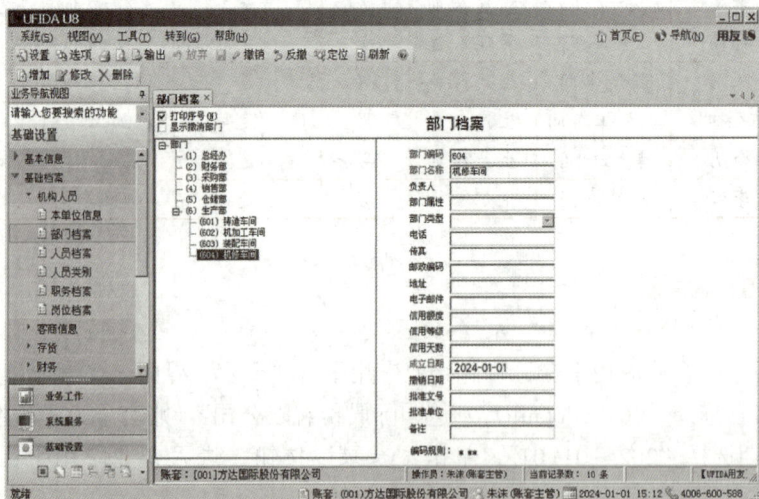

图3-3　部门档案

①部门信息录入错误的，应先在窗口左边栏中选中需要修改的部门，然后点击"修改"按钮，在右边栏中进行修改，改正后点击"保存"按钮。

②部门编码不能修改，只能删除该部门后重新增加。

③在部门信息录入栏的下面，若显示编码原则为"* **"，表示部门编码级次为2级，其中，第一级1位，第二级2位。其他档案信息的设置窗口也会显示编码规则的操作提示。必须先录入上级部门档案，才能录入下一级部门档案。

④如果实际编码与系统编码规则不符，可以执行【基础设置】【基本信息】【编码方案】命令，对编码规则重新进行设置。

3.人员类别设置

（1）在企业应用平台中，执行【基础设置】【基础档案】【机构人员】【人员类别】命令，打开"人员类别"窗口。

（2）选择"正式工"类别，单击"增加"按钮，系统弹出"增加档案项"界面，如图3-4所示。根据资料依次输入档案编码、档案名称等信息，单击"确定"按钮，保存人员类别信息。如图3-5所示。

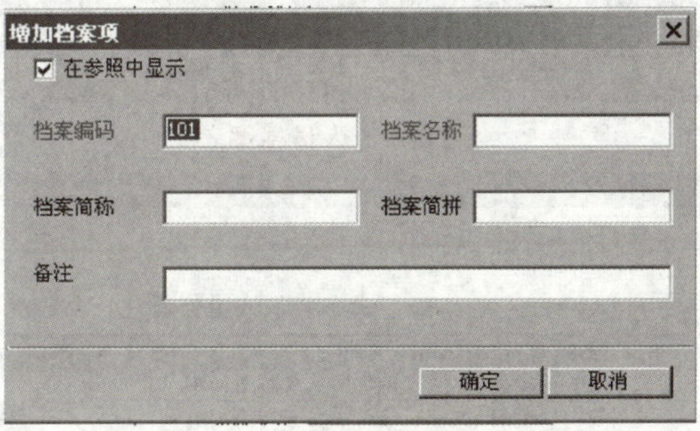

图3-4 增加档案项

图3-5 人员类别

4.人员档案设置

（1）在企业应用平台中，执行【基础设置】【基础档案】【机构人员】【人员档案】命令，打开"人员列表"窗口。

（2）单击"增加"按钮，打开"人员档案"窗口，如图3-6所示。按照资料输入人员编码、人员姓名，分别选择性别、行政部门、雇佣状态等档案信息，如果该人员为业务员，则需要勾选"是否业务员"复选框，点击"保存"按钮。如图3-7所示。

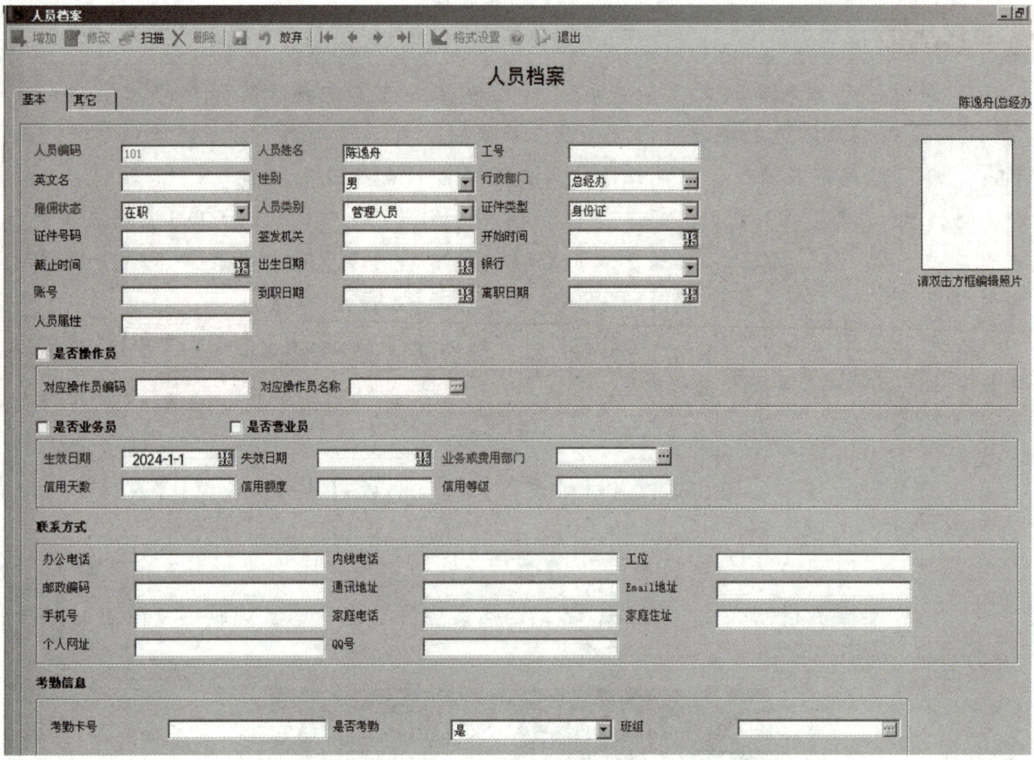

图3-6 人员档案

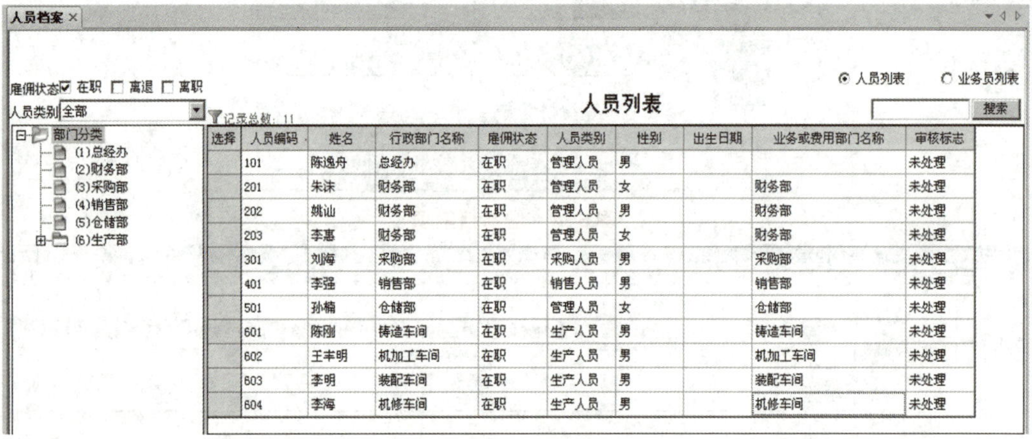

图3-7 人员列表

操作提示

①业务员在会计科目辅助核算和业务单据中可以被选到，而操作员不能被选到。

②业务员是在业务单据中会使用的人员，如领料人等签字的人员；操作员一般只是录入、查看数据的人员。

二、客商信息设置

（一）客户档案设置（见表3-4）

表3-4 客户档案设置

客户编码	客户名称	税号	地址	电话	开户银行	账号
0001	北京市天鸿机电有限公司	911101010917265389	北京市东城区和平里路76号	01061445174	中国工商银行北京东城支行	0200002725485445212
0002	北京市花杨贸易有限公司	911101010917265387	北京市东城区和平里路75号	01061445173	中国工商银行北京东城支行	0200002725485445211
0003	山西机电制造有限公司	911401058120934289	山西省太原市小店区晋阳路67号	03511905548	中国工商银行太原小店支行	0502127609202225488
0004	北京市机床经销有限公司	911101010917265589	北京市东城区翠微路13号	01090053162	中国工商银行北京东城支行	0200002725485227758
0005	北京顺大集团有限公司	911101011208217734	北京市东城区翠微路9号	01090053167	交通银行北京东单支行	1100172520254252312
0006	北京天启机床有限公司	911101021643604012	北京市西城区车公庄大街53号	01070308385	中国工商银行北京西直门支行	0200982763122548712
0007	北京重型机械制造有限公司	911101021643604011	北京市西城区车公庄大街50号	01070308384	中国工商银行北京西直门支行	0200982763122548711
0008	广州新林机电有限公司	914401142398172301	广州市花都区平安路7号	02127570877	中国工商银行广州花都支行	3602021419200555486

（二）供应商档案设置（见表3-5）

表3-5 供应商档案设置

供应商编码	供应商名称	税号	地址	电话	开户行	账号
0001	河南安阳煤矿有限公司	914105028732109823	河南省安阳市文峰大道19号	03726398299	中国建设银行安阳迎宾支行	1702673265428719827
0002	上海黄河钢铁制造有限公司	913101150435476289	上海市浦东新区张扬路35号	02141971978	中国工商银行上海市云山路支行	1001172520254255017
0003	广州航达货运有限公司	914401059821765323	广州市番禺区新四街89号	02056800022	中国工商银行广州番禺支行	0200342563500000786
0004	宏达集团有限公司	911101118723465290	北京市房山区灵溪路87路	01087239401	中国农业银行北京房山支行营业部	1105092245012 5987
0005	北京市清远物资有限公司	911101089836751412	北京市海淀区南京路56号	01092007559	中国建设银行北京海淀支行	1100101660005 3354487
0006	北京市临溪木器有限公司	911101011832355523	北京市东城区华林苑5号	01014483040	中国工商银行北京东城支行	0200002356400254854
0007	山西鸿运轴承销售有限公司	911401053894217623	山西省太原市小店区平阳路	03515781031	中国工商银行太原小店支行	0502121609200225555
0008	锦江轴承制造有限公司	911101018937465312	北京市西城区车公庄大街56号	01070308382	中国工商银行车公庄支行	020098276312 22548709
0009	长江钢铁集团有限公司	911101018937465212	北京市丰台区丰北桥1号	01019207813	中国工商银行北京丰益桥支行	0200342563542872901
0010	北京永源货运有限公司	911101066576846390	北京市东城区丰盛东路998号	01066328211	交通银行北京东城支行	1100172520254 2558880

续表

供应商编码	供应商名称	税号	地址	电话	开户行	账号
0011	山西永达货运有限公司	911401053894223967	山西省西城区宜爱路123号	03496350458	交通银行山西西城支行	110017252025425580022
0012	河南银河货运有限公司	914105260801123478	河南省安阳市文峰大道89号	03726398200	中国工商银行安阳迎宾支行	1702673265428719800
0013	上海货运站	913101150548795856	上海市新城区中山大道98号	02152608810	交通银行上海新城支行	110017292025420089100
0014	上海钢铁制造有限公司	913010114054678965	上海市浦东新区云山路99号	02175894578	中国建设银行上海静安支行	310017252025425522017
0015	北京永达五金有限公司	911101066576846399	北京市海淀区南京路101号	01066328234	中国工商银行北京丰益桥支行	0200342563542872973

【操作指导】

1.设置客户档案

（1）在企业应用平台中，执行【基础设置】【基础档案】【客商信息】【客户档案】命令，打开"客户档案"窗口。

（2）单击"增加"按钮，打开"增加客户档案"窗口。录入客户的"基本"与"联系"选项卡中的信息。"基本"选项卡界面如图3-8所示。

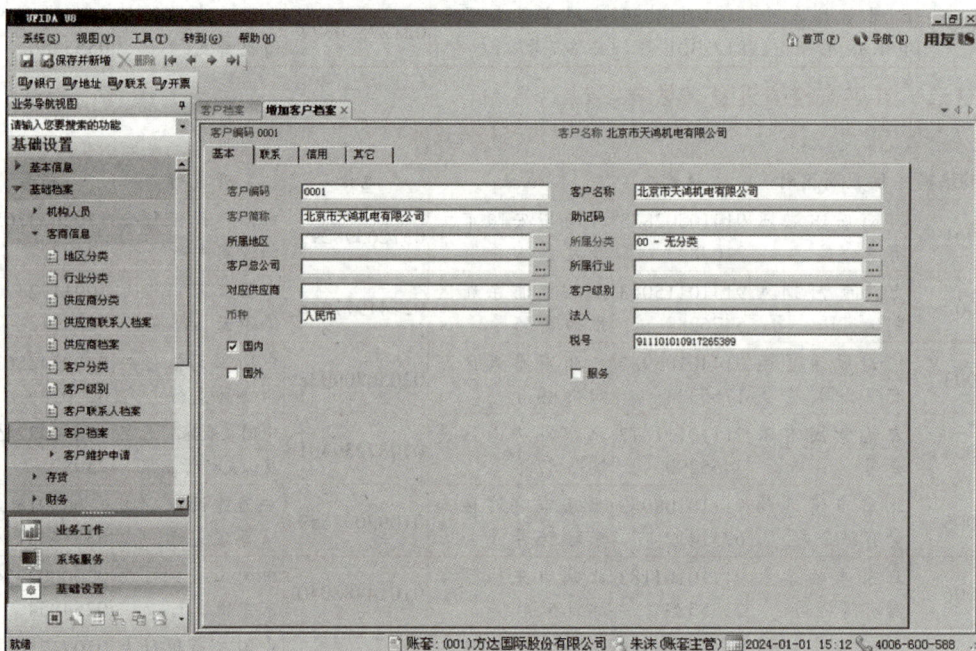

图3-8 增加客户档案

（3）单击窗口左上角的"银行"按钮，系统弹出"客户银行档案"窗口，如图3-9所示。根据资料输入开户银行及账号信息，其中"所属银行"和"默认值"是参照录入的。单击"保存"按钮。如图3-10所示。

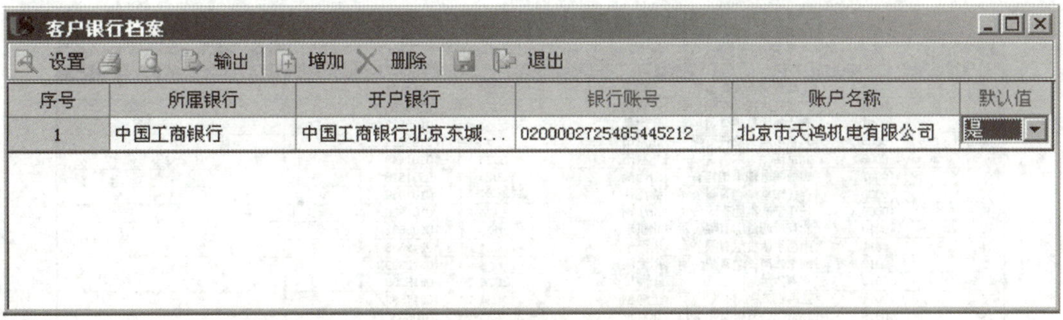

序号	所属银行	开户银行	银行账号	账户名称	默认值
1	中国工商银行	中国工商银行北京东城...	0200002725485445212	北京市天鸿机电有限公司	是

图3-9　客户银行档案

客户档案

序号	选择	客户编码	客户名称	客户简称	地区名称	发展日期	联系人	电话	专营业务员名称	分管部门名称
1		0001	北京市天鸿机电有限...	北京市...		2024-1-1		0106144...		
2		0002	北京市花杨贸易有限...	北京市...		2024-1-1		0106144...		
3		0003	山西机电制造有限公司	山西机...		2024-1-1		0351190...		
4		0004	北京市机床经销有限...	北京市...		2024-1-1		0109005...		
5		0005	北京顺大集团有限公司	北京顺...		2024-1-1		0109005...		
6		0006	北京天启机床有限公司	北京天...		2024-1-1		0107030...		
7		0007	北京重型机械制造有...	北京重...		2024-1-1		0107030...		
8		0008	广州新林机电有限公司	广州新...		2024-1-1		0107030...		

图3-10　客户档案

2. 设置供应商档案

（1）在企业应用平台中，执行【基础设置】【基础档案】【客商信息】【供应商档案】命令，打开“供应商档案”窗口。

（2）单击“增加”按钮，打开“增加供应商档案”窗口，如图3-11所示。根据资料输入供应商档案信息，单击“保存”按钮。如图3-12所示。

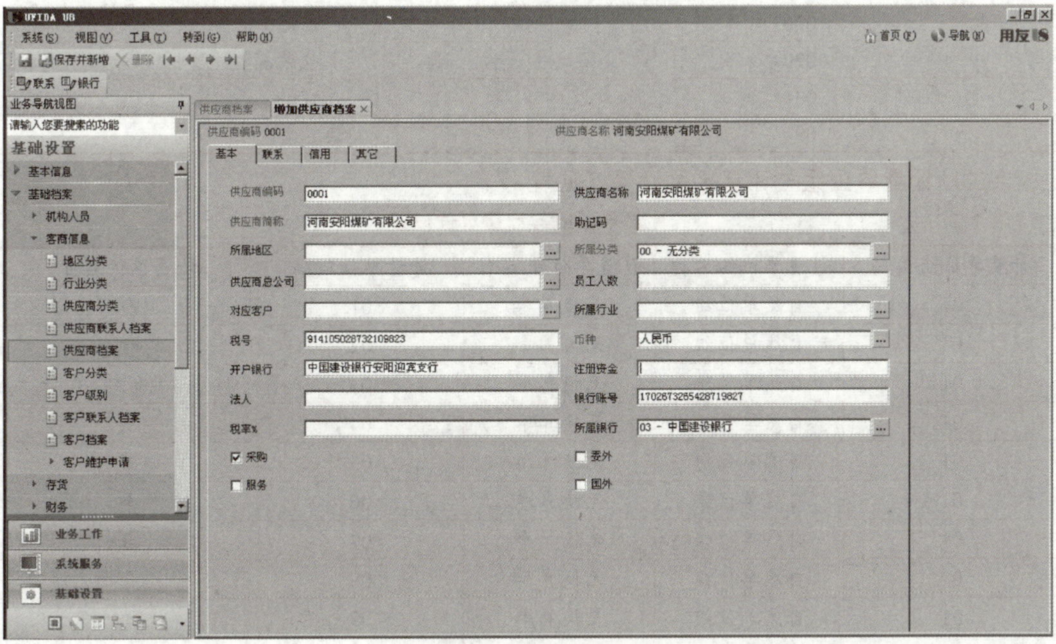

图3-11　增加供应商档案

供应商档案

序号	选择	供应商编码	供应商名称	供应商简称	地区名称	发展日期	电话	联系人	专营业务员名称	分管部门名称
1		0001	河南安阳煤矿有限公司	河南安		2024-1-1	0372639...			
2		0002	上海黄河钢铁制造有	上海黄		2024-1-1	0214197...			
3		0003	广州航达货运有限公司	广州航		2024-1-1	0205680...			
4		0004	宏达集团有限公司	宏达集		2024-1-1	0108723...			
5		0005	北京市清远物资有限	北京市		2024-1-1	0109200...			
6		0006	北京市临溪木器有限	北京市		2024-1-1	0101448...			
7		0007	山西鸿运轴承销售有	山西鸿		2024-1-1	0351578...			
8		0008	锦江轴承制造有限公司	锦江轴		2024-1-1	0107030...			
9		0009	长江钢铁集团有限公司	长江钢		2024-1-1	0101920...			
10		0010	北京永源货运有限公司	北京永		2024-1-1	0106632...			
11		0011	山西永达货运有限公司	山西永		2024-1-1	0349635...			
12		0012	河南银河货运有限公司	河南银		2024-1-1	0372639...			
13		0013	上海货运站	上海货		2024-1-1	0215260...			
14		0014	上海钢铁制造有限公司	上海钢		2024-1-1	0217589...			
15		0015	北京永达五金有限公司	北京永		2024-1-1	0106632...			

图3-12　供应商档案

操作视频

存货信息设置和
财务信息设置

三、存货信息设置

（一）存货分类（见表3-6）

表3-6　　　　　　　　　　　　　　存货分类

分类编码	分类名称
01	原材料
0101	外购半成品
0102	原料及主要材料
0103	燃料
0104	辅助材料
02	周转材料
0201	劳动保护品
0202	附件
0203	专用工具
0204	包装箱
03	产成品
09	运杂费

（二）计量单位组与计量单位设置（见表3-7）

表3-7　　　　　　　　　　　　　计量单位组与计量单位设置

计量单位组编码	计量单位组名称	计量单位组类别	计量单位编码	计量单位名称
01	自然单位组	无换算率	01	套
01	自然单位组	无换算率	02	吨
01	自然单位组	无换算率	03	千克
01	自然单位组	无换算率	04	双
01	自然单位组	无换算率	05	副
01	自然单位组	无换算率	06	个
01	自然单位组	无换算率	07	台
01	自然单位组	无换算率	08	盒
01	自然单位组	无换算率	09	把
01	自然单位组	无换算率	10	幢
01	自然单位组	无换算率	11	辆
01	自然单位组	无换算率	12	元

（三）存货档案设置（见表3-8）

表3-8　　　　　　　　　　　　　　存货档案设置

分类编码	所属类别	存货编码	存货名称	计量单位	税率	存货属性	计价方法	计划单价（元）
0101	外购半成品	0001	电机X123	台	13%	外购、内销、生产耗用	计划单价	1 500.00
		0002	电机X345	台	13%	外购、内销、生产耗用	计划单价	250.00
		0003	轴承Q123	套	13%	外购、内销、生产耗用	计划单价	340.00
		0004	轴承Q345	套	13%	外购、内销、生产耗用	计划单价	140.00
		0005	标准件	个	13%	外购、内销、生产耗用	计划单价	18.00
0102	原料及主要材料	0006	生铁	吨	13%	外购、内销、生产耗用	计划单价	2 400.00
		0007	圆钢	吨	13%	外购、内销、生产耗用	计划单价	2 900.00
0103	燃料	0008	焦炭	吨	13%	外购、内销、生产耗用	计划单价	500.00
		0009	煤	吨	13%	外购、内销、生产耗用	计划单价	160.00
0104	辅助材料	0010	油漆	千克	13%	外购、内销、生产耗用	计划单价	12.00
		0011	润滑油	千克	13%	外购、内销、生产耗用	计划单价	3.50
0201	劳动保护品	0012	工作服	套	13%	外购、内销、生产耗用	计划单价	40.00
		0013	劳保鞋	双	13%	外购、内销、生产耗用	计划单价	28.00
		0014	耐热手套	副	13%	外购、内销、生产耗用	计划单价	5.00
0202	附件	0015	勾扳手	个	13%	外购、内销、生产耗用	计划单价	5.00
		0016	法兰盘	个	13%	外购、内销、生产耗用	计划单价	14.00
		0017	螺钉	盒	13%	外购、内销、生产耗用	计划单价	17.00
0203	专用工具	0018	专用工具	把	13%	外购、内销、生产耗用	计划单价	42.00
0204	包装箱	0019	包装箱	个	13%	外购、内销、生产耗用	计划单价	380.00
03	产成品	0020	C-1车床	台	13%	自制、外销、内销、	全月平均法	
		0021	H-1铣床	台	13%	自制、外销、内销、	全月平均法	
09	运杂费	0022	运费	元	9%	外购、内销、应税劳务	计划单价	1 500.00

【操作指导】

1.设置存货分类

（1）在企业应用平台中，执行【基础设置】【基础档案】【存货】【存货分类】命令，打开"存货分类"窗口。

（2）单击"增加"按钮，根据资料输入存货分类信息，单击"保存"按钮。如图3-13所示。

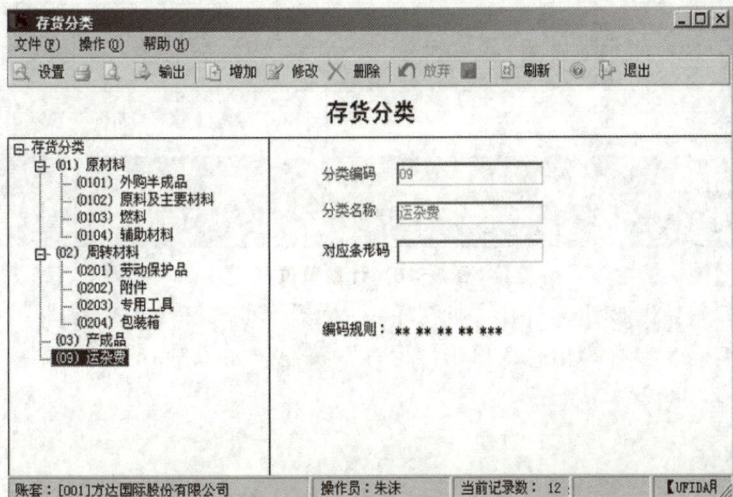

图3-13　存货分类

2.设置计量单位组与计量单位

（1）在企业应用平台中，执行【基础设置】【基础档案】【存货】【计量单位】命令，打开"计量单位"窗口。

（2）单击"分组"按钮，打开"计量单位组"窗口。如图3-14所示。

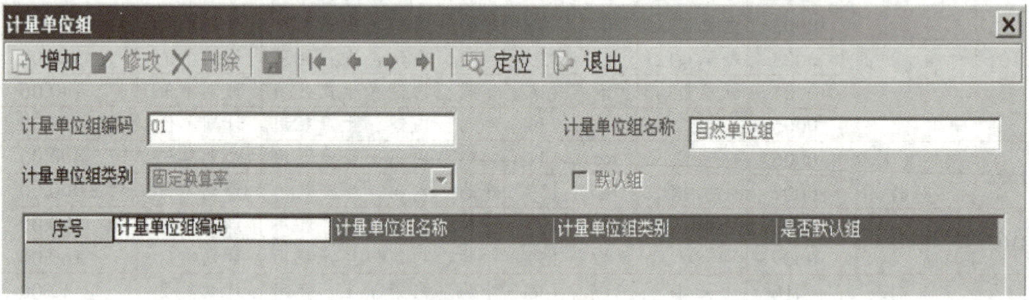

图3-14　计量单位组

（3）单击"增加"按钮，根据资料输入计量单位组的编码、名称、类别等信息。

（4）单击"保存"按钮，如图3-15所示，再单击"退出"按钮。

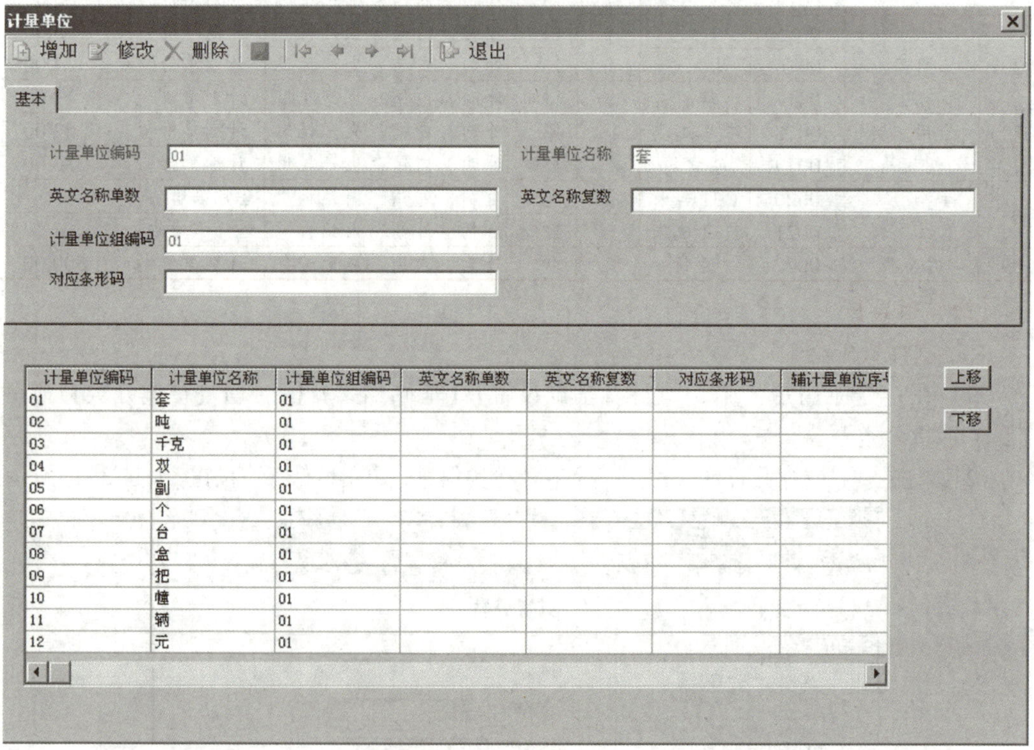

图3-15　计量单位

（5）单击"单位"按钮，打开"计量单位设置"窗口，单击"增加"按钮，根据资料输入计量单位编码、名称等信息，单击"保存"按钮。如图3-16所示。

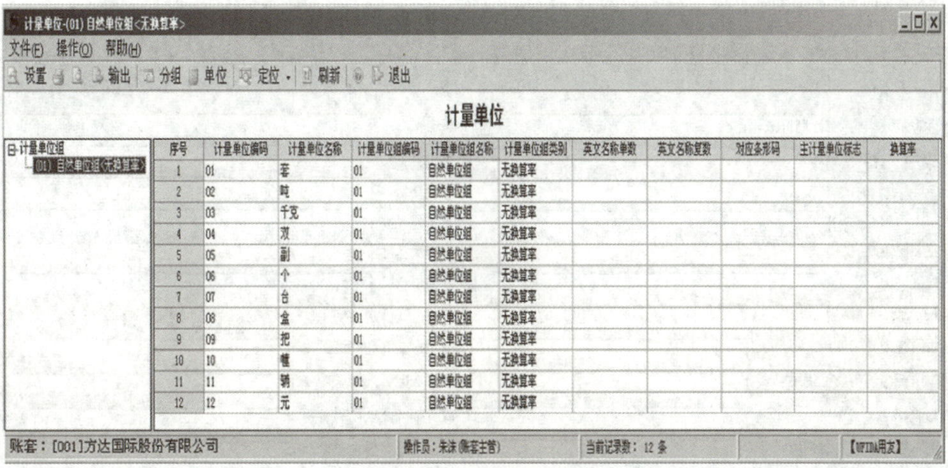

图3-16 自然单位组

3.设置存货档案

（1）在企业应用平台中，执行【基础设置】【基础档案】【存货】【存货档案】命令，打开"存货档案"窗口。

（2）选中存货分类中的"外购半成品"，单击"增加"按钮，根据资料输入存货"基本""成本"选项卡的档案信息，如图3-17、图3-18所示。（注意核对计划单价是否准确无误）

（3）单击"保存"按钮，依次输入其他存货档案信息。如图3-19所示。

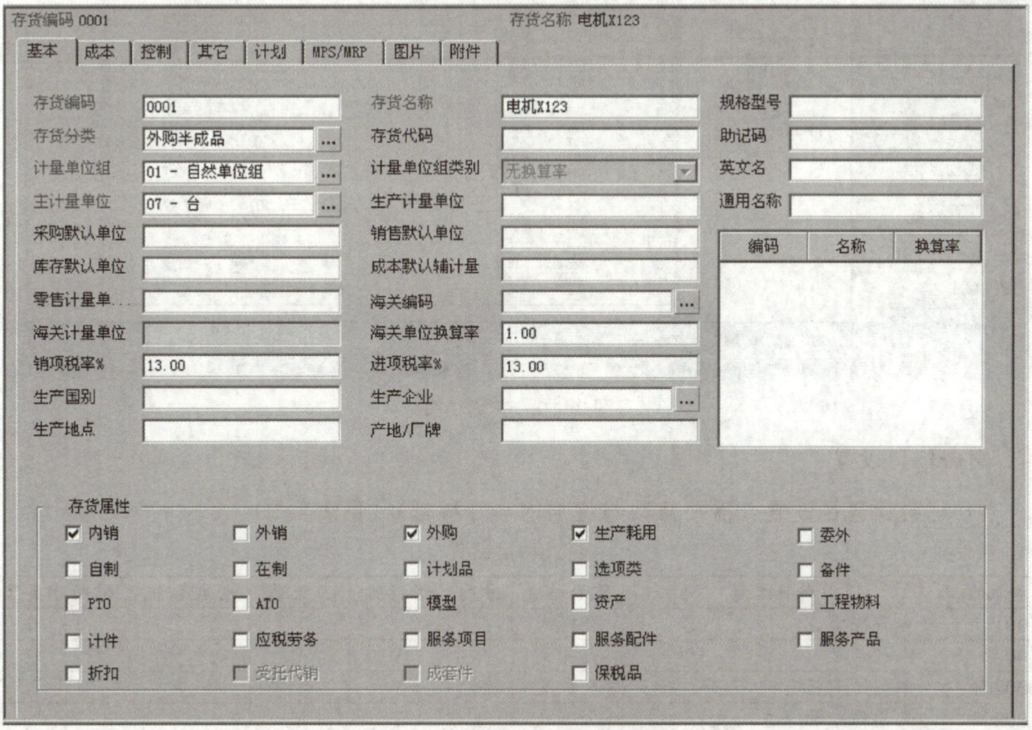

图3-17 外购半成品设置

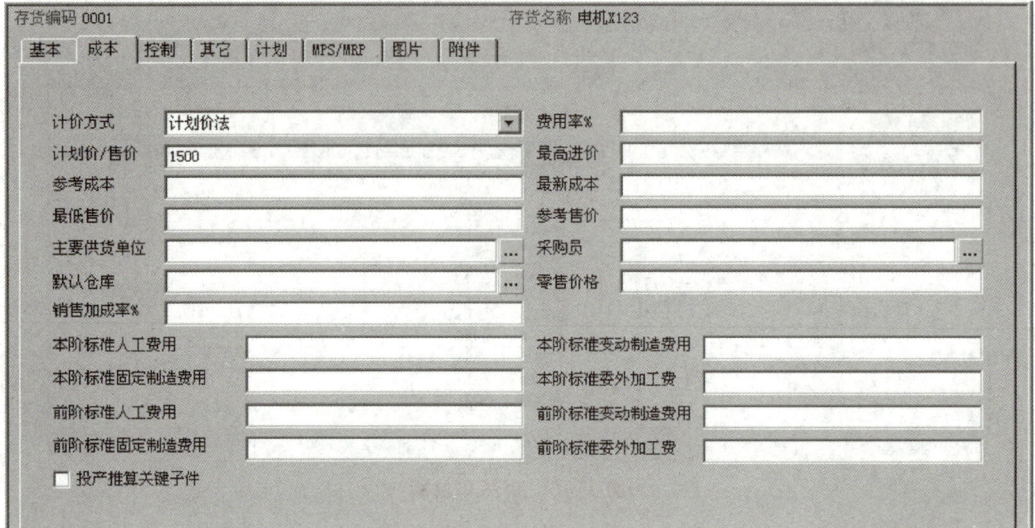

图 3-18　计划价设置

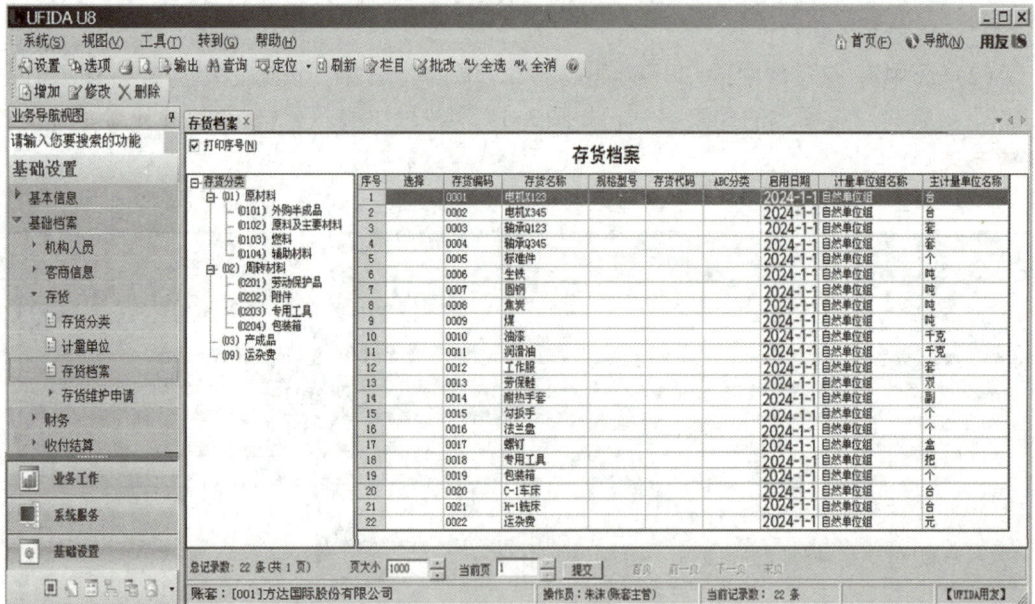

图 3-19　存货档案

四、财务信息设置

（一）会计科目设置（需要修改与增加的会计科目）（见表 3-9）

表 3-9　　　　　　　　　　　　　　　　会计科目设置

科目编码	科目名称	账页格式	方向	银行账	日记账	受控系统	辅助账类型
1001	库存现金	金额式	借		Y		
1002	银行存款	金额式	借	Y	Y		
100201	中国工商银行北京东城支行	金额式	借	Y	Y		
100202	交通银行北京东城支行	金额式	借	Y	Y		
1012	其他货币资金	金额式	借				
101201	外埠存款	金额式	借				

科目编码	科目名称	账页格式	方向	银行账	日记账	受控系统	辅助账类型
101202	银行汇票存款	金额式	借				
101203	存出投资款	金额式	借				
101205	银行本票存款	金额式	借				
101206	信用卡存款	金额式	借				
1101	交易性金融资产	金额式	借				
110101	成本	金额式	借				
110102	公允价值变动	金额式	借				
1121	应收票据	金额式	借			应收系统	客户往来
1122	应收账款	金额式	借			应收系统	客户往来
1123	预付账款	金额式	借			应付系统	供应商往来
1221	其他应收款	金额式	借				
122101	刘海	金额式	借				
122102	李强	金额式	借				
122103	王丰明	金额式	借				
122104	李海	金额式	借				
122105	社会保险费个人部分	金额式	借				
122106	住房公积金个人部分	金额式	借				
122107	保证金	金额式	借				
1403	原材料	金额式	借				
140301	外购半成品	金额式	借				
14030101	电机X123	金额式	借				
14030102	电机X345	金额式	借				
14030103	轴承Q123	金额式	借				
14030104	轴承Q345	金额式	借				
14030105	标准件	金额式	借				
140302	原料及主要材料	金额式	借				
14030201	生铁	金额式	借				
14030202	圆钢	金额式	借				
140303	燃料	金额式	借				
14030301	焦炭	金额式	借				
14030302	煤	金额式	借				
140304	辅助材料	金额式	借				
14030401	油漆	金额式	借				
14030402	润滑油	金额式	借				
1405	库存商品	金额式	借				
140501	C-1车床	金额式	借				
140502	H-1铣床	金额式	借				
1411	周转材料	金额式	借				
141101	劳动保护品	金额式	借				
14110101	工作服	金额式	借				
14110102	劳保鞋	金额式	借				
14110103	耐热手套	金额式	借				
141102	附件	金额式	借				
14110201	勾扳手	金额式	借				
14110202	法兰盘	金额式	借				
14110203	螺钉	金额式	借				
141103	专用工具	金额式	借				
141104	包装箱	金额式	借				
1481	持有待售资产	金额式	借				

科目编码	科目名称	账页格式	方向	银行账	日记账	受控系统	辅助账类型
148101	机器设备	金额式	借				
1482	持有待售资产减值准备	金额式	贷				
1501	债权投资	金额式	借				
1502	债权投资减值准备	金额式	贷				
1503	其他债权投资	金额式	借				
1511	长期股权投资	金额式	借				
151101	盛辉制造有限责任公司	金额式	借				
1513	其他权益工具投资	金额式	借				
1522	投资性房地产累计折旧	金额式	贷				
1601	固定资产	金额式	借				
160101	房屋及建筑物	金额式	借				
160102	机器设备	金额式	借				
160103	生产经营用工具	金额式	借				
160104	运输设备	金额式	借				
160105	电子设备	金额式	借				
1602	累计折旧	金额式	贷				
160201	房屋及建筑物	金额式	贷				
160202	机器设备	金额式	贷				
160203	生产经营用工具	金额式	贷				
160204	运输设备	金额式	贷				
160205	电子设备	金额式	贷				
1604	在建工程	金额式	借				
160401	锅炉改进工程	金额式	借				
160402	厂房建造工程	金额式	借				
1701	无形资产	金额式	借				
170101	专利技术	金额式	借				
170102	商标权	金额式	借				
1901	待处理财产损溢	金额式	借				
190101	待处理流动资产损溢	金额式	借				
2001	短期借款	金额式	贷				
200101	中国工商银行北京东城支行	金额式	贷				
2201	应付票据	金额式	贷			应付系统	供应商往来
2202	应付账款	金额式	贷			应付系统	供应商往来
2203	预收账款	金额式	贷			应收系统	客户往来
2204	合同负债	金额式	贷			应收系统	客户往来
2211	应付职工薪酬	金额式	贷				
221101	工资	金额式	贷				
221102	职工福利	金额式	贷				
221103	社会保险费	金额式	贷				
221104	工会经费	金额式	贷				
221105	职工教育经费	金额式	贷				
221106	非货币性福利	金额式	贷				
221107	住房公积金	金额式	贷				
2221	应交税费	金额式	贷				
222101	应交增值税	金额式	贷				
22210101	进项税额	金额式	借				
22210102	已交税金	金额式	借				
22210103	转出未交增值税	金额式	借				
22210104	销项税额	金额式	贷				

科目编码	科目名称	账页格式	方向	银行账	日记账	受控系统	辅助账类型
22210105	进项税额转出	金额式	贷				
22210106	转出多交增值税	金额式	贷				
222102	未交增值税	金额式	贷				
222103	应交消费税	金额式	贷				
222104	应交企业所得税	金额式	贷				
222105	应交个人所得税	金额式	贷				
222106	转让金融商品应交增值税	金额式	贷				
222107	应交城市维护建设税	金额式	贷				
222108	应交教育费附加	金额式	贷				
222109	应交地方教育附加	金额式	贷				
222110	应交印花税	金额式	贷				
222111	应交房产税	金额式	贷				
222112	应交城镇土地使用税	金额式	贷				
222113	应交车船税	金额式	贷				
2241	其他应付款	金额式	贷				
224101	存出保证金	金额式	贷				
224102	张涛	金额式	贷				
224103	富源房屋租赁公司	金额式	贷				
2501	长期借款	金额式	贷				
250101	中国工商银行北京东城支行	金额式	贷				
2502	应付债券	金额式	贷				
250201	债券面值	金额式	贷				
250202	应计利息	金额式	贷				
4101	盈余公积	金额式	贷				
410101	法定盈余公积	金额式	贷				
410102	任意盈余公积	金额式	贷				
4104	利润分配	金额式	贷				
410401	未分配利润	金额式	贷				
410402	提取法定盈余公积	金额式	贷				
410403	提取任意盈余公积	金额式	贷				
410404	应付现金股利	金额式	贷				
5001	生产成本	金额式	借				项目核算
500101	铸造车间	金额式	借				项目核算
50010101	直接材料	金额式	借				项目核算
50010102	直接人工	金额式	借				项目核算
50010103	制造费用	金额式	借				项目核算
500102	机加工车间	金额式	借				项目核算
50010201	直接材料	金额式	借				项目核算
50010202	直接人工	金额式	借				项目核算
50010203	制造费用	金额式	借				项目核算
500103	装配车间	金额式	借				项目核算
50010301	直接材料	金额式	借				项目核算
50010302	直接人工	金额式	借				项目核算
50010303	制造费用	金额式	借				项目核算
500104	辅助生产成本	金额式	借				项目核算
50010401	机修车间	金额式	借				项目核算
5101	制造费用	金额式	借				
510101	铸造车间	金额式	借				
510102	机加工车间	金额式	借				

科目编码	科目名称	账页格式	方向	银行账	日记账	受控系统	辅助账类型
510103	装配车间	金额式	借				
6001	主营业务收入	金额式	贷				
600101	C-1车床	金额式	贷				
600102	H-1铣床	金额式	贷				
6051	其他业务收入	金额式	贷				
605101	租金收入	金额式	贷				
605102	出售原材料收入	金额式	贷				
6115	资产处置损益	金额式	贷				
6301	营业外收入	金额式	贷				
630101	处置固定资产净收益	金额式	贷				
630102	罚款收入	金额式	贷				
6401	主营业务成本	金额式	借				
640101	C-1车床	金额式	借				
640102	H-1铣床	金额式	借				
6402	其他业务成本	金额式	借				
640201	折旧费	金额式	借				
640202	出售原材料成本	金额式	借				
6403	税金及附加	金额式	借				
6601	销售费用	金额式	借				
660101	广告费	金额式	借				
660102	包装费	金额式	借				
660103	运费	金额式	借				
660104	职工薪酬	金额式	借				
660105	其他	金额式	借				
6602	管理费用	金额式	借				
660201	办公费	金额式	借				
660202	差旅费	金额式	借				
660203	财产保险费	金额式	借				
660204	杂志费	金额式	借				
660205	业务招待费	金额式	借				
660206	折旧费	金额式	借				
660207	水电费	金额式	借				
660208	职工薪酬	金额式	借				
660209	无形资产摊销	金额式	借				
660210	盘亏损失	金额式	借				
660211	维修费	金额式	借				
660212	税费	金额式	借				
660213	其他	金额式	借				
6603	财务费用	金额式	借				
660301	手续费	金额式	借				
660302	利息支出	金额式	借				
660303	利息收入	金额式	借				
6702	信用减值损失	金额式	借				
6711	营业外支出	金额式	借				
671101	捐赠支出	金额式	借				
671102	处置固定资产净损失	金额式	借				

（二）指定科目设置

指定现金科目为库存现金、银行科目为银行存款。

（三）凭证类别设置

凭证类别为：记账凭证

（四）项目目录设置（见表3-10）

表3-10 项目目录设置

项目设置步骤	设置内容
项目大类	生产成本核算
核算科目	生产成本所有明细科目
项目分类	1 自产产品
项目目录	项目编码：01 项目名称：C-1车床 是否结算：否 所属分类码：1
	项目编码：02 项目名称：H-1铣床 是否结算：否 所属分类码：1
	项目编码：03 项目名称：其他 是否结算：否 所属分类码：1

【操作指导】

1.会计科目设置

（1）在企业应用平台中，执行【基础设置】【基础档案】【财务】【会计科目】命令，打开"会计科目"窗口。选择需要修改的科目，单击"修改"按钮，打开"会计科目_修改"窗口，单击"修改"按钮，根据资料勾选辅助核算，单击"确定"按钮，如图3-20所示，依此步骤修改其他需要修改的科目。

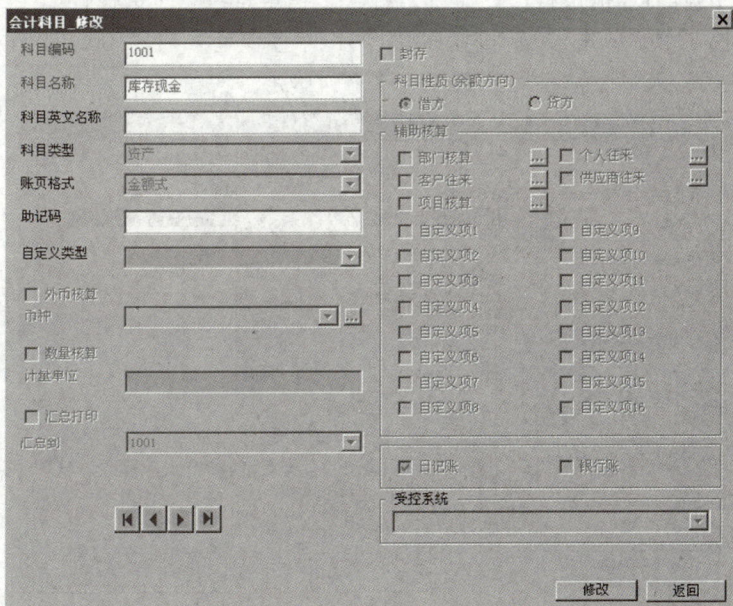

图3-20 会计科目修改

（2）在"会计科目"窗口中，单击"增加"按钮，打开"新增会计科目"窗口。根据资料输入科目编码及名称，根据资料勾选辅助核算，如图3-21所示，单击"确定"按钮，依此步骤增加其他需要增加的会计科目。

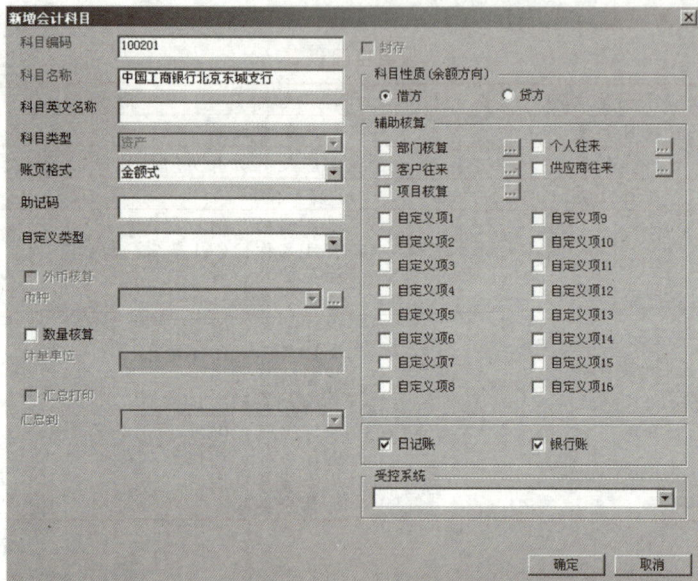

图 3-21 新增会计科目

2.设置指定科目

（1）在企业应用平台中，执行【基础设置】【基础档案】【财务】【会计科目】命令，打开"会计科目"窗口。

（2）执行【编辑】【指定科目】命令，打开"指定科目"对话框，如图3-22所示。根据指定科目设置要求，单击">"按钮将"1001 库存现金"与"1002 银行存款"分别从"待选科目"列表移入"已选科目"列表。单击"确定"按钮。

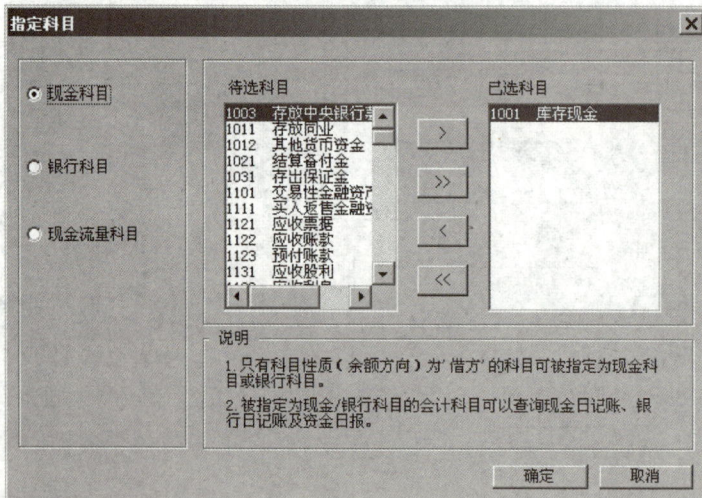

图 3-22 指定科目

3.设置凭证类别

（1）在企业应用平台中，执行【基础设置】【基础档案】【财务】【凭证类别】命令，打开"凭证类别预置"窗口。如图3-23所示。

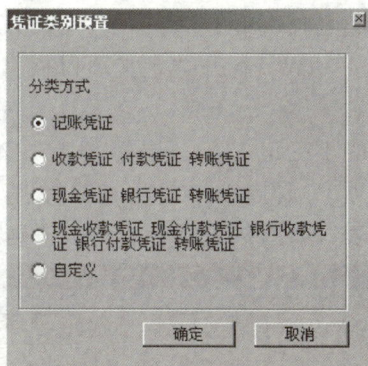

图 3-23 凭证类别预置

（2）在"凭证类别预置"窗口中选择"记账凭证"，单击"确定"按钮。系统弹出"凭证类别"窗口，如图 3-24 所示，单击"退出"按钮。

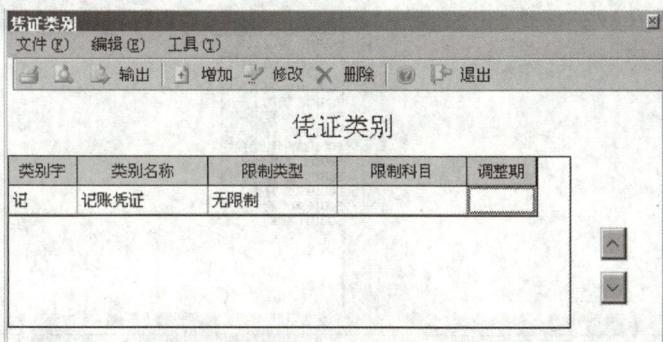

图 3-24 凭证类别设置

4.设置项目目录

（1）在企业应用平台中，执行【基础设置】【基础档案】【财务】【项目目录】命令，打开"项目档案"窗口，单击"增加"按钮，如图 3-25 所示。打开"项目大类定义_增加"窗口。

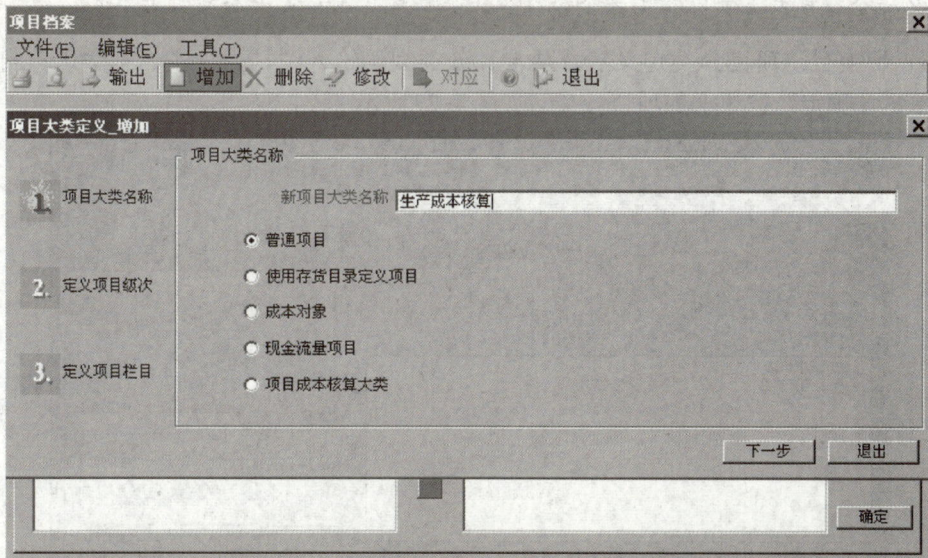

图 3-25 项目大类定义_增加

（2）根据资料输入项目大类名称，单击"下一步"按钮，打开"定义项目级次"对话框，默认系统设置，单击"下一步"，打开"定义项目栏目"对话框，单击"完成"按钮，返回"项目档案"窗口。

（3）单击"项目大类"栏的下三角按钮，选择"生产成本核算"项目大类。

（4）单击"核算科目"选项卡，再单击"》"按钮将生产成本全部明细目从"待选科目"列表选入"已选科目"列表，如图3-26所示，单击"确定"按钮。

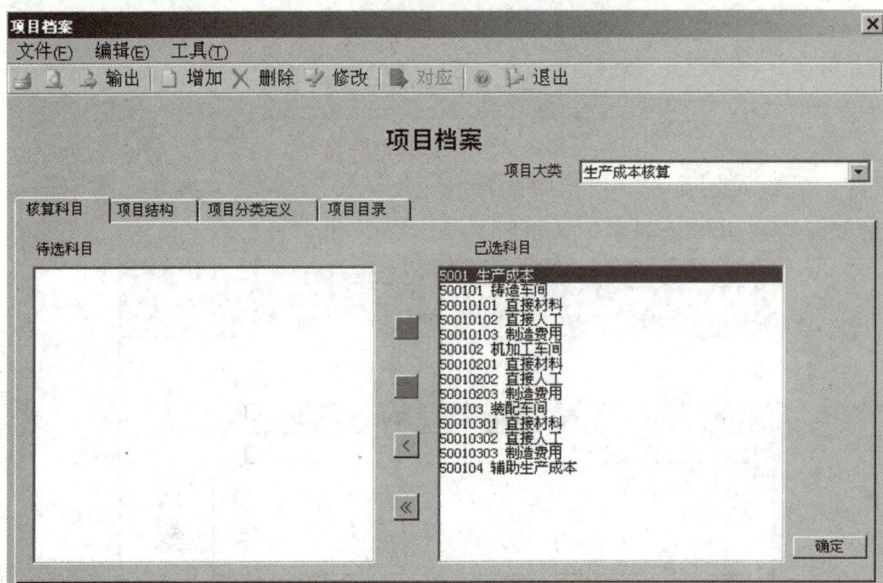

图 3-26　项目核算科目设置

操作提示

①可以建立多个项目大类。

②一个项目大类可以指定多个科目，一个科目只能指定一个项目大类。

（5）切换至"项目分类定义"选项卡，分类编码输入"1"，分类名称输入"自产产品"，单击"确定"按钮增加项目分类。如图3-27所示。

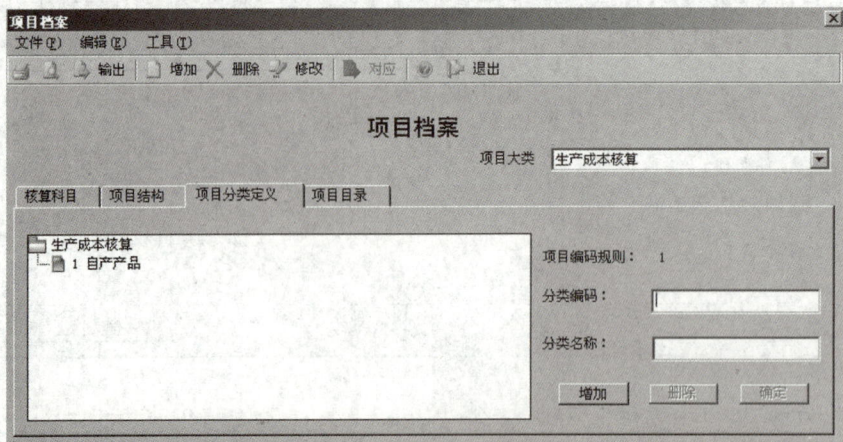

图 3-27　项目分类定义

如果某项目分类下已经建立具体项目档案，因故需要删除项目分类，则需先删除该分类下的项目档案，才能删除该分类。

（6）切换至"项目目录"选项卡，单击"维护"按钮，打开"项目目录维护"窗口，单击"增加"按钮。录入项目编号"01"、项目名称"C-1车床"，单击"所属分类码"参照按钮，所属分类名称选择"自产产品"，依次增加其他项目档案，如图3-28所示。单击"退出"按钮。如图3-29所示。

项目目录维护　设置　输出　增加　删除　查找　排序　过滤　全部　合并

项目档案

项目编号	项目名称	是否结算	所属分类码	所属分类名称
01	C-1车床		1	自产产品
02	H-1铣床		1	自产产品
03	其他		1	自产产品

图3-28　项目目录维护

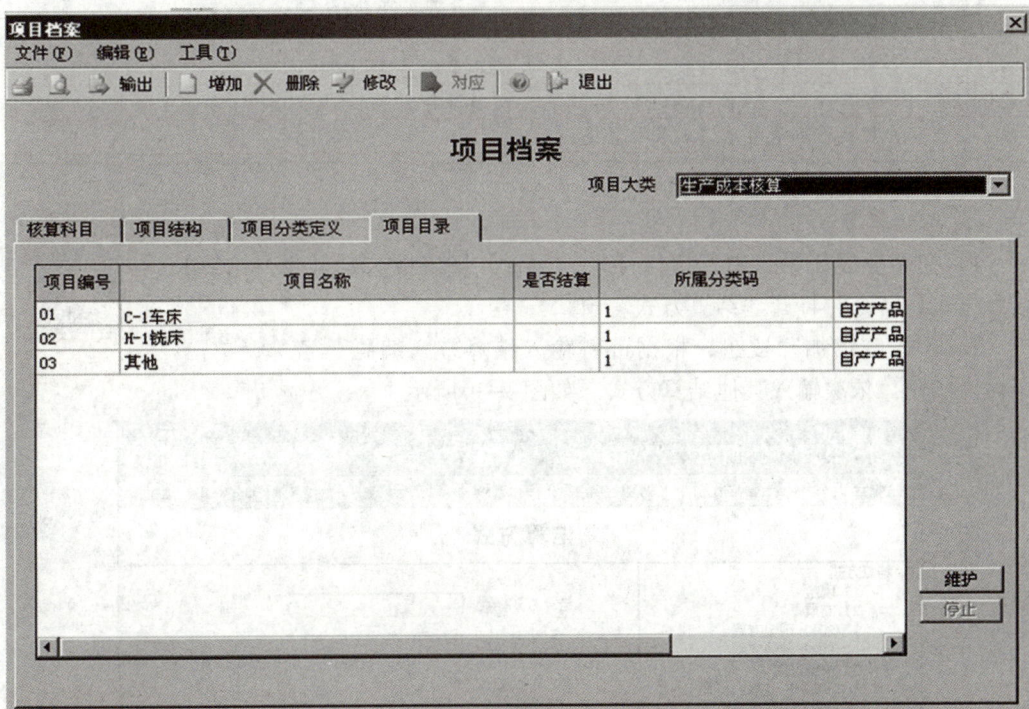

项目档案
文件(F)　编辑(E)　工具(T)
输出　增加　删除　修改　对应　退出

项目档案

项目大类　生产成本核算

核算科目　项目结构　项目分类定义　项目目录

项目编号	项目名称	是否结算	所属分类码	
01	C-1车床		1	自产产品
02	H-1铣床		1	自产产品
03	其他		1	自产产品

维护　停止

图3-29　生产成本核算设置

在操作过程中新增一行后，若不再输入，可按Esc退出该行，相当于删除该行。

五、收付结算信息设置

（一）结算方式设置（见表3-11）

表3-11   结算方式设置

结算方式编码	结算方式名称	结算方式编码	结算方式名称
1	现金	302	银行承兑汇票
2	支票	4	托收承付
201	现金支票	5	委托收款
202	转账支票	6	汇兑
3	商业汇票	7	其他
301	商业承兑汇票		

（二）开户银行信息设置（见表3-12）

表3-12   开户银行信息设置

项目	内容
企业开户银行编码	01
开户银行名称	中国工商银行北京东城支行
账号	0200002356487219763
币种	人民币
所属银行	中国工商银行
企业开户银行编码	02
开户银行名称	交通银行北京东城支行
账号	11004758294758693 0582
币种	人民币
所属银行	交通银行

备注：企业账户规则：取消勾选"定长"复选框

【操作指导】

1.设置结算方式

（1）在企业应用平台中，执行【基础设置】【基础档案】【收付结算】【结算方式】命令，打开"结算方式"窗口。

（2）单击"增加"按钮，根据资料输入结算方式编码、名称，单击"保存"按钮。依次输入其他结算方式。如图3-30所示。

操作视频

收付结算信息设置和业务信息设置

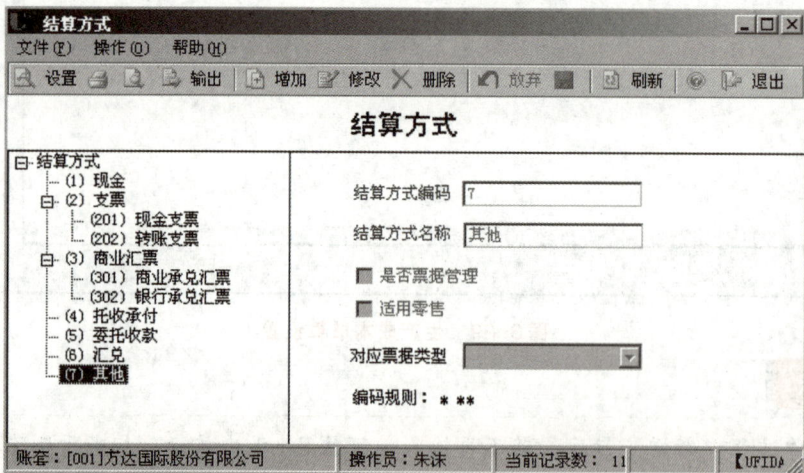

图3-30 结算方式设置

2.设置开户银行信息

（1）在企业应用平台中，执行【基础设置】【基础档案】【收付结算】【银行档案】命令，打开"银行档案"窗口，选中"01"（中国工商银行）。单击"修改"按钮，打开"修改银行档案"窗口，如图3-31所示。

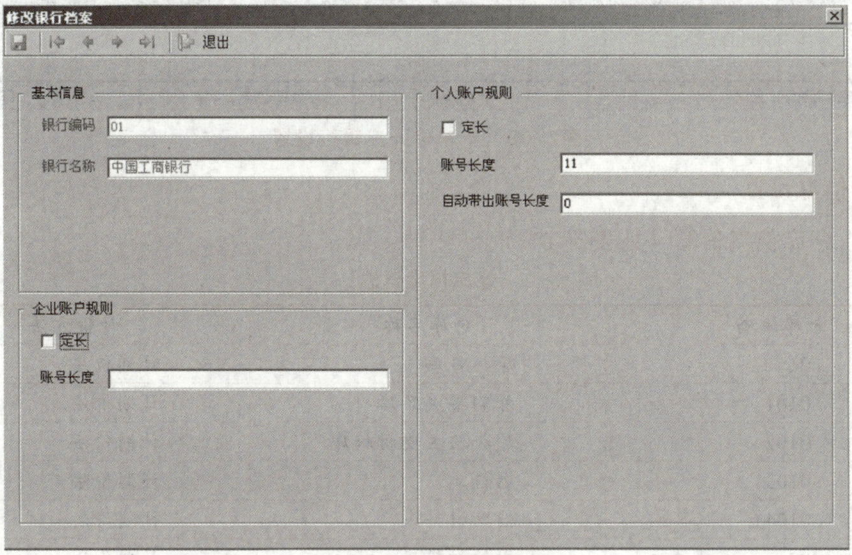

图3-31 银行档案修改

（2）取消勾选企业账户规则"定长"复选框，单击"保存"按钮，单击"退出"按钮。

（3）执行【本单位开户银行】命令，打开"本单位开户银行"窗口，单击"增加"按钮，系统弹出"增加本单位开户银行"对话框，根据资料输入银行信息，全部输入完成后单击"退出"按钮。如图3-32、图3-33所示。

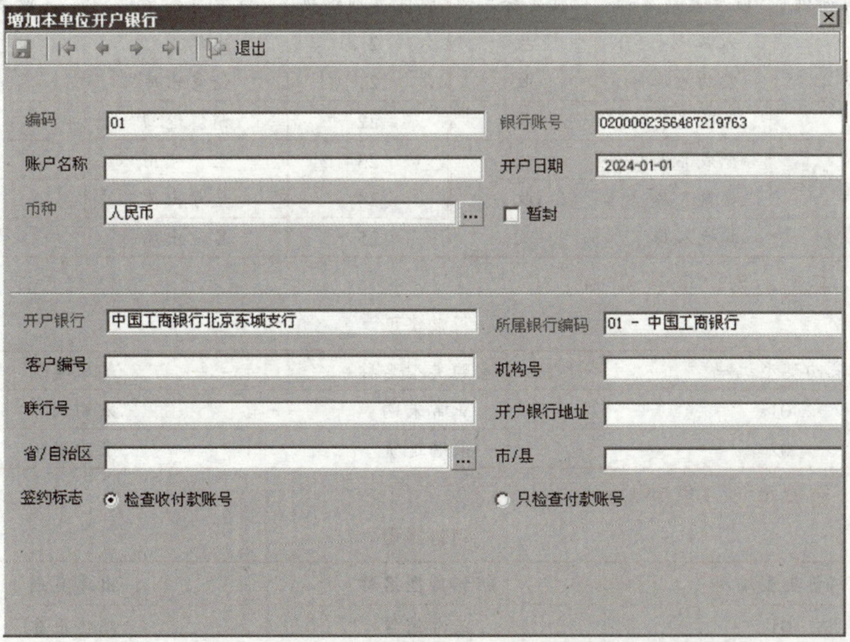

图3-32 增加本单位开户银行

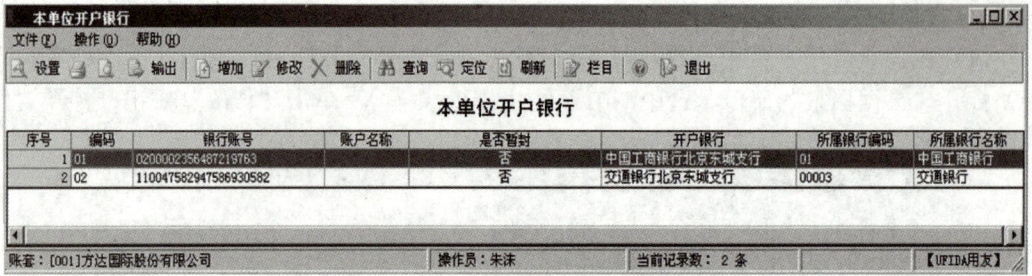

图 3-33　本单位开户银行设置

六、业务信息设置

（一）仓库档案信息（见表3-13）

表 3-13　　　　　　　　　　　　　　　仓库档案信息

仓库编码	仓库名称	计价方法
01	原材料库	计划价法
0101	外购半成品库	计划价法
0102	原料及主要材料库	计划价法
0103	燃料库	计划价法
0104	辅助材料库	计划价法
02	周转材料库	计划价法
03	商品库	全月平均法
09	其他库	计划价法

（二）收发类别（见表3-14）

表 3-14　　　　　　　　　　　　　　　收发类别

收发类别编码	收发类别名称	收发标志	收发类别编码	收发类别名称	收发标志
1	入库	收	2	出库	发
11	采购入库	收	21	销售出库	发
12	采购退货	收	22	销售退回	发
13	产成品入库	收	23	生产领用	发
14	盘盈入库	收	24	盘亏出库	发
15	其他入库	收	25	其他出库	发

（三）采购类型（见表3-15）

表 3-15　　　　　　　　　　　　　　　采购类型

采购类型编码	采购类型名称	入库类别
01	正常采购	采购入库
02	采购退货	采购退货

（四）销售类型（见表3-16）

表 3-16　　　　　　　　　　　　　　　销售类型

销售类型编码	销售类型名称	出库类别
01	正常销售	销售出库
02	销售退回	销售退回

【操作指导】

1. 设置仓库档案信息

在企业应用平台中，执行【基础设置】【基础档案】【业务】【仓库档案】命令，打开“仓库档案”窗口，单击“增加”按钮，系统弹出“增加仓库档案”对话框。根据资料录入仓库信息，如图3-34所示，全部信息输入完成后单击“保存”按钮。如图3-35所示。

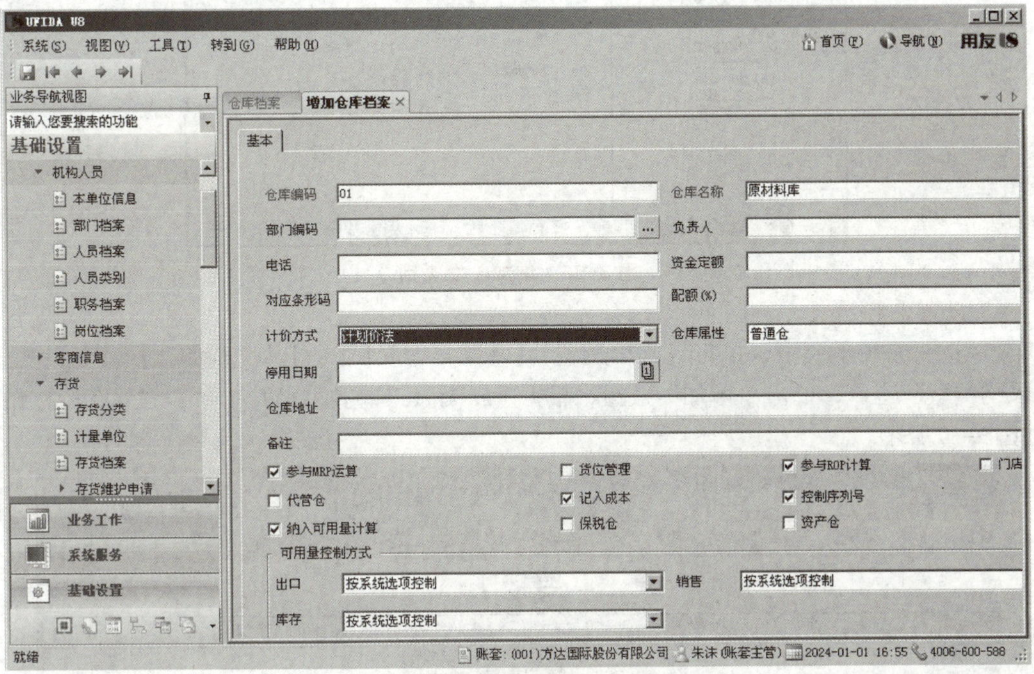

图3-34　增加仓库档案

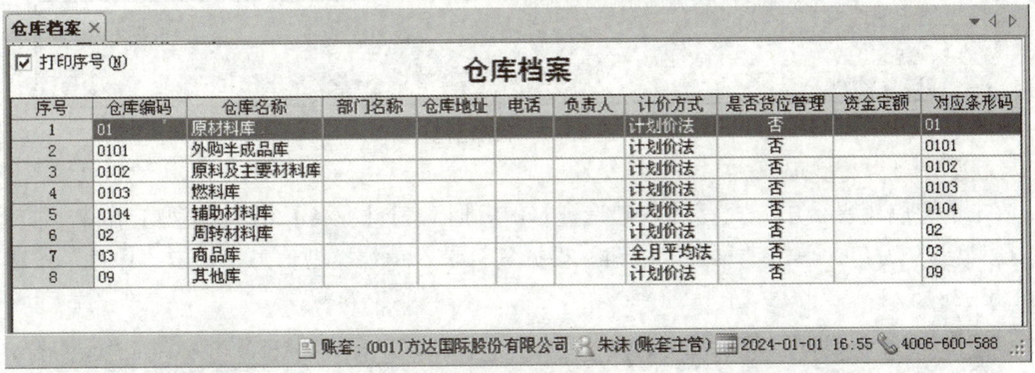

仓库档案

序号	仓库编码	仓库名称	部门名称	仓库地址	电话	负责人	计价方式	是否货位管理	资金定额	对应条形码
1	01	原材料库					计划价法	否		01
2	0101	外购半成品库					计划价法	否		0101
3	0102	原料及主要材料库					计划价法	否		0102
4	0103	燃料库					计划价法	否		0103
5	0104	辅助材料库					计划价法	否		0104
6	02	周转材料库					计划价法	否		02
7	03	商品库					全月平均法	否		03
8	09	其他库					计划价法	否		09

图3-35　仓库档案设置

2. 设置收发类别

在企业应用平台中，执行【基础设置】【基础档案】【业务】【收发类别】命令，打开“收发类别”窗口。单击“增加”按钮，根据资料录入收发类别信息，单击“保存”按钮，如图3-36所示。

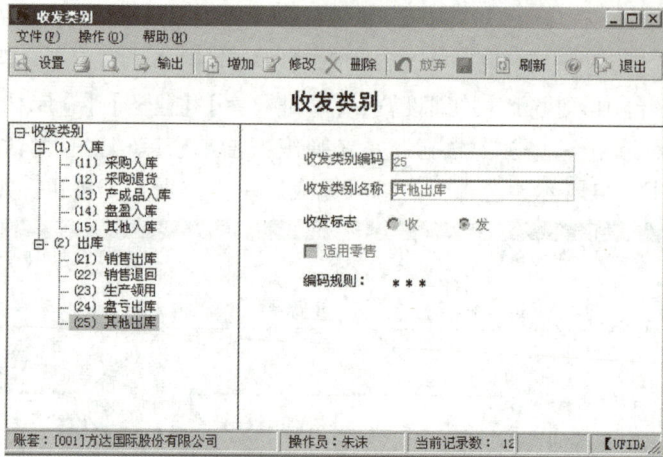

图3-36　增加收发类别

3. 设置采购类型

在企业应用平台中，执行【基础设置】【基础档案】【业务】【采购类型】命令，打开"采购类型"窗口，单击"增加"按钮，根据资料录入采购类型信息，单击"保存"按钮。如图3-37所示。

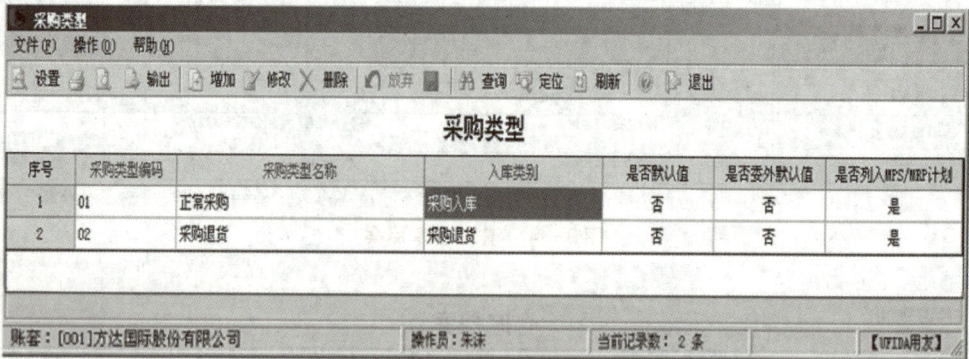

序号	采购类型编码	采购类型名称	入库类别	是否默认值	是否委外默认值	是否列入MPS/MRP计划
1	01	正常采购	采购入库	否	否	是
2	02	采购退货	采购退货	否	否	是

图3-37　采购类型

4. 设置销售类型

在企业应用平台中，执行【基础设置】【基础档案】【业务】【销售类型】命令，打开"销售类型"窗口，单击"增加"按钮，根据资料录入销售类型信息，单击"保存"按钮。如图3-38所示。

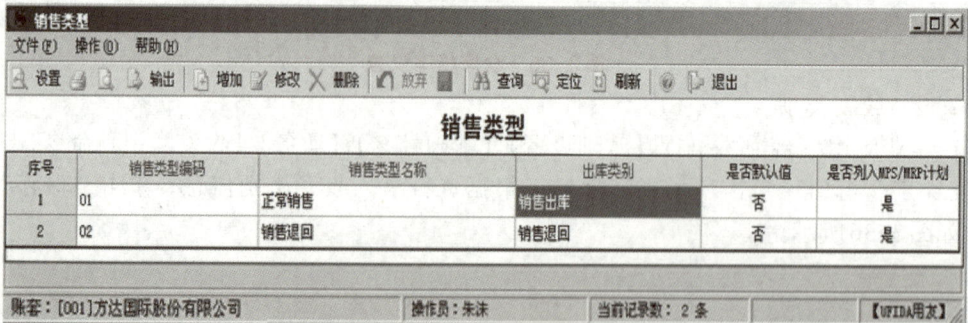

序号	销售类型编码	销售类型名称	出库类别	是否默认值	是否列入MPS/MRP计划
1	01	正常销售	销售出库	否	是
2	02	销售退回	销售退回	否	是

图3-38　销售类型

实训二　单据设置

一、单据格式设置

操作视频

单据设置

材料出库单表体增加“项目编码”项目。

【操作指导】

操作岗位：A01（朱沫）

在企业应用平台中，执行【基础设置】【单据设置】【单据格式设置】命令，打开“库存管理”窗口，执行【材料出库单】【材料出库单显示模板】命令，单击“表体项目”，打开“表体”窗口，勾选“项目编码”复选框，单击“确定”按钮，单击“保存”按钮。如图3-39所示。

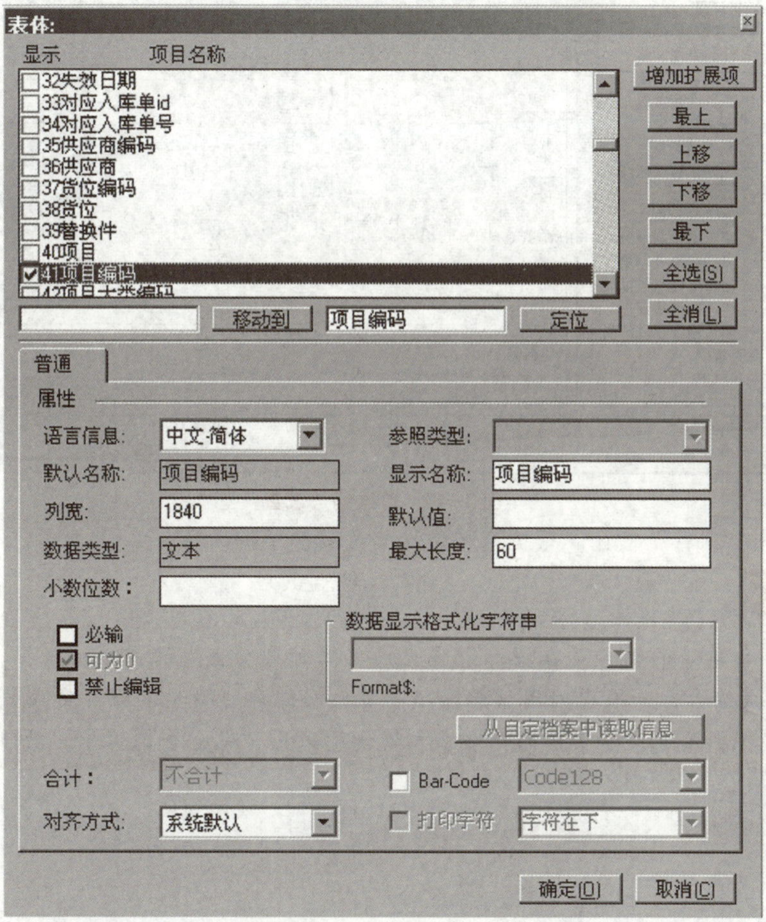

图3-39　表体增加项目编码

二、单据编号设置

设置采购订单、采购专用发票、采购普通发票、销售订单、销售专用发票、采购运费发票采用“完全手工编号”。

【操作指导】

操作岗位：A01（朱沫）

（1）在企业应用平台中，执行【基础设置】【单据设置】【单据编号设置】命令，打开"单据编号设置"窗口。

（2）选中"编号设置"选项卡，执行【单据类型】【采购管理】【采购订单】命令，单击 ✎ （修改）按钮，勾选"完全手工编号"复选框。如图3-40所示。

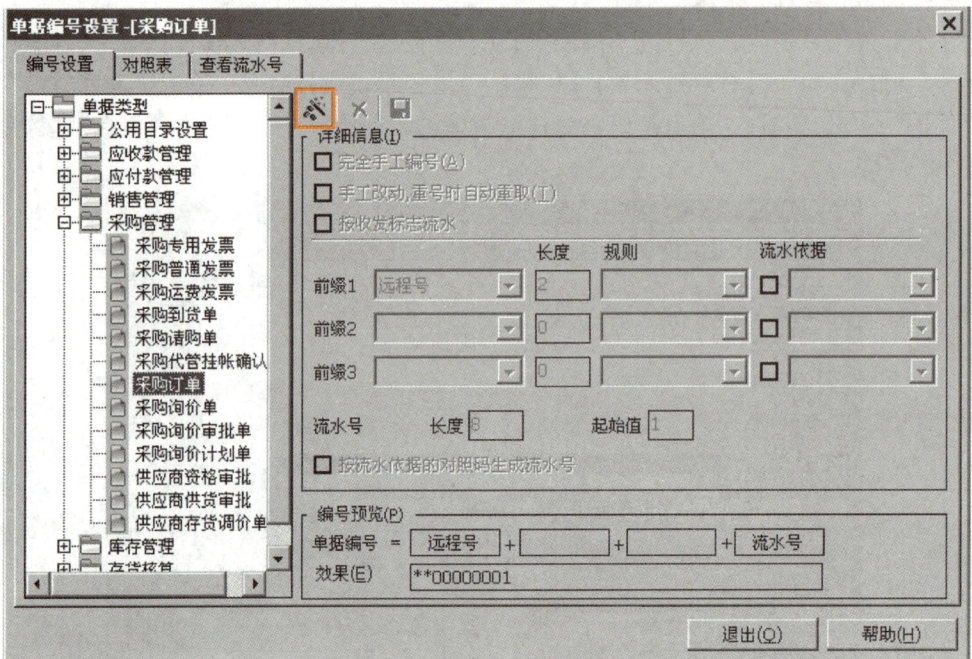

图3-40 单据编号设置

（3）单击"保存"按钮。根据资料依次修改其他单据。

操作提示

发票、订单等的编号是在增加或者生成单据时自动生成的，系统根据存储的编号自动加1生成编号，如果中间因故删除了单据，而储存的编号不会自动减1，就可能出现断号的情况，因此便于实训的开展，本实训均采用"完全手工编号"功能。

项目四
业务子系统初始设置

思政要点

本项目旨在引导学生了解和应用党的经济政策，通过业务子系统的实训，培养学生形成正确的经济发展观和社会责任感，提升其服务国家经济发展的能力，为建设现代化经济体系作出贡献。

实训一　总账模块

操作视频

总账初始设置

总账初始设置

（一）选项设置

凭证选项卡：勾选自动填补凭证断号，取消制单序时控制。

权限选项卡：不允许修改、作废他人填制凭证，勾选出纳凭证必须经由出纳签字。

（二）期初余额录入（见表4-1）

表4-1   期初余额

科目编码	科目名称	账页格式	方向	余额（元）
1001	库存现金	金额式	借	4 820.00
1002	银行存款	金额式	借	834 574.77
100201	中国工商银行北京东城支行	金额式	借	720 119.77
100202	交通银行北京东城支行	金额式	借	114 455.00
1012	其他货币资金	金额式	借	342 000.00
101201	外埠存款	金额式	借	32 000.00
101202	银行汇票存款	金额式	借	46 000.00
101203	存出投资款	金额式	借	264 000.00
1101	交易性金融资产	金额式	借	40 957.45
110101	成本	金额式	借	40 957.45
1121	应收票据	金额式	借	78 900.00
1122	应收账款	金额式	借	858 000.00
1123	预付账款	金额式	借	261 500.00
1221	其他应收款	金额式	借	12 000.00
122101	刘海	金额式	借	2 000.00
122103	王丰明	金额式	借	1 500.00
122104	李海	金额式	借	8 500.00

科目编码	科目名称	账页格式	方向	余额（元）
1231	坏账准备	金额式	贷	34 320.00
1401	材料采购	金额式	借	119 800.00
1403	原材料	金额式	借	1 954 680.00
140301	外购半成品	金额式	借	1 448 400.00
14030101	电机X123	金额式	借	267 000.00
14030102	电机X345	金额式	借	130 000.00
14030103	轴承Q123	金额式	借	642 600.00
14030104	轴承Q345	金额式	借	371 000.00
14030105	标准件	金额式	借	37 800.00
140302	原料及主要材料	金额式	借	473 000.00
14030201	生铁	金额式	借	235 200.00
14030202	圆钢	金额式	借	237 800.00
140303	燃料	金额式	借	19 880.00
14030301	焦炭	金额式	借	17 000.00
14030302	煤	金额式	借	2 880.00
140304	辅助材料	金额式	借	13 400.00
14030401	油漆	金额式	借	12 000.00
14030402	润滑油	金额式	借	1 400.00
1404	材料成本差异	金额式	借	67 565.00
1405	库存商品	金额式	借	965 200.00
140501	C-1车床	金额式	借	669 200.00
140502	H-1铣床	金额式	借	296 000.00
1411	周转材料	金额式	借	201 007.00
141101	劳动保护品	金额式	借	2 560.00
14110101	工作服	金额式	借	880.00
14110102	劳保鞋	金额式	借	1 540.00
14110103	耐热手套	金额式	借	140.00
141102	附件	金额式	借	2 227.00
14110201	勾扳手	金额式	借	260.00
14110202	法兰盘	金额式	借	1 372.00
14110203	螺钉	金额式	借	595.00
141103	专用工具	金额式	借	189 000.00
141104	包装箱	金额式	借	7 220.00
1511	长期股权投资	金额式	借	256 200.00
151101	盛辉制造有限责任公司	金额式	借	256 200.00
1521	投资性房地产	金额式	借	600 000.00
1522	投资性房地产累计折旧	金额式	贷	170 400.00
1601	固定资产	金额式	借	12 298 500.00
160101	房屋及建筑物	金额式	借	8 800 000.00

科目编码	科目名称	账页格式	方向	余额（元）
160102	机器设备	金额式	借	2 136 000.00
160103	生产经营用工具	金额式	借	307 300.00
160104	运输设备	金额式	借	612 700.00
160105	电子设备	金额式	借	442 500.00
1602	累计折旧	金额式	贷	4 234 123.28
160201	房屋及建筑物	金额式	贷	2 534 400.00
160202	机器设备	金额式	贷	803 568.00
160203	生产经营用工具	金额式	贷	153 339.20
160204	运输设备	金额式	贷	433 774.00
160205	电子设备	金额式	贷	309 042.08
1603	固定资产减值准备	金额式	贷	94 500.00
1604	在建工程	金额式	借	392 000.00
160401	锅炉改进工程	金额式	借	79 000.00
160402	厂房建造工程	金额式	借	313 000.00
1701	无形资产	金额式	借	2 136 000.00
170101	专利技术	金额式	借	2 136 000.00
1702	累计摊销	金额式	贷	409 400.00
1811	递延所得税资产	金额式	借	32 205.00
2001	短期借款	金额式	贷	1 200 000.00
200101	中国工商银行北京东城支行	金额式	贷	1 200 000.00
2201	应付票据	金额式	贷	42 000.00
2202	应付账款	金额式	贷	936 166.00
2204	合同负债	金额式	贷	157 000.00
2211	应付职工薪酬	金额式	贷	271 116.00
221101	工资	金额式	贷	265 800.00
221104	工会经费	金额式	贷	5 316.00
2221	应交税费	金额式	贷	342 224.95
222102	未交增值税	金额式	贷	216 500.00
222104	应交企业所得税	金额式	贷	99 106.70
222107	应交城市维护建设税	金额式	贷	15 155.00
222108	应交教育费附加	金额式	贷	6 495.00
222109	应交地方教育附加	金额式	贷	4 330.00
222110	应交印花税	金额式	贷	638.25
2231	应付利息	金额式	贷	22 488.89
2241	其他应付款	金额式	贷	78 600.00
224101	存出保证金	金额式	贷	77 000.00
224102	张涛	金额式	贷	1 600.00
2501	长期借款	金额式	贷	1 200 000.00
250101	中国工商银行北京东城支行	金额式	贷	1 200 000.00

续表

科目编码	科目名称	账页格式	方向	余额（元）
4001	实收资本	金额式	贷	10 000 000.00
4002	资本公积	金额式	贷	244 394.00
4101	盈余公积	金额式	贷	699 794.56
410101	法定盈余公积	金额式	贷	699 794.56
4104	利润分配	金额式	贷	1 725 000.00
410403	未分配利润	金额式	贷	1 725 000.00
5001	生产成本	金额式	借	405 618.46
500101	铸造车间	金额式	借	103 079.66
50010101	直接材料	金额式	借	71 740.86
50010102	直接人工	金额式	借	20 371.00
50010103	制造费用	金额式	借	10 967.8
500102	机加工车间	金额式	借	104 262.20
50010201	直接材料	金额式	借	47 271.15
50010202	直接人工	金额式	借	36 460.30
50010203	制造费用	金额式	借	20 530.75
500103	装配车间	金额式	借	198 276.60
50010301	直接材料	金额式	借	153 210.80
50010302	直接人工	金额式	借	23 030.25
50010303	制造费用	金额式	借	22 035.55

1.应收票据明细表（银行承兑汇票）（见表4-2）

表4-2　　　　　应收票据明细表（银行承兑汇票）

日期	单位名称	摘要	方向	金额（元）
2023.10.10	北京市天鸿机电有限公司	销售产品，收到6个月的银行承兑汇票，承兑银行：中国工商银行，票据编号：00246678	借	78 900.00

2.应收账款明细表（见表4-3）

表4-3　　　　　应收账款明细表

日期	单位名称	摘要（单价为含税价）	方向	金额（元）
2023.12.01	山西机电制造有限公司	销售16台H-1铣床，39 312.5元/台；发票号：60972940	借	629 000.00
2023.12.05	北京市花杨贸易有限公司	销售1台C-1车床，35 000元/台；发票号：60972941	借	35 000.00
2023.12.07	北京市机床经销有限公司	销售2台H-1铣床，32 500元/台；发票号：60972942	借	65 000.00
2023.12.20	北京重型机械制造有限公司	销售4台H-1铣床，32 250元/台，发票号：60972943	借	129 000.00

3.预付账款明细表（见表4-4）

表4-4　　　　　预付账款明细表

日期	单位名称	摘要	方向	金额（元）
2023.12.16	长江钢铁集团有限公司	以转账支票预付购货款	借	100 000.00
2023.12.17	锦江轴承制造有限公司	以转账支票预付购货款	借	161 500.00

4.应付票据明细表（见表4-5）

表4-5　　　　　　　　　　　　　　　应付票据明细表

日期	单位名称	摘要	方向	金额（元）
2023.12.20	上海钢铁制造有限公司	采购材料，开出3个月的银行承兑票据抵付货款，到期由中国工商银行承兑，票据编号：68791043	贷	42 000.00

5.应付账款明细表（见表4-6）

表4-6　　　　　　　　　　　　　　　应付账款明细表

日期	单位名称	摘要（单价为不含税价）	方向	含税金额合计（元）
2023.12.05	上海钢铁制造有限公司	购买100台电机X123，2 371.68元/台，发票号：00000001，订单号：qc001	贷	268 000.00
2023.12.08	山西鸿运轴承销售有限公司	购买35吨圆钢，3 544.02元/吨，发票号：00000002，订单号：qc002	贷	140 166.00
2023.12.15	北京永达五金有限公司	购买150吨生铁，3 115.04元/吨，发票号：00000003，订单号：qc003	贷	528 000.00

6.合同负债明细表（见表4-7）

表4-7　　　　　　　　　　　　　　　合同负债明细表

日期	单位名称	摘要	方向	金额（元）
2023.12.18	山西机电制造有限公司	以转账支票预收货款	贷	157 000.00

7.生产成本明细表（见表4-8）

表4-8　　　　　　　　　　　　　　　生产成本明细表

车间	产品	生产成本	方向	期初余额（元）
铸造车间	C-1车床	直接材料	借	22 615.50
		直接人工	借	10 890.50
		制造费用	借	7 335.30
	H-1铣床	直接材料	借	49 125.36
		直接人工	借	9 480.50
		制造费用	借	3 632.50
机加工车间	C-1车床	直接材料	借	25 870.55
		直接人工	借	27 980.00
		制造费用	借	15 570.55
	H-1铣床	直接材料	借	21 400.60
		直接人工	借	8 480.30
		制造费用	借	4 960.20
装配车间	C-1车床	直接材料	借	129 230.50
		直接人工	借	15 450.15
		制造费用	借	13 625.00
	H-1铣床	直接材料	借	23 980.30
		直接人工	借	7 580.10
		制造费用	借	8 410.55

【操作指导】

　　操作岗位：A01（朱沫）

　　1.总账系统选项设置

　　（1）在企业应用平台中，执行【业务工作】【财务会计】【总账】【设置】【选项】命令，打开"选项"窗口。

　　（2）单击"编辑"按钮，在"凭证"选项卡中勾选"自动填补凭证断号"复选框，取消"制单序时控制"复选框。切换至"权限"选项卡，如图4-1所示，根据资料进行勾选和取消权限参数设置。

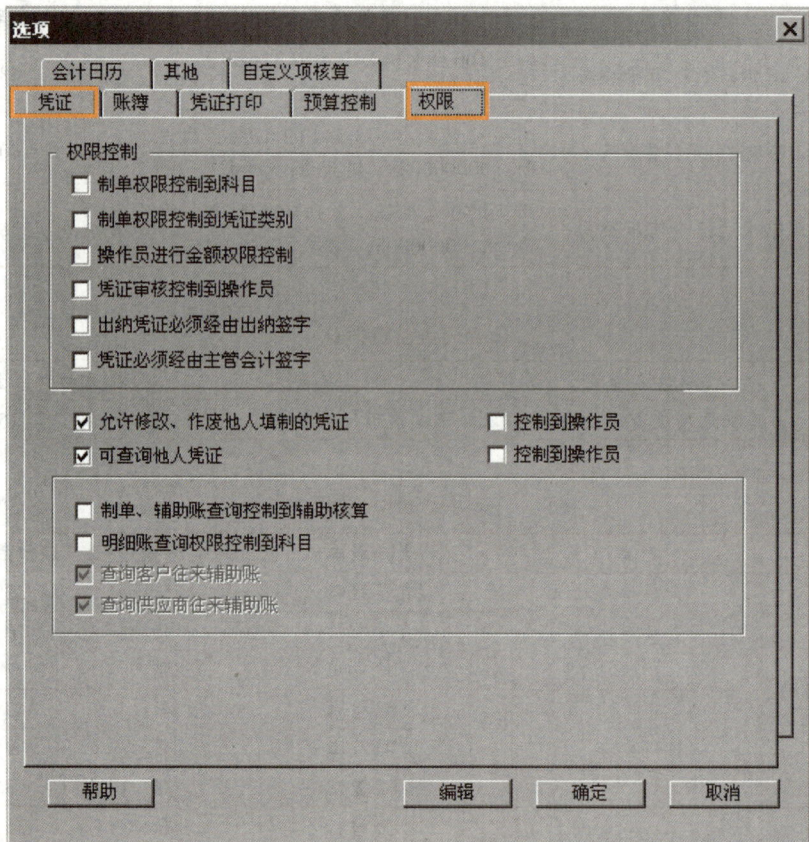

图4-1　总账系统选项设置

操作提示

　　①制单序时控制：此项和"系统编号"联用，制单时凭证编号必须按日期顺序排列，如1月25日编制到了27号凭证，则1月24日只能编制到26号凭证，即制单序时。本教程为了便于实训，没有勾选制单序时控制选项。

　　②自动填补凭证断号：如果选择凭证编号方式为系统编号，则在新增凭证时，系统按凭证类别自动查询本月的第一个断号，并将其默认为本次新增凭证的凭证号；如无断号则为新号，与原编号规则一致。

2.录入期初余额

（1）在企业应用平台中，执行【业务工作】【财务会计】【总账】【设置】【期初余额】命令，打开"期初余额"窗口，在"期初余额录入"窗口中，依次录入每一个会计科目的期初余额。

注意：采用辅助核算的科目结合相应的明细账录入。

（2）以"应收票据"为例，在期初余额录入窗口中，双击应收票据期初余额栏，打开"辅助期初余额"窗口，单击"往来明细"按钮，打开"期初往来明细"录入界面，单击"增行"按钮，根据应收票据明细账资料录入期初余额。单击"汇总"按钮，系统弹出"完成了往来明细到辅助期初表的汇总！"提示框，单击"确定"按钮。单击"退出"按钮，完成辅助明细的录入，如图4-2所示。依此步骤继续录入其他辅助明细期初余额。

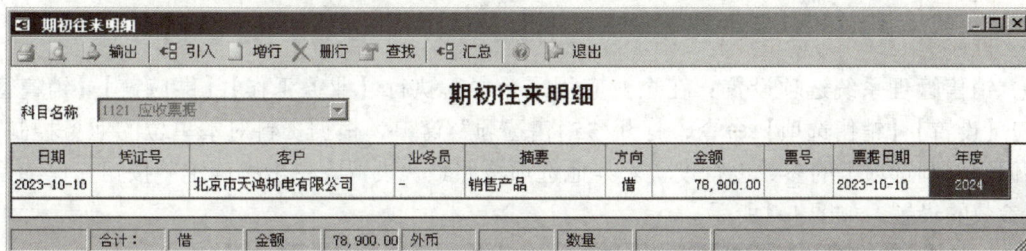

图4-2　期初往来明细录入

操作提示

在已输入期初余额的情况下，按以下方法删除明细科目：

①先清除明细科目的累计借方、累计贷方、期初余额的数据。

②若凭证类别已经设置，执行【基础设置】【基础档案】【财务】【凭证类别】命令，将限制类型改为"无限制"，系统自动清除限制科目中的设置。

③执行【基础设置】【基础档案】【财务】【会计科目】命令，删除相应的明细科目。

在输入科目期初余额时，必须先输入末级明细科目的余额，上级科目的余额会逐级计算。如果出现上级科目的汇总数据与下级明细科目汇总不一致，则需要先按照前述方法删除下级科目，才能清除数据，然后再重新建立明细科目、输入数据。

④若出现"多行退出不了"的情况，请使用键盘上的【Esc】键。

⑤可使用【Enter】键进入下一格和增行。

（3）单击"试算"按钮，生成"期初试算平衡表"，检测期初余额是否平衡。如图4-3所示。

图4-3　期初试算平衡表

实训二 销售管理和应收款管理

一、销售管理初始设置

选项设置

业务控制：允许超发货量开票，取消销售生成出库单。

可用量控制：新增允许非批次存货超可用量发货。

备注：由于本公司产成品核算采用的核算方法是月末一次加权平均法和期末一次性产成品入库，导致出库与入库在核算上存在一定的时间差异，因此设置上述选项。

【操作指导】

操作岗位：A01（朱沫）

销售管理系统选项设置：在企业应用平台中，执行【业务工作】【供应链】【销售管理】【设置】【销售选项】命令，打开"销售选项"窗口，根据资料对本单位的业务控制、可用量控制选项卡的参数进行设置。其他选项按照默认设置，单击"确定"按钮。保存系统参数的设置。如图4-4所示。

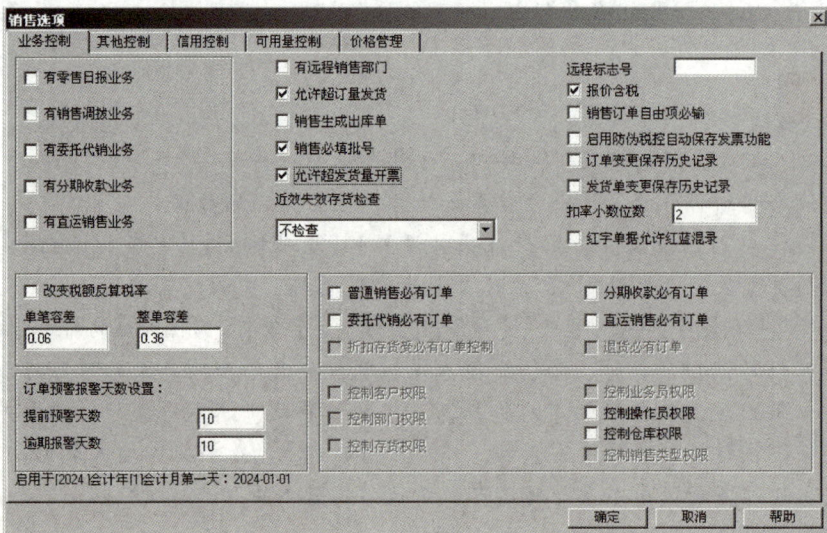

图4-4 销售管理系统选项设置

二、应收款管理初始设置

（一）选项设置

常规：单据审核日期依据为单据日期，坏账处理方式为应收余额百分比法，勾选自动计算现金折扣。

权限与预警：取消控制操作员权限。

（二）科目设置

基本科目设置：应收科目为1122；预收科目为2204；税金科目为22210104；票据利息科目为660302；票据费用科目为660301。

控制科目设置：所有客户的应收科目均为1122，预收科目均为2204。

产品科目设置：材料的销售收入科目均为605102，销售退回科目均为605102；产成品的销售收入科目为600101，销售退回科目为600101，所有应交增值税科目均为22210104；运杂费的增值税税率为9%，其他均为13%。

备注：本企业不提供运输服务，不存在运杂费的收入，因此不设置相应科目。

结算方式科目设置：现金对应1001，现金支票、转账支票、托收承付、委托收款、汇兑、其他均为100201。

坏账准备设置：提取比例为4%，坏账准备期初余额为34 320元，坏账准备科目为1231，坏账准备对方科目为6702。

（三）期初余额录入

1.应收账款明细表（见表4-9）

表4-9　　　　　　　　　　　　　应收账款明细表

日期	单位名称	摘要（单价为含税价）13%	方向	金额（元）
2023.12.01	山西机电制造有限公司	销售16台H-1铣床，39 312.5元/台；发票号：60972940	借	629 000.00
2023.12.05	北京市花杨贸易有限公司	销售1台C-1车床，35 000元/台；发票号：60972941	借	35 000.00
2023.12.07	北京市机床经销有限公司	销售2台H-1铣床，32 500元/台；发票号：60972942	借	65 000.00
2023.12.20	北京重型机械制造有限公司	销售4台H-1铣床；32 250元/台；发票号：60972943	借	129 000.00

2.应收票据明细表（银行承兑汇票）（见表4-10）

表4-10　　　　　　　　　　应收票据明细表（银行承兑汇票）

日期	单位名称	摘要	方向	金额（元）
2023.10.10	北京市天鸿机电有限公司	销售产品，收到6个月的银行承兑汇票，承兑银行：中国工商银行，票据编号：00246678	借	78 900.00

3.合同负债明细表（见表4-11）

表4-11　　　　　　　　　　　　合同负债明细表

日期	单位名称	摘要	方向	金额（元）
2023.12.18	山西机电制造有限公司	以转账支票预收货款	贷	157 000.00

【操作指导】

操作岗位：A01（朱沫）

1.应收款管理系统选项设置

（1）在企业应用平台中，执行【业务工作】【财务会计】【应收款管理】【设置】【选项】命令，打开"账套参数设置"窗口。

（2）单击"编辑"按钮，使所有参数处于可修改状态，按照资料进行设置，单击"确定"按钮。如图4-5、图4-6所示。

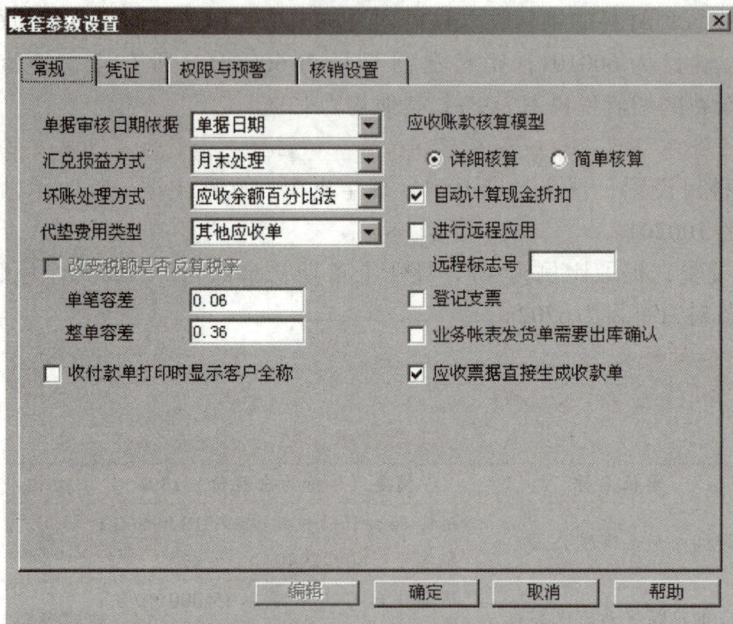

图4-5 应收款管理系统账套参数设置——常规

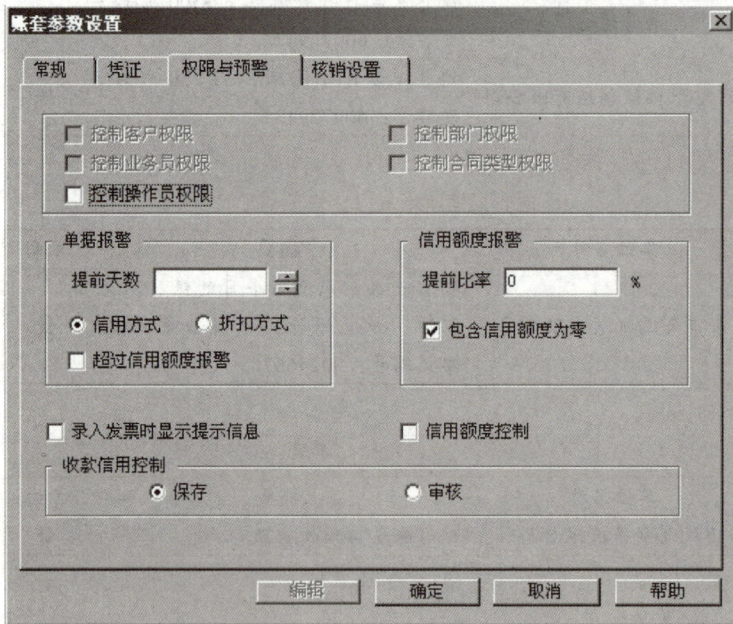

图4-6 应收款管理系统账套参数设置——权限与预警

2.科目设置

（1）在企业应用平台中，执行【业务工作】【财务会计】【应收款管理】【设置】【初始设置】命令，打开"初始设置"窗口。

（2）执行【设置科目】【基本科目设置】命令，单击"增加"按钮，根据资料对基本科目进行设置。如图4-7所示。

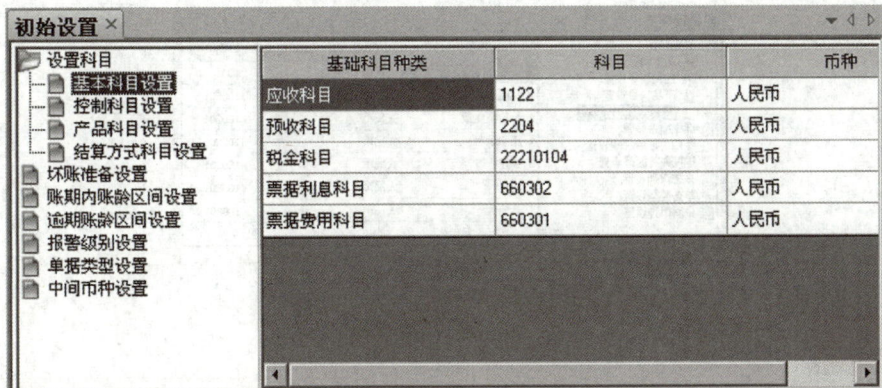

图4-7 基本科目设置

（3）切换至【控制科目设置】，根据资料对控制科目进行设置。如图4-8所示。

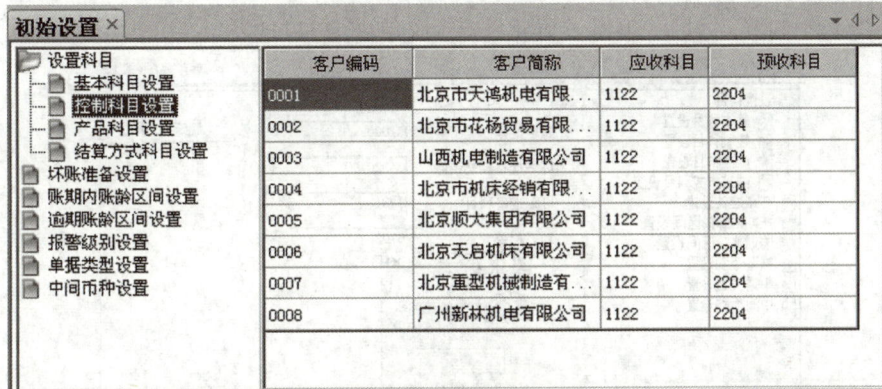

图4-8 控制科目设置

（4）切换至【产品科目设置】，根据资料产品科目进行设置。如图4-9所示。

图4-9 产品科目设置

（5）切换至【结算方式科目设置】，根据资料对结算方式科目进行设置。如图4-10所示。

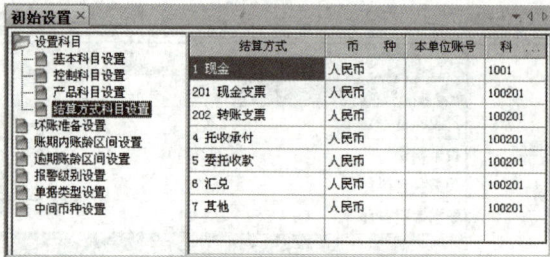

图 4-10　结算方式科目设置

操作提示

注意此处该表格会自动删减最后一行。

（6）切换至【坏账准备设置】，分别录入"提取比率""坏账准备期初余额""坏账准备科目""对方科目"信息，单击"确定"按钮。如图 4-11 所示。

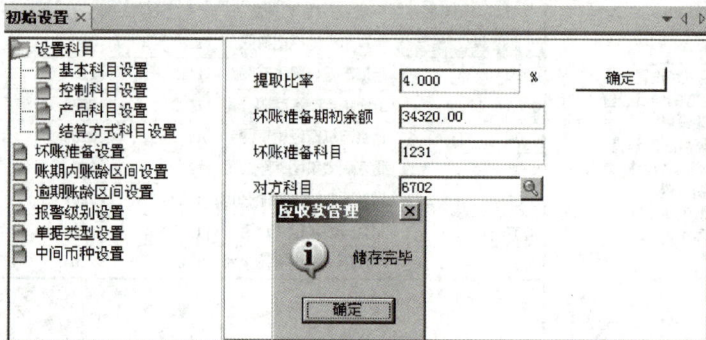

图 4-11　坏账准备设置

3. 录入期初余额

（1）在企业应用平台，执行【业务工作】【财务会计】【应收款管理】【设置】【期初余额】命令，打开"期初余额-查询"窗口，单击"确定"按钮，系统打开"期初余额"窗口，单击"增加"按钮，打开"单据类别"窗口

（2）选择单据名称为"销售发票"，单据类型为"销售专用发票"，方向为"正向"，单击"确定"按钮，打开"期初销售发票-销售专用发票"窗口，单击"增加"按钮，根据资料录入开票日期、发票号、客户名称、税率等期初销售专用发票信息，如图 4-12 所示，单击"保存"按钮，根据以上步骤依次录入剩余销售专用发票。录入完成后返回"期初余额"窗口。

图 4-12　期初销售发票录入

（3）单击“增加”按钮，打开“单据类别”窗口，选择单据名称为“应收票据”，单据类型为“银行承兑汇票”，方向为“正向”，单击“确定”按钮，打开“期初单据录入-期初票据”窗口，单击“增加”按钮，根据资料录入期初票据信息，单击“保存”按钮。录入完成后返回“期初余额”窗口。如图4-13所示。

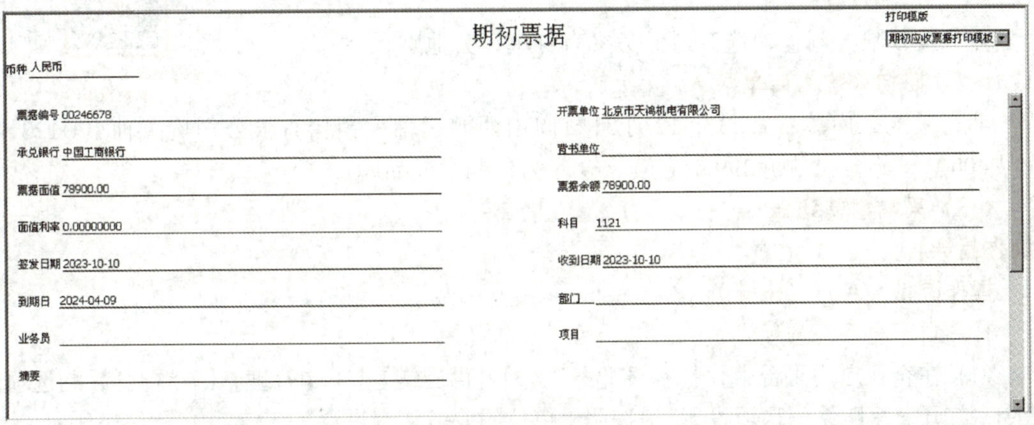

图4-13　期初票据录入

（4）单击“增加”按钮，打开“单据类别”窗口，选择单据名称为“预收款”，单据类型为“收款单”，方向为“正向”，单击“确定”按钮，打开“期初单据录入-收款单”窗口，单击“增加”按钮，根据资料录入期初收款单信息，单击“保存”按钮。录入完成后返回“期初余额”窗口。如图4-14、图4-15所示。

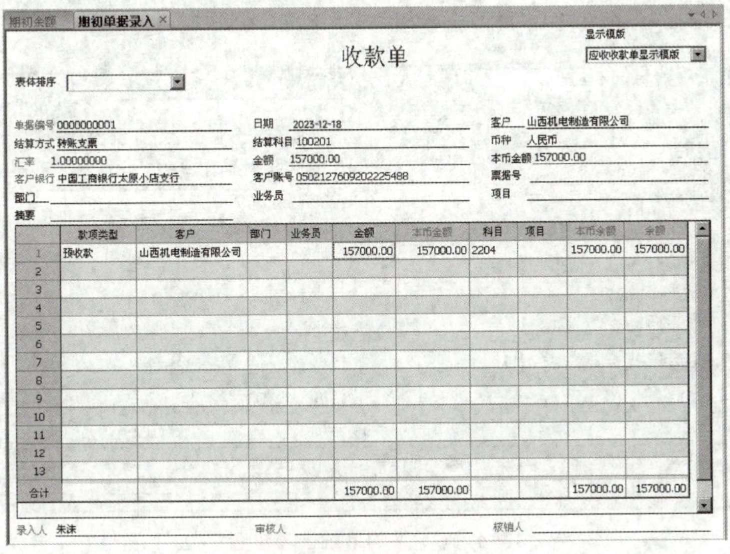

图4-14　期初收款单录入

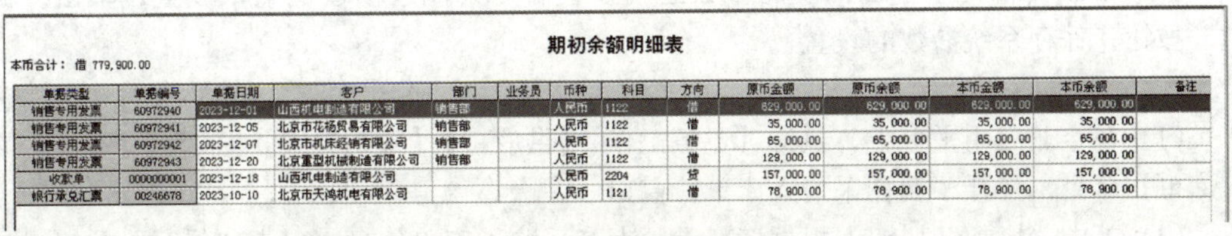

单据类型	单据编号	单据日期	客户	部门	业务员	币种	科目	方向	原币金额	原币余额	本币金额	本币余额	备注
销售专用发票	60972940	2023-12-01	山西机电制造有限公司	销售部		人民币	1122	借	629,000.00	629,000.00	629,000.00	629,000.00	
销售专用发票	60972941	2023-12-05	北京市花杨贸易有限公司	销售部		人民币	1122	借	35,000.00	35,000.00	35,000.00	35,000.00	
销售专用发票	60972942	2023-12-07	北京市机床经销有限公司	销售部		人民币	1122	借	65,000.00	65,000.00	65,000.00	65,000.00	
销售专用发票	60972943	2023-12-20	北京重型机械制造有限公司	销售部		人民币	1122	借	129,000.00	129,000.00	129,000.00	129,000.00	
收款单	0000000001	2023-12-18	山西机电制造有限公司			人民币	2204	贷	157,000.00	157,000.00	157,000.00	157,000.00	
银行承兑汇票	00246678	2023-10-10	北京市天鸿机电有限公司			人民币	1121	借	78,900.00	78,900.00	78,900.00	78,900.00	

图4-15　期初余额明细表

实训三　采购管理和应付款管理

一、采购管理初始设置

（一）选项设置

业务及权限控制：勾选普通业务必有订单，其他默认。

（二）期初采购入库单录入

期初采购入库单：2023年12月31日向山西鸿运轴承销售有限公司购买轴承Q123半成品400套，不含税单价299.5元/套，仓库为外购半成品库。

（三）采购期初记账

【操作指导】

操作岗位：A01（朱沫）

1.采购管理系统选项设置

（1）在企业应用平台中，执行【业务工作】【供应链】【采购管理】【设置】【采购选项】命令，打开"采购系统选项设置-请按照贵单位的业务认真设置"窗口。如图4-16所示。

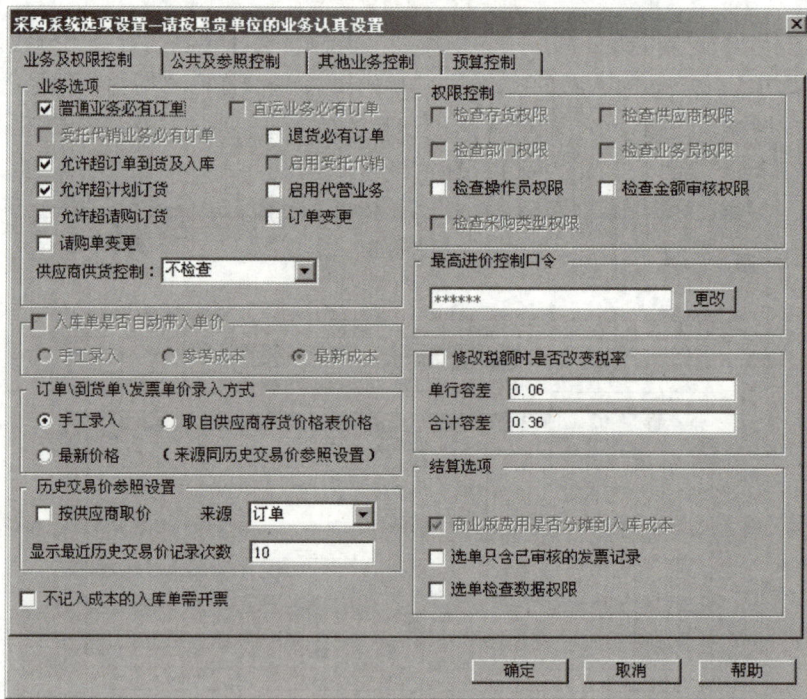

图4-16　采购系统选项设置

（2）根据资料对本单位需要的参数进行设置后，其他选项按照默认设置，单击"确定"按钮，保存系统参数的设置。

2.录入期初采购入库单

（1）在企业应用平台中，执行【业务工作】【供应链】【采购管理】【采购入库】【采购入库单】命令，打开"期初采购入库单"窗口。

（2）单击"增加"按钮，根据资料录入期初采购入库单信息，单击"保存"按钮，如

图4-17所示。

图4-17 期初采购入库单录入

操作提示

若在输入存货编码后，系统提示没有该物料，此时应执行【基础设置】【基础档案】【存货】【存货档案】命令进行检查；如果没有该物料的存货档案，就要检查存货属性是否进行了设置（如内销、采购、生产耗用），这些属性将限制具体物料采购、销售、使用等范围。

3.采购期初记账

执行【业务工作】【供应链】【采购管理】【设置】【采购期初记账】命令，打开"期初记账"窗口，单击"记账"按钮，系统弹出"期初记账完毕"提示框，如图4-18所示，单击"确定"按钮，完成采购管理系统期初记账。

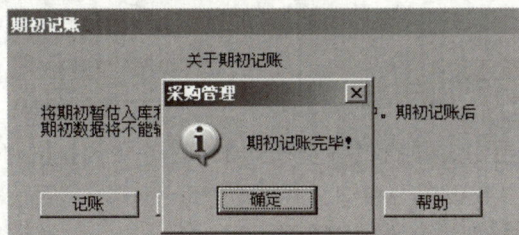

图4-18 采购期初记账

二、应付款管理初始设置

（一）参数设置

常规：单据审核日期依据为单据日期，勾选自动计算现金折扣。

凭证：受控科目制单方式为明细到单据。

权限与预警：取消控制操作员权限。

（二）科目设置

基本科目设置：应付科目2202；预付科目1123；采购科目1401，税金科目22210101。

控制科目设置：供应商的应付科目均为2202，预付科目均为1123。

产品科目设置：采购科目为1401，产品采购税金科目为22210101；运杂费增值税税率为9%，其余均为13%。

备注：**本企业产成品采用自制方式，无外购，因此不设置相应科目。**

结算方式科目设置：现金对应1001，现金支票、转账支票、托收承付、委托收款、汇兑、其他均为100201。

（三）期初余额的录入

1.应付账款明细表（见表4-12）

表4-12　　　　　　　　　　　　　应付账款明细表

日期	单位名称	摘要（单价为不含税价）	方向	含税金额合计（元）
2023.12.05	上海钢铁制造有限公司	购买100台电机X123，2 371.68元/台，发票号：00000001，订单号：qc001	贷	268 000.00
2023.12.08	山西鸿运轴承销售有限公司	购买35吨圆钢，3 544.02元/吨，发票号：00000002，订单号：qc002	贷	140 166.00
2023.12.15	北京永达五金有限公司	购买150吨生铁，3 115.04元/台，发票号：00000003，订单号：qc003	贷	528 000.00

2.应付票据明细表（见表4-13）

表4-13　　　　　　　　　　　　　应付票据明细表

日期	单位名称	摘要	方向	金额（元）
2023.12.20	上海钢铁制造有限公司	采购材料，开出3个月的银行承兑票据抵付货款，到期由中国工商银行承兑，票据编号：68791043	贷	42 000.00

3.预付账款明细表（见表4-14）

表4-14　　　　　　　　　　　　　预付账款明细表

日期	单位名称	摘要	方向	金额（元）
2023.12.16	长江钢铁集团有限公司	以转账支票预付购货款	借	100 000.00
2023.12.17	锦江轴承制造有限公司	以转账支票预付购货款	借	161 500.00

【操作指导】

操作岗位：A01（朱沫）

1.应付款管理系统选项设置

（1）在企业应用平台中，执行【业务工作】【财务会计】【应付款管理】【设置】【选项】命令，打开"账套参数设置"窗口。

（2）单击"编辑"按钮，使所有参数处于可修改状态，按照资料进行设置，单击"确定"按钮。如图4-19、图4-20所示。

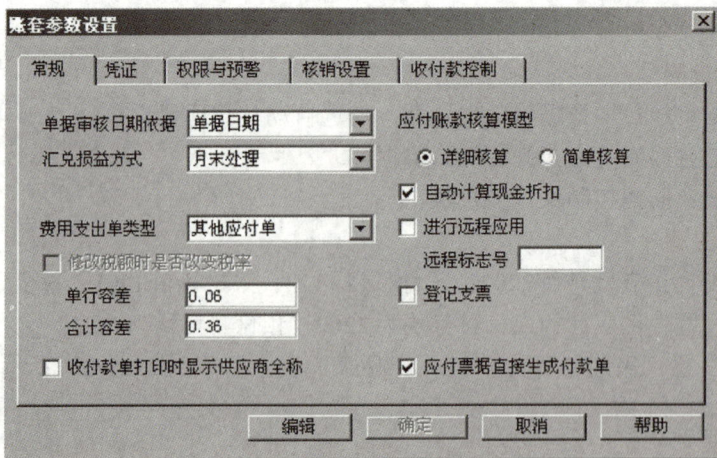

图4-19　应付款管理系统账套参数设置——常规

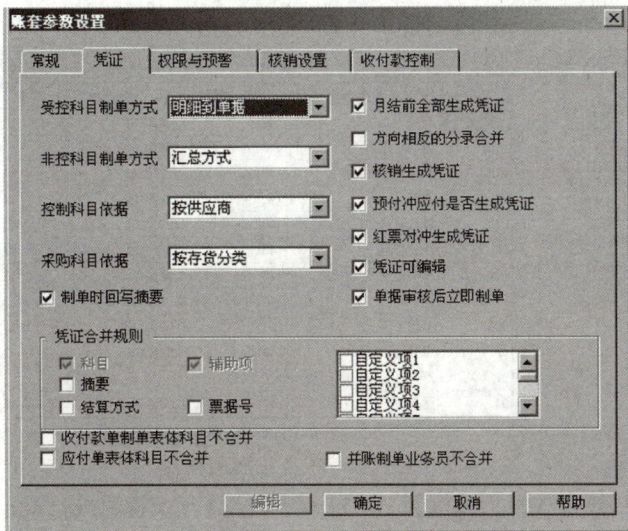

图4-20 应付款管理系统账套参数设置——凭证

2.科目设置

（1）在企业应用平台中，执行【业务工作】【财务会计】【应付款管理】【设置】【初始设置】命令，打开"初始设置"窗口。

（2）选择【设置科目】【基本科目设置】，单击"增加"按钮，根据资料对基本科目进行设置，如图4-21所示。

图4-21 应付款管理系统基本科目设置

（3）切换至【控制科目设置】，根据资料对控制科目进行设置。如图4-22所示。

图4-22 应付款管理系统控制科目设置

（4）切换至【产品科目设置】，根据资料对产品科目进行设置。如图4-23所示。

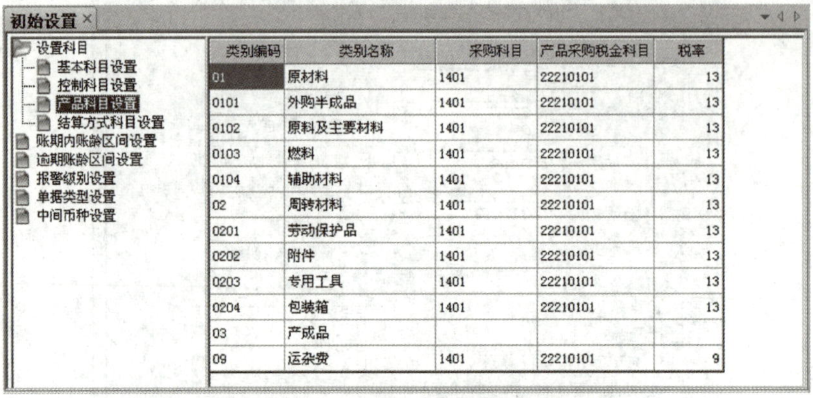

图4-23　应付款管理系统产品科目设置

（5）切换至【结算方式科目设置】，根据资料对结算方式科目进行设置。如图4-24所示。

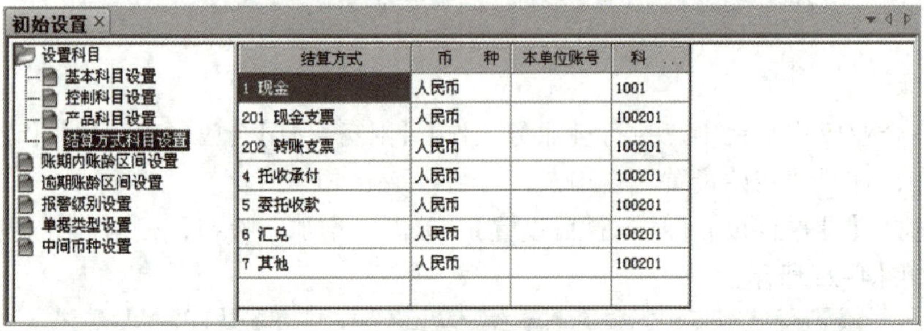

图4-24　结算方式科目设置

操作提示

注意此处该表格会自动删减最后一行。

3.录入期初余额

（1）在企业应用平台中，执行【业务工作】【财务会计】【应付款管理】【设置】【期初余额】命令，打开"期初余额-查询"窗口，单击"确定"按钮，系统打开"期初余额"窗口。单击"增加"按钮，打开"单据类别"窗口。选择单据名称为"采购发票"，单据类型为"采购专用发票"，方向为"正向"。

（2）单击"确定"按钮，打开"采购发票-采购专用发票"窗口，单击"增加"按钮，根据资料录入期初采购专用发票信息，单击"保存"按钮，如图4-25所示，根据以上步骤依次录入剩余采购专用发票。录入完成后返回"期初余额"窗口。

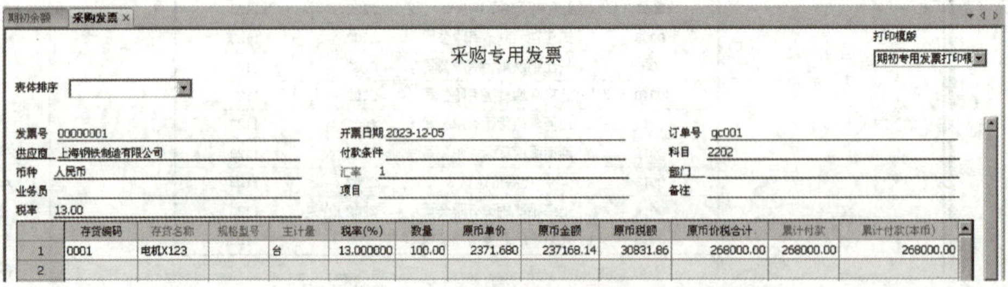

图4-25　期初采购专用发票录入

（3）单击"增加"按钮，打开"单据类别"窗口。选择单据名称为"应付票据"，单据类型为"银行承兑汇票"，方向为"正向"。

（4）单击"确定"按钮，打开"期初单据录入-期初票据"窗口，单击"增加"按钮，根据资料录入期初票据信息，如图4-26所示，单击"保存"按钮。录入完成后返回"期初余额"窗口。

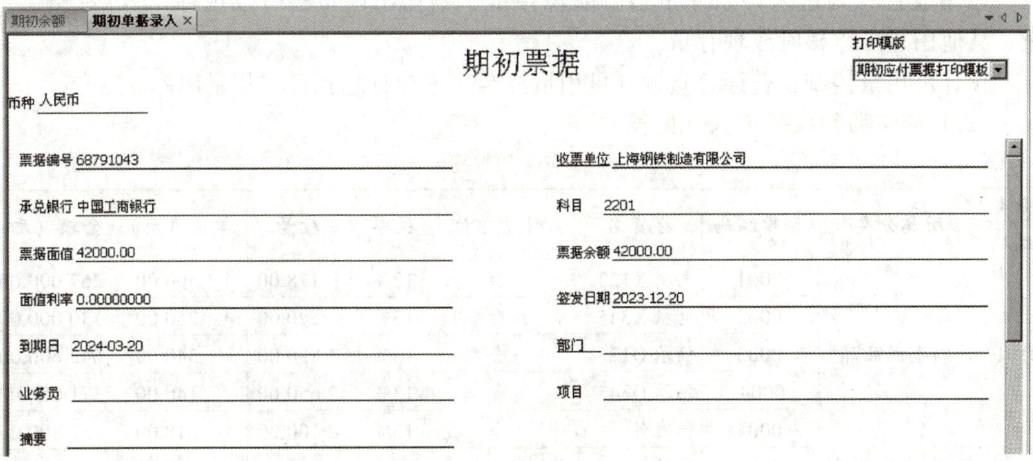

图4-26　期初单据录入

（5）单击"增加"按钮，打开"单据类别"窗口。选择单据名称为"预付款"，单据类型为"付款单"，方向为"正向"。

（6）单击"确定"按钮，打开"期初单据录入-付款单"窗口，单击"增加"按钮，根据资料依次录入期初付款单信息，如图4-27所示，单击"保存"按钮。根据以上步骤依次录入剩余付款单。单击"保存"按钮。如图4-28所示。

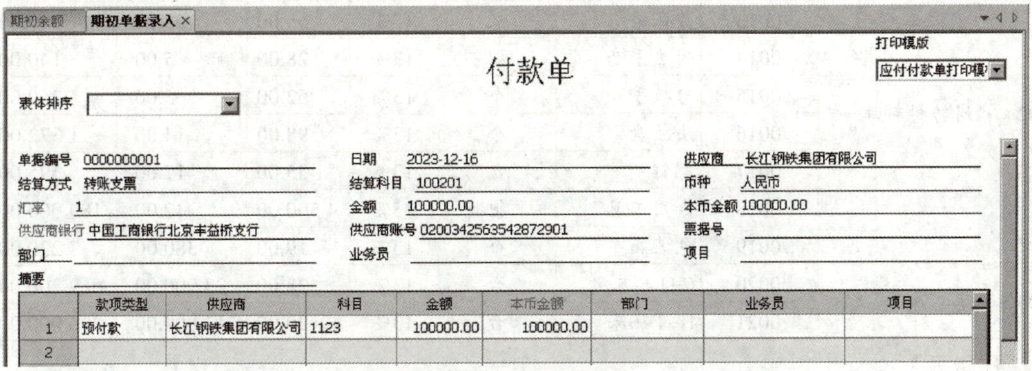

图4-27　期初付款单录入

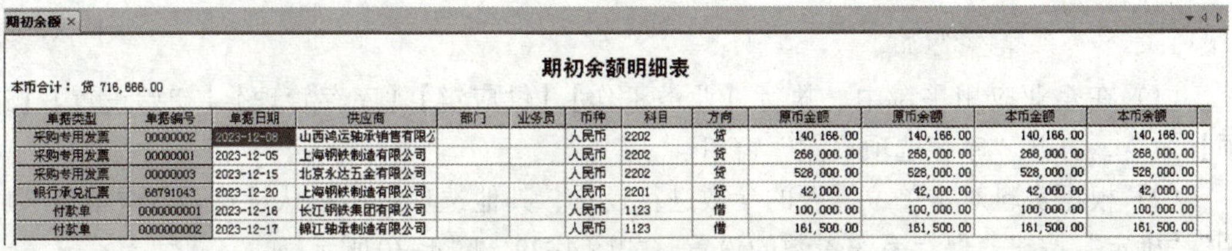

期初余额明细表

本币合计：贷 716,666.00

单据类型	单据编号	单据日期	供应商	部门	业务员	币种	科目	方向	原币金额	原币余额	本币金额	本币余额
采购专用发票	00000002	2023-12-05	山西鸿运轴承销售有限公司			人民币	2202	贷	140,166.00	140,166.00	140,166.00	140,166.00
采购专用发票	00000001	2023-12-05	上海钢铁制造有限公司			人民币	2202	贷	268,000.00	268,000.00	268,000.00	268,000.00
采购专用发票	00000003	2023-12-15	北京永达五金有限公司			人民币	2202	贷	528,000.00	528,000.00	528,000.00	528,000.00
银行承兑汇票	68791043	2023-12-20	上海钢铁制造有限公司			人民币	2201	贷	42,000.00	42,000.00	42,000.00	42,000.00
付款单	0000000001	2023-12-16	长江钢铁集团有限公司			人民币	1123	借	100,000.00	100,000.00	100,000.00	100,000.00
付款单	0000000002	2023-12-17	锦江轴承制造有限公司			人民币	1123	借	161,500.00	161,500.00	161,500.00	161,500.00

图4-28　期初余额明细表录入

实训四　库存管理与存货核算

一、库存管理初始设置

（一）参数设置

通用设置：勾选采购入库审核时改现存量、销售出库审核时改现存量、其他出入库审核时改现存量。

预计可用量控制：普通存货预计可用量控制——允许超预计可用量出库。

（二）库存期初数据录入（见表4-15）

表4-15　库存期初数据

分类编码	所属分类	存货编码	存货名称	计量单位	税率	数量	单价（元）	金额（元）
0101	外购半成品库	0001	电机X123	台	13%	178.00	1 500.00	267 000.00
		0002	电机X345	台	13%	520.00	250.00	130 000.00
		0003	轴承Q123	套	13%	1 890.00	340.00	642 600.00
		0004	轴承Q345	套	13%	2 650.00	140.00	371 000.00
		0005	标准件	个	13%	2 100.00	18.00	37 800.00
0102	原料及主要材料库	0006	生铁	吨	13%	98.00	2 400.00	235 200.00
		0007	圆钢	吨	13%	82.00	2 900.00	237 800.00
0103	燃料库	0008	焦炭	吨	13%	34.00	500.00	17 000.00
		0009	煤	吨	13%	18.00	160.00	2 880.00
0104	辅助材料库	0010	油漆	千克	13%	1 000.00	12.00	12 000.00
		0011	润滑油	千克	13%	400.00	3.50	1 400.00
02	周转材料库	0012	工作服	套	13%	22.00	40.00	880.00
		0013	劳保鞋	双	13%	55.00	28.00	1 540.00
		0014	耐热手套	副	13%	28.00	5.00	140.00
		0015	勾扳手	个	13%	52.00	5.00	260.00
		0016	法兰盘	个	13%	98.00	14.00	1 372.00
		0017	螺钉	盒	13%	35.00	17.00	595.00
		0018	专用工具	把	13%	4 500.00	42.00	189 000.00
		0019	包装箱	个	13%	19.00	380.00	7 220.00
03	商品库	0020	C-1车床	台	13%	28.00	23 900.00	669 200.00
		0021	H-1铣床	台	13%	20.00	14 800.00	296 000.00

【操作指导】

操作岗位：A01（朱沫）

1.库存管理系统选项设置

（1）在企业应用平台中，执行【业务工作】【供应链】【库存管理】【初始设置】【选项】命令，打开"库存选项设置"窗口。

（2）根据资料对本单位需要的参数进行设置，其他选项按照默认设置，依次单击"应用""确定"按钮。保存系统参数的设置。如图4-29、图4-30所示。

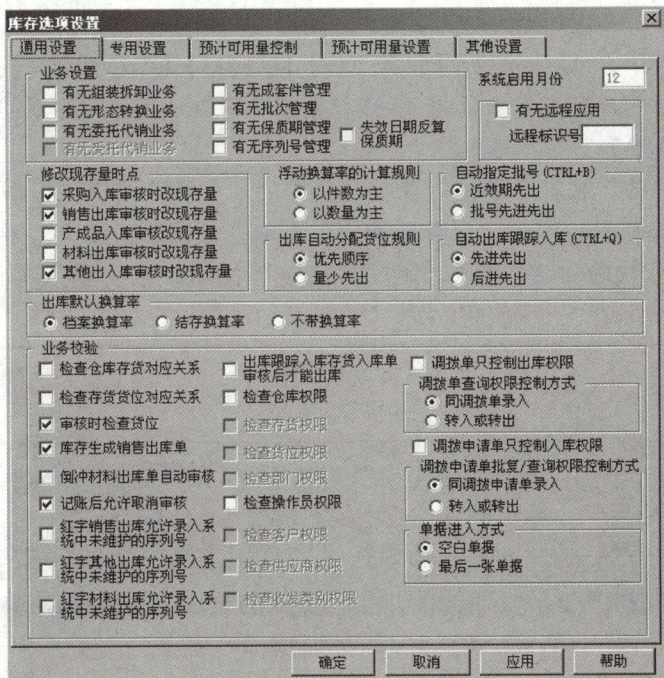

图 4-29 库存选项设置——通用设置

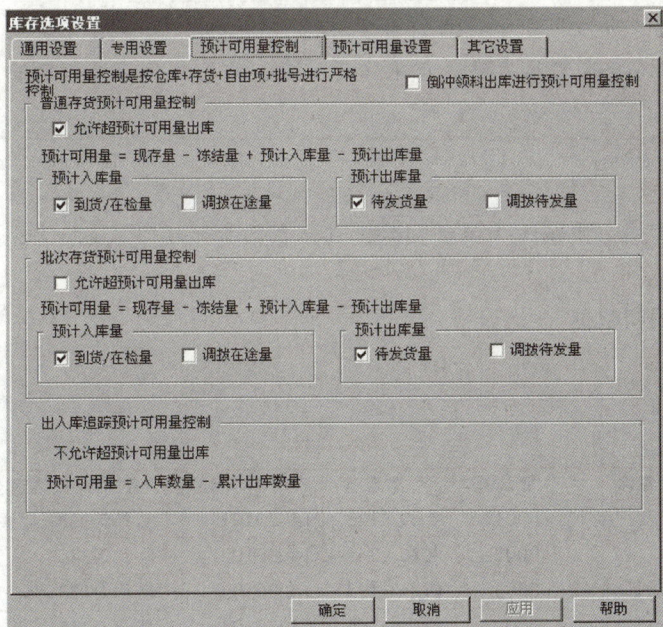

图 4-30 库存选项设置——预计可用量控制

操作提示

"允许超预计可用量出库"：因为本公司产成品采用的核算方法是月末一次加权平均法和期末一次性产成品入库，导致本月出库数量与入库数量在核算上存在一定的时间差异，因此设置此选项。

2.录入库存期初数据

（1）在企业应用平台中，执行【业务工作】【供应链】【库存管理】【初始设置】【期初结存】命令，打开"库存期初数据录入–库存期初"窗口。在"库存期初"窗口中将仓库选择为"外购半成品库"。

（2）单击"修改"按钮，单击存货编码栏中的"参照"按钮，根据资料录入存货名称、数量、单价等信息，单击"保存"按钮，再单击"批审"按钮，系统弹出"批量审核完成"对话框，如图4-31所示，单击"确定"按钮，依次输入其他仓库期初结存数据。

图4-31　库存期初数据录入

操作提示

工具栏上的"审核"是审核当前存货记录，"批审"是审核当前录入的库房存货。如果不审核，将不会在实际库存数据中体现出来，就无法保存录入的出库单。

二、存货核算初始设置

（一）选项设置

核算方式：暂估方式修改为单到回冲，其余参数为系统默认。

（二）期初数据录入

同库存管理期初数据。

（三）科目设置

1.设置存货科目（见表4-16）

表4-16　　　　　　　　　　　　　　存货科目

仓库编码	仓库名称	存货编码	存货名称	存货科目编码	存货科目名称	差异科目编码
0101	外购半成品库	0001	电机X123	14030101	电机X123	1404
		0002	电机X345	14030102	电机X345	1404
		0003	轴承Q123	14030103	轴承Q123	1404
		0004	轴承Q345	14030104	轴承Q345	1404
		0005	标准件	14030105	标准件	1404
0102	原料及主要材料库	0006	生铁	14030201	生铁	1404
		0007	圆钢	14030202	圆钢	1404
0103	燃料库	0008	焦炭	14030301	焦炭	1404
		0009	煤	14030302	煤	1404
0104	辅助材料库	0010	油漆	14030401	油漆	1404
		0011	润滑油	14030402	润滑油	1404

续表

仓库编码	仓库名称	存货编码	存货名称	存货科目编码	存货科目名称	差异科目编码
02	周转材料库	0012	工作服	14110101	工作服	1404
		0013	劳保鞋	14110102	劳保鞋	1404
		0014	耐热手套	14110103	耐热手套	1404
		0015	勾扳手	14110201	勾扳手	1404
		0016	法兰盘	14110202	法兰盘	1404
		0017	螺钉	14110203	螺钉	1404
		0018	专用工具	141103	专用工具	1404
		0019	包装箱	141104	包装箱	1404
03	商品库	0020	C-1车床	140501	C-1车床	
		0021	H-1铣床	140502	H-1铣床	

2.设置存货对方科目（见表4-17）

表4-17 存货对方科目

收发类别编码	收发类别名称	存货分类编码	存货分类名称	存货编码	存货名称	对方科目编码	对方科目名称
11	采购入库	01	原材料			1401	材料采购
12	采购退货	01	原材料			1401	材料采购
11	采购入库	02	周转材料			1401	材料采购
21	销售出库	03	产成品	0020	C-1车床	640101	C-1车床
21	销售出库	03	产成品	0021	H-1铣床	640102	H-1铣床

【操作指导】

操作岗位：A01（朱沫）

1.存货核算系统选项设置

在企业应用平台中，执行【业务工作】【供应链】【存货核算】【初始设置】【选项】【选项录入】命令，打开"选项录入"窗口。根据资料对本单位需要的参数进行设置，如图4-32所示。其他选项按照默认设置，单击"确定"按钮。系统弹出"是否保存当前设置"提示框，单击"是"，保存系统参数的设置。

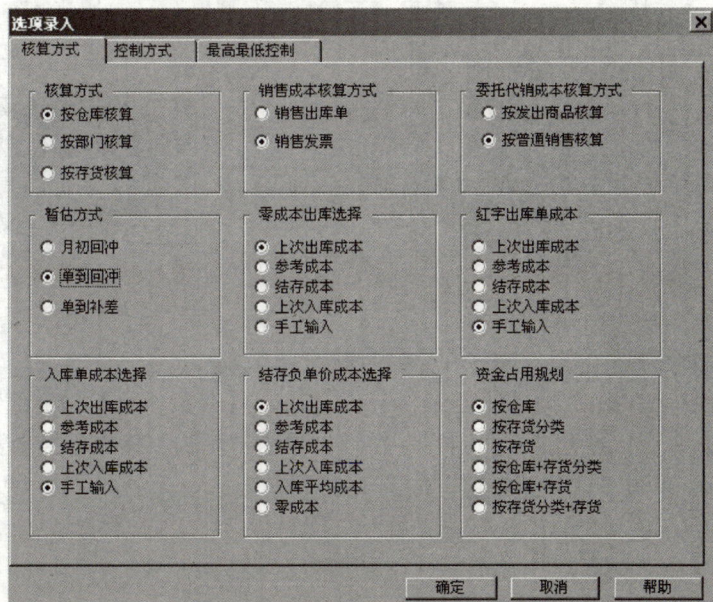

图4-32 存货选项

2.录入存货期初数据

（1）在企业应用平台中，执行【业务工作】【供应链】【存货核算】【初始设置】【期初数据】【期初余额】命令，打开"期初余额"窗口。

（2）选择仓库为"外购半成品库"，单击"取数"按钮，系统自动从库存管理的期初取数，根据资料录入对应的存货科目编码，如图4-33所示，依次选择其他仓库分别取数，完成存货核算中期初余额录入。

存货编码	存货名称	规格型号	计量单位	数量	单价	金额	计划价	计划金额	存货科目	存货科目
0001	电机X123		台	178.00	1,500.00	267,000.00	1,500.00	267,000.00	14030101	电机X123
0002	电机X345		台	520.00	250.00	130,000.00	250.00	130,000.00	14030102	电机X345
0003	轴承Q123		套	1,890.00	340.00	642,600.00	340.00	642,600.00	14030103	轴承Q123
0004	轴承Q345		套	2,650.00	140.00	371,000.00	140.00	371,000.00	14030104	轴承Q345
0005	标准件		个	2,100.00	18.00	37,800.00	18.00	37,800.00	14030105	标准件
合计：				7,338.00		1,448,4...		1,448,4...		

图4-33 存货期初余额录入

（3）单击"对账"按钮，系统弹出"库存与存货期初对账查询条件"对话框，选择所有仓库，单击"确定"按钮，系统自动对存货核算与库存管理系统的存货进行核对，如果对账成功，系统将弹出"对账成功"对话框，如图4-34所示单击"确定"按钮。

（4）单击"记账"按钮，系统弹出"期初记账成功"对话框，如图4-35所示，单击"确定"按钮，完成期初记账工作，单击"退出"按钮。

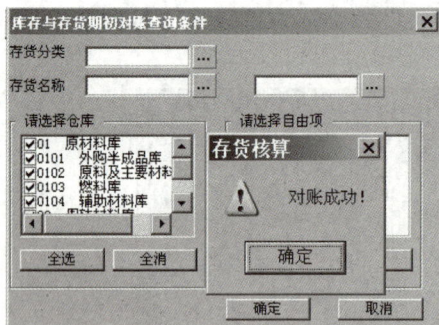

图4-34 库存与存货期初对账

图4-35 存货核算

3.科目设置

（1）设置存货科目。

在企业应用平台中，执行【业务工作】【供应链】【存货核算】【初始设置】【科目设置】【存货科目】命令，打开"存货科目"窗口，单击"增加"按钮，根据资料录入仓库、存货科目等信息，单击"保存"按钮。如图4-36所示。

存货科目

输出 增加 插行 删除 栏目 定位 退出

存货科目

仓库编码	仓库名称	存货分类编码	存货分类名称	存货编码	存货名称	存货科目编码	存货科目名称	差异科目编码	差异科目名称
0101	外购半成品库			0001	电机X123	14030101	电机X123	1404	材料成本差异
0101	外购半成品库			0002	电机X345	14030102	电机X345	1404	材料成本差异
0101	外购半成品库			0003	轴承Q123	14030103	轴承Q123	1404	材料成本差异
0101	外购半成品库			0004	轴承Q345	14030104	轴承Q345	1404	材料成本差异
0101	外购半成品库			0005	标准件	14030105	标准件	1404	材料成本差异
0102	原料及主要材...			0006	生铁	14030201	生铁	1404	材料成本差异
0102	原料及主要材...			0007	圆钢	14030202	圆钢	1404	材料成本差异
0103	燃料库			0008	焦炭	14030301	焦炭	1404	材料成本差异
0103	燃料库			0009	煤	14030302	煤	1404	材料成本差异
0104	辅助材料库			0010	油漆	14030401	油漆	1404	材料成本差异
0104	辅助材料库			0011	润滑油	14030402	润滑油	1404	材料成本差异
02	周转材料库			0012	工作服	14110101	工作服	1404	材料成本差异
02	周转材料库			0013	劳保鞋	14110102	劳保鞋	1404	材料成本差异
02	周转材料库			0014	耐热手套	14110103	耐热手套	1404	材料成本差异
02	周转材料库			0015	勾扳手	14110201	勾扳手	1404	材料成本差异
02	周转材料库			0016	法兰盘	14110202	法兰盘	1404	材料成本差异
02	周转材料库			0017	螺钉	14110203	螺钉	1404	材料成本差异
02	周转材料库			0018	专用工具	141103	专用工具	1404	材料成本差异
02	周转材料库			0019	包装箱	141104	包装箱	1404	材料成本差异
03	商品库			0020	C-1车床	140501	C-1车床		
03	商品库			0021	H-1铣床	140502	H-1铣床		

图 4-36 存货科目设置

（2）设置对方科目。

在企业应用平台中，执行【业务工作】【供应链】【存货核算】【初始设置】【科目设置】【对方科目】命令，打开“对方科目”窗口。单击“增加”按钮，根据资料录入收发类别、对方科目等信息，单击“保存”按钮。如图4-37所示。

对方科目

输出 增加 插行 删除 栏目 定位 退出

对方科目

收发类别编码	收发类别名称	存货分类编码	存货分类名称	存货编码	存货名称	部门编码	部门名称	项目大类编码	项目大类名称	项目编码	项目名称	对方科目编码	对方科目名称
11	采购入库	01	原材料									1401	材料采购
12	采购退货	01	原材料									1401	材料采购
11	采购入库	02	周转材料									1401	材料采购
21	销售出库	03	产成品	0020	C-1车床							640101	C-1车床
21	销售出库	03	产成品	0021	H-1铣床							640102	H-1车床

图 4-37 对方科目设置

操作提示

初始设置完毕，请认真检查相关项目设置，并做好备份。

项目五
业务处理流程概述

思政要点

本项目旨在通过业务处理流程的实训，培养学生树立正确的法治意识和社会公正观念，通过对业务处理的深入理解和实操，提升其法律意识和诚信意识，为维护社会公平正义贡献力量。

实训一 总账业务处理

一、总账与其他子系统之间的关系

会计信息化后，各模块之间的关系是隐藏在系统中的，业务处理直接影响各相关子系统的数据，因本教程不涉及薪资管理和固定资产模块，所以关系图中均不含这两个模块（以下均是）。总账与其他子系统的关系如图5-1所示。

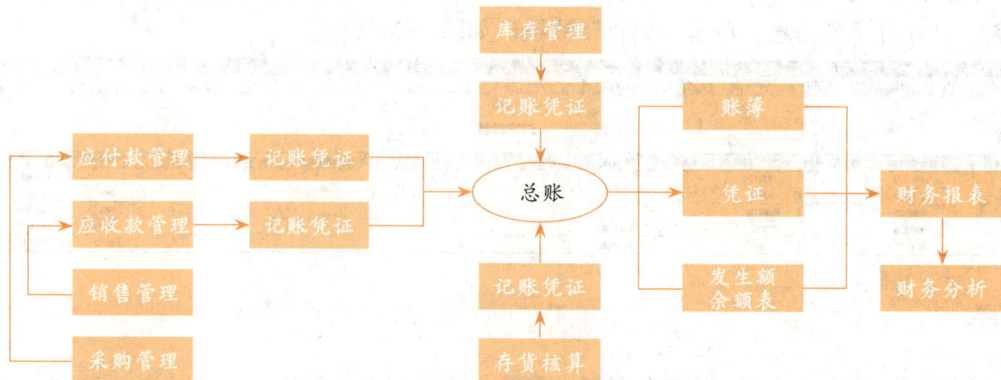

图5-1　总账与其他子系统的关系

二、总账业务的日常处理

总账日常处理主要是围绕凭证进行的总账处理工作。它是总账处理子系统中使用最频繁的，主要功能模块有会计凭证的录入修改、会计凭证的审核（复核）、会计凭证的记账（过账）、会计凭证的查询打印及会计凭证的汇总等。

凭证是总账核算的基础，是会计软件中最重要的业务数据，是总账处理的核心功能。凭证处理的及时性和正确性是总账处理的基础。凭证是登记账簿的依据，在实行计算机处理总账后，电子账簿的准确与完整完全依赖于凭证，因而必须确保凭证输入的准确、完整。

总账中处理凭证的工作流程与手工处理凭证的工作流程相似，如图5-2所示。

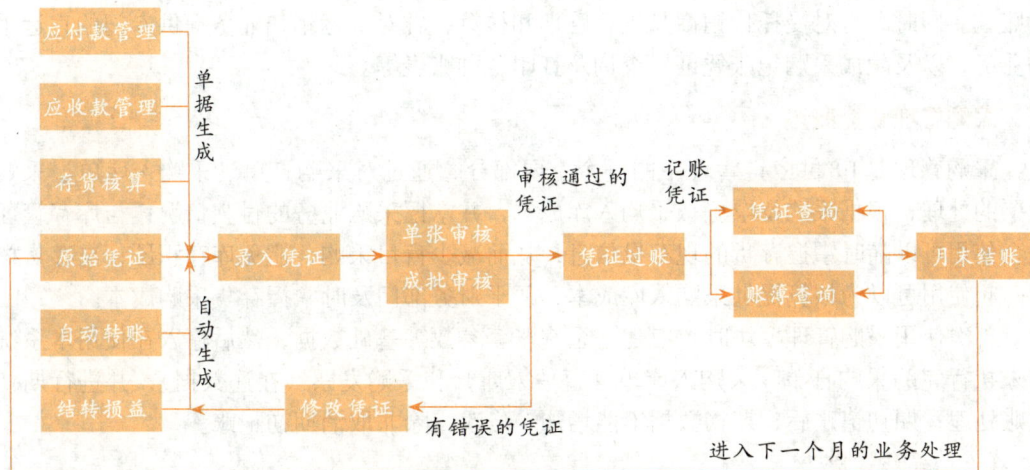

图 5-2　总账中处理凭证的工作流程

常规的日常凭证制作过程是将当前期间的凭证输入总账系统中，通过复核记账后，再经过月末结账，进入下一个月，然后重复进行相同的处理过程。凭证录入后，可以立即进行复核记账，也可以在以后进行复核记账。

与手工账务处理一样，凭证一般是按月会计期间进行编号的。用户登录时，总账系统会将当前的日期作为软件的默认日期，这个日期也是凭证录入时系统默认的制单日期。

实训二　采购与应付业务处理

一、采购管理与其他业务系统的关系

从总账的角度看，采购管理子系统是发生业务数据的入口，所有的数据进入系统后，除了需要在业务系统进行相关的业务处理外，还需要传递到总账系统进行账务处理。总账系统是会计数据处理的中心。采购管理与其他业务系统的关系如图 5-3 所示。

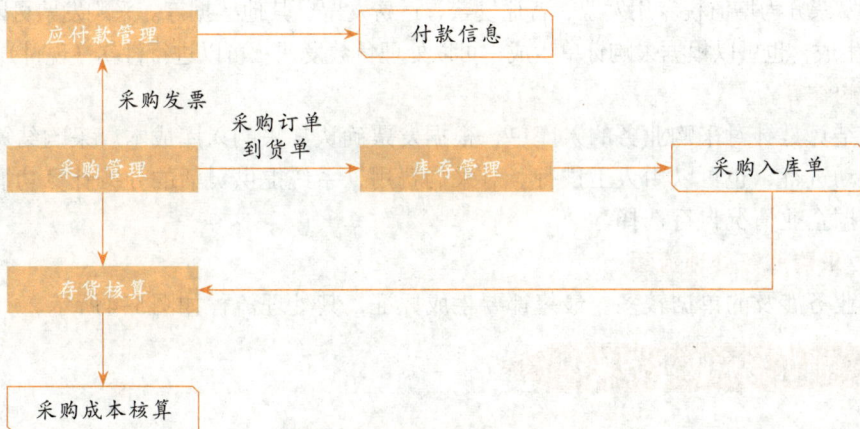

图 5-3　采购管理与其他业务系统的关系

二、采购核算

采购核算的主要功能是处理材料或商品等的购进业务，以及在采购过程中发生的各种费用摊销。系统通过采购单据来记载采购过程，并根据这些采购单据形成对客户单位的应

付账款。同时，可对受托代销商品进行管理和核算，针对直运销售业务提供专门的直运采购业务，以及生成采购记账凭证，查询及打印各种账表等。

三、采购管理功能概述

采购管理是U8供应链管理中的一个重要部分，通过对采购订单、采购入库单、采购发票的处理，根据采购发票确认采购入库成本，并掌握采购业务的付款情况；与库存管理联合使用可以随时掌握存货的现存量信息，从而减少盲目采购，避免库存积压；与存货核算一起使用可以为核算提供采购入库成本，便于财务部门及时掌握存货采购成本。

首次使用采购管理模块时，应建立系统账套参数等基础数据，然后输入在使用本系统前未执行完的采购订单、采购入库单（暂估入库）和采购发票（在途数据），并进行期初记账处理；期初记账后，期初数据不能增加、修改，除非取消期初记账。

（一）采购订货

采购订货主要是填制采购订单。采购订单反映业务部门与供应商签订的采购和受托代销合同，它是统计采购合同执行情况的依据。根据经供货单位审核确认后的订单，可以自动生成入库单和采购发票。

采购订单执行完毕，也就是说某采购订单标的已入库、取得采购发票并且已付款后，该订单将会自动关闭。对于确实不能执行的采购订单，经采购主管批准后，可以人工关闭。对关闭的订单，如果需要继续执行，也可以手工打开订单。

（二）采购业务

采购业务的关键步骤和内容如下：

1.采购入库

可以根据采购订单和实际到货数量填制入库单或者根据采购订单自动生成；可以根据采购发票填制入库单；可以暂估入库，支持退货负入库和冲单负入库，并可处理采购退货。

2.采购发票

采购发票分为增值税专用发票、普通发票、运费发票、其他票据等。采购发票可以根据采购入库单生成，也可以根据采购订单生成；可以处理负数发票；可以进行付款（现付）结算。

3.采购结算

采购结算是针对采购业务的入库单，根据发票确认其采购入库成本。采购结算可以由计算机自动进行，也可以由人工进行。对采购费用，系统提供灵活的分摊计算功能，相关人员可根据企业情况自行选择。

（三）采购业务处理流程

采购业务涉及的单据较多，最终都要生成凭证，其处理流程如图5-4所示。

实训三　销售与应收业务处理

一、销售核算

销售核算的主要功能是处理商品或材料等的出售业务。系统通过销售单据来记载销售过程中发生的经济业务，并根据这些销售单据形成对客户单位的应收账款；同时，可管理和核算分期收款发出商品、委托代销商品等，还可提供直销业务核算，以及生成销售记账凭证，查询及打印各种账表等。

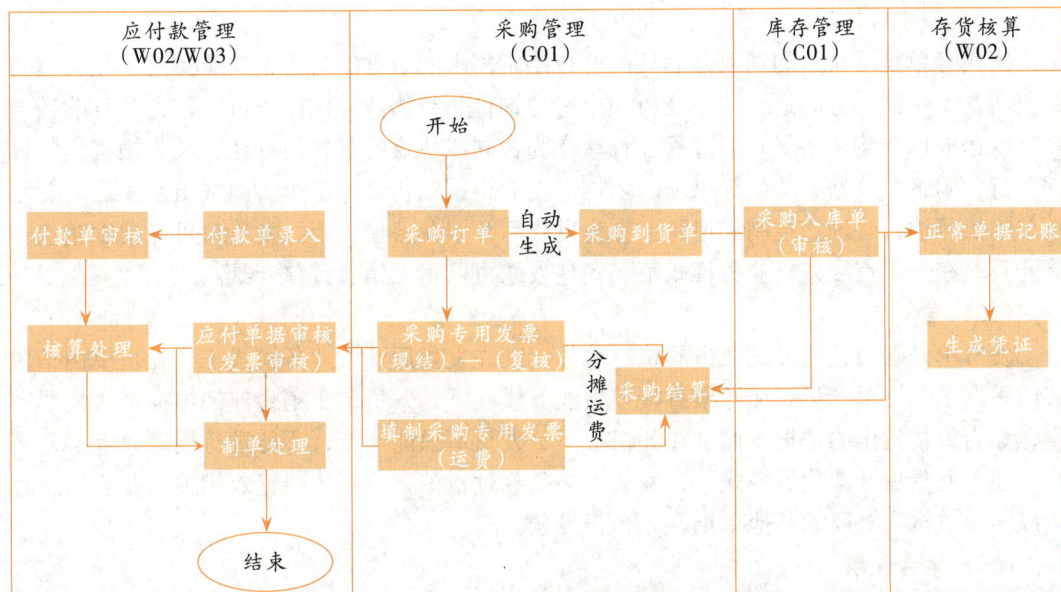

图5-4　采购业务流程图

销售管理与其他业务系统的关系如图5-5所示。

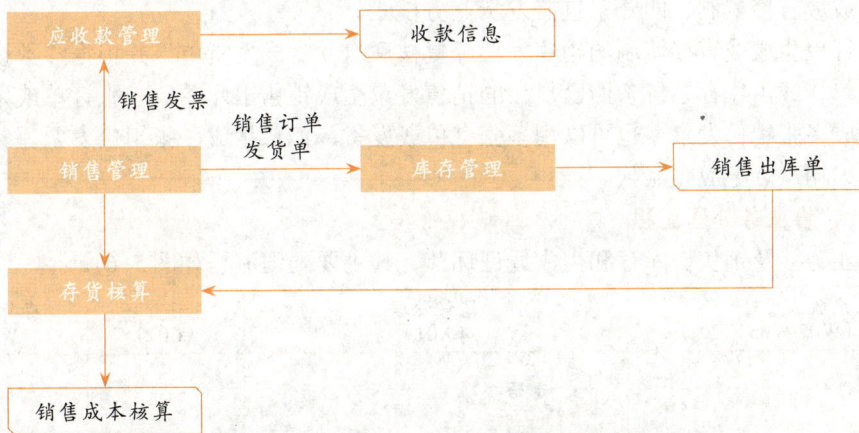

图5-5　销售管理与其他业务系统的关系

二、销售管理功能概述

销售管理系统是U8+供应链管理系统中的一个子系统，它与采购管理、库存管理、存货核算、总账等系统一起使用，彼此共享数据，联系紧密，共同组成完整的业务处理系统。与采购管理系统类似，在第一次使用销售管理系统处理日常销售业务之前，也要准备好日常业务中将要使用的目录档案。

这些目录档案有些在进行基础设置时已经完成，如存货分类、客户分类、存货档案、客户档案等；有些档案可以在启用销售管理系统后进行设置，如本企业开户银行、费用项目等。如果本企业开户银行档案没有数据，那么系统就不能完成专用发票的填制操作。也就是说，如果企业只填制普通发票，那么也可以不设置开户银行的信息。同样的道理，如果在销售过程中不产生其他的代垫费用，用户也可以不设置费用项目档案。

（一）销售订单

销售订单是反映由购销双方确认的客户购货需求的单据。对于销售业务规范化管理的企业而言，销售业务的进行需要经历一个客户询价、销售业务部门报价、双方签订购销合同（或达成口头购销协议）的过程。订单作为合同或协议的载体而存在，成为销售发货日期、货物明细、价格、数量等事项的依据。企业根据销售订单组织货源或组织生产，并对订单的执行进行管理、控制和追踪。在先发货后开票业务模式下，发货单可以根据销售订单开具；在开票直接发货业务模式下，销售发票可以根据销售订单开具。

（二）发货单

发货单是普通销售发货业务的执行载体。在先发货后开票业务模式下，发货单由销售部门根据销售订单产生；在开票直接发货业务模式下，发货单由销售部门根据销售发票产生，作为货物发出的依据，而且在此情况下，发货单只能浏览，不能进行增删改等操作。

在先发货后开票业务模式下，发货单必须经过审核，数据才能记入相关的账表，同时生成与该单据有关联的其他单据，如销售发票。

（三）销售发票

销售发票是指给客户开具的增值税专用发票、普通发票及其所附清单等原始销售票据。销售发票可以由销售部门参照发货单生成，即先发货后开票业务模式；也可以参照销售订单生成或直接填制，即开票直接发货业务模式。

参照订单生成或直接填制的销售发票经复核后自动生成发货单，并根据参数设置生成销售出库单，或由库存系统参照已复核的销售发票生成销售出库单。一张订单或发货单可以拆分生成多张销售发票，也可以用多张订单或发货单汇总生成一张销售发票。销售发票经复核后，用以登记应收账款。

（四）销售业务处理流程

销售业务涉及销售、库存和生成凭证环节，其主要处理流程如图5-6所示。

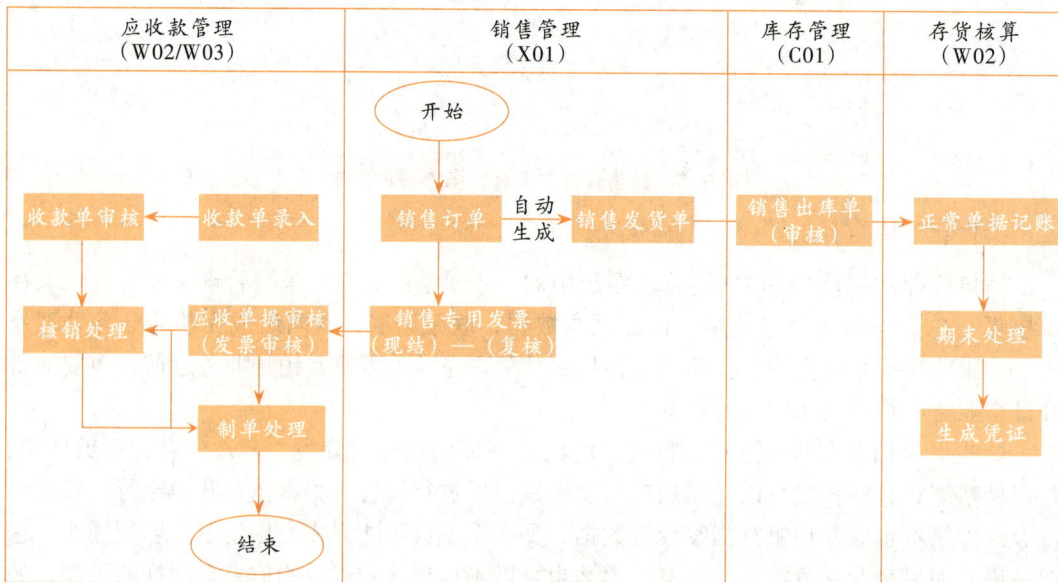

图5-6　销售业务流程图

三、应收款管理概述

由于赊销或其他方面的原因，会形成企业的往来款项，这些往来款项如果不能及时有效地进行管理，就会使企业的经营活动受到一定影响。因此，加强往来款项管理是一项不容忽视的工作。应收应付系统可以分别对客户及供应商进行账表查询和往来款项的清理工作。

实训四　库存与存货业务处理

一、库存管理概述

在制造业、商业企业经营中，存货在资产总额中占有很大比重，存货流动构成企业经营活动的主要内容，从而使库存管理系统成为一个重要的子系统。

所谓库存，是指企业为销售或耗用而储备的各种有形资产，如各种原材料、燃料、包装物、低值易耗品、委托加工材料、在产品、产成品等。库存管理需要反映存货的变动、保管等情况，并且核算存货的收入、发出、结余成本等。由于存货在流动资产中的比重极高，其价值是决定销货成本的主要依据，对其管理是确保企业有效经营的重要手段。因此，会计部门及管理人员对存货都极为重视。这使得企业对存货循环都加以认真管理，实施对采购、仓储、发出和结存有效的存货控制。

库存管理与存货核算业务处理的基本流程如图5-7所示。

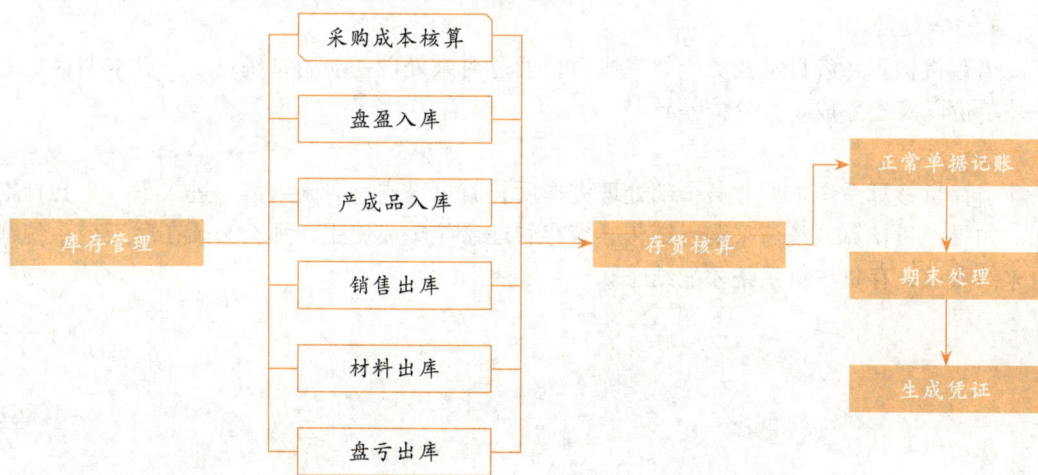

图5-7　库存管理与存货核算业务处理的基本流程

二、存货核算功能概述

（一）存货核算功能

存货核算系统是用友U8系统供应链管理中的一个重要组成部分，主要针对企业收发业务，核算企业存货的入库成本、出库成本和结存成本，反映和监督存货的收发、领退和保管情况，反映和监督存货资金的占用情况。

存货核算系统的操作主要分为两部分：一是针对各种出入库单据进行记账、制单，生成有关存货出入库的记账凭证；二是对已复核的客户、供应商单据（如采购发票、销售发票、核销单据等）进行制单，生成有关的往来业务记账凭证。

（二）日常业务处理

存货核算系统的日常业务处理包括出入库单据记账、暂估成本处理、客户/供应商往来制单、月末处理和月末结账。

1.出入库单据记账

出入库单据记账，包括正常单据记账和特殊单据记账，其作用是将各种出入库单据记入存货明细账、差异明细账等。记账时要注意的是，各种单据要按业务发生的时间顺序记账；记账后的单据不能修改和删除。若记账后发现单据有误，在本月未结账状态下，可以于取消记账后进行修改操作；若单据已记账，已经生成凭证，那么只能先删除凭证，才能取消记账。

2.暂估成本处理

存货核算系统对货到发票未到的采购暂估入库业务提供了月初回冲、单到回冲、单到补差几种处理方式，需要在启用存货核算系统时在基础设置中进行设定，一旦选择就不能修改。但无论采用哪种暂估方式，在操作过程中都要遵循以下步骤：

（1）收到采购发票后，在采购管理系统填制发票并进行采购结算。

（2）进入存货核算系统，完成暂估入库业务成本处理。

3.客户/供应商往来制单

客户/供应商往来制单，即针对采购、销售管理系统中已复核的采购发票与销售发票，生成相应的往来款项记账凭证。

4.月末处理

当存货核算系统日常业务全部完成后，通过月末处理功能由系统自动计算本期存货的平均单价以及出库成本，分摊差异。

5.月末结账

当存货核算系统本期业务全部处理完毕后，就可以进行月末结账，进入下一个会计期间。如果存货核算系统与采购、销售、库存管理系统集成使用，那么必须在后三个系统都月末结账后，存货核算系统才能结账。

项目六
业务处理流程实操

思政要点

本项目旨在通过实操业务处理流程的实训，引导学生树立正确的职业道德和行业规范意识，培养学生的敬业精神和团队合作精神，提升其在职场中的竞争力和社会责任感。

实训一　日常业务处理

业务1 2024年1月1日，销售H-1铣床，货款通过银行收讫。该业务原始凭证如下：

业务1-1/4
购销合同

购方（需方）：北京市天鸿机电有限公司　　　　　合同编号：20240031

销方（供方）：方达国际股份有限公司　　　　　　签订时间：2024年01月01日

供需双方本着互利互惠、长期合作的原则，根据《中华人民共和国民法典》及双方的实际情况，就需方向供方采购事宜，订立本合同，以使双方在合同履行中共同遵守。

一、产品名称、数量、单价、金额：

产品名称	规格型号	计量单位	数量	单价	金额	备注
H-1铣床		台	15	27 500.00	412 500.00	不含税
合计					¥412 500.00	

合计人民币（大写）**肆拾壹万贰仟伍佰元整**

二、质量要求技术标准：供方对质量负责的条件和期限：按合同企业标准。

三、交（提）货地点、方式：北京市东城区和平里路76号。

四、付款方式：银行转账。

五、运输方式及到站、港和费用负担：由购方承担。

六、合理损耗及计算方法：以实际数量验收。

七、包装标准、包装物的供应与回收：普通包装，不回收包装物。

八、验收标准、方法及提出异议期限：货到需方七日内提出质量异议，不包括运输过程中造成的质量问题。

九、违约责任：按《中华人民共和国民法典》。

十、解决合同纠纷的方式：双方协商解决。

十一、其他约定事项：本合同一式两份，供、需双方各一份，经双方盖章后即生效。

购方（盖章）：北京市天鸿机电有限公司　　　　　销方（盖章）：方达国际股份有限公司

单位地址：北京市东城区和平里76号　　　　　　单位地址：北京市东城区北四环东路27号

电话：01061445174　　　　　　　　　　　　电话：01087326521

签订日期：2024年01月01日　　　　　　　　　签订日期：2024年01月01日

开户银行：中国工商银行北京东城支行　　　　　开户银行：中国工商银行北京东城支行

账号：0200002725485445212　　　　　　　账号：0200002356487219763

业务 1-2/4

电子发票（增值税专用发票）

国家税务总局
北京市税务局

发票号码：24111000000060972952
开票日期：2024 年 01 月 01 日

购买方信息	名称：北京市天鸿机电有限公司 统一社会信用代码/纳税人识别号：911101010917265389	销售方信息	名称：方达国际股份有限公司 统一社会信用代码/纳税人识别号：911101018937465212

项目名称	规格型号	单位	数量	单价	金额	税率/征收率	税额
*机床*H-1铣床		台	15	27 500.00	412 500.00	13%	53 625.00
合 计					¥412 500.00		¥53 625.00

价税合计（大写）	⊗ 肆拾陆万陆仟壹佰贰拾伍元整		（小写）¥466 125.00
备注			

开票人：王言

业务 1-3/4

销售单

购货单位：北京市天鸿机电有限公司　　　　　　纳税人识别号：911101010917265389
地址和电话：北京市东城区和平里路76号 01061445174　　单据编号：XS20241201
开户行及账号：中国工商银行北京东城支行 0200002725485445212　　制单日期：2024 年 01 月 01 日

编码	产品名称	规格	单位	单价	数量	金额	备注
CP001	H-1铣床		台	27 500.00	15	412 500.00	不含税价
合计	人民币（大写）　肆拾壹万贰仟伍佰元整					¥412 500.00	

总经理：陈逸舟　　销售经理：杨艳　　经手人：张成　　会计：张翔　　签收人：林源

会计联

业务 1-4/4

中国工商银行电子回单凭证

回单编号：668309921188　　　回单类型：网银业务　　　　　　　　　　　业务名称：
凭证种类：　　　　　　　　　凭证号码：　　　借贷标志：贷记　　　　回单格式码：S
账号：0200002356487219763　　开户行名称：中国工商银行北京东城支行
户名：方达国际股份有限公司
对方账号：0200002725485445212　　开户行名称：中国工商银行北京东城支行
对方户名：北京市天鸿机电有限公司
币种：人民币　　　金额：466 125.00　　　　　　　　　金额大写：肆拾陆万陆仟壹佰贰拾伍元整
兑换信息：　　　币种：　　　金额：　　　　　牌价：　　　币种：　　　金额：
摘要：货款

附加信息：

打印次数：1次　　　　　记账日期：2024-01-01　　　会计流水号：EEZ9111006612101
记账机构：05113789198　　经办柜员：EEZ0019　　　记账柜员：EEZ0019　　复核柜员：　　　授权柜员：
打印机构：65113781210　　打印柜员：AEZD001　　　　　　　　　　　　　　　批次号：

【操作指导】

操作视频

业务1至业务6

1.销售订单

（1）2024年1月1日，**操作员（X01）** 进入企业应用平台，执行【业务工作】【供应链】【销售管理】【销售订货】【销售订单】命令，打开"销售订单"窗口。

（2）单击"增加"按钮，添加订单号为"20240031"，销售类型选择"正常销售"，按照购销合同录入订单其他信息，单击"保存"按钮，如图6-1所示；单击"审核"按钮，审核填制的销售订单。

销售订单

打印模版 销售订单打印模版

表体排序 合并显示 □

		订单号 20240031	订单日期 2024-01-01	业务类型 普通销售
销售类型 正常销售		客户简称 北京市天鸿机电有限公司	付款条件
销售部门 销售部		业务员	税率 13.00
币种 人民币		汇率 1	备注

	存货编码	存货名称	规格型号	主计量	数量	报价	含税单价	无税单价	无税金额
1	0021	H-1铣床		台	15.00	0.00	31075.00	27500.00	412500.00
2									

图6-1　销售订单

操作提示

①本公司购销业务的订单号为合同编号。

②销售订单录入后，需要进行审核，只有经过审核的销售订单，在输入发票时才能将销售订单的数据导入。

在实际工作中，业务单据的填制人和审核人一般是不同的，作为实训，除了必须控制外，可以由同一人完成审核或复核，以避免操作人员频繁登录。

③本实训的单据编号采用的是完全手工编号。

2.销售专用发票（根据销售订单生成）

（1）执行【业务工作】【供应链】【销售管理】【销售开票】【销售专用发票】命令，打开"销售专用发票"窗口。

（2）单击"增加"按钮，系统弹出"查询条件选择-参照订单"对话框，单击"确定"按钮，选择对应的销售订单，单击"确定"按钮，如图6-2所示。根据销售专用发票填入发票号"60972952"（本教材仅取发票号码后8位，下同），仓库选择"商品库"，单击"保存"按钮。

参照生单

输出　OK 确定　定位　全选　全消　查询　刷新　栏目　滤设

页大小 20

记录总数：1 选中合计 □

选择	销售类型	订单号	订单日期	币名	汇率	开票	客户简称	开票	销售部门	业务员
Y	正常销售	20240031	2024-01-01	人民币	1.00000000	0001	北京市天…	北京…	销售部	
合计										

发票参照订单

记录总数：1 选中合计 □

选择	订单号	订单行号	仓库	货物编号	存货代码	货物名称	规格型号	预发货日期	主计量单位
Y	20240031	1		0021		H-1铣床		2024-01-01	台
合计									

图6-2　参照生单

操作提示

由于本笔业务为直接结算，根据核算制度，系统采用现结功能，系统会根据现结功能自动生成收款单，无须单独填制收款单。

（3）单击"现结"按钮，系统弹出"现结"对话框，录入结算方式、原币金额等信息，单击"确定"按钮；单击"复核"按钮，复核已现结的销售专用发票。如图6-3、图6-4所示。

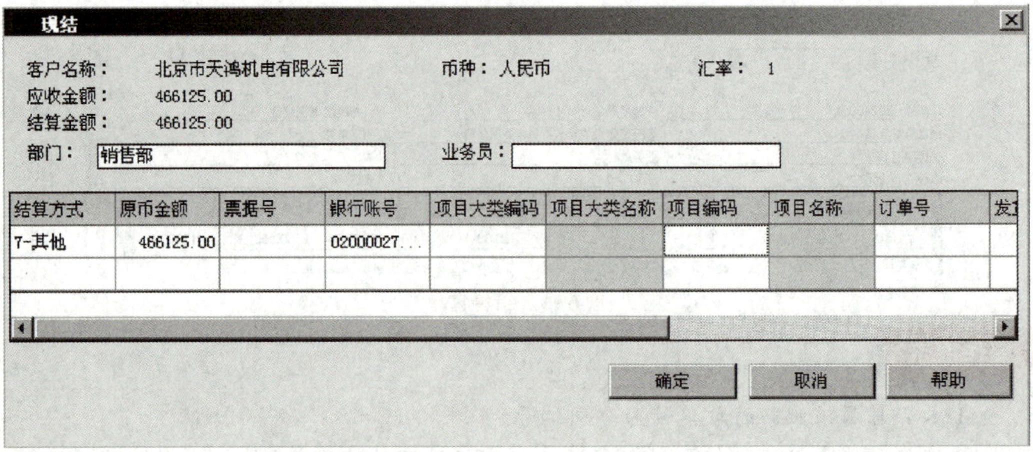

图6-3 现结

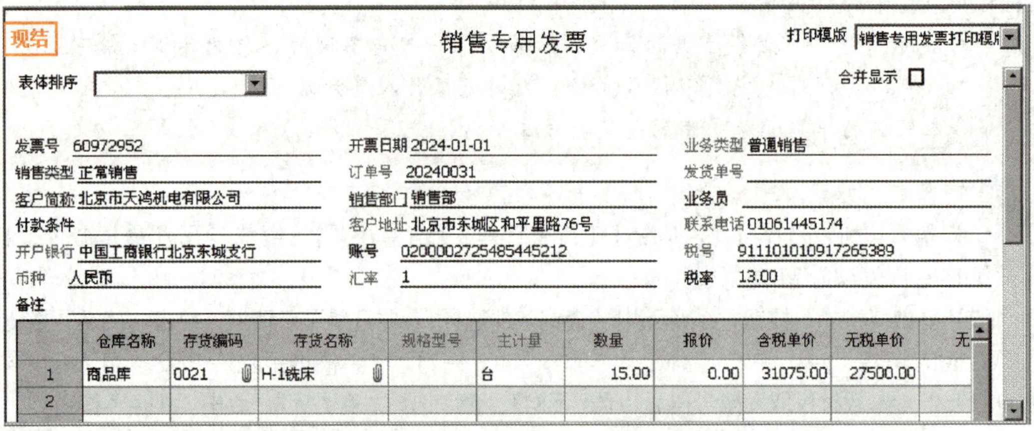

图6-4 销售专用发票

3.应收单据审核

（1）2024年1月1日，操作员（W02）在企业应用平台中执行【业务工作】【财务会计】【应收款管理】【应收单据处理】【应收单据审核】命令，系统弹出"应收单查询条件"对话框，勾选"包含已现结发票"。如图6-5所示。

图6-5　应收单据查询条件

操作提示

　　由于每次应收单据审核时均会弹出"应收单查询条件"对话框，此界面一般仅涉及是否勾选"包含已现结发票"。若业务为现结业务，查询时则需要勾选"包含已现结发票"，若为其他，则不勾选，其余部分均不涉及操作。为避免重复提供，后续涉及【应收单据审核】命令时，将不再提供该截图。

　　（2）单击"确定"按钮，打开"应收单据列表"窗口，选择需要审核的单据，单击"审核"按钮，系统弹出操作提示对话框，单击"确定"按钮。如图6-6所示。

应收单据列表

选择	审核人	单据日期	单据类型	单据号	客户名称	部门	业务员	制单人	币种	汇率	原币金额	本币金额
Y	姚汕	2024-01-01	销售专…	60972952	北京市天鸿机电有限公司	销售部		李强	人民币	1.00000000	466,125.00	466,125.00
合计											466,125.00	466,125.00

图6-6　应收单据列表（审核）

4.制单处理

　　（1）执行【应收款管理】【制单处理】命令，打开"制单查询"对话框。

　　（2）选择"现结制单"复选框，单击"确定"按钮，选择需要制单的单据，单击"制单"按钮，生成一张记账凭证，修改主营业务收入的科目，单击"保存"按钮。如图6-7所示。

记 账 凭 证

已生成					
记　字 0001	制单日期：2024.01.01	审核日期：		附单据数：1	

摘　要	科目名称	借方金额	贷方金额
现结	银行存款/中国工商银行北京东城支行	46812500	
现结	主营业务收入/H-1铣床		41250000
现结	应交税费/应交增值税/销项税额		5362500

票号　7 -	数量		合计	46812500	46812500
日期　2024.01.01	单价				

备注	项　目	部　门	
	个　人	客　户	
	业务员		

记账	审核	出纳	制单　姚汕

图6-7　记账凭证

操作提示

业务系统制作并传递到总账的凭证不能在总账系统中修改，只能在生成凭证的系统中修改或删除后重新生成。

业务2 2024年1月1日，现金购买办公用品。该业务原始凭证如下：

业务2-1/2

报销单

填报日期：2024 年 01 月 01 日　　　　　　单据及附件共 1 张

姓名	陈刚	所属部门	办公室	报销形式	现金		
				支票号码			
报销项目		摘要				备注	
管理费用—办公费		采购办公用品		293.80			
合　计				¥293.80			
金额大写：零拾零万零仟贰佰玖拾叁元捌角零分				原借款：		应退款：	
						应补款：　¥293.80	

总经理：陈逸舟　财务经理：林玲　部门经理：王丰明　会计：张翔　出纳：李惠　会计：陈刚

业务2-2/2

电子发票（普通发票）

国家税务总局
北京市税务局

发票号码：24112000000020961354
开票日期：2024 年 01 月 01 日

购买方信息	名称：方达国际股份有限公司 统一社会信用代码/纳税人识别号：911101018937465212	销售方信息	名称：北京通顺办公用品店 统一社会信用代码/纳税人识别号：911101013546612023

项目名称	规格型号	单位	数量	单价	金额	税率/征收率	税额
*纸制品*稿纸		本	5	30.00	150.00	13%	19.50
*文具*文件袋		套	2	25.00	50.00	13%	6.50
*文具*中性笔		盒	3	20.00	60.00	13%	7.80
合　计					¥260.00		¥33.80
价税合计（大写）　⊗贰佰玖拾叁元捌角整						（小写）¥293.80	
备注							

开票人：王悦

【操作指导】

总账制单

（1）2024 年 1 月 1 日，**操作员（W02）** 在企业应用平台执行【业务工作】【财务会计】【总账】【凭证】【填制凭证】命令，打开"填制凭证"窗口。

（2）单击"增加"按钮或者按【F5】键，根据原始凭证录入并保存记账凭证。如图 6-8 所示。

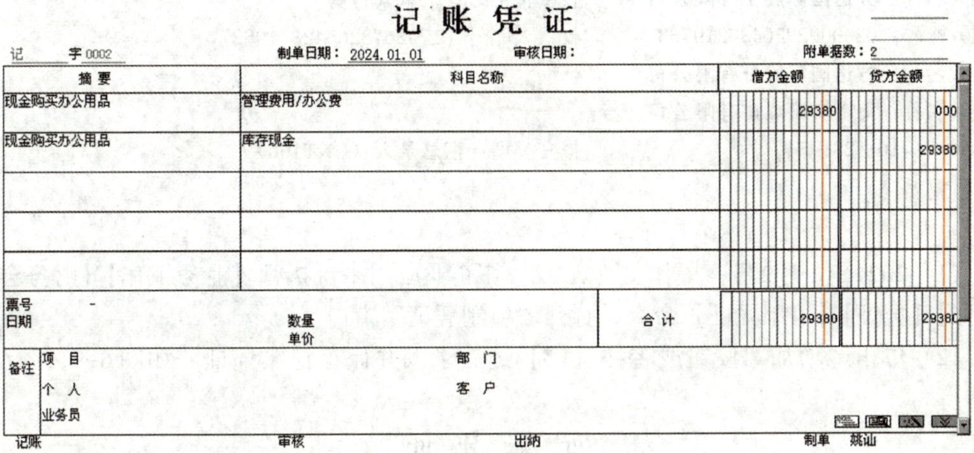

图 6-8 记账凭证

操作提示

①进行业务处理时，系统时间需要根据业务时间匹配，因此登录时间需要与业务时间保持一致；

②每个操作员的权限不同，因此同一业务要注意不同操作员身份的切换（时间与操作员变化均要切换）。

业务 3 2024 年 1 月 2 日，申请银行汇票一张，从河南安阳煤矿有限公司购煤。该业务原始凭证如下：

业务 3-1/2

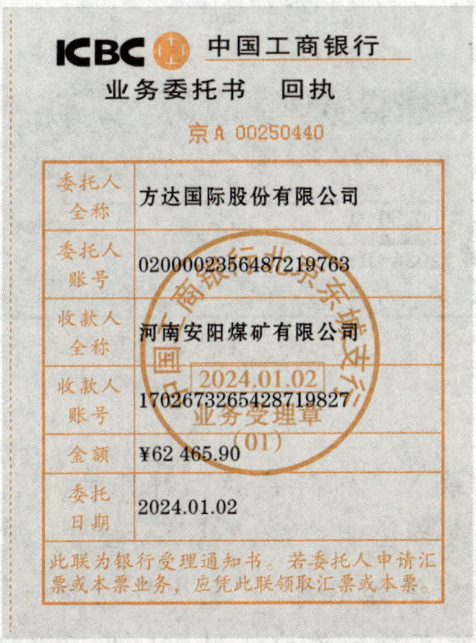

业务3-2/2

ICBC 中国工商银行电子回单凭证

转入账发报录入

交易日期：2024-01-02　柜员号：01425　授权柜员：

交易代码：9500　交易流水号：11032001　支付交易序号：15230

委托人账号：0200002356487219763　金额：¥62 465.90

凭证种类：　凭证号码：00250440

委托人名称：方达国际股份有限公司　收费负担方：汇款人付费

汇款人账号：0200002356487219763　收款人账号：1702673265428719827

汇款人名称：方达国际股份有限公司

收款人名称：河南安阳煤矿有限公司

工作时间：16：23：54　报文类型：汇总录入（CNT100）

中国工商银行北京东城支行 业务受理章（01）

【操作指导】

总账制单

（1）2024年1月2日，操作员（W02）在企业应用平台执行【业务工作】【财务会计】【总账】【凭证】【填制凭证】命令，打开“填制凭证”窗口。

（2）单击“增加”按钮或者按【F5】键，录入并保存记账凭证。如图6-9、图6-10所示。

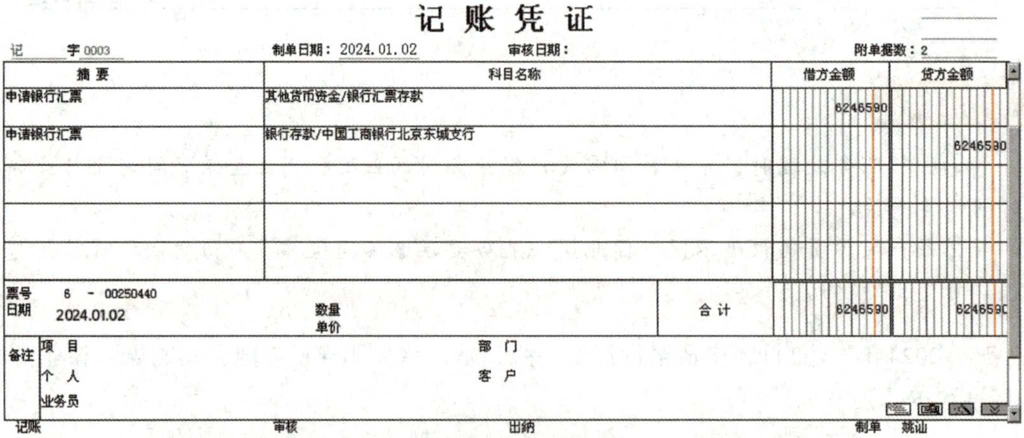

图6-9 记账凭证

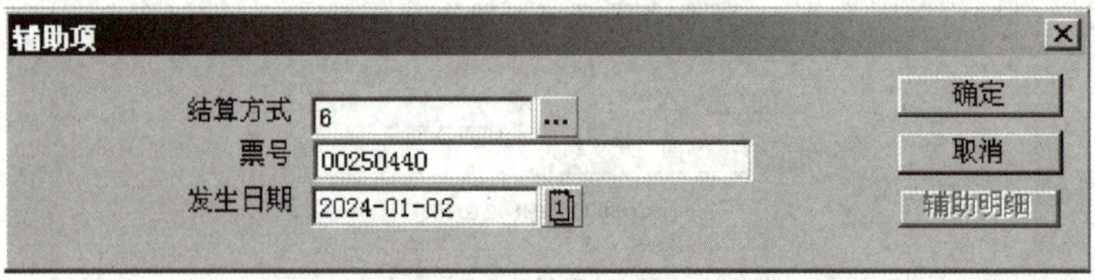

图6-10 结算辅助项

操作提示

每次填制凭证只要涉及录入“银行存款”科目时，系统都会自动弹出“辅助项”对话框，业务原始单据中若未给出明确的“结算方式”，则均选择“7-其他”，“票号”根据业务原始单据填写，未提供可不填，“发生日期”一般系统自动显示，未显示则为凭证的制单日期。此提示所有此操作均适用，后续不再提供结算辅助项截图。

业务4 2024年1月3日，捐款给育苗小学。该业务原始凭证如下：

业务4	中国工商银行电子回单凭证		
回单编号：668309921132	回单类型：**网银业务**		业务名称：
凭证种类：	凭证号码：	借贷标志：**借记**	回单格式码：**S**
账号：0200002356487219763	开户行名称：**中国工商银行北京东城支行**		
户名：**方达国际股份有限公司**	开户行名称：**中国工商银行北京海淀支行**		
对方账号：11001016600254870990			
对方户名：**北京市育苗小学**			
币种：**人民币** 金额：**50 000.00**		金额大写：**伍万元整**	
兑换信息： 币种： 金额：		牌价： 币种：	金额：
摘要：**捐款**			
附加信息：			
打印次数：**1次**	记账日期：2024-01-03	会计流水号：EEZ9111006612102	
记账机构：05113789198	经办柜员：EEZ0019	记账柜员：EEZ0019	复核柜员： 授权柜员：
打印机构：65113781210	打印柜员：AEZD001	批次号：	

【操作指导】

总账制单

（1）2024年1月3日，**操作员（W02）** 在企业应用平台执行【业务工作】【财务会计】【总账】【凭证】【填制凭证】命令，打开"填制凭证"窗口。

（2）单击"增加"按钮或者按【F5】键，录入并保存记账凭证。如图6-11所示。

图6-11 记账凭证

业务5 2024年1月3日，归还前欠上海钢铁制造有限公司货款。该业务原始凭证如下：

业务5	中国工商银行电子回单凭证		
回单编号：668309921135	回单类型：**网银业务**		业务名称：
凭证种类：	凭证号码：	借贷标志：**借记**	回单格式码：**S**
账号：0200002356487219763	开户行名称：**中国工商银行北京东城支行**		
户名：**方达国际股份有限公司**	开户行名称：**中国建设银行上海静安支行**		
对方账号：31001725202542552017			
对方户名：**上海钢铁制造有限公司**			
币种：**人民币** 金额：**268 000.00**		金额大写：**贰拾陆万捌仟元整**	
兑换信息： 币种： 金额：		牌价： 币种：	金额：
摘要：**货款**			
附加信息：			
打印次数：**1次**	记账日期：2024-01-03	会计流水号：EEZ9111006612103	
记账机构：05113789198	经办柜员：EEZ0019	记账柜员：EEZ0019	复核柜员： 授权柜员：
打印机构：65113781210	打印柜员：AEZD001	批次号：	

【操作指导】

1.付款单据录入

2024年1月3日，**操作员（W03）** 在企业应用平台中执行【业务工作】【财务会计】【应付款管理】【付款单据处理】【付款单据录入】命令，打开"收付款单录入"窗口，单击"增加"按钮，根据资料录入相关信息，单击"保存"按钮。如图6-12所示。

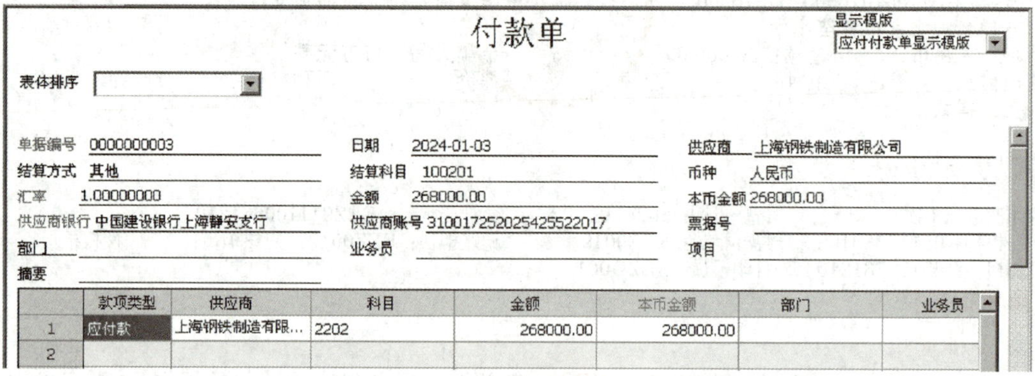

图6-12　付款单录入

2.付款单据审核与核销

（1）2024年1月3日，**操作员（W02）** 在企业应用平台中执行【业务工作】【财务会计】【应付款管理】【付款单据处理】【付款单据审核】命令，系统弹出"付款单查询条件"对话框，如图6-13所示，单击"确定"按钮，在"收付款单列表"中选择需要审核的单据，单击"审核"按钮，系统弹出操作提示对话框，单击"确定"按钮。如图6-14所示。

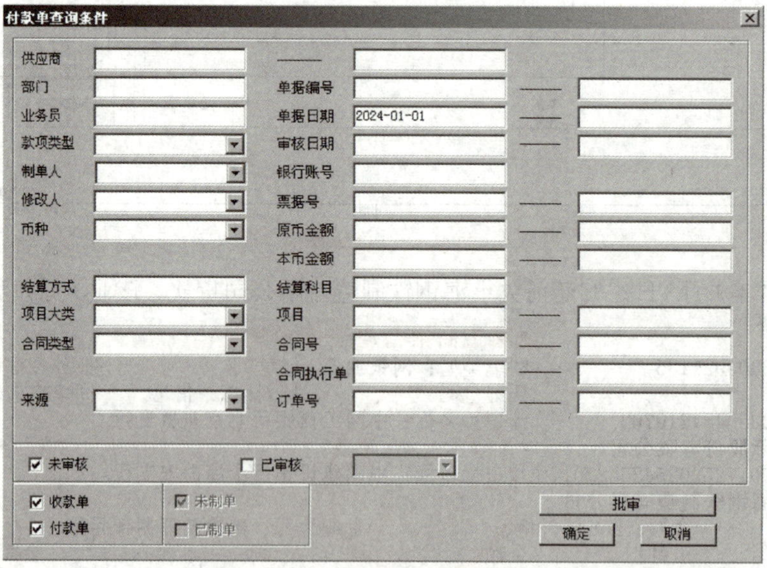

图6-13　付款单查询条件

操作提示

> 每次付款单据审核时均会弹出"付款单查询条件"对话框，此界面不涉及操作；为避免反复提供，后续涉及【付款单据审核】命令时，将不再提供该截图。

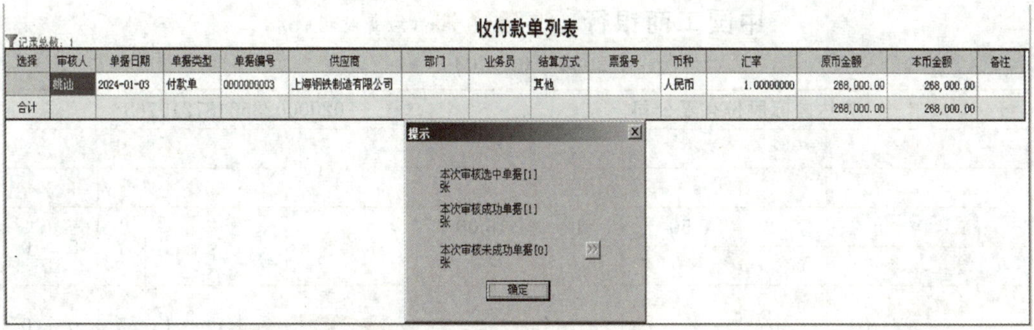

图6-14　收付款单列表（审核）

（2）执行【核销处理】【手工核销】命令，系统弹出"核销条件"对话框，选择相应的供应商，单击"确定"按钮，根据资料分别在付款单与采购专用发票的"本次结算"金额列中输入结算金额，单击"保存"按钮。如图6-15所示。

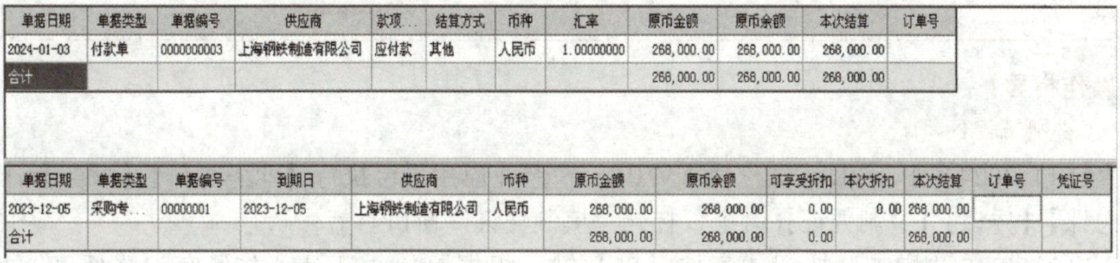

单据日期	单据类型	单据编号	供应商	款项	结算方式	币种	汇率	原币金额	原币余额	本次结算	订单号
2024-01-03	付款单	0000000003	上海钢铁制造有限公司	应付款	其他	人民币	1.00000000	268,000.00	268,000.00	268,000.00	
合计								268,000.00	268,000.00	268,000.00	

单据日期	单据类型	单据编号	到期日	供应商	币种	原币金额	原币余额	可享受折扣	本次折扣	本次结算	订单号	凭证号
2023-12-05	采购专...	00000001	2023-12-05	上海钢铁制造有限公司	人民币	268,000.00	268,000.00	0.00	0.00	268,000.00		
合计						268,000.00	268,000.00	0.00		268,000.00		

图6-15　付款单手工核销

3.制单处理

（1）执行【制单处理】命令，打开"制单查询"对话框。

（2）选择"收付款单制单""核销制单"复选框，单击"确定"按钮，选择需要制单的单据，单击"合并""制单"按钮，生成一张记账凭证，单击"保存"按钮。如图6-16所示。

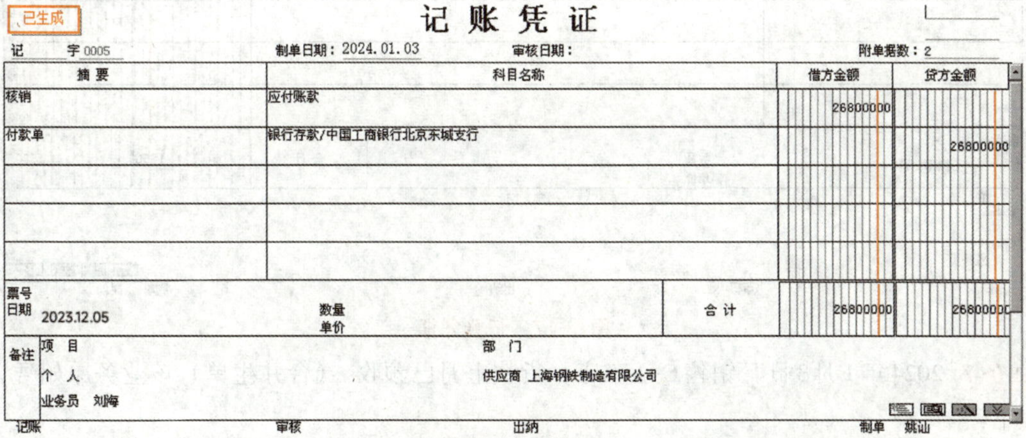

图6-16　记账凭证

业务6 2024年1月3日，支付给上海钢铁制造有限公司汇款的手续费。该业务原始凭证如下：

业务6

中国工商银行　收费通知（缴费收据联）

2024 年 01 月 03 日

| 付款单位名称 | 方达国际股份有限公司 | | | 账号 | 0200002356487219763 | | | | | | |

结算内容	手续费		邮电费		类别	金　额						
						千	百	十	元	角	分
汇　票	笔 元		笔 元		手续费				¥	5	0
汇　兑	1 笔 0.50 元		1 笔 15.00 元								
委托收款	笔 元		笔 元					¥	1	5	0	0
托收承付	笔 元		笔 元								
支　票	笔 元		笔 元		合　计			¥	1	5	5	0
合计金额	人民币（大写） 壹拾伍元伍角整										
备注：			银行公章		办讫章（01）						

【操作指导】

总账制单

（1）2024 年 1 月 3 日，**操作员（W02）** 在企业应用平台执行【业务工作】【财务会计】【总账】【凭证】【填制凭证】命令，打开"填制凭证"窗口。

（2）单击"增加"按钮或者按【F5】键，根据原始凭证录入并保存记账凭证。如图 6-17 所示。

记 账 凭 证

记　字 0006	制单日期：2024.01.03	审核日期：	附单据数：1

摘　要	科目名称	借方金额	贷方金额
支付汇款手续费	财务费用/手续费	1550	
支付汇款手续费	银行存款/中国工商银行北京东城支行		1550

票号 7 - 日期 2024.01.03	数量 单价	合　计	1550	1550

备注	项　目	部　门
	个　人	客　户
	业务员	

记账	审核	出纳	制单 姚汕

图6-17 记账凭证

业务7 2024 年 1 月 3 日，销售 C-1 车床，货款上月已预收。（合并生单）该业务原始凭证如下：

业务 7-1/3

购销合同

购方（需方）：<u>山西机电制造有限公司</u>　　　合同编号：<u>20240132</u>

销方（供方）：<u>方达国际股份有限公司</u>　　　签订时间：<u>2024 年 01 月 03 日</u>

　　供需双方本着互利互惠、长期合作的原则，根据《中华人民共和国民法典》及双方的实际情况，就需方向供方采购事宜，订立本合同，以使双方在合同履行中共同遵守。

一、产品名称、数量、单价、金额：

产品名称	规格型号	计量单位	数量	单价	金额	备注
C-1 车床		台	3	43 200.00	129 600.00	不含税
合计					¥129 600.00	

合计人民币（大写）<u>壹拾贰万玖仟陆佰元整</u>

二、质量要求技术标准：供方对质量负责的条件和期限：按合同企业标准。

三、交（提）货地点、方式：山西省太原市小店区晋阳路 67 号。

四、付款方式：预收账款冲抵。

五、运输方式及到站、港和费用负担：由购方承担。

六、合理损耗及计算方法：以实际数量验收。

七、包装标准、包装物的供应与回收：普通包装，不回收包装物。

八、验收标准、方法及提出异议期限：货到需方七日内提出质量异议，不包括运输过程中造成的质量问题。

九、违约责任：按《中华人民共和国民法典》。

十、解决合同纠纷的方式：双方协商解决。

十一、其他约定事项：本合同一式两份，供、需双方各一份，经双方盖章后即生效。

购方（盖章）：<u>山西机电制造有限公司</u>　　　销方（盖章）：<u>方达国际股份有限公司</u>

单位地址：<u>山西省太原市小店区晋阳路 67 号</u>　　单位地址：<u>北京市东城区北四环东路 27 号</u>

电话：<u>03511905548</u>　　　　　　　　　　电话：<u>01087326521</u>

签订日期：<u>2024 年 01 月 03 日</u>　　　　　　签订日期：<u>2024 年 01 月 03 日</u>

开户银行：<u>中国工商银行太原小店支行</u>　　　开户银行：<u>中国工商银行北京东城支行</u>

账号：<u>0502127609202225488</u>　　　　　　账号：<u>0200002356487219763</u>

业务 7-2/3

电子发票（增值税专用发票）

国家税务总局

发票号码：24111000000060972953

开票日期：2024 年 01 月 03 日

购买方信息	名称：山西机电制造有限公司　统一社会信用代码/纳税人识别号：911401058120934289				售方信息	名称：方达国际股份有限公司　统一社会信用代码/纳税人识别号：911101018937465212		
项目名称	规格型号	单位	数量	单价	金额	税率/征收率	税额
*机床*C-1 车床		台	3	43 200.00	129 600.00	13%	16 848.00
合　计					¥129 600.00		¥16 848.00
价税合计（大写）	⊗壹拾肆万陆仟肆佰肆拾捌元整					（小写）¥146 448.00	
备注							

开票人：王言

业务 7-3/3 　　　　　　　**销售单**

购货单位：山西机电制造有限公司　　　　　　纳税人识别号：911401058120934289

地址和电话：山西省太原市小店区晋阳路67号 03511905548　　单据编号：XS20241202

开户行及账号：中国工商银行太原小店支行0502127609202225488　　制单日期：2024年01月03日

编码	产品名称	规格	单位	单价	数量	金额	备注
CP002	C-1车床		台	43 200.00	3	129 600.00	不含税价
合计	人民币（大写）壹拾贰万玖仟陆佰元整					¥129 600.00	

会计联

总经理：陈逸舟　　销售经理：杨艳　　经手人：张成　　会计：张翔　　签收人：于洋

【操作指导】

操作视频

1.销售订单

业务7至业务12

（1）2024年1月3日，**操作员（X01）**进入企业应用平台，执行【业务工作】【供应链】【销售管理】【销售订货】【销售订单】命令，打开"销售订单"窗口。

（2）单击"增加"按钮，订单号录入"20240132"，销售类型选择"正常销售"，按照购销合同录入订单其他信息，单击"保存"按钮；单击"审核"按钮，审核填制的销售订单。如图6-18所示。

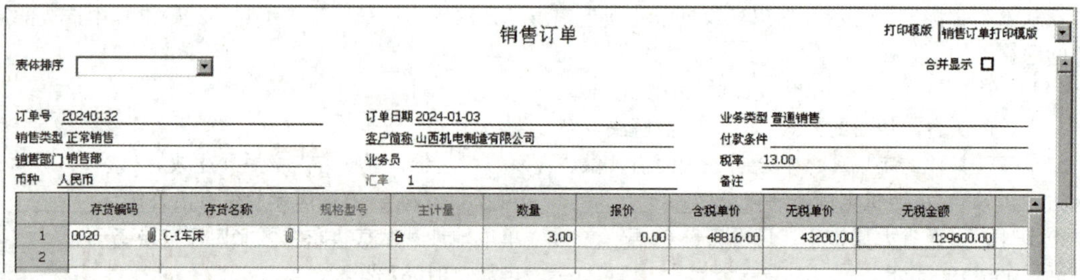

图6-18　销售订单录入

2.销售专用发票（根据销售订单生成）

（1）执行【业务工作】【供应链】【销售管理】【销售开票】【销售专用发票】命令，打开"销售专用发票"窗口。

（2）单击"增加"按钮，系统弹出"查询条件选择-参照订单"对话框，单击"确定"按钮，选择对应的销售订单，单击"确定"按钮，根据销售专用发票填入发票号"60972953"，仓库选择"商品库"，单击"保存"按钮，单击"复核"按钮。如图6-19所示。

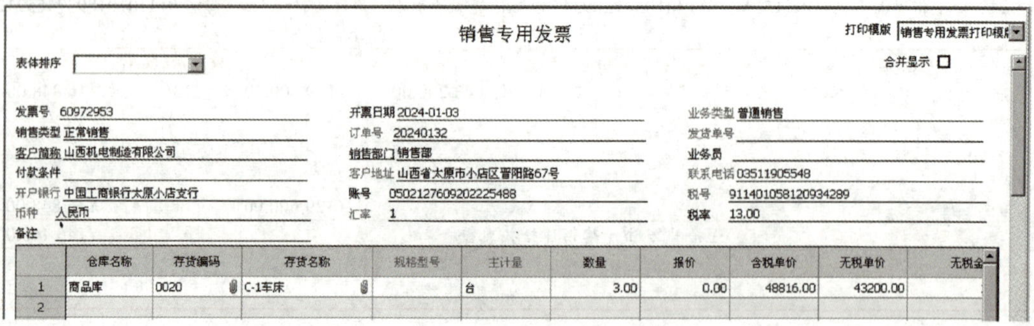

图6-19　销售发票录入

3.应收单据审核与核销

（1）2024年1月3日，**操作员（W02）**在企业应用平台中执行【业务工作】【财务会计】【应收款管理】【应收单据处理】【应收单据审核】命令，系统弹出"应收单查询条件"对话框。

（2）单击"确定"按钮，打开"应收单据列表"窗口，选择需要审核的票据，单击"审核"按钮，系统弹出操作提示对话框，单击"确定"按钮。如图6-20所示。

应收单据列表

选择	审核人	单据日期	单据类型	单据号	客户名称	部门	业务员	制单人	币种	汇率	原币金额	本币金额
Y	姚山	2024-01-03	销售专…	60972953	山西机电制造有限公司	销售部		李强	人民币	1.00000000	146,448.00	146,448.00
合计											146,448.00	146,448.00

图6-20　应收单据列表

（3）执行【核销处理】【手工核销】命令，系统弹出"核销条件"对话框，选择相应的供应商，单击"确定"按钮；根据资料分别在收款单的"本次结算金额"与销售专用发票的"本次结算"列中输入结算金额，单击"保存"按钮。如图6-21所示。

单据日期	单据类型	单据编号	客户	款项类型	结算方式	币种	汇率	原币金额	原币余额	本次结算金额	订单号
2023-12-18	收款单	0000000001	山西机电制造有限公司	预收款	转账支票	人民币	1.00000000	157,000.00	157,000.00	146,448.00	
合计								157,000.00	157,000.00	146,448.00	

单据日期	单据类型	单据编号	到期日	客户	币种	原币金额	原币余额	可享受折扣	本次折扣	本次结算	订单号
2023-12-01	销售专…	60972940	2023-12-01	山西机电制造有限公司	人民币	629,000.00	629,000.00	0.00			
2024-01-03	销售专…	60972953	2024-01-03	山西机电制造有限公司	人民币	146,448.00	146,448.00	0.00	0.00	146,448.00	20240132
合计						775,448.00	775,448.00			146,448.00	

图6-21　收款单手工核销

4.制单处理

（1）执行【制单处理】命令，打开"制单查询"对话框。

（2）选择"发票制单""核销制单"复选框，单击"确定"按钮，全选需要制单的单据，单击"合并""制单"按钮，生成一张记账凭证，单击"保存"按钮。如图6-22所示。

记账凭证

摘要	科目名称	借方金额	贷方金额
销售专用发票	应收账款	146448 00	
销售专用发票	主营业务收入/C-1车床		129600 00
销售专用发票	应交税费/应交增值税/销项税额		16848 00
核销	应收账款		146448 00
核销	合同负债	146448 00	
	合计	146448 00	146448 00

记字　　制单日期：2024.01.03　　审核日期：　　　　附单据数：2

票号　日期　　数量　单价

备注　项目　个人　业务员　　部门　客户 山西机电制造有限公司

记账　　　审核　　　出纳　　　制单 姚山

图6-22　记账凭证

业务8 2024年1月3日，退还山西机电制造有限公司多余的预收款项。该业务原始凭证如下：

业务8

中国工商银行电子回单凭证

回单编号：668309921136	回单类型：**网银业务**	业务名称：
凭证种类：	凭证号码：	借贷标志：**借记**　回单格式码：S
账号：0200002356487219763	开户行名称：**中国工商银行北京东城支行**	
户名：**方达国际股份有限公司**		
对方账号：0502127609202225488	开户行名称：**中国工商银行太原小店支行**	
对方户名：山西机电制造有限公司		
币种：**人民币**　　金额：10 552.00	金额大写：**壹万零伍佰伍拾贰元整**	
兑换信息：　　币种：　　金额：	牌价：　　币种：　　金额：	
摘要：**多余货款**		

附加信息：

打印次数：**1 次**	记账日期：2024-01-03	会计流水号：EEZ9111006612104
记账机构：05113789196	经办柜员：EEZ0019	记账柜员：EEZ0019　复核柜员：　　授权柜员：
打印机构：65513781210	打印柜员：AEZD001	批次号：

【操作指导】

1.收款单据录入

2024年1月3日，**操作员（W03）** 在企业应用平台中执行【业务工作】【财务会计】【应收款管理】【收款单据处理】【收款单据录入】命令，打开"收款单录入"窗口，单击"切换"按钮，将付款单切换为红字付款单，单击"增加"按钮，根据资料录入相应信息。单击"保存"，如图6-23所示。

图6-23　付款单

2.收款单据审核与核销

（1）2024年1月3日，**操作员（W02）** 在企业应用平台中执行【业务工作】【财务会计】【应收款管理】【收款单据处理】【收款单据审核】命令，系统弹出"收款单查询条件"对话框，单击"确定"按钮，在"收付款单列表"中选择需要审核的单据，单击"审核"按钮，系统弹出操作提示对话框，单击"确定"按钮。如图6-24所示。

图6-24　收付款单列表（审核）

（2）执行【核销处理】【手工核销】命令，系统弹出"核销条件"对话框，选择相应的供应商，单击"确定"按钮，根据资料分别在收款单的"本次结算金额"与付款单的

"本次结算"列中输入结算金额，单击"保存"按钮。如图6-25所示。

单据日期	单据类型	单据编号	客户	款项类型	结算方式	币种	汇率	原币金额	原币余额	本次结算金额	订单号
2023-12-18	收款单	0000000001	山西机电制造有限公司	预收款	转账支票	人民币	1.00000000	157,000.00	10,552.00	10,552.00	
合计								157,000.00	10,552.00	10,552.00	

单据日期	单据类型	单据编号	到期日	客户	币种	原币金额	原币余额	可享受折扣	本次折扣	本次结算	订单号	凭证号
2024-01-03	付款单	0000000001	2024-01-03	山西机电制造有限公司	人民币	10,552.00	10,552.00	0.00	0.00	10,552.00		
2023-12-01	销售专...	60972940	2023-12-01	山西机电制造有限公司	人民币	829,000.00	829,000.00	0.00				
合计						839,552.00	839,552.00	0.00		10,552.00		

图6-25 收款单手工核销

3.制单处理

（1）执行【制单处理】命令，打开"制单查询"对话框。

（2）选择"收付款单制单""核销制单"复选框，单击"确定"按钮，全选需要制单的单据，单击"合并""制单"按钮，生成一张记账凭证，单击"保存"按钮。如图6-26所示。

图6-26 记账凭证

业务9 2024年1月3日，支付为山西机电制造有限公司汇款的手续费。该业务原始凭证如下：

【操作指导】

总账制单

（1）2024年1月3日，操作员（W02）在企业应用平台执行【业务工作】【财务会计】

【总账】【凭证】【填制凭证】命令，打开“填制凭证”窗口。

（2）单击“增加”按钮或者按【F5】键，根据原始凭证录入并保存记账凭证。如图6-27所示。

记 账 凭 证

记 字 0009　　制单日期：2024.01.03　　审核日期：　　附单据数：1

摘要	科目名称	借方金额	贷方金额
支付汇款手续费	财务费用/手续费	550	
支付汇款手续费	银行存款/中国工商银行北京东城支行		550
票号 7 - 日期 2024.01.03	数量 单价 合计	550	550

备注　项 目　　部 门
　　　个 人　　客 户
　　　业务员

记账　　审核　　出纳　　制单 姚灿

图6-27 记账凭证

业务10 2024年1月4日，销售C-1车床，款项未收。该业务原始凭证如下：

业务10-1/3

购销合同

购方（需方）：广州新林机电有限公司　　合同编号：20242365

销方（供方）：方达国际股份有限公司　　签订时间：2024年01月04日

供需双方本着互利互惠、长期合作的原则，根据《中华人民共和国民法典》及双方的实际情况，就需方向供方采购事宜，订立本合同，以使双方在合同履行中共同遵守。

一、产品名称、数量、单价、金额：

产品名称	规格型号	计量单位	数量	单价	金额	备注
C-1车床		台	15	43 200.00	648 000.00	不含税
合计					¥648 000.00	
合计人民币（大写）	陆拾肆万捌仟元整					

二、质量要求技术标准：供方对质量负责的条件和期限：按合同企业标准。

三、交（提）货地点、方式：广州市花都区平安路7号。

四、付款方式：收到货后一个月内付款。

五、运输方式及到站、港和费用负担：由购方承担。

六、合理损耗及计算方法：以实际数量验收。

七、包装标准、包装物的供应与回收：普通包装，不回收包装物。

八、验收标准、方法及提出异议期限：货到需方七日内提出质量异议，不包括运输过程中造成的质量问题。

九、违约责任：按《中华人民共和国民法典》。

十、解决合同纠纷的方式：双方协商解决。

十一、其他约定事项：本合同一式两份，供、需双方各一份，经双方盖章后即生效。

购方（盖章）：广州新林机电有限公司
单位地址：广州市花都区平安路7号
电话：02127570877
签订日期：2024年01月04日
开户银行：中国工商银行广州花都支行
账号：3602021419200555486

销方（盖章）：方达国际股份有限公司
单位地址：北京市东城区北四环东路27号
电话：01087326521
签订日期：2024年01月04日
开户银行：中国工商银行北京东城支行
账号：0200002356487219763

业务10-2/3

电子发票（增值税专用发票）

发票号码：24111000000060972954

开票日期：2024 年 01 月 04 日

购买方信息	名称：广州新林机电有限公司				售方信息	名称：方达国际股份有限公司		
	统一社会信用代码/纳税人识别号：914401142398172301					统一社会信用代码/纳税人识别号：911101018937465212		

项目名称	规格型号	单位	数量	单价	金额	税率/征收率	税额
*机床*C-1 车床		台	15	43 200.00	648 000.00	13%	84 240.00
合　计					¥648 000.00		¥84 240.00

价税合计（大写）	⊗柒拾叁万贰仟贰佰肆拾元整	（小写）¥732 240.00

备注	

开票人：王言

业务10-3/3

销售单

购货单位：广州新林机电有限公司	纳税人识别号：914401142398172301
地址和电话：广州市花都区平安路7号 02127570877	单据编号：XS20241203
开户行及账号：中国工商银行广州花都支行 3602021419200555486	制单日期：2024 年 01 月 04 日

编码	产品名称	规格	单位	单价	数量	金额	备注	
CP002	C-1 车床		台	43 200.00	15	648 000.00	不含税价	会计联
合计	人民币（大写）陆拾肆万捌仟元整					¥648 000.00		

总经理：陈逸舟　　销售经理：杨艳　　经手人：张成　　会计：张翔　　签收人：张铭

【操作指导】

1.销售订单

（1）2024 年 1 月 4 日，**操作员（X01）**进入企业应用平台，执行【业务工作】【供应链】【销售管理】【销售订货】【销售订单】命令，打开"销售订单"窗口。

（2）单击"增加"按钮，添加订单号为"20242365"，选择销售类型为"正常销售"，按照购销合同录入订单其他信息，单击"保存"按钮。单击"审核"按钮，审核填制的销售订单。如图6-28所示。

图6-28　销售订单录入

2.销售专用发票（根据销售订单生成）

（1）执行【业务工作】【供应链】【销售管理】【销售开票】【销售专用发票】命令，打开"销售专用发票"窗口。

（2）单击"增加"按钮，系统弹出"查询条件选择-参照订单"对话框，单击"确定"

按钮，选择对应的销售订单，单击"确定"按钮，根据销售专用发票填入发票号"60972954"，仓库选择"商品库"，单击"保存"按钮，单击"复核"按钮。如图6-29所示。

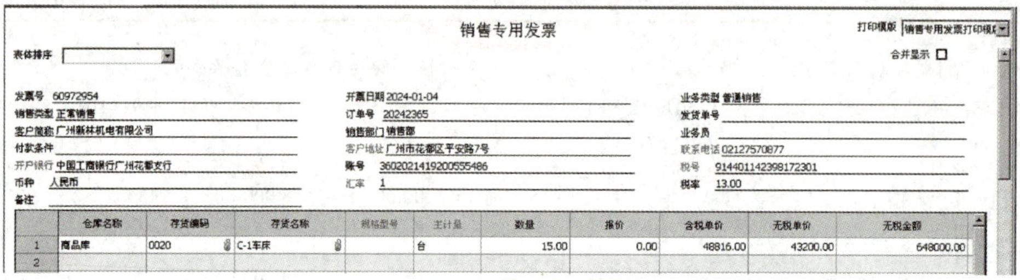

图6-29　销售专用发票生成

3.应收单据审核与制单

（1）2024年1月4日，**操作员（W02）** 在企业应用平台中执行【业务工作】【财务会计】【应收款管理】【应收款单据处理】【应收单据审核】命令，弹出"应收单查询条件"对话框。

（2）单击"确定"按钮，打开"应收单据列表"窗口，双击需要审核的票据，打开"销售发票"窗口，单击"审核"按钮；系统弹出"是否立即制单"提示框，如图6-30所示，单击"是"，打开"填制凭证"窗口，系统自动生成记账凭证，检查凭证是否有误，核对无误则单击"保存"按钮。如图6-31所示。

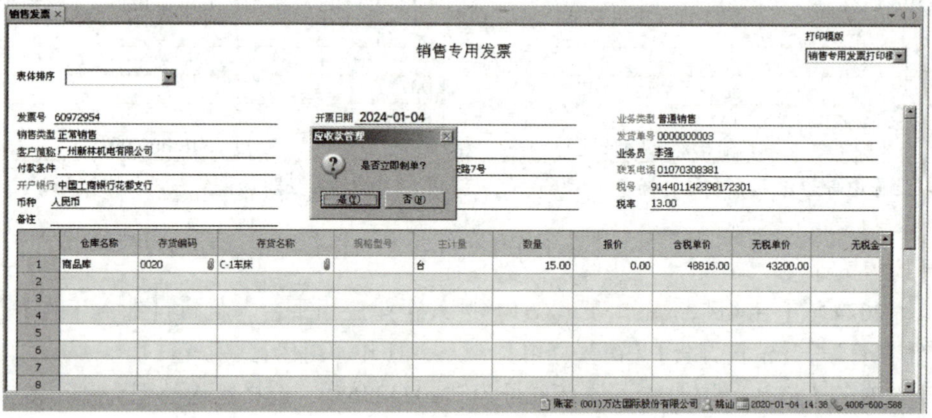

图6-30　销售专用发票审核

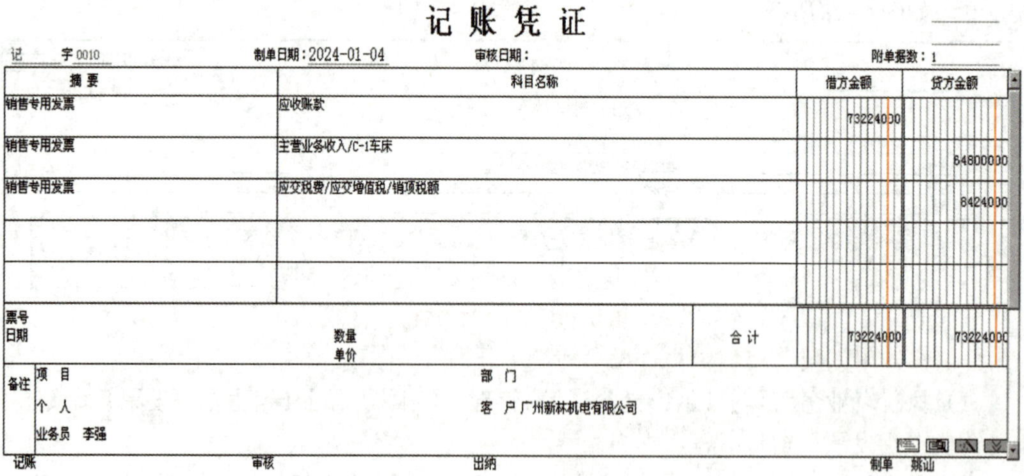

图6-31　记账凭证

操作提示

　　因为本业务中不涉及核销处理，同时在应收单据审核模块中有直接制单功能，可以在审核的同时根据审核的发票直接制单，无须单独在制单模块中执行制单。此功能与先审核后制单的结果一致。

业务 11 2024年1月4日，支付运费。该业务原始凭证如下：

业务 11-1/2

电子发票（增值税专用发票）

货物运输服务

发票号码：24442000000000087235
开票日期：2024 年 01 月 04 日

购买方信息	名称：方达国际股份有限公司 统一社会信用代码/纳税人识别号：911101018937465212	销售方信息	名称：广州航达货运有限公司 统一社会信用代码/纳税人识别号：914401059821765323

项目名称	规格型号	单位	数量	单价	金额	税率/征收率	税额
*运输服务*运输费用					2 790.00	9%	251.10
合　计					¥2 790.00		¥251.10

运输工具种类	运输工具牌号	起运地	到达地	运输货物名称
货车	粤 A01912	广州市	北京市	车床

价税合计（大写）	⊗叁仟零肆拾壹元壹角整	（小写）¥3 041.10

备注	

开票人：张山

业务 11-2/2

中国工商银行电子回单凭证

回单编号：608309921165　　回单类型：**网银业务**　　业务名称：

凭证种类：　　凭证号码：　借贷标志：**借记**　回单格式码：S

账号：0200002356487219763　开户行名称：**中国工商银行北京东城支行**

户名：**方达国际股份有限公司**

对方账号：0200342563500000786　开户行名称：**中国工商银行广州番禺支行**

对方户名：**广州航达货运有限公司**

币种：**人民币**　金额：3 041.10　金额大写：**叁仟零肆拾壹元壹角整**

兑换信息：　币种：　金额：　牌价：　币种：　金额：

摘要：**运费**

附加信息：

打印次数：**1次**　记账日期：2024-01-04　会计流水号：EEZ9111006612105

记账机构：05113789197　经办柜员：EEZ0019　记账柜员：EEZ0019　复核柜员：　授权柜员：

打印机构：65113781210　打印柜员：AEZD001　批次号：

【操作指导】

　　总账制单

　　（1）2024年1月4日，**操作员（W02）**在企业应用平台执行【业务工作】【财务会计】【总账】【凭证】【填制凭证】命令，打开"填制凭证"窗口。

（2）单击"增加"按钮或者按【F5】键，根据原始凭证录入并保存记账凭证。如图6-32所示。

记账凭证

摘要	科目名称	借方金额	贷方金额
支付运费	销售费用/运费	279000	
支付运费	应交税费/应交增值税/进项税额	25110	
支付运费	银行存款/中国工商银行北京东城支行		304110

记字0011　制单日期：2024.01.04　审核日期：　　　附单据数：2

票号　7 -　日期　2024.01.04　数量　单价　合计　304110　304110

备注　项目　部门　个人　客户　业务员

记账　审核　出纳　制单 姚汕

图6-32　记账凭证

业务12 2024年1月4日，支付汇款手续费。该业务原始凭证如下：

业务12

中国工商银行 收费通知（缴费收据联）

2024 年 01 月 04 日

付款单位名称	方达国际股份有限公司		账号	0200002356487219763						
结算内容	手续费	邮电费	类别	金额						
				千	百	十	元	角	分
汇票	笔　元	笔　元							
汇兑	1 笔 0.50 元	1 笔 5.00 元	手续费				¥	5	0
委托收款	笔　元	笔　元							
托收承付	笔　元	笔　元	邮电费			¥	5	0	0
支票	笔　元	笔　元							
合计金额 人民币（大写）	伍元伍角整		合计			¥	5	5	0
备注：		银行公章							

（中国工商银行北京东城支行 2024.01.04 办讫章 (01)）

【操作指导】

总账制单

2024年1月4日，操作员（W02）在企业应用平台执行【业务工作】【财务会计】【总账】【凭证】【填制凭证】命令，打开"填制凭证"窗口。

单击"增加"按钮或者按【F5】键，根据原始凭证录入并保存记账凭证，如图6-33所示。

记账凭证

记 字 0012	制单日期：2024.01.04	审核日期：2024.01.31			附单据数：1	
摘要		科目名称			借方金额	贷方金额
支付汇款手续费		财务费用/手续费			550	
支付汇款手续费		银行存款/中国工商银行北京东城支行				550
票号 日期		数量 单价		合计	550	550
备注 项目 个人 业务员		部门 客户				
记账	审核	出纳		制单	跳曲	

图 6-33　记账凭证

业务 13 2024 年 1 月 4 日，向长江钢铁集团有限公司购买圆钢，长江钢铁集团有限公司已代垫运费，款项上月已预付，订单编号：G01。该业务原始凭证如下：

业务 13-1/2

电子发票（增值税专用发票）

国家税务总局
北京市税务局

发票号码：24111000000060978674
开票日期：2024 年 01 月 04 日

购买方信息	名称：方达国际股份有限公司 统一社会信用代码/纳税人识别号：911101018937465212		售方信息	名称：长江钢铁集团有限公司 统一社会信用代码/纳税人识别号：911101018937465212		
项目名称	规格型号	单位	数量	单价	金额	税率/征收率	税额

项目名称	规格型号	单位	数量	单价	金额	税率/征收率	税额
*黑色金属冶炼压延品*圆钢		吨	28	3 000.00	84 000.00	13%	10 920.00
合　计					¥84 000.00		¥10 920.00
价税合计（大写）	⊗玖万肆仟玖佰贰拾元整				（小写）¥94 920.00		
备注							

开票人：张离

业务 13-2/2

货物运输服务

电子发票（增值税专用发票）

国家税务总局
北京市税务局

发票号码：24112000000010087235
开票日期：2024 年 01 月 04 日

购买方信息	名称：方达国际股份有限公司 统一社会信用代码/纳税人识别号：911101018937465212		售方信息	名称：北京永源货运有限公司 统一社会信用代码/纳税人识别号：911101066576846390		

项目名称	规格型号	单位	数量	单价	金额	税率/征收率	税额
*运输服务*运输费用					4 687.20	9%	421.85
合　计					¥4 687.20		¥421.85
运输工具种类		运输工具牌号		起运地	到达地		运输货物名称
货车		粤BA832		北京市	北京市		圆钢
价税合计（大写）	⊗伍仟壹佰零玖元零伍分				（小写）¥5 109.05		
备注							

开票人：曾卫鹏

【操作指导】

1.采购订单

（1）2024年1月4日，**操作员（G01）**进入企业应用平台，执行【业务工作】【供应链】【采购管理】【采购订货】【采购订单】命令，打开"采购订单"窗口。

操作视频

业务13

（2）单击"增加"按钮，添加订单编号为"G01"，选择采购类型为"正常采购"，修改税率为"13%"，按照发票信息录入订单其他信息，单击"保存"按钮。单击"审核"按钮，审核填制的采购订单。如图6-34所示。

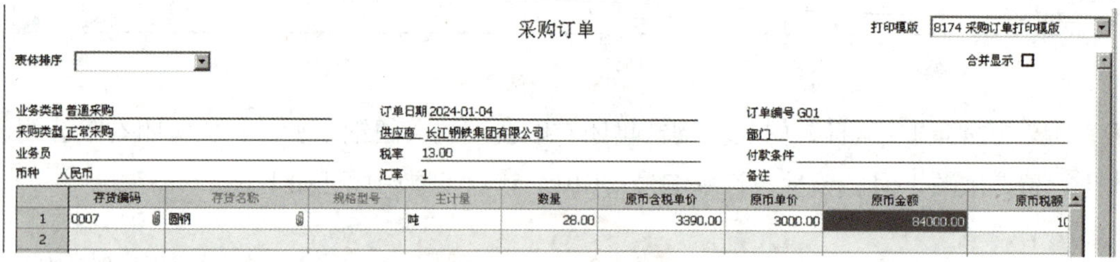

图6-34　采购订单填制

2.采购专用发票（根据采购订单生成）

（1）执行【业务工作】【供应链】【采购管理】【采购发票】【专用采购发票】命令，打开"专用发票"窗口。

（2）单击"增加"按钮，执行【生单】【采购订单】命令，系统弹出"查询条件选择-采购订单列表过滤"对话框，单击"确定"按钮，如图6-35所示；选择对应的采购订单，单击"确定"按钮，录入发票号为"60978674"，修改税率为"13%"，系统弹出"将按照表头税率统一表体税率，是否继续"提示框，单击"是"按钮，单击"保存"按钮。如图6-36所示。

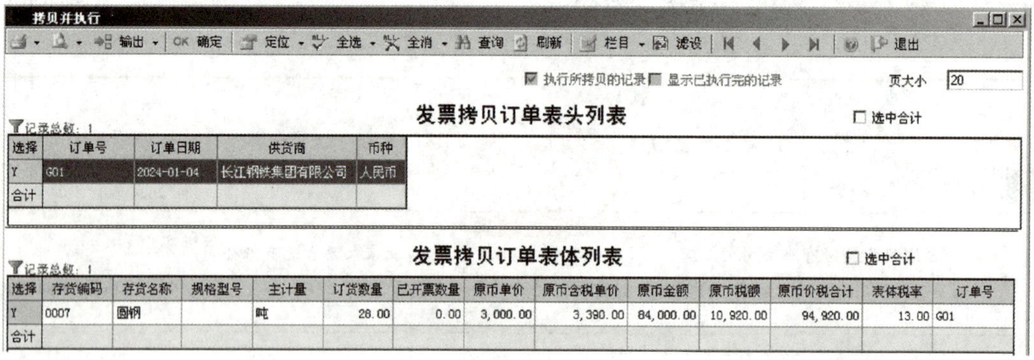

图6-35　发票拷贝订单

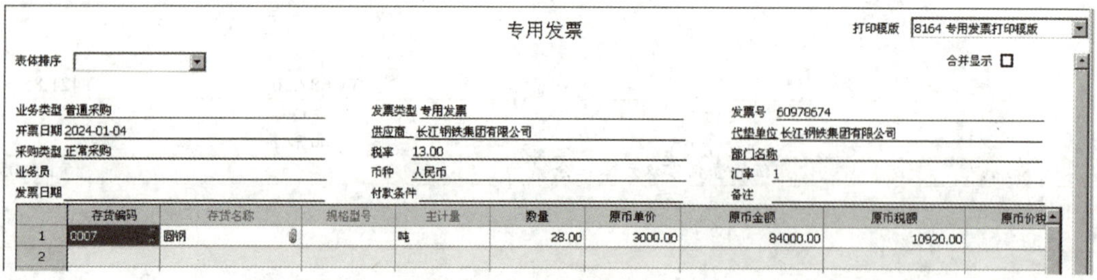

图6-36　专用发票生成

3.采购专用发票

在"专用采购发票"窗口，单击"增加"按钮，录入发票号"10087235"，供应商为"北京永源货运有限公司"，代垫单位修改为"长江钢铁集团有限公司"，税率修改为"9%"，根据发票录入其他信息，单击"保存"按钮。如图6-37所示。

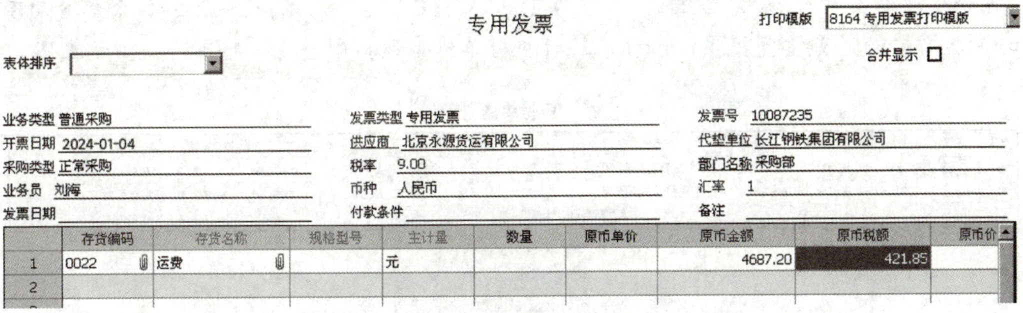

| | | | | 专用发票 | | | | 打印模版 | 8164 专用发票打印模版 ▼ |
| | | | | | | | | | |

表体排序 [　　　▼] 　　　　　　　　　　　　　　　　　　　　　　　　合并显示 □

业务类型 普通采购　　　　　　　发票类型 专用发票　　　　　　　　发票号 10087235
开票日期 2024-01-04　　　　　供应商 北京永源货运有限公司　　　代垫单位 长江钢铁集团有限公司
采购类型 正常采购　　　　　　　税率 9.00　　　　　　　　　　　部门名称 采购部
业务员 刘海　　　　　　　　　币种 人民币　　　　　　　　　　汇率 1
发票日期　　　　　　　　　　付款条件　　　　　　　　　　　备注

	存货编码	存货名称	规格型号	主计量	数量	原币单价	原币金额	原币税额	原币价
1	0022	运费		元			4687.20	421.85	
2									

图6-37　专用发票（运费）录入

4.应付单据审核

2024年1月4日，操作员（W02）进入企业应用平台，执行【业务工作】【财务会计】【应付款管理】【应付单据处理】【应付单据审核】命令，系统弹出"应付单查询条件"对话框，勾选"未完全报销"复选框，如图6-38所示，单击"确定"按钮；选择需要审核的发票，单击"审核"按钮。系统弹出提示框，如图6-39所示，单击"确定"按钮。

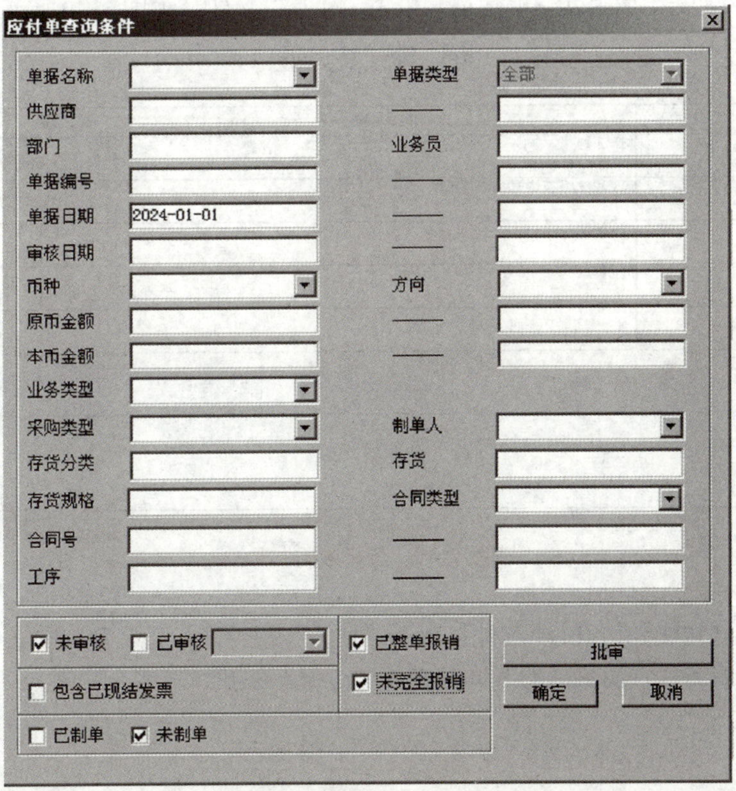

应付单查询条件　　　　　　　　　　　　　　　　　　　　　[×]

单据名称 [　　　▼]　　　　　单据类型 [全部　　▼]
供应商 [　　　　]　　　　　　　　　　[　　　　]
部门 [　　　　]　　　　　业务员 [　　　　]
单据编号 [　　　　]　　　　　　　　　　[　　　　]
单据日期 [2024-01-01]　　　　　　　　　[　　　　]
审核日期 [　　　　]　　　　　　　　　　[　　　　]
币种 [　　　▼]　　　　　方向 [　　　▼]
原币金额 [　　　　]　　　　　　　　　　[　　　　]
本币金额 [　　　　]　　　　　　　　　　[　　　　]
业务类型 [　　　▼]
采购类型 [　　　▼]　　　　　制单人 [　　　▼]
存货分类 [　　　　]　　　　　存货 [　　　　]
存货规格 [　　　　]　　　　　合同类型 [　　　▼]
合同号 [　　　　]
工序 [　　　　]

☑ 未审核　□ 已审核 [　　▼]　☑ 已整单报销　　　[批审]
□ 包含已现结发票　　　　　☑ 未完全报销　　[确定] [取消]
□ 已制单　☑ 未制单

图6-38　应付单据查询条件

操作提示

　　每次应付单据审核时均会弹出"应付单查询条件"对话框，此界面一般仅涉及是否勾选"包含已现结发票"与"未完全报销"。若业务为现付业务，查询时则需要勾选"包含已现结发票""未完全报销"，若为其他，则仅勾选"未完全报销"，其余部分均不涉及操作。为避免重复提供，后续涉及【应付单据审核】命令时，将不再提供该截图。

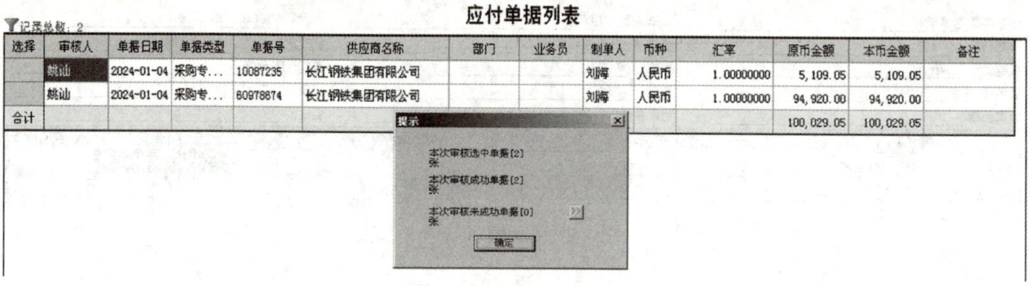

应付单据列表

选择	审核人	单据日期	单据类型	单据号	供应商名称	部门	业务员	制单人	币种	汇率	原币金额	本币金额	备注
	姚汕	2024-01-04	采购专…	10087235	长江钢铁集团有限公司			刘晖	人民币	1.00000000	5,109.05	5,109.05	
	姚汕	2024-01-04	采购专…	60978874	长江钢铁集团有限公司			刘晖	人民币	1.00000000	94,920.00	94,920.00	
合计											100,029.05	100,029.05	

图 6-39　应付单据列表（审核）

5.制单处理

　　（1）执行【制单处理】命令，打开"制单查询"对话框。

　　（2）选择"发票制单"复选框，单击"确定"按钮，全选需要制单的单据，单击"合并""制单"按钮，生成一张记账凭证，单击"保存"按钮。如图6-40所示。

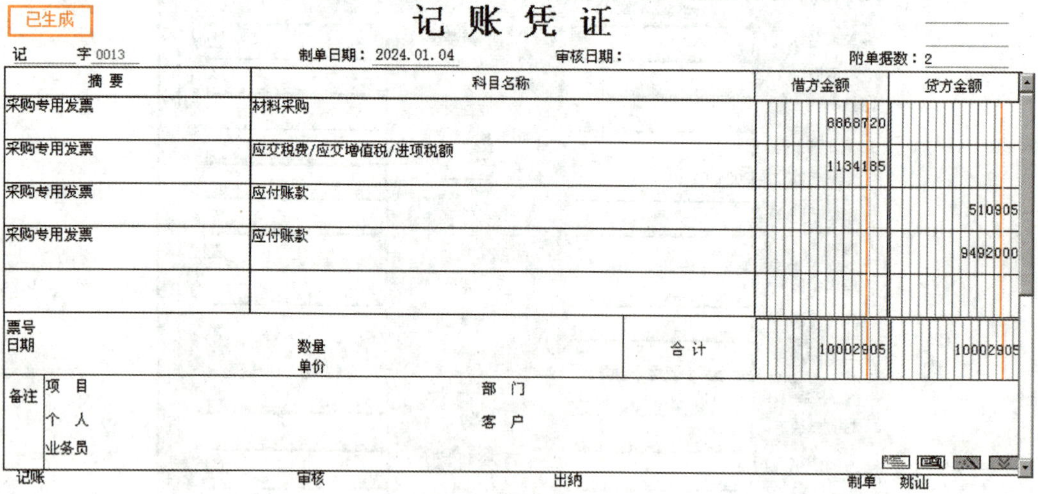

记 账 凭 证

已生成

记　字 0013　　　　制单日期：2024.01.04　　　审核日期：　　　　　附单据数：2

摘　要	科目名称	借方金额	贷方金额
采购专用发票	材料采购	8868720	
采购专用发票	应交税费/应交增值税/进项税额	1134185	
采购专用发票	应付账款		510905
采购专用发票	应付账款		9492000
票号 日期		数量 单价	合　计	10002905	10002905
备注	项　目 个　人 业务员	部　门 客　户		

记账　　　　　　　审核　　　　　　　出纳　　　　　　　制单 姚汕

图 6-40　记账凭证生成

6.转账处理并制单

　　（1）执行【转账】【预付冲应付】命令，打开"预付冲应付"窗口，在"预付款"模块中输入供应商名称，如图6-41所示，单击"过滤"按钮，转账金额输入"100000"。

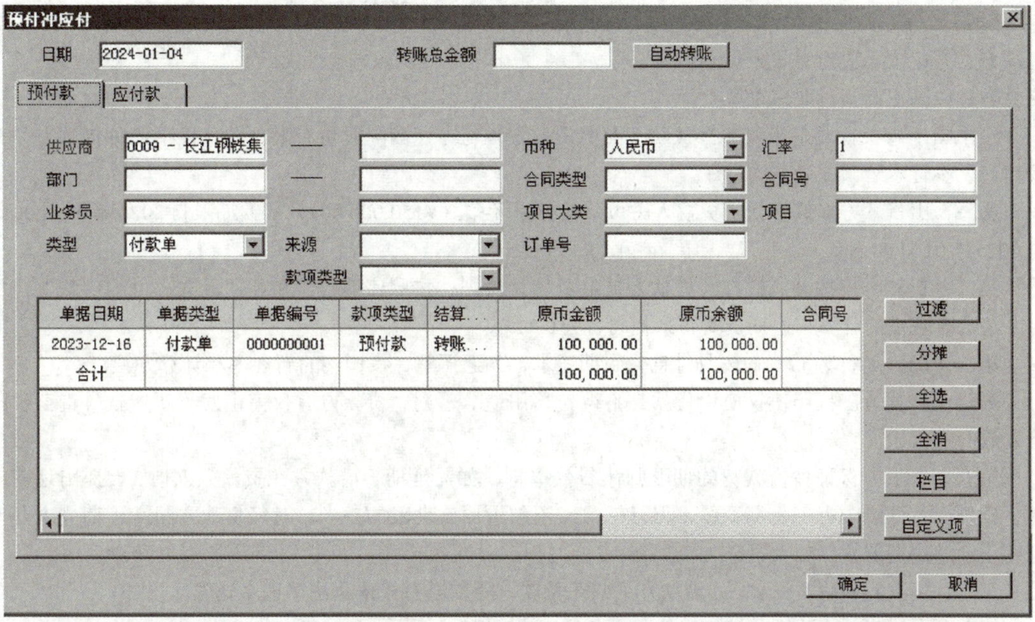

图 6-41 预付冲应付

（2）切换至"应付款"模块，单击"过滤"按钮，转账金额分别输入"5109.05"与"94890.95"，单击"确定"按钮，系统弹出"是否立即制单"对话框，单击"是"按钮，系统自动生成一张记账凭证，单击"保存"按钮。如图 6-42 所示。

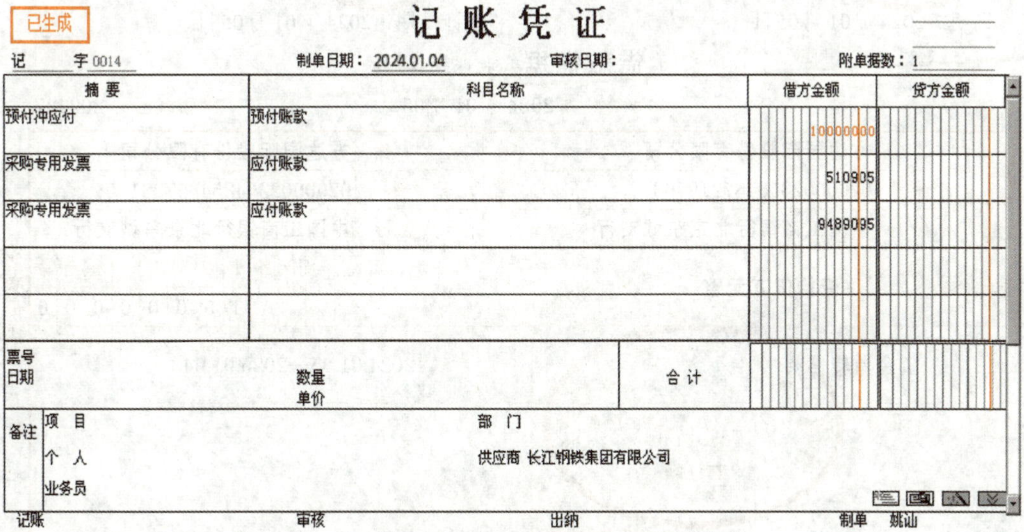

图 6-42 记账凭证生成

业务 14 2024 年 1 月 5 日，收到短期借款。该业务原始凭证如下：

业务14-1/2

借款合同

借款方：方达国际股份有限公司

贷款方：中国工商银行北京东城支行

经中国工商银行北京东城支行（以下简称贷款方）与方达国际股份有限公司（以下简称借款方）充分协商，签订本合同，以共同遵守。

第一，由贷款方提供借款方贷款人民币壹拾伍万元整（¥150 000.00），贷款期限自2024年01月05日至2025年01月04日。

第二，贷款方应按期、按额向借款方提供贷款，否则，按照违约数额和延期天数，付给借款方违约金。违约金数额的计算与逾期贷款罚息相同，为0.21‰。

第三，贷款年利率6.1%，按月付息，到期还本，如遇调整，按调整的新利率和计算办法。

第四，借款方应按照协议使用贷款，不得转移用途。否则，贷款方有权停止发放新贷款，直至收回已发放的贷款。

第五，借款方保证按借款契约期限归还贷款本息，如需延期，借款方在贷款到期前3天提出延期申请，经贷款方同意，办理延期手续。但延期最长不超过原定期限的一半。对经贷款方同意延期或未办理延期手续的逾期贷款，加收罚息。

第六，贷款到期后1个月，如借款方不归还贷款，贷款方有权依照法律程序处理。

第七，本协议一式两份，借、贷双方各执正本1份。

第八，本协议经双方签章即生效。

贷款方：中国工商银行北京东城支行　　　　借款方：方达国际股份有限公司

代表人：李大兴　　　　　　　　　　　　　代表人：陈逸舟

签订日期：2024年01月05日　　　　　　　签订日期：2024年01月05日

业务14-2/2

借款借据（收账通知）

借款日期 2024 年 01 月 05 日　　　　　　　借据编号：202437

收款单位	名　称	方达国际股份有限公司	付款单位	名　称	方达国际股份有限公司
	开户账号	0200002356487219763		放款户账号	0200002354354657231
	开户银行	中国工商银行北京东城支行		开户银行	中国工商银行北京东城支行

借款金额	人民币（大写）	壹拾伍万元整	千	百	十	万	千	百	十	元	角	分
				¥	1	5	0	0	0	0	0	0

借款原因及用途	资金周转需要	借款期限	2024.01.05—2025.01.04

你单位上列借款，已转入你单位结算账户内

办讫章（01）

（银行盖章）

此联退还借款单位

【操作指导】

总账制单

（1）2024年1月5日，操作员（W02）在企业应用平台执行【业务工作】【财务会计】【总账】【凭证】【填制凭证】命令，打开"填制凭证"窗口。

（2）单击"增加"按钮或者按【F5】键，根据原始凭证录入并保存记账凭证。如图6-43所示。

操作视频

业务14至业务29

记 账 凭 证

记 字 0015	制单日期：2024.01.05	审核日期：		附单据数：2
摘 要	科目名称		借方金额	贷方金额
收到短期借款	银行存款/中国工商银行北京东城支行		15000000	
收到短期借款	短期借款/中国工商银行北京东城支行			15000000
票号　- 日期	数量 单价	合 计	15000000	15000000
备注　项　目		部　门		
个　人		客　户		
业务员				
记账	审核	出纳	制单　姚汕	

图 6-43　记账凭证录入

业务 15　2024 年 1 月 5 日，缴纳上月税费。该业务原始凭证如下：

业务 15-1/5

ICBC 🏦 中国工商银行

电子缴税付款凭证

转账日期：2024 年 01 月 05 日　　　　　　　　　　凭证字号：02530511

纳税人全称及纳税人识别号：方达国际股份有限公司 911101018937465212	
付款人全称：方达国际股份有限公司	
付款人账号：0200002356487219763	征收机关名称：国家税务总局北京市东城区税务局
付款人开户银行：中国工商银行北京东城支行	收款国库（银行）名称：国家金库北京市东城区支库
小写（合计）金额：¥216 500.00	缴款书交易流水号：W0002014050299
大写（合计）金额：贰拾壹万陆仟伍佰元整	税票号码：

税（费）种名称	所属日期	实缴金额
增值税	20231201—20231231	216 500.00

第 1 次打印　　　　　　　　　　打印时间：2024-01-05

（1405 公分×21 公分）　第二联　作付款回单（无银行办讫章无效）　复核：　　记账：

业务 15-2/5

ICBC圄 中国工商银行
电子缴税付款凭证

转账日期：2024 年 01 月 05 日　　　　　　　　　　　　　凭证字号：02530512

纳税人全称及纳税人识别号：方达国际股份有限公司 911101018937465212

付款人全称：方达国际股份有限公司

付款人账号：0200002356487219763　　　　征收机关名称：国家税务总局北京市东城区税务局

付款人开户银行：中国工商银行北京东城支行　　收款国库（银行）名称：国家金库北京市东城区支库

小写（合计）金额：¥99 106.70　　　　　　缴款书交易流水号：W0002014050300

大写（合计）金额：玖万玖仟壹佰零陆元柒角整　　　税票号码：

税（费）种名称	所属日期	实缴金额
企业所得税	20231201—20231231	99 106.70

第 1 次打印　　　　　　　　　　　　　打印时间：2024-01-05

（1405公分×21公分）　第二联　作付款回单（无银行办讫章无效）　复核：　　　记账：

业务 15-3/5

ICBC圄 中国工商银行
电子缴税付款凭证

转账日期：2024 年 01 月 05 日　　　　　　　　　　　　　凭证字号：02530514

纳税人全称及纳税人识别号：方达国际股份有限公司 911101018937465212

付款人全称：方达国际股份有限公司

付款人账号：0200002356487219763　　　　征收机关名称：国家税务总局北京市东城区税务局

付款人开户银行：中国工商银行北京东城支行　　收款国库（银行）名称：国家金库北京市东城区支库

小写（合计）金额：¥164.68　　　　　　　缴款书交易流水号：W0002014050302

大写（合计）金额：壹佰陆拾肆元陆角捌分　　　　税票号码：

税（费）种名称	所属日期	实缴金额
个人所得税	20231201—20231231	164.68

第 1 次打印　　　　　　　　　　　　　打印时间：2024-01-05

（1405公分×21公分）　第二联　作付款回单（无银行办讫章无效）　复核：　　　记账：

业务 15-4/5

ICBC 🏛 中国工商银行

电子缴税付款凭证

转账日期：2024 年 01 月 05 日　　　　　　　　　凭证字号：02530515

纳税人全称及纳税人识别号：方达国际股份有限公司 911101018937465212

付款人全称：方达国际股份有限公司

付款人账号：0200002356487219763　　征收机关名称：国家税务总局北京市东城区税务局

付款人开户银行：中国工商银行北京东城支行　收款国库（银行）名称：国家金库北京市东城区支库

小写（合计）金额：¥638.25　　　　　　　缴款书交易流水号：W0002014050303

大写（合计）金额：陆佰叁拾捌元贰角伍分　税票号码：

税（费）种名称	所属日期	实缴金额
印花税	20231201—20231231	638.25

第 1 次打印　　　　　　　　　　　　　　打印时间：2024-01-05

（1405 公分×21 公分）　第二联　作付款回单（无银行办讫章无效）　复核：　　　记账：

业务 15-5/5

ICBC 🏛 中国工商银行

电子缴税付款凭证

转账日期：2024 年 01 月 05 日　　　　　　　　　凭证字号：02530516

纳税人全称及纳税人识别号：方达国际股份有限公司 911101018937465212

付款人全称：方达国际股份有限公司

付款人账号：0200002356487219763　　征收机关名称：国家税务总局北京市东城区税务局

付款人开户银行：中国工商银行北京东城支行　收款国库（银行）名称：国家金库北京市东城区支库

小写（合计）金额：¥25 980.00　　　　　　缴款书交易流水号：W0002014050304

大写（合计）金额：贰万伍仟玖佰捌拾元整　税票号码：

税（费）种名称	所属日期	实缴金额
城市维护建设税（增值税）	20231201—20231231	15 155.00
教育费附加（增值税）	20231201—20231231	6 495.00
地方教育附加（增值税）	20231201—20231231	4 330.00

第 1 次打印　　　　　　　　　　　　　　打印时间：2024-01-05

（1405 公分×21 公分）　第二联　作付款回单（无银行办讫章无效）　复核：　　　记账：

【操作指导】

总账制单

（1）2024 年 1 月 5 日，**操作员（W02）**在企业应用平台执行【业务工作】【财务会计】【总账】【凭证】【填制凭证】命令，打开"填制凭证"窗口。

（2）单击"增加"按钮或者按【F5】键，根据原始凭证录入并保存记账凭证。如图 6-44、图 6-45 所示。

记 账 凭 证

记 字 0016 - 0001/0002　　制单日期：2024.01.05　　审核日期：　　　　　　　　附单据数：5

摘要	科目名称	借方金额	贷方金额
缴纳上月税费	应交税费/未交增值税	21650000	
缴纳上月税费	应交税费/应交企业所得税	9910670	
缴纳上月税费	应交税费/应交个人所得税	16468	
缴纳上月税费	应交税费/应交印花税	63825	
缴纳上月税费	应交税费/应交城市维护建设税	1515500	

票号 -
日期　　　　　　数量　　　　　　　　　　　合计　　34238963　　34238963
　　　　　　　单价

备注　项目　　　　　　　部门
　　　个人　　　　　　　客户
　　　业务员

记账　　　　　审核　　　　　出纳　　　　　制单 姚汕

图6-44　记账凭证录入1/2

记 账 凭 证

记 字 0016 - 0002/0002　　制单日期：2024.01.05　　审核日期：　　　　　　　　附单据数：5

摘要	科目名称	借方金额	贷方金额
缴纳上月税费	应交税费/应交教育费附加	649500	
缴纳上月税费	应交税费/应交地方教育附加	433000	
缴纳上月税费	银行存款/中国工商银行北京东城支行		34238963

票号 7 -
日期 2024.01.05　　数量　　　　　　　　　合计　　34238963　　34238963
　　　　　　　单价

备注　项目　　　　　　　部门
　　　个人　　　　　　　客户
　　　业务员

记账　　　　　审核　　　　　出纳　　　　　制单 姚汕

图6-45　记账凭证录入2/2

业务16 2024年1月5日，一大型钻床拟出售，经批准转入固定资产清理。该业务原始凭证如下：

固定资产报废单

业务16

2024 年 01 月 05 日　　　　　　　凭证编号：15462

固定资产名称及编号	规格型号	单位	数量	购买日期	已计提折旧月数	原始价值	已提折旧	备注
机器设备—钻床		台	1	2022年1月	24	87 000.00	16 704.00	
固定资产状况及报废原因	设备老化，工作效率低，消耗大于生产，维修成本太高，建议出售。							
处理意见	使用部门		技术鉴定小组		固定资产管理部门		主管部门审批	
	同意　王跃		同意　蔡晓涛		同意　林锦		同意　陈远舟	

审核：张翔　　　　　　　　　制单：王言

【操作指导】

　　总账制单

　　（1）2024年1月5日，**操作员（W02）**在企业应用平台执行【业务工作】【财务会计】【总账】【凭证】【填制凭证】命令，打开"填制凭证"窗口。

（2）单击"增加"按钮或者按【F5】键，根据原始凭证录入并保存记账凭证。如图6-46所示。

图6-46 记账凭证录入

业务17 2024年1月5日，支付清理费用。该业务原始凭证如下：

业务17-1/2

电子发票（增值税专用发票）

发票号码：24112000000030961855
开票日期：2024年01月05日

购买方信息	名称：方达国际股份有限公司					销售方信息	名称：北京洪兴搬运有限公司		
	统一社会信用代码/纳税人识别号：911101018937465212						统一社会信用代码/纳税人识别号：911101011261093067		

项目名称	规格型号	单位	数量	单价	金额	税率/征收率	税额
*物流辅助服务*搬运费					2 000.00	6%	120.00
合 计					¥2 000.00		¥120.00
价税合计（大写）	⊗贰仟壹佰贰拾元整					（小写）¥2 120.00	
备注							

开票人：吴磊

业务17-2/2

中国工商银行电子回单凭证

回单编号：668309921189　回单类型：**网银业务**　业务名称：
凭证种类：　　　凭证号码：　借贷标志：**借记**　回单格式码：S
账号：0200002356487219763　开户行名称：中国工商银行北京东城支行
户名：**方达国际股份有限公司**
对方账号：0200002725485555887　开户行名称：中国工商银行北京东城支行
对方户名：**北京洪兴搬运有限公司**
币种：**人民币**　金额：2 120.00　金额大写：**贰仟壹佰贰拾元整**
兑换信息：　币种：　金额：　牌价：　金额：
摘要：**搬运费**

附加信息：

打印次数：**1次**　记账日期：2024-01-05　会计流水号：EEZ9111006612106
记账机构：05113789199　经办柜员：EEZ0019　记账柜员：EEZ0019　复核柜员：　授权柜员：
打印机构：65113781210　打印柜员：AEZD001　批次号：

【操作指导】

总账制单

（1）2024年1月5日，**操作员（W02）**在企业应用平台执行【业务工作】【财务会计】

【总账】【凭证】【填制凭证】命令，打开"填制凭证"窗口。

（2）单击"增加"按钮或者按【F5】键，根据原始凭证录入并保存记账凭证。如图6-47所示。

记账凭证

记 字 0018	制单日期：2024.01.05	审核日期：		附单据数：2
摘 要	科目名称		借方金额	贷方金额
支付出售钻床清理费用	固定资产清理		2000000	
支付出售钻床清理费用	应交税费/应交增值税/进项税额		12000	
支付出售钻床清理费用	银行存款/中国工商银行北京东城支行			212000
票号 7				
日期 2024.01.05	数量 单价	合 计	212000	212000
备注 项 目		部 门		
个 人		客 户		
业务员				
记账	审核	出纳		制单 姚油

图6-47 记账凭证录入

业务18 2024年1月5日，收到出售钻床收入。该业务原始凭证如下：

业务18-1/2

电子发票（增值税专用发票）

发票号码：24111000000060972955
开票日期：2024年01月05日

购买方信息	名称：北京市清远物资有限公司 统一社会信用代码/纳税人识别号：911101089836751412	销售方信息	名称：方达国际股份有限公司 统一社会信用代码/纳税人识别号：911101018937465212

项目名称	规格型号	单位	数量	单价	金额	税率/征收率	税额
*机床*钻床		台	1	49 500.00	49 500.00	13%	6 435.00
合 计					¥49 500.00		¥6 435.00

价税合计（大写）	⊗伍万伍仟玖佰叁拾伍元整	（小写）¥55 935.00
备注		

开票人：王言

业务18-2/2

中国工商银行电子回单凭证

回单编号：668309921115	回单类型：网银业务		业务名称：
凭证种类：	凭证号码：	借贷标志：贷记	回单格式码：S
账号：0200002356487219763	开户行名称：中国工商银行北京东城支行		
户名：方达国际股份有限公司			
对方账号：11001016600053354487	开户行名称：中国建设银行北京海淀支行		
对方户名：北京市清远物资有限公司			
币种：人民币 金额：55 935.00	币种： 金额：	牌价：	币种： 金额：
兑换信息：			
摘要：货款			金额大写：伍万伍仟玖佰叁拾伍元整

附加信息：

打印次数：1次	记账日期：2024-01-05	会计流水号：EEZ9111006612136	
记账机构：05113789193	经办柜员：EEZ0019	记账柜员：EEZ0019	复核柜员： 授权柜员：
打印机构：65113781210	打印柜员：AEZD001		批次号：

【操作指导】

　　总账制单

　　（1）2024年1月5日，**操作员（W02）**在企业应用平台执行【业务工作】【财务会计】【总账】【凭证】【填制凭证】命令，打开"填制凭证"窗口。

　　（2）单击"增加"按钮或者按【F5】键，根据原始凭证录入并保存记账凭证。如图6-48所示。

记 账 凭 证

记 字 0019	制单日期：2024.01.05	审核日期：	附单据数：2	
摘　要	科目名称		借方金额	贷方金额
收到出售钻床收入	银行存款/中国工商银行北京东城支行		5593500	
收到出售钻床收入	固定资产清理			4950000
收到出售钻床收入	应交税费/应交增值税/销项税额			643500
票号　7 - 日期　2024.01.05	数量 单价	合　计	5593500	5593500
备注　项　目		部　门		
个　人		客　户		
业务员				
记账	审核	出纳	制单　姚屾	

图6-48　记账凭证录入

业务19 2024年1月5日，确认出售钻床损益。（清理损失在贷方用负数表示）该业务原始凭证如下：

【操作指导】

　　总账制单

　　（1）2024年1月5日，**操作员（W02）**在企业应用平台执行【业务工作】【财务会计】【总账】【凭证】【填制凭证】命令，打开"填制凭证"窗口。

　　（2）单击"增加"按钮或者按【F5】键，根据原始凭证录入并保存记账凭证。如图6-49所示。

记账凭证

记 字 0020	制单日期：2024.01.05	审核日期：		附单据数：1

摘要	科目名称	借方金额	贷方金额
确认出售钻床损益	资产处置损益		2279800
确认出售钻床损益	固定资产清理		2279800

票号 日期	-	数量 单价		合计	

备注	项目	部门	
	个人	客户	
	业务员		

记账	审核	出纳	制单 姚迪

图6-49 记账凭证录入

业务20 2024年1月6日，支付广告费。该业务原始凭证如下：

业务20-1/2

电子发票（增值税专用发票）

发票号码：24112000000011892311
开票日期：2024 年 01 月 06 日

购买方信息	名称：方达国际股份有限公司	销售方信息	名称：北京市天语广告有限公司
	统一社会信用代码/纳税人识别号：911101018937465212		统一社会信用代码/纳税人识别号：911101081750369934

项目名称	规格型号	单位	数量	单价	金额	税率/征收率	税额
*广告服务*广告费					30 000.00	6%	1 800.00

| 合　计 | | | | | ¥30 000.00 | | ¥1 800.00 |
| 价税合计（大写） | ⊗叄万壹仟捌佰元整 | | | | | （小写）¥31 800.00 | |

备注

开票人：王昊

业务20-2/2

中国工商银行电子回单凭证

回单编号：618309921653	回单类型：网银业务	业务名称：
凭证种类：	凭证号码：	借贷标志：借记	回单格式码：S
账号：0200002356487219763	开户行名称：中国工商银行北京东城支行	
户名：方达国际股份有限公司		
对方账号：11001016600254879658	开户行名称：中国工商银行北京海淀支行	
对方户名：北京市天语广告有限公司		
币种：人民币	金额：31 800.00	金额大写：叄万壹仟捌佰元整
兑换信息：	币种： 金额：	牌价： 币种： 金额：
摘要：广告费		

附加信息：

打印次数：1次	记账日期：2024-01-06	会计流水号：EEZ9111006612137	
记账机构：05113789193	经办柜员：EEZ0019	记账柜员：EEZ0019	复核柜员：	授权柜员：
打印机构：65113781233	打印柜员：AEZD001	批次号：	

【操作指导】

　　总账制单

　　（1）2024 年 1 月 6 日，**操作员（W02）** 在企业应用平台执行【业务工作】【财务会计】【总账】【凭证】【填制凭证】命令，打开"填制凭证"窗口。

　　（2）单击"增加"按钮或者按【F5】键，根据原始凭证录入并保存记账凭证。如图 6-50 所示。

记 账 凭 证

记　字 0021　　　　制单日期：2024.01.06　　　审核日期：　　　　　附单据数：2

摘　要	科目名称	借方金额	贷方金额
支付广告费	销售费用/广告费	3000000	
支付广告费	应交税费/应交增值税/进项税额	180000	
支付广告费	银行存款/中国工商银行北京东城支行		3180000

票号　7 -
日期　2024.01.06　　　数量　　　　合　计　3180000　3180000
单价

备注　项　目　　　　　部　门
　　　个　人　　　　　客　户
　　　业务员

记账　　　　　审核　　　　　出纳　　　　　制单 姚汕

图 6-50　记账凭证录入

业务 21 2024 年 1 月 6 日，购买轴承 Q123，山西鸿运轴承销售有限公司已代垫运费，用上月已办理好的银行汇票结算，订单编号：G02。（材料未入库）该业务原始凭证如下：

业务 21-1/4

电子发票（增值税专用发票）

发票号码：24142000000060977583
开票日期：2024 年 01 月 06 日

购买方信息	名称：方达国际股份有限公司　统一社会信用代码/纳税人识别号：911101018937465212		销售方信息	名称：山西鸿运轴承销售有限公司　统一社会信用代码/纳税人识别号：911401053894217623		

项目名称	规格型号	单位	数量	单价	金额	税率/征收率	税额
*轴承*轴承 Q123		套	100	340.00	34 000.00	13%	4 420.00

合　计					¥34 000.00		¥4 420.00
价税合计（大写）	⊗叁万捌仟肆佰贰拾元整					（小写）¥38 420.00	
备注							

开票人：张也

业务 21-2/4

银行汇票 **2**

87901120
58792082

| 出票日期
（大写） | 贰零贰叁年壹拾贰月壹拾玖日 | 代理付款行：中国工商银行太原小店支行 | 行号：1021000099 |

收款人：山西鸿运轴承销售有限公司　0502121609200225555

出票金额　人民币
（大写）　肆万陆仟元整　　　　　　　　　　　　¥46 000.00

实际结算　人民币
金　额　（大写）

| 亿 | 千 | 百 | 十 | 万 | 千 | 百 | 十 | 元 | 角 | 分 |

申请人：方达国际股份有限公司　　　账号：0200002356487219763

出票行：中国工商银行北京东城支行　行号：10210006125　密押：

102100008075

汇票专用章

忠陈
印建

多余金额

| 千 | 百 | 十 | 万 | 千 | 百 | 十 | 元 | 角 | 分 |

复核　记账

提示付款期限自出票之日起壹个月

业务 21-3/4

银行汇票（背书）

被背书人

被背书人

背书人签章
年　月　日

背书人签章
年　月　日

持票人向银行
提示付款签章

身份证件名称：　　发证机关：

号码

业务 21-4/4

电子发票（增值税专用发票）

货物运输服务

国家税务总局

发票号码：24142000000009087109
开票日期：2024 年 01 月 06 日

| 购买方信息 | 名称：方达国际股份有限公司
统一社会信用代码/纳税人识别号：911101018937465212 | 售方信息 | 名称：山西永达货运有限公司
统一社会信用代码/纳税人识别号：911401053894223967 |

项目名称	规格型号	单位	数量	单价	金额	税率/征收率	税额
*运输服务*运输费用					3 720.00	9%	334.80
合　计					¥3 720.00		¥334.80

运输工具种类	运输工具牌号	起运地	到达地	运输货物名称
货车	晋 A2832	山西省	北京市	轴承

| 价税合计（大写） | ⊗肆仟零伍拾肆元捌角整 | （小写）¥4 054.80 |

备注

开票人：张国

【操作指导】

1.采购订单

（1）2024年1月6日，操作员（G01）进入企业应用平台，执行【业务工作】【供应链】【采购管理】【采购订货】【采购订单】命令，打开"采购订单"窗口。

（2）单击"增加"按钮，添加订单编号为"G02"，采购类型选择"正常采购"，修改税率为"13%"，按照发票信息录入订单其他信息，如图6-51所示，单击"保存"按钮。单击"审核"按钮。审核填制的采购订单。

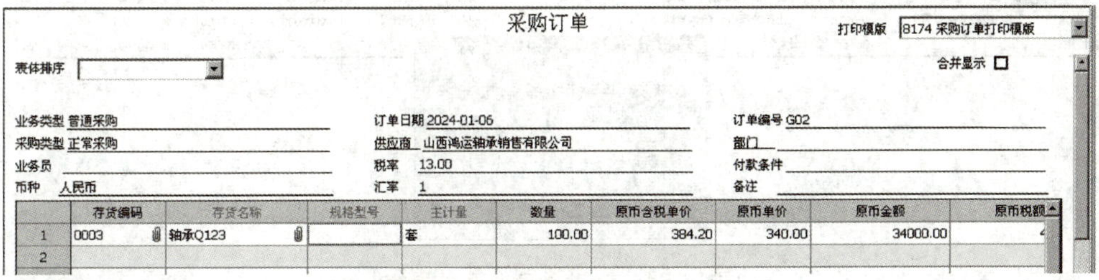

图6-51 采购订单录入

2.采购专用发票（根据采购订单生成）

（1）执行【业务工作】【供应链】【采购管理】【采购发票】【专用采购发票】命令，打开"专用发票"窗口。

（2）单击"增加"按钮，执行【生单】【采购订单】命令，系统弹出"查询条件选择-采购订单列表过滤"对话框，单击"确定"按钮，选择对应的采购订单，单击"确定"按钮，录入发票号"60977583"，税率修改为"13%"。系统弹出"将按照表头税率统一表体税率，是否继续"提示框，单击"是"按钮，单击"保存"按钮，如图6-52所示。

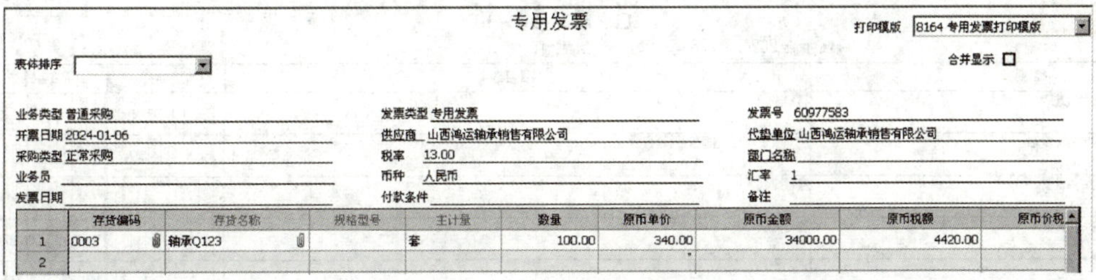

图6-52 专用发票录入

3.采购专用发票

在"专用发票"窗口，单击"增加"按钮，录入发票号"09087109"，供应商选择"山西永达货运有限公司"，代垫单位修改为"山西鸿运轴承销售有限公司"，税率修改为"9%"，根据发票录入其他信息，单击"保存"按钮。如图6-53所示。

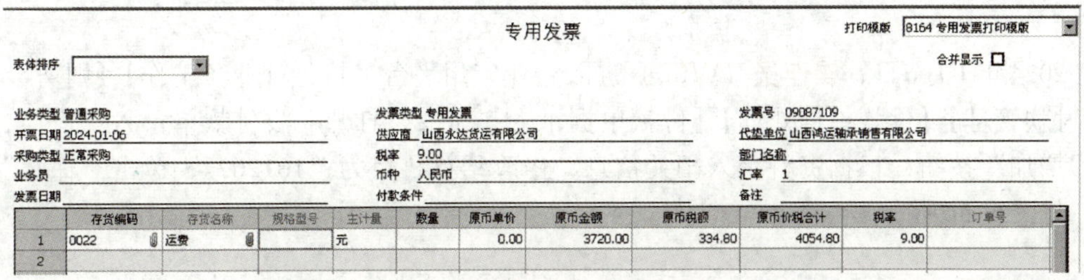

图6-53 专用发票录入（运费）

4.应付单据审核

2024年1月6日，**操作员（W02）**进入企业应用平台，执行【业务工作】【财务会计】【应付款管理】【应付单据处理】【应付单据审核】命令，系统弹出"应付单查询条件"对话框，勾选"未完全报销"复选框，单击"确定"按钮，选择需要审核的发票，单击"审核"按钮。系统弹出如图6-54所示的提示对话框，单击"确定"按钮。

应付单据列表

选择	审核人	单据日期	单据类型	单据号	供应商名称	部门	业务员	制单人	币种	汇率	原币金额	本币金额	备注
	姚汕	2024-01-06	采购专…	09087109	山西鸿运轴承销售有限公司			刘晦	人民币	1.00000000	4,054.80	4,054.80	
	姚汕	2024-01-06	采购专…	80977583	山西鸿运轴承销售有限公司			刘晦	人民币	1.00000000	38,420.00	38,420.00	
合计											42,474.80	42,474.80	

提示
本次审核选中单据[2]张
本次审核成功单据[2]张
本次审核未成功单据[0]张
确定

图6-54 应付单据列表（审核）

操作提示

> 由于两张应付单据需要合并制单，因此不可在应付单据审核处直接制单。

5.制单处理

执行【制单处理】命令，打开"制单查询"对话框。选择"发票制单"复选框，单击"确定"按钮，全选需要制单的单据，单击"合并""制单"按钮，生成一张记账凭证，单击"保存"按钮。如图6-55所示。

已生成

记 账 凭 证

记 字 0022   制单日期：2024.01.06   审核日期：   附单据数：2

摘 要	科目名称	借方金额	贷方金额
采购专用发票	材料采购	3772000	
采购专用发票	应交税费/应交增值税/进项税额	475480	
采购专用发票	应付账款		405480
采购专用发票	应付账款		3842000
	合计	4247480	4247480

票号
日期
数量
单价

备注 项目　部门
个人　客户
业务员

记账　　审核　　出纳　　制单 姚汕

图6-55 记账凭证生成

6.付款单据录入

2024年1月6日，**操作员（W03）**进入企业应用平台，执行【业务工作】【财务会计】【应付款管理】【付款单据处理】【付款单据录入】命令，打开"收付款单录入"窗口，单击"增加"按钮，根据资料录入相关信息，修改结算科目为"101202"，单击"保存"按钮。如图6-56所示。

图6-56　付款单录入

7.付款单据审核与核销

（1）2024年1月6日，操作员（W02）进入企业应用平台，执行【业务工作】【财务会计】【应付款管理】【付款单据处理】【付款单据审核】命令，系统弹出"付款单查询条件"对话框，单击"确定"按钮。在如图6-57所示的"收付款单列表"中选择需要审核的单据，单击"审核"按钮，系统弹出提示对话框，单击"确定"按钮。

图6-57　收付款单列表（审核）

（2）执行【核销处理】【手工核销】命令，系统弹出"核销条件"对话框，选择相应的供应商，单击"确定"按钮，根据资料分别在付款单与采购专用发票的"本次结算"列中输入结算金额，单击"保存"按钮。如图6-58所示。

图6-58　付款单手工核销

8.制单处理

执行【制单处理】命令，打开"制单查询"对话框。选择"收付款单制单""核销制单"复选框，单击"确定"按钮，全选需要制单的单据，单击"合并""制单"按钮，生成一张记账凭证，单击"保存"按钮。如图6-59所示。

图6-59　记账凭证录入

业务22 2024年1月6日，拟出售闲置磨齿机，经批准转入清理。该业务原始凭证如下：

业务22

固定资产报废单

2024 年 01 月 06 日

凭证编号：15463

固定资产 名称及编号	规格型号	单位	数量	购买日期	已计提 折旧月数	原始价值	已提折旧	备注
机器设备——磨齿机		台	1	2022年1月	24	39 000.00	7 488.00	
固定资产 状况及报废原因	闲置未用，建议出售							
处理意见	使用部门		技术鉴定小组		固定资产管理部门		主管部门审批	
	同意 杨勇		同意 蔡晓涛		同意 林锦		同意 陈逸舟	

审核：张翔　　　　　　　制单：王言

【操作指导】

　　总账制单

　　2024年1月6日，**操作员（W02）** 在企业应用平台执行【业务工作】【财务会计】【总账】【凭证】【填制凭证】命令，打开"填制凭证"窗口。单击"增加"按钮或者按【F5】键，根据原始凭证录入并保存记账凭证。如图6-60所示。

记账凭证

记 字 0024	制单日期：2024.01.06	审核日期：	附单据数：1	
摘要	科目名称		借方金额	贷方金额
固定资产转入清理	固定资产清理		3151200	
固定资产转入清理	累计折旧/机器设备		748800	
固定资产转入清理	固定资产/机器设备			3900000
票号 日期	数量 单价	合 计	3900000	3900000

备注　项目　　　　　　　部门
　　　个人　　　　　　　客户
　　　业务员

记账　　　　　审核　　　　　出纳　　　　　制单 姚讪

图6-60　记账凭证录入

业务23 2024年1月6日，收到变卖磨齿机价款。该业务原始凭证如下：

业务23-1/2

电子发票（增值税专用发票）

发票号码：24111000000060972959
开票日期：2024 年 01 月 06 日

国家税务总局
北京市税务局

购买方信息	名称：北京市清远物资有限公司 统一社会信用代码/纳税人识别号：911101089836751412				售方信息	名称：方达国际股份有限公司 统一社会信用代码/纳税人识别号：911101018937465212		
	项目名称	规格型号	单位	数量	单价	金额	税率/征收率	税额
	*机床*磨齿机		台	1	33 000.00	33 000.00	13%	4 290.00
	合 计					¥33 000.00		¥4 290.00
	价税合计（大写）　⊗叁万柒仟贰佰玖拾元整						（小写）¥37 290.00	
备注								

开票人：王言

业务 23-2/2

中国工商银行电子回单凭证

回单编号：668309921118　回单类型：网银业务　业务名称：
凭证种类：　凭证号码：　借贷标志：贷记　回单格式码：S
账号：0200002356487219763　开户行名称：中国工商银行北京东城支行
户名：方达国际股份有限公司
对方账号：110010166000053354487　开户行名称：中国建设银行北京海淀支行
对方户名：北京市清远物资有限公司
币种：人民币　金额：37 290.00　金额大写：叁万柒仟贰佰玖拾元整
兑换信息：　币种：　金额：　牌价：　币种：　金额：
摘要：货款

附加信息：

打印次数：1 次　记账日期：2024-01-06　会计流水号：EEZ9111006612138
记账机构：05113789198　经办柜员：EEZ0019　记账柜员：EEZ0019　复核柜员：　授权柜员：
打印机构：65113781210　打印柜员：AEZD001　批次号：

（印章：中国工商银行 电子回单专用章）

【操作指导】

总账制单

2024 年 1 月 6 日，操作员（W02）在企业应用平台执行【业务工作】【财务会计】【总账】【凭证】【填制凭证】命令，打开“填制凭证”窗口。单击“增加”按钮或者按【F5】键，根据原始凭证录入并保存记账凭证。如图 6-61 所示。

记 账 凭 证

记　字 0025　制单日期：2024.01.06　审核日期：　附单据数：2

摘要	科目名称	借方金额	贷方金额
收到固定资产清理收入	银行存款/中国工商银行北京东城支行	3729000	
收到固定资产清理收入	固定资产清理		3300000
收到固定资产清理收入	应交税费/应交增值税/销项税额		429000
票号 7 - 日期 2024.01.06	数量 单价　合计	3729000	3729000
备注　项目 个人 业务员	部门 客户		

记账　审核　出纳　制单　姚山

图 6-61　记账凭证录入

业务 24　2024 年 1 月 6 日，确认出售闲置磨齿机损益。该业务原始凭证如下：

业务 24

固定资产出售收益处置单

现有 2022 年 1 月投入使用的机器设备——磨齿机一台，因闲置未用，故清理出售，出售后将其相关清理收益按会计核算结果¥1 488.00（大写：壹仟肆佰捌拾捌元整）计入资产处置损益。

财务经理：林玲
总经理：陈逸舟

（印章：方达国际股份有限公司）

方达国际股份有限公司
2024 年 1 月 6 日

【操作指导】

　　总账制单

　　（1）2024年1月6日，**操作员（W02）** 在企业应用平台执行【业务工作】【财务会计】【总账】【凭证】【填制凭证】命令，打开"填制凭证"窗口。

　　（2）单击"增加"按钮或者按【F5】键，根据原始凭证录入并保存记账凭证。如图6-62所示。

图6-62　记账凭证录入

业务25 2024年1月7日，上月从山西鸿运轴承销售有限公司购入轴承Q123的款项未付。由于型号不对，与对方协商退货，收到负数发票。（上月已经正常入账）该业务原始凭证如下：

业务25

电子发票（增值税专用发票）　发票号码：24142000000063546251

开票日期：2024年01月07日

购买方信息	名称：方达国际股份有限公司 统一社会信用代码/纳税人识别号：911101018937465212		售方信息	名称：山西鸿运轴承销售有限公司 统一社会信用代码/纳税人识别号：911401053894217623	
项目名称	规格型号 单位 数量	单价	金额	税率/征收率	税额
*轴承*轴承Q123	套　　-400	299.50	-119 800.00	13%	-15 574.00
合　计			¥-119 800.00		¥-15 574.00
价税合计（大写）	⊗（负数）壹拾叁万伍仟叁佰柒拾肆元整			（小写）	¥-135 374.00
备注					

开票人：张也

【操作指导】

　　1. 红字专用采购发票

　　（1）2024年1月7日，**操作员（G01）** 进入企业应用平台，执行【业务工作】【供应链】【采购管理】【采购发票】【红字专用采购发票】命令，打开"专用发票"窗口。

（2）单击"增加"按钮，选择【生单】【入库单】命令，选择对应的入库单及行次，单击"确定"按钮，录入发票号"63546251"，修改税率为"13%"，修改数量为"-400.00"，修改原币金额为"-119800.00"，单击"保存"按钮。如图6-63所示。

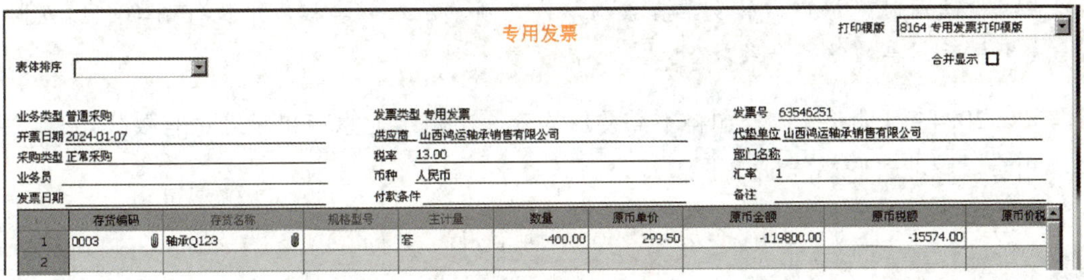

图6-63 红字专用发票录入

2.应付单据审核与制单

（1）2024年1月7日，操作员（W02）进入企业应用平台，执行【业务工作】【财务会计】【应付款管理】【应付单据处理】【应付单据审核】命令，系统弹出"应付单查询条件"对话框，勾选"未完全报销"复选框，单击"确定"按钮，打开"应付单据列表"窗口。

（2）双击需要审核的票据，打开"采购发票"窗口，单击"审核"按钮，系统弹出"是否立即制单"提示框，如图6-64所示，单击"是"，打开"填制凭证"窗口，系统自动生成记账凭证，检查凭证是否有误，核对无误则单击"保存"按钮，如图6-65所示。

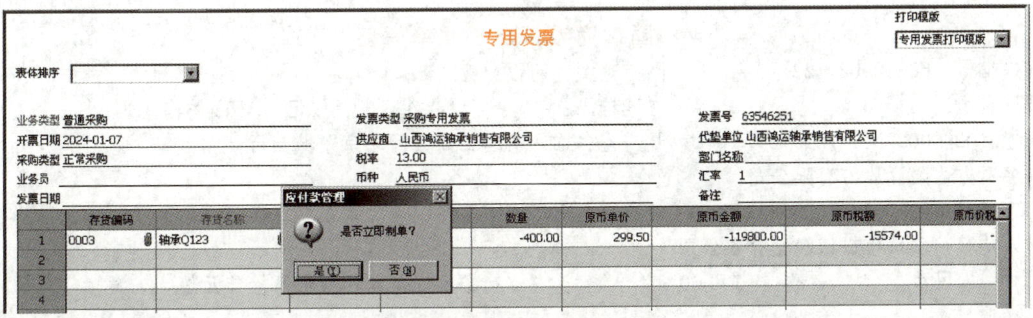

图6-64 专用发票

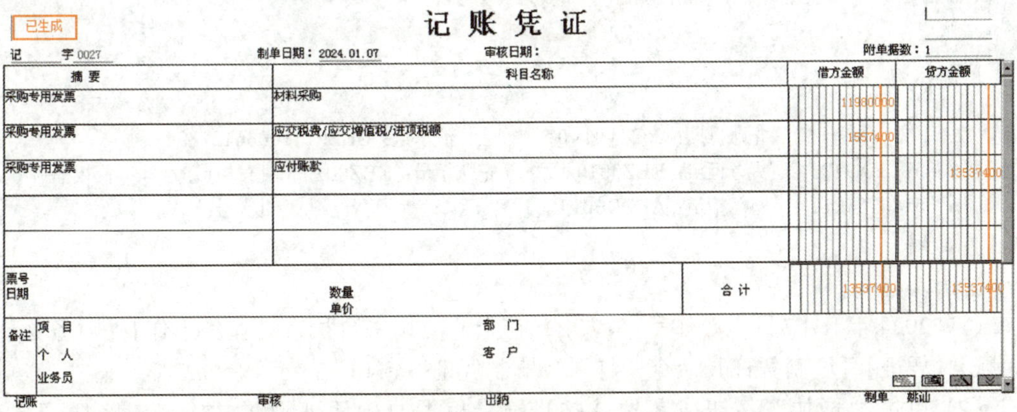

图6-65 记账凭证录入

操作提示

　　因为本业务中不涉及核销处理，同时在应付单据审核模块中有直接制单功能，可以在审核的同时根据审核的发票直接制单，无须单独在制单模块中执行制单。此功能与先审核后制单的结果一致。

业务26 2024年1月7日，公司将不需要用的仓库出租给北京市机床经销有限公司，收到本月租金。该业务原始凭证如下：

业务26-1/2

电子发票（增值税专用发票）

发票号码：24111000000002495115
开票日期：2024 年 01 月 07 日

不动产经营租赁服务

购买方信息	名称：北京市机床经销有限公司 统一社会信用代码/纳税人识别号：911101010917265589					售方信息	名称：方达国际股份有限公司 统一社会信用代码/纳税人识别号：911101018937465212	

项目名称	产权证书/不动产权证号	面积单位	数量	单价	金额	税率/征收率	税额
*经营租赁*仓库租金					8 400.00	9%	756.00
合　计					¥8 400.00		¥756.00

价税合计（大写）	⊗玖仟壹佰伍拾陆元整	（小写）¥9 156.00

备注	不动产地址：北京市东城区北四环东路35号一层仓库　　租赁期起止： 跨地市标志：

开票人：王言

业务26-2/2

中国工商银行电子回单凭证

回单编号：668309921122	回单类型：**网银业务**	业务名称：

凭证种类：	凭证号码：	借贷标志：**贷记**	回单格式码：S

账号：0200002356487219763　　开户行名称：**中国工商银行北京东城支行**

户名：**方达国际股份有限公司**

对方账号：0200002725485227758　　开户行名称：**中国工商银行北京东城支行**

对方户名：北京市机床经销有限公司

币种：人民币　　金额：9 156.00　　　　金额大写：**玖仟壹佰伍拾陆元整**

兑换信息：　　币种：　　金额：　　牌价：　　币种：　　金额：

摘要：**租金**

附加信息：

打印次数：1次　　　　记账日期：2024-01-07　　会计流水号：EEZ9111006612139

记账机构：05113789128　　经办柜员：EEZ0019　　记账柜员：EEZ0019　　复核柜员：　　授权柜员：

打印机构：65113781212　　打印柜员：AEZD001　　　　　　　　　　　批次号：

【操作指导】

总账制单

　　（1）2024年1月7日，**操作员（W02）**在企业应用平台执行【业务工作】【财务会计】【总账】【凭证】【填制凭证】命令，打开"填制凭证"窗口。

　　（2）单击"增加"按钮或者按【F5】键，根据原始凭证录入并保存记账凭证。如图6-66所示。

记 账 凭 证

记 字 0026	制单日期：2024.01.07	审核日期：		附单据数：2

摘 要	科目名称	借方金额	贷方金额
收到仓库租金	银行存款/中国工商银行北京东城支行	915600	000
收到仓库租金	其他业务收入/租金收入		840000
收到仓库租金	应交税费/应交增值税/销项税额		75600

票号 7 -			合计	915600	915600
日期 2024.01.07	数量 单价				

备注	项 目	部 门	
	个 人	客 户	
	业务员		

记账	审核	出纳	制单 姚汕

图6-66 记账凭证录入

业务27 2024年1月7日，采购员刘海报销差旅费。该业务原始凭证如下：

业务27-1/6

差旅费报销单

2024 年 01 月 07 日

所属部门	采购部			姓名	刘海	出差天数	自01月05日至01月07日共3天		
出差事由	采购材料			借支差旅费		日期	12月28日	金额	¥2 000.00
						结算金额		¥1 358.00	

出发		到达		起止地点	交通费	住宿费	伙食费	其他
月	日	月	日					
01	05	01	05	北京—上海	384.00	318.00	272.00	
01	07	01	07	上海—北京	384.00			
合计			零拾零万壹仟叁佰伍拾捌元零角零分				¥1 358.00	

总经理：陈逸舟 财务经理：林玲 部门经理：陈韵 会计：张翔 出纳：李惠 报销人：刘海

业务27-2/6

电子发票（普通发票）

国家税务总局
上海市税务局

发票号码：24312000000002435142
开票日期：2024 年 01 月 07 日

购买方信息	名称：方达国际股份有限公司 统一社会信用代码/纳税人识别号：91110101893746521 2	售方信息	名称：红星大酒店 统一社会信用代码/纳税人识别号：9131010811303182 01

项目名称	规格型号	单位	数量	单价	金额	税率/征收率	税额
*餐饮服务*餐费					256.60	6%	15.40
合 计					¥256.60		¥15.40

价税合计（大写）	⊗贰佰柒拾贰元整				（小写）¥272.00

备注	

开票人：袁野

业务 27-3/6

电子发票（增值税专用发票）

发票号码：24312000000012435143

开票日期：2024 年 01 月 07 日

国家税务总局
上海市税务局

购买方信息	名称：方达国际股份有限公司 统一社会信用代码/纳税人识别号：911101018937465212	售方信息	名称：红星大酒店 统一社会信用代码/纳税人识别号：913101081130318201

项目名称	规格型号	单位	数量	单价	金额	税率/征收率	税额
*住宿服务*住宿费					300.00	6%	18.00
合　计					¥300.00		¥18.00

价税合计（大写）	⊗叁佰壹拾捌元整	（小写）¥318.00

备注	

开票人：袁野

业务 27-4/6

收 款 收 据

2024 年 01 月 07 日　　　　　　　　　　NO.00490021

今 收 到　采购部刘海

交　　来　预借差旅费余款

金额（大写）：零拾 零万 零千 陆佰 肆拾 贰元 零角 零

现金收讫

方达国际股份有限公司

第三联 交财务

（小写）：¥642.00　　☑现金　□支票　□信用卡　□其他　收款单位（盖章）

财务专用章

核准 王言　　会计 张翔　　记账 张翔　　出纳 李惠　　经手人 刘海

业务 27-5/6

YQ632123　　　　　　检票口18

北京 站　T701次　上海 站
Beijing　　　　　　　　Shanghai
2024 年 01 月 05 日 09:45开　14 车 25号
¥384.00　　　网　　二等座
限乘当日当次车

1102121980****9110　　刘海
买票请到12306发货请到95306
中国铁路祝您旅途愉快
1001000820825C007496　　北京售

业务 27-6/6

YQ632472　　　　　　检票口01

上海 站　T702次　北京 站
Shanghai　　　　　　　Beijing
2024 年 01 月 07 日 07:47开　05 车 42号
¥384.00　　　网　　二等座
限乘当日当次车

1102121980****9110　　刘海
买票请到12306发货请到95306
中国铁路祝您旅途愉快
1001000820825C007497　　上海售

【操作指导】

总账制单

（1）2024 年 1 月 7 日，**操作员（W02）**进入企业应用平台，执行【业务工作】【财务会计】【总账】【凭证】【填制凭证】命令，打开"填制凭证"窗口。

（2）单击"增加"按钮或者按【F5】键，根据原始凭证录入并保存记账凭证。如图 6-67 所示。

记 账 凭 证

记 字 0029	制单日期：2024.01.07	审核日期：				附单据数：6
摘　要	科目名称			借方金额	贷方金额	
采购员刘海报销差旅费	管理费用/差旅费			127659	000	
采购员刘海报销差旅费	应交税费/应交增值税/进项税额			8141		
采购员刘海报销差旅费	库存现金			64200		
采购员刘海报销差旅费	其他应收款/刘海				200000	

票号 日期		数量 单价			合计	200000	200000

备注	项　目		部门	
	个　人		客户	
	业务员			

记账	审核	出纳	制单 规山

图 6-67　记账凭证录入

业务28 2024 年 1 月 8 日，收到 6 日购买轴承的银行汇票多余款项。该业务原始凭证如下：

业务28

银行汇票（多余款收账通知） 4

87901120
58792082

出票日期（大写）	贰零贰叁年壹拾贰月壹拾玖日	代理付款行：中国工商银行太原小店支行	行号：1021000099

收款人：	山西鸿运轴承销售有限公司	05021216092002255555

| 出票金额 | 人民币（大写） | 肆万陆仟元整 | ¥46 000.00 |

实际结算金额	人民币（大写）	肆万贰仟肆佰柒拾肆元捌角整	亿 千 百 十 万 千 百 十 元 角 分
			￥ 4 2 4 7 4 8 0

申请人：	方达国际股份有限公司	账号：0200002356487219763

中国工商银行北京东城支行　行号：10210008075

密押：

多余金额
千 百 十 万 千 百 十 元 角 分
￥ 3 5 2 5 2 0

左列退回多余金额已收入你账户内。

10210008075
汇票专用章

忠陈印建

2024 年 01 月 08 日

出票行签章

此联出票行作多余款后交申请人

提示付款期限自出票之日起壹个月

备注
凭票付
出票行签章

【操作指导】

　　总账制单

　　（1）2024 年 1 月 8 日，**操作员（W02）** 在企业应用平台执行【业务工作】【财务会计】【总账】【凭证】【填制凭证】命令，打开"填制凭证"窗口。

　　（2）单击"增加"按钮或者按【F5】键，根据原始凭证录入并保存记账凭证。如图 6-68 所示。

记账凭证

记 字 0030		制单日期: 2024.01.08		审核日期:		附单据数: 1	
摘要		科目名称				借方金额	贷方金额
收到银行汇票多余款项		银行存款/中国工商银行北京东城支行				352520	000
收到银行汇票多余款项		其他货币资金/银行汇票存款					352520
票号 7 - 58792082							
日期 2024.01.08		数量 单价			合计	352520	352520
备注	项 目		部 门				
	个 人		客 户				
	业务员						
记账		审核		出纳		制单	

图6-68 记账凭证录入

业务29 2024年1月8日，向河南安阳煤矿有限公司购煤，河南安阳煤矿有限公司已代垫运费，款项以本月2日办理的银行汇票支付，订单编号：G03。该业务原始凭证如下：

业务29-1/4

电子发票（增值税专用发票）

发票号码：24412000000037583617
开票日期：2024 年 01 月 08 日

购买方信息	名称：方达国际股份有限公司	售方信息	名称：河南安阳煤矿有限公司
	统一社会信用代码/纳税人识别号：911101018937465212		统一社会信用代码/纳税人识别号：914105028732109823

项目名称	规格型号	单位	数量	单价	金额	税率/征收率	税额
*煤炭*煤		吨	280	175.00	49 000.00	13%	6 370.00
合 计					¥49 000.00		¥6 370.00
价税合计（大写）	⊗伍万伍仟叁佰柒拾元整				（小写）¥55 370.00		
备注							

开票人：叶彦

业务29-2/4

银行汇票 2

12901120
12792011

出票日期（大写）	贰零贰肆年零壹月零贰日	代理付款行：中国建设银行安阳迎宾支行	行号：1021000110
收款人	河南安阳煤矿有限公司	17026732654287198 27	
出票金额（大写）人民币	陆万贰仟肆佰陆拾伍元玖角整		¥62 465.90

实际结算金额（大写）人民币		亿	千	百	十	万	千	百	十	元	角	分

申请人：方达国际股份有限公司　　　账号：0200002356487219763

出票行：中国工商银行北京东城支行　　行号：10210008075　　密押：

备注：
凭证付款
出票行签章

	多余金额							
	千	百	十	万	千	百	十	元	角	分

复核　记账

此联代理付款行付款后作联行往账借方凭证附件

业务 29-3/4

银行汇票（背书）

被背书人	被背书人
背书人签章 年 月 日	背书人签章 年 月 日
持票人向银行 提示付款签章	身份证件名称： 发证机关： 号码

业务 29-4/4

电子发票（增值税专用发票）

货物运输服务

发票号码：24412000000000180235

开票日期：2024年01月08日

购买方信息	名称：方达国际股份有限公司 统一社会信用代码/纳税人识别号：911101018937465212	销售方信息	名称：河南银河货运有限公司 统一社会信用代码/纳税人识别号：914105260801123478

项目名称	规格型号	单位	数量	单价	金额	税率/征收率	税额
*运输服务*运输费用					6 510.00	9%	585.90
合 计					¥6 510.00		¥585.90

运输工具种类	运输工具牌号	起运地	到达地	运输货物名称
货车	豫 A283X	河南省	北京市	煤

价税合计（大写）	⊗柒仟零玖拾伍元玖角整	（小写）¥7 095.90
备注		

开票人：高浩

【操作指导】

1. 采购订单

（1）2024年1月8日，**操作员（G01）** 进入企业应用平台，执行【业务工作】【供应链】【采购管理】【采购订货】【采购订单】命令，打开"采购订单"窗口。

（2）单击"增加"按钮，添加订单编号为"G03"，采购类型选择"正常采购"，修改税率为"13%"，按照发票信息录入订单其他信息，单击"保存"按钮。单击"审核"按钮，审核填制的采购订单。如图 6-69 所示。

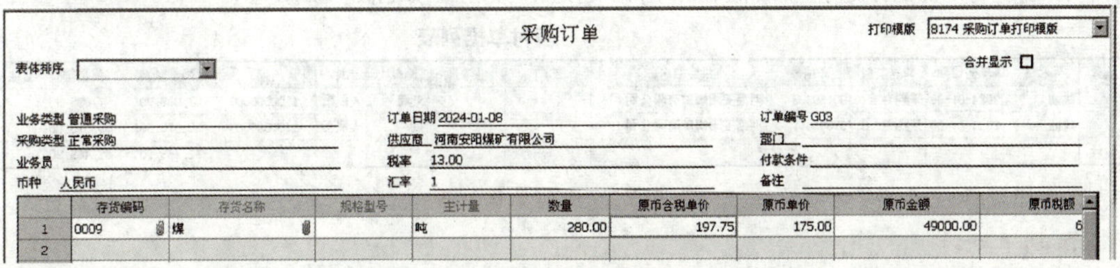
采购订单

打印模版 8174 采购订单打印模版

合并显示 □

表体排序

业务类型 普通采购　订单日期 2024-01-08　订单编号 G03

采购类型 正常采购　供应商 河南安阳煤矿有限公司　部门

业务员　税率 13.00　付款条件

币种 人民币　汇率 1　备注

	存货编码	存货名称	规格型号	主计量	数量	原币含税单价	原币单价	原币金额	原币税额
1	0009	煤		吨	280.00	197.75	175.00	49000.00	6
2									

图 6-69 采购订单录入

2.采购专用发票（根据采购订单生成）

（1）执行【业务工作】【供应链】【采购管理】【采购发票】【专用采购发票】命令，打开"专用发票"窗口。

（2）单击"增加"按钮，执行【生单】【采购订单】命令，系统弹出"查询条件选择–采购订单列表过滤"对话框，单击"确定"按钮，选择对应的采购订单，单击"确定"按钮，录入发票号"37583617"，税率修改为"13%"，系统弹出"将按照表头税率统一表体税率，是否继续"提示框，单击"是"按钮，单击"保存"按钮。如图6-70所示。

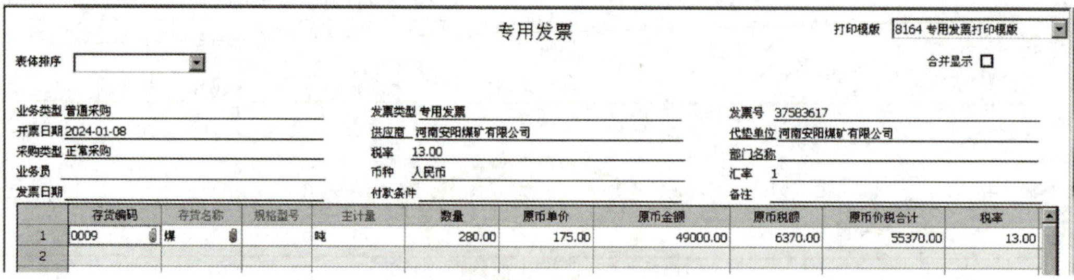

图 6-70　专用发票录入

3.采购专用发票

在"专用发票"窗口，单击"增加"按钮，录入发票号"00180235"，供应商为"河南银河货运有限公司"，代垫单位为"河南安阳煤矿有限公司"，税率修改为"9%"，单击"保存"按钮。根据资料录入其他信息，单击"保存"按钮。如图6-71所示。

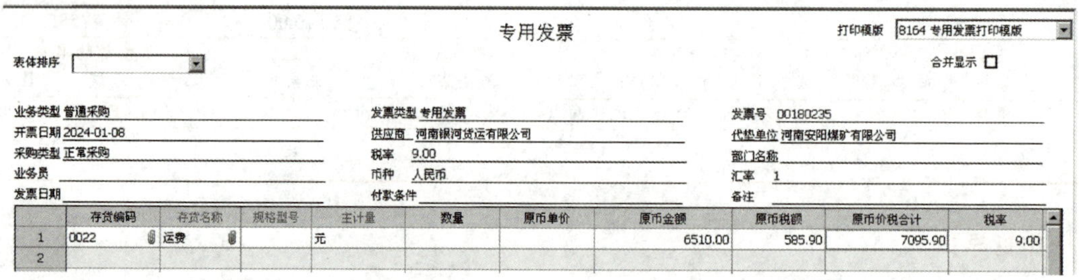

图 6-71　专用发票录入（运费）

4.应付单据审核

2024年1月8日，操作员（W02）进入企业应用平台，执行【业务工作】【财务会计】【应付款管理】【应付单据处理】【应付单据审核】命令，系统弹出"应付单查询条件"对话框，勾选"未完全报销"复选框，单击"确定"按钮，选择需要审核的发票，单击"审核"按钮。系统弹出提示对话框，单击"确定"按钮。如图6-72所示。

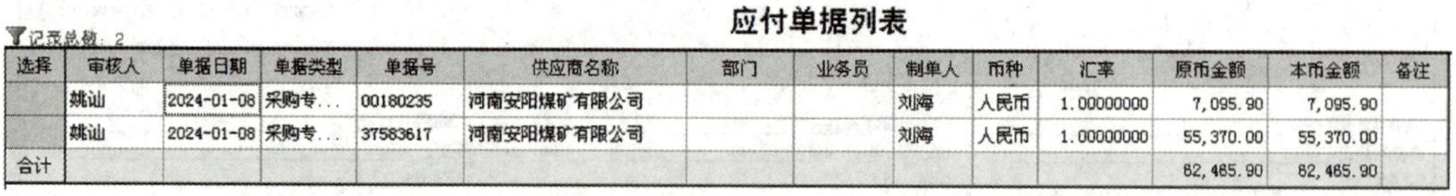

应付单据列表

选择	审核人	单据日期	单据类型	单据号	供应商名称	部门	业务员	制单人	币种	汇率	原币金额	本币金额	备注
	姚汕	2024-01-08	采购专	00180235	河南安阳煤矿有限公司			刘海	人民币	1.00000000	7,095.90	7,095.90	
	姚汕	2024-01-08	采购专	37583617	河南安阳煤矿有限公司			刘海	人民币	1.00000000	55,370.00	55,370.00	
合计											62,485.90	62,485.90	

图 6-72　应付单据列表

5.制单处理

执行【制单处理】命令，打开"制单查询"对话框。选择"发票制单"复选框，单击"确定"按钮，全选需要制单的单据，单击"合并""制单"按钮，生成一张记账凭证，单击"保存"按钮。如图6-73所示。

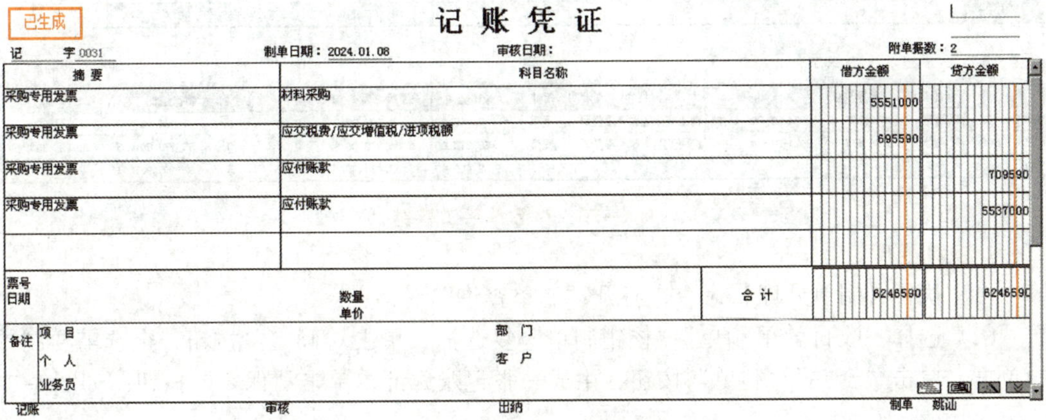

图6-73　记账凭证录入

6.付款单据录入

2024年1月8日，**操作员（W03）** 进入企业应用平台，执行【业务工作】【财务会计】【应付款管理】【付款单据处理】【付款单据录入】命令，打开"付款单录入"窗口，单击"增加"按钮，根据资料录入相关信息，修改结算科目为"101202"，单击"保存"按钮，如图6-74所示。

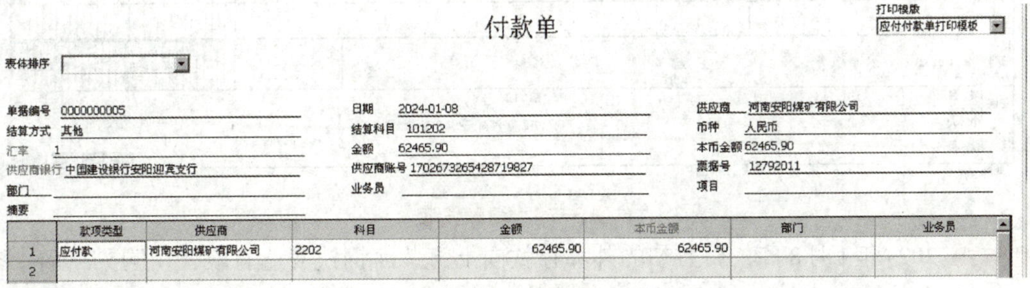

图6-74　付款单录入

7.付款单据审核与核销

（1）2024年1月8日，**操作员（W02）** 进入企业应用平台，执行【业务工作】【财务会计】【应付款管理】【付款单据处理】【付款单据审核】命令，系统弹出"付款单查询条件"对话框，单击"确定"按钮，在如图6-75所示的"收付款单列表"中选择需要审核的单据，单击"审核"按钮，系统弹出操作提示对话框，单击"确定"按钮。

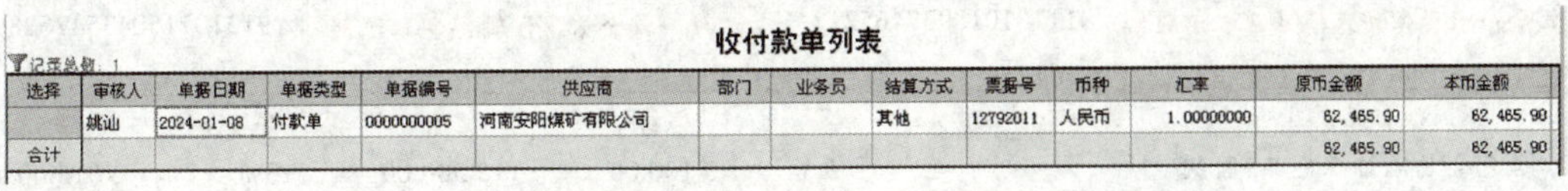

图6-75　收付款单列表（审核）

（2）执行【核销处理】【手工核销】命令，系统弹出"核销条件"对话框，选择相应的供应商，单击"确定"按钮，根据资料分别在付款单与采购专用发票的"本次结算"列中输入结算金额，单击"保存"按钮。如图6-76所示。

单据日期	单据类型	单据编号	供应商	款项	结算方式	币种	汇率	原币金额	原币余额	本次结算	订单号
2024-01-08	付款单	0000000005	河南安阳煤矿有限公司	应付款	其他	人民币	1.00000000	62,465.90	62,465.90	62,465.90	
合计								62,465.90	62,465.90	62,465.90	

单据日期	单据类型	单据编号	到期日	供应商	币种	原币金额	原币余额	可享受折扣	本次折扣	本次结算	订单号	凭证号
2024-01-08	采购专...	00180235	2024-01-08	河南安阳煤矿有限公司	人民币	7,095.90	7,095.90	0.00	0.00	7,095.90		记-0031
2024-01-08	采购专...	37583617	2024-01-08	河南安阳煤矿有限公司	人民币	55,370.00	55,370.00	0.00	0.00	55,370.00	G03	记-0031
合计						62,465.90	62,465.90	0.00		62,465.90		

图6-76　付款单手工核销

8.制单处理

（1）执行【制单处理】命令，打开"制单查询"对话框。

（2）选择"收付款单制单""核销制单"复选框，单击"确定"按钮，全选需要制单的单据，单击"合并""制单"按钮，生成一张记账凭证，单击"保存"按钮。如图6-77所示。

图6-77　记账凭证

业务30 2024年1月8日，用月初的外埠存款向上海黄河钢铁制造有限公司购买圆钢，上海黄河钢铁制造有限公司已代垫运费，剩余款退回，订单编号：G04。该业务原始凭证如下：

业务30-1/3

电子发票（增值税专用发票）

发票号码：24312000000036475857
开票日期：2024年01月08日

购买方信息	名称：方达国际股份有限公司 统一社会信用代码/纳税人识别号：911101018937465212	销售方信息	名称：上海黄河钢铁制造有限公司 统一社会信用代码/纳税人识别号：913101150435476289

项目名称	规格型号	单位	数量	单价	金额	税率/征收率	税额
*黑色金属冶炼压延品*圆钢		吨	5	3100.00	15500.00	13%	2015.00
合　计					¥15500.00		¥2015.00
价税合计（大写）	⊗壹万柒仟伍佰壹拾伍元整					（小写）¥17515.00	
备注							

开票人：王红

业务 30-2/3

货物运输服务

电子发票（增值税专用发票）

国家税务总局

上海市税务局

发票号码：24312000000010087236

开票日期：2024 年 01 月 08 日

购买方信息	名称：方达国际股份有限公司					销售方信息	名称：上海货运站		
	统一社会信用代码/纳税人识别号：911101018937465212						统一社会信用代码/纳税人识别号：913101150548795856		

项目名称	规格型号	单位	数量	单价	金额	税率/征收率	税额
*运输服务*运输费用					6 510.00	9%	585.90
合　计					¥6 510.00		¥585.90

运输工具种类	运输工具牌号	起运地	到达地	运输货物名称
货车	沪A2329	上海市	北京市	圆钢

价税合计（大写）	⊗柒仟零玖拾伍元玖角整	（小写）¥7 095.90

备注

开票人：张里

业务 30-3/3

中国工商银行电子回单凭证

回单编号：668309921214	回单类型：网银业务		业务名称：
凭证种类：	凭证号码：	借贷标志：贷记	回单格式码：S
账号：0200002356487219763	开户行名称：中国工商银行北京东城支行		
户名：方达国际股份有限公司			
对方账号：1001172520254255017	开户行名称：中国工商银行上海市云山路支行		
对方户名：上海黄河钢铁制造有限公司			
币种：人民币　金额：7 389.10		金额大写：柒仟叁佰捌拾玖元壹角整	
兑换信息：　币种：　金额：	牌价：	币种：　金额：	
摘要：多余货款			

附加信息：

打印次数：1 次	记账日期：2024-01-08	会计流水号：EEZ9111006612140	
记账机构：05113789144	经办柜员：EEZ0019	记账柜员：EEZ0019	复核柜员：　授权柜员：
打印机构：65113781212	打印柜员：AEZD001		批次号：

【操作指导】

操作视频

业务30至业务34

1.采购订单

（1）2024 年 1 月 8 日，操作员（G01）进入企业应用平台，执行【业务工作】【供应链】【采购管理】【采购订货】【采购订单】命令，打开"采购订单"窗口。

（2）单击"增加"按钮，添加订单编号为"G04"，选择采购类型为"正常采购"，修改税率为"13%"按照资料信息录入订单其他信息，单击"保存"按钮。单击"审核"按钮，审核填制的采购订单。如图 6-78 所示。

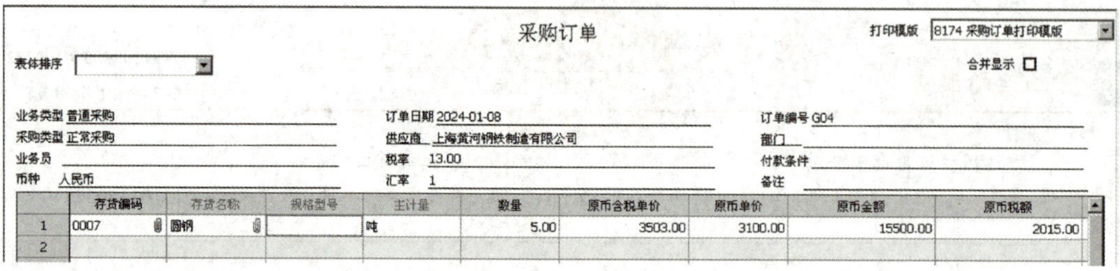

采购订单

打印模版 8174 采购订单打印模版

表体排序

合并显示

业务类型 普通采购　订单日期 2024-01-08　订单编号 G04
采购类型 正常采购　供应商 上海黄河钢铁制造有限公司　部门
业务员　税率 13.00　付款条件
币种 人民币　汇率 1　备注

	存货编码	存货名称	规格型号	主计量	数量	原币含税单价	原币单价	原币金额	原币税额
1	0007	圆钢		吨	5.00	3503.00	3100.00	15500.00	2015.00
2									

图6-78　采购订单录入

2.采购专用发票（根据采购订单生成）

（1）2024年1月8日，操作员（G01）进入企业应用平台，执行【业务工作】【供应链】【采购管理】【采购发票】【专用采购发票】命令，打开“专用发票”窗口。

（2）单击“增加”按钮，执行【生单】【采购订单】命令，系统弹出“查询条件选择-采购订单列表过滤”对话框，单击“确定”按钮，选择对应的采购订单，单击“确定”按钮，录入发票号“36475857”，修改税率为“13%”，系统弹出“将按照表头税率统一表体税率，是否继续”提示框，单击“是”按钮，单击“保存”按钮。如图6-79所示。

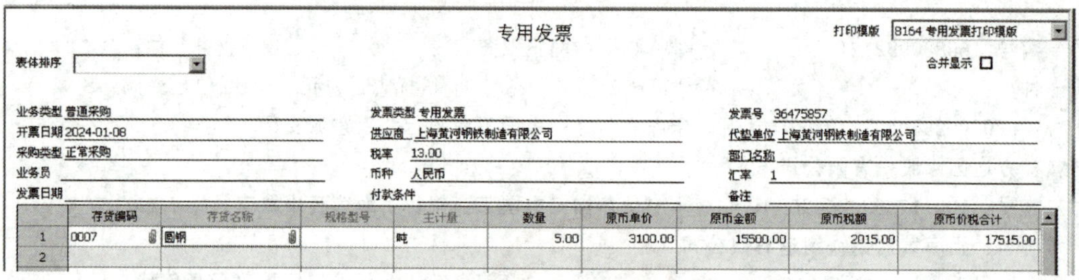

专用发票

打印模版 8164 专用发票打印模版

表体排序

合并显示

业务类型 普通采购　发票类型 专用发票　发票号 36475857
开票日期 2024-01-08　供应商 上海黄河钢铁制造有限公司　代垫单位 上海黄河钢铁制造有限公司
采购类型 正常采购　税率 13.00　部门名称
业务员　币种 人民币　汇率 1
发票日期　付款条件　备注

	存货编码	存货名称	规格型号	主计量	数量	原币单价	原币金额	原币税额	原币价税合计
1	0007	圆钢		吨	5.00	3100.00	15500.00	2015.00	17515.00
2									

图6-79　采购专用发票生成

3.采购专用发票

在“专用发票”窗口，单击“增加”按钮，录入发票号“10087236”，供应商为“上海货运站”，代垫单位修改为“上海黄河钢铁制造有限公司”，税率修改为“9%”，根据发票录入其他信息，单击“保存”按钮。如图6-80所示。

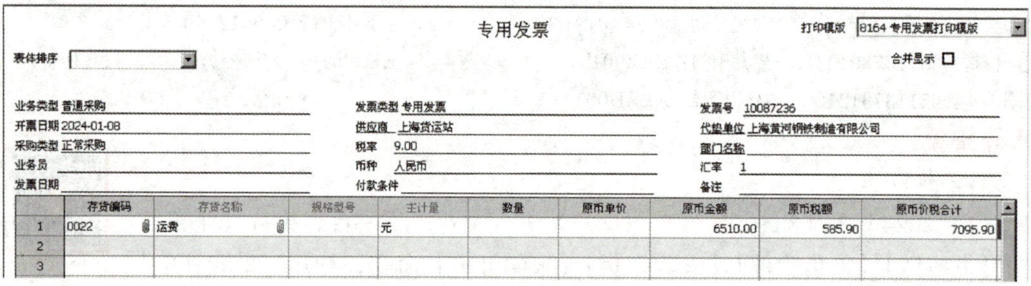

专用发票

打印模版 8164 专用发票打印模版

表体排序

合并显示

业务类型 普通采购　发票类型 专用发票　发票号 10087236
开票日期 2024-01-08　供应商 上海货运站　代垫单位 上海黄河钢铁制造有限公司
采购类型 正常采购　税率 9.00　部门名称
业务员　币种 人民币　汇率 1
发票日期　付款条件　备注

	存货编码	存货名称	规格型号	主计量	数量	原币单价	原币金额	原币税额	原币价税合计
1	0022	运费		元			6510.00	585.90	7095.90
2									
3									

图6-80　专用发票录入（运费）

4.应付单据审核

2024年1月8日，操作员（W02）进入企业应用平台，执行【业务工作】【财务会计】【应付款管理】【应付单据处理】【应付单据审核】命令，系统弹出“应付单查询条件”对话框，勾选“未完全报销”复选框，单击“确定”按钮，选择需要审核的发票，单击“审核”按钮。系统弹出如图6-81所示的提示对话框，单击“确定”按钮。

图 6-81　应付单据列表

5.制单处理

执行【制单处理】命令，打开"制单查询"对话框。选择"发票制单""核销制单"复选框，单击"确定"按钮，选择需要制单的单据，单击"合并""制单"按钮，生成一张记账凭证，单击"保存"按钮。如图 6-82 所示。

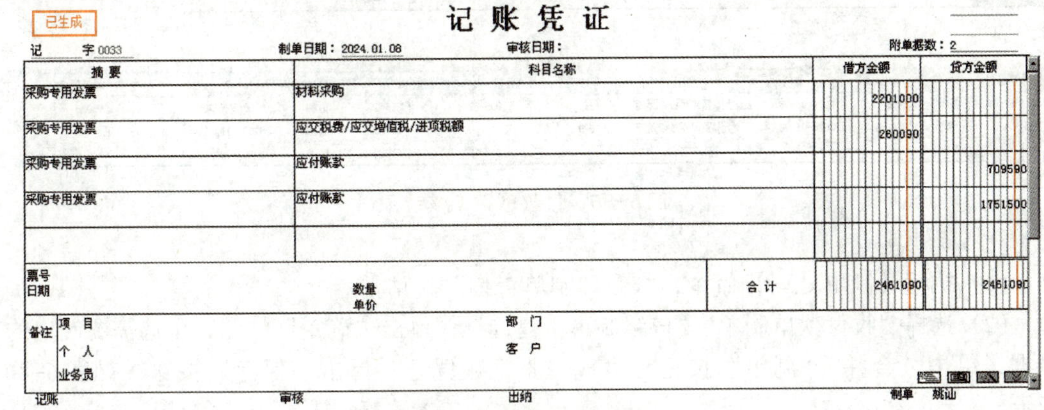

图 6-82　记账凭证生成（发票制单）

6.付款单据录入

2024 年 1 月 8 日，操作员（W03）进入企业应用平台，执行【业务工作】【财务会计】【应付款管理】【付款单据处理】【付款单据录入】命令，打开"付款单录入"窗口，单击"增加"按钮，根据资料录入相关信息，单击"保存"按钮。如图 6-83 所示。

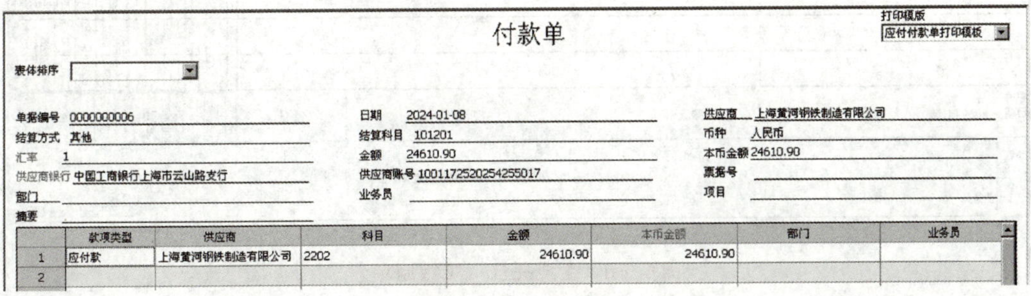

图 6-83　付款单录入

7.付款单据审核与核销

（1）2024 年 1 月 8 日，操作员（W02）进入企业应用平台，执行【业务工作】【财务会计】【应付款管理】【付款单据处理】【付款单据审核】命令，系统弹出"付款单查询条件"对话框，单击"确定"按钮，在"收付款单列表"中选择需要审核的单据，单击"审核"按钮，系统弹出如图 6-84 所示的提示对话框，单击"确定"按钮。

收付款单列表

选择	审核人	单据日期	单据类型	单据编号	供应商	部门	业务员	结算方式	票据号	币种	汇率	原币金额	本币金额
	姚汕	2024-01-08	付款单	0000000008	上海黄河钢铁制造有限公司			其他		人民币	1.00000000	24,610.90	24,610.90
合计												24,610.90	24,610.90

图6-84　收付款单列表（审核）

（2）执行【核销处理】【手工核销】命令，系统弹出"核销条件"对话框，选择相应的供应商，单击"确定"按钮，根据资料分别在付款单与采购专用发票的"本次结算"列中输入结算金额，单击"保存"按钮。如图6-85所示。

单据日期	单据类型	单据编号	供应商	款项	结算方式	币种	汇率	原币金额	原币余额	本次结算	订单号
2024-01-08	付款单	0000000006	上海黄河钢铁制造有...	应付款	其他	人民币	1.00000000	24,610.90	24,610.90	24,610.90	
合计								24,610.90	24,610.90	24,610.90	

单据日期	单据类型	单据编号	到期日	供应商	币种	原币金额	原币余额	可享受折扣	本次折扣	本次结算	订单号	凭证号
2024-01-08	采购专...	10087238	2024-01-08	上海黄河钢铁制造有...	人民币	7,095.90	7,095.90	0.00	0.00	7,095.90		记-0033
2024-01-08	采购专...	36475857	2024-01-08	上海黄河钢铁制造有...	人民币	17,515.00	17,515.00	0.00	0.00	17,515.00	G04	记-0033
合计						24,610.90	24,610.90	0.00		24,610.90		

图6-85　付款单手工核销

8.制单处理

（1）执行【制单处理】命令，打开"制单查询"对话框。

（2）选择"收付款单制单""核销制单"复选框，单击"确定"按钮，全选需要制单的单据，单击"合并""制单"按钮，生成一张记账凭证，单击"保存"按钮。如图6-86所示。

记　账　凭　证

已生成

记　字 0034　　　制单日期：2024.01.08　　　审核日期：　　　　　附单据数：2

摘要	科目名称	借方金额	贷方金额
采购专用发票	应付账款	709590	
采购专用发票	应付账款	1751500	
付款单	其他货币资金/外埠存款		2461090
票号 日期　2024.01.08	数量 单价	合计　2461090	2461090

备注　　项　目
　　　个　人　　　部　门
　　　业务员　　　供应商　上海黄河钢铁制造有限公司

记账　　　审核　　　出纳　　　制单　姚汕

图6-86　生成凭证（核销制单）

9.总账制单（余款退回）

（1）2024年1月8日，操作员（W02）在企业应用平台执行【业务工作】【财务会计】【总账】【凭证】【填制凭证】命令，打开"填制凭证"窗口。

（2）单击"增加"按钮或者按【F5】键，根据原始凭证录入并保存记账凭证。如图6-87所示。

记 账 凭 证

记 字 0035	制单日期：2024.01.08	审核日期：		附单据数：1

摘 要	科目名称	借方金额	贷方金额
收到余款	银行存款/中国工商银行北京东城支行	738910	000
收到余款	其他货币资金/外埠存款		738910

票号		数量		合 计	738910	738910
日期 2024.01.08		单价				

备注 项 目 / 个 人 / 业务员　　部 门　　客 户

记账　　审核　　出纳　　制单 就汕

图6-87 凭证录入（总账）

业务31 2024年1月9日，收到山西机电制造有限公司尚欠货款。该业务原始凭证如下：

中国工商银行电子回单凭证

业务31

回单编号：668309921160　　回单类型：**网银业务**　　业务名称：

凭证种类：　　凭证号码：　借贷标志：**贷记**　回单格式码：S

账号：0200002356487219763　开户行名称：**中国工商银行北京东城支行**

户名：**方达国际股份有限公司**

对方账号：0502127609202225488　开户行名称：**中国工商银行太原小店支行**

对方户名：**山西机电制造有限公司**

币种：**人民币**　金额：629 000.00　　金额大写：**陆拾贰万玖仟元整**

兑换信息：　币种：　金额：　牌价：　币种：　金额：

摘要：**货款**

附加信息：

打印次数：**1次**　记账日期：2024-01-09　会计流水号：EEZ9111006612141

记账机构：05113789121　经办柜员：EEZ0019　记账柜员：EEZ0019　复核柜员：　授权柜员：

打印机构：65113781212　打印柜员：AEZD001　批次号：

【操作指导】

1.收款单据录入

2024年1月9日，**操作员（W03）** 进入企业应用平台，执行【业务工作】【财务会计】【应收款管理】【收款单据处理】【收款单据录入】命令，打开"收付款单录入"窗口，单击"增加"按钮，根据资料录入相关信息，单击"保存"按钮。如图6-88所示。

图6-88 收款单录入

2.收款单据审核与核销

（1）2024年1月9日，**操作员（W02）**进入企业应用平台，执行【业务工作】【财务会计】【应收款管理】【收款单据处理】【收款单据审核】命令，系统弹出"收款单查询条件"对话框单击"确定"按钮，如图6-89所示；在"收付款单列表"中选择需要审核的单据，单击"审核"按钮，系统弹出如图6-90所示的提示对话框，单击"确定"按钮。

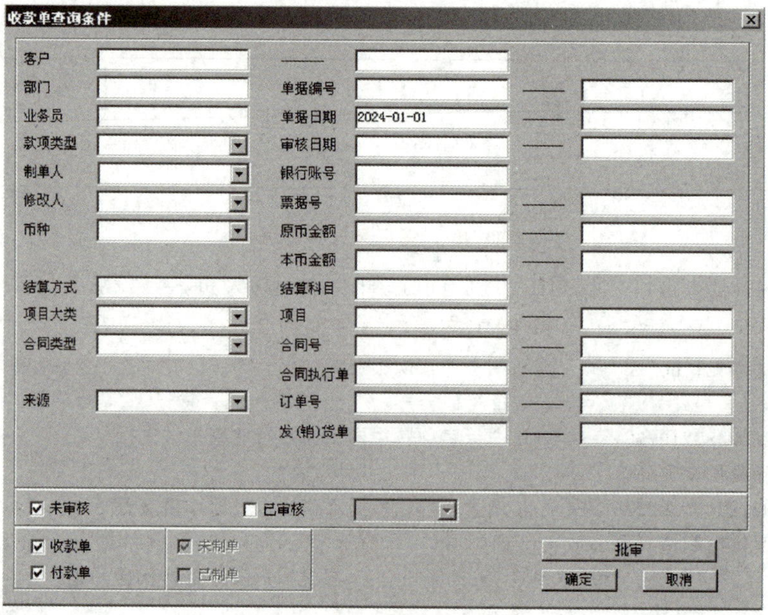

图6-89　收款单查询条件

操作提示

由于每次收款单据审核时均会弹出"收款单查询条件"对话框，此界面不涉及操作；为了避免重复提供，后续涉及【收款单据审核】命令，将不再提供该截图。

收付款单列表

选择	审核人	单据日期	单据类型	单据编号	客户名称	部门	业务员	结算方式	票据号	币种	汇率	原币金额	本币金额
	姚迪	2024-01-09	收款单	0000000003	山西机电制造有限公司			其他		人民币	1.00000000	629,000.00	629,000.00
合计												629,000.00	629,000.00

图6-90　收付款单列表（审核）

（2）执行【核销处理】【手工核销】命令，系统弹出"核销条件"对话框，选择相应的客户，单击"确定"按钮，根据资料分别在收款单的"本次结算金额"与销售专用发票的"本次结算"列中输入结算金额，单击"保存"按钮。如图6-91所示。

单据日期	单据类型	单据编号	客户	款项类型	结算方式	币种	汇率	原币金额	原币余额	本次结算金额	订单号
2024-01-09	收款单	0000000003	山西机电制造有限公司	应收款	其他	人民币	1.00000000	629,000.00	629,000.00	629,000.00	
合计								629,000.00	629,000.00	629,000.00	

单据日期	单据类型	单据编号	到期日	客户	币种	原币金额	原币余额	可享受折扣	本次折扣	本次结算	订单号	凭证号
2023-12-01	销售专…	60972940	2023-12-01	山西机电制造有限公司	人民币	629,000.00	629,000.00	0.00	0.00	629,000.00		
合计						629,000.00	629,000.00	0.00		629,000.00		

图6-91　收款单手工核销

3.制单处理

执行【制单处理】命令，打开“制单查询”对话框。选择“收付款单制单”“核销制单”复选框，单击“确定”按钮，全选需要制单的单据，单击“合并”“制单”按钮，生成一张记账凭证，单击“保存”按钮，如图6-92所示。

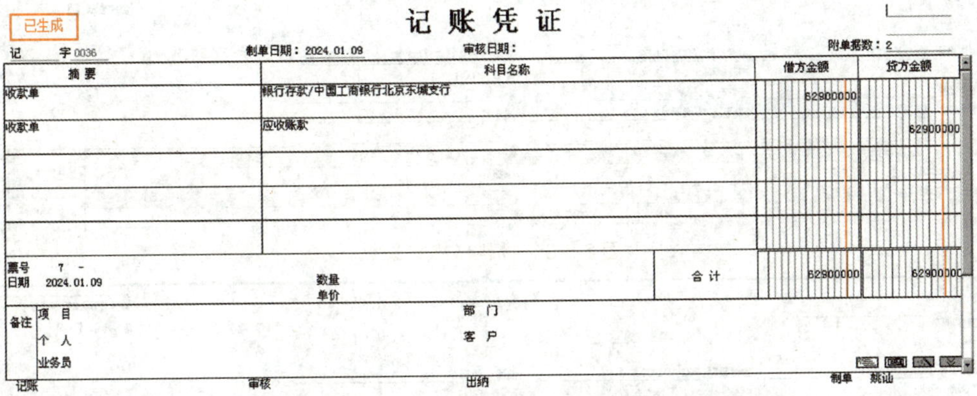
已生成

记账凭证

记　字 0036　制单日期：2024.01.09　审核日期：　附单据数：2

摘要	科目名称	借方金额	贷方金额
收款单	银行存款/中国工商银行北京东城支行	62900000	
收款单	应收账款		62900000
票号 7 - 日期 2024.01.09	数量 单价	合计 62900000	62900000

备注　项目　部门

个人　客户

业务员

记账　审核　出纳　制单 姚山

图6-92　凭证生成（核销制单）

业务32 2024年1月9日，铸造车间领用材料。该业务原始凭证如下：

业务32-1/2

领料单

领料部门：铸造车间

用　　途：C-1车床　　2024年01月09日　　领 第1201号

材料			单位	数量		成本										
						单价	总价									
编号	名称	规格		请领	实发		百	十	万	千	百	十	元	角	分	会计联
CL001	生铁		吨	30	30	2 400.00			7	2	0	0	0	0	0	
CL003	焦炭		吨	15	15	500.00				7	5	0	0	0	0	
CL004	煤		吨	10	10	160.00				1	6	0	0	0	0	
合计								¥	8	1	1	0	0	0	0	

部门经理：白星　　会计：张翔　　仓库：马琴　　经办人：李成慧

业务32-2/2

领料单

领料部门：铸造车间

用　　途：H-1铣库　　2024年01月09日　　领 第1202号

材料			单位	数量		成本										
						单价	总价									
编号	名称	规格		请领	实发		百	十	万	千	百	十	元	角	分	会计联
CL001	生铁		吨	8	8	2 400.00			1	9	2	0	0	0	0	
CL003	焦炭		吨	10	10	500.00				5	0	0	0	0	0	
CL004	煤		吨	5	5	160.00					8	0	0	0	0	
合计								¥	2	5	0	0	0	0	0	

部门经理：白星　　会计：张翔　　仓库：马琴　　经办人：李成慧

【操作指导】

1.材料出库单

2024年1月9日，操作员（C01）进入企业应用平台，执行【业务工作】【供应链】

【库存管理】【出库业务】【材料出库单】命令，打开"材料出库单"窗口。单击"增加"按钮，根据领料单录入"仓库"等相关信息，单击"保存"按钮，单击"审核"按钮。依次录入剩余材料出库单并审核。如图6-93、图6-94所示。

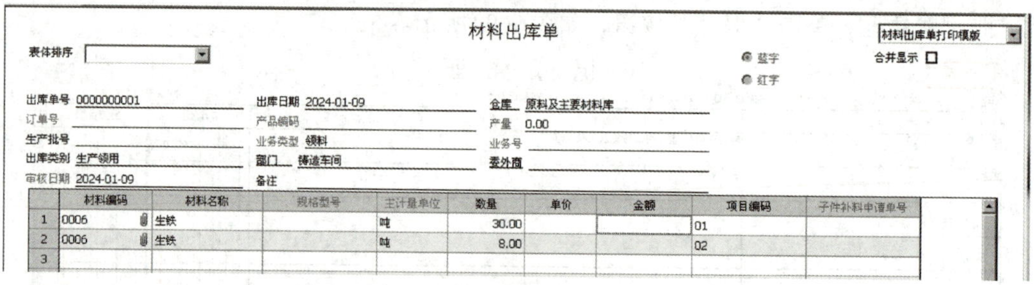

图6-93　材料出库单录入

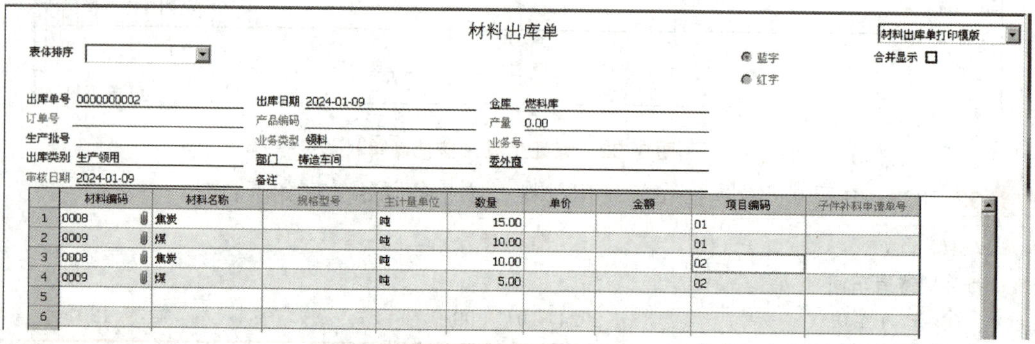

图6-94　材料出库单录入

操作提示

①领用材料时根据仓库不同填制材料出库单，可以不输入单价和金额，系统在制单时会自动取数。

②领用同一种材料用于不同的项目要分开填列。

2. 正常单据记账

2024年1月9日，操作员（W02）进入企业应用平台，执行【业务工作】【供应链】【存货核算】【业务核算】【正常单据记账】命令，系统弹出"查询条件选择"对话框。单击"确定"按钮，打开"正常单据记账列表"窗口，选择单据类型为"材料出库单"的单据，单击"记账"按钮，系统弹出"记账成功"提示框，如图6-95所示。单击"确定"按钮，完成材料出库单记账。

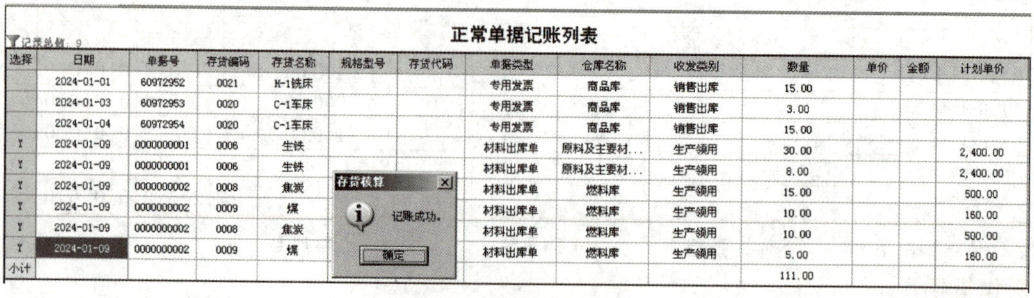

选择	日期	单据号	存货编码	存货名称	规格型号	存货代码	单据类型	仓库名称	收发类别	数量	单价	金额	计划单价
	2024-01-01	60972952	0021	K-1铣床			专用发票	商品库	销售出库	15.00			
	2024-01-03	60972953	0020	C-1车床			专用发票	商品库	销售出库	3.00			
	2024-01-04	60972954	0020	C-1车床			专用发票	商品库	销售出库	15.00			
Y	2024-01-09	0000000001	0006	生铁			材料出库单	原科及主要材…	生产领用	30.00			2,400.00
Y	2024-01-09	0000000001	0006	生铁			材料出库单	原科及主要材…	生产领用	8.00			2,400.00
Y	2024-01-09	0000000002	0008	焦炭			材料出库单	燃料库	生产领用	15.00			500.00
Y	2024-01-09	0000000002	0009	煤			材料出库单	燃料库	生产领用	10.00			160.00
Y	2024-01-09	0000000002	0008	焦炭			材料出库单	燃料库	生产领用	10.00			500.00
Y	2024-01-09	0000000002	0009	煤			材料出库单	燃料库	生产领用	5.00			160.00
小计										111.00			

图6-95　正常单据记账列表

3.生成凭证

执行【财务核算】【生成凭证】命令，打开"生成凭证"界面，单击"选择"按钮，系统弹出"查询条件"对话框，单击"确定"按钮，打开"未生成凭证单据一览表"，选择需要生成凭证的单据，单击"确定"按钮，输入对方科目为"50010101"，单击"合成"按钮，系统自动生成一张记账凭证，单击"保存"按钮。如图6-96所示。

已生成				
		记 账 凭 证		
记 字 0037	制单日期：2024.01.09	审核日期：		附单据数：2
摘要	科目名称		借方金额	贷方金额
材料出库单	生产成本/铸造车间/直接材料		8110000	
材料出库单	生产成本/铸造车间/直接材料		2500000	
材料出库单	原材料/原料及主要材料/生铁			9120000
材料出库单	原材料/燃料/焦炭			1250000
材料出库单	原材料/燃料/煤			240000
票号 日期	数量 单价		合计 10610000	10610000
备注 项 目 C-1车床 个 人 业务员		部 门 客 户		
记账	审核	出纳	制单	越汕

图6-96 记账凭证生成（材料发出记账）

业务33 2024年1月9日，机加工车间领用材料。该业务原始凭证如下：

业务33-1/2　　　　　　　　　　**领料单**

领料部门：**机加工车间**

用　途：C-1车床　　　　2024年01月09日　　　　领 第1203号

材料			单位	数量		成本											
						单价	总价										
编号	名称	规格		请领	实发		百	十	万	千	百	十	元	角	分		
CL002	圆钢		吨	15	15	2 900.00		4	3	5	0	0	0	0	0		会计联
CL006	润滑油		千克	50	50	3.50				1	7	5	0	0			
合计								¥	4	3	6	7	5	0	0		

部门经理：**杨临晶**　　会计：**张翔**　　仓库：**马琴**　　经办人：**钱钏**

业务33-2/2　　　　　　　　　　**领料单**

领料部门：**机加工车间**

用　途：H-1铣床　　　　2024年01月09日　　　　领 第1204号

材料			单位	数量		成本											
						单价	总价										
编号	名称	规格		请领	实发		百	十	万	千	百	十	元	角	分		
CL002	圆钢		吨	6	6	2 900.00			1	7	4	0	0	0	0		会计联
CL006	润滑油		千克	20	20	3.50					7	0	0	0			
合计								¥	1	7	4	7	0	0	0		

部门经理：**杨临晶**　　会计：**张翔**　　仓库：**马琴**　　经办人：**钱钏**

【操作指导】

1.材料出库单

2024年1月9日，**操作员（C01）**进入企业应用平台，执行【业务工作】【供应链】【库存管理】【出库业务】【材料出库单】命令，打开"材料出库单"窗口。单击"增加"按钮，根据领料单录入"仓库"等相关信息，单击"保存"按钮，单击"审核"按钮。依次录入剩余材料出库单并审核。如图6-97、图6-98所示。

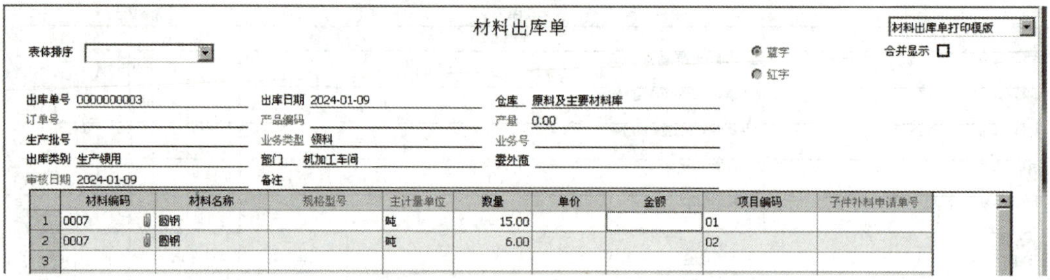

图 6-97　材料出库单录入

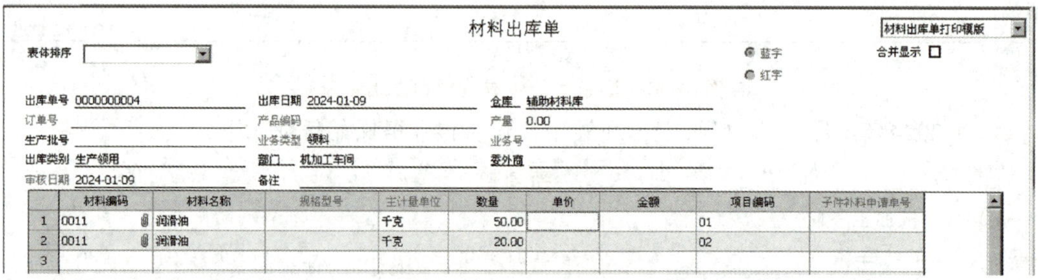

图 6-98　材料出库单录入

2.正常单据记账

2024年1月9日，**操作员（W02）**进入企业应用平台，执行【业务工作】【供应链】【存货核算】【业务核算】【正常单据记账】命令，系统弹出"查询条件选择"对话框。单击"确定"按钮，打开"正常单据记账列表"窗口，选择单据类型为"材料出库单"的单据，单击"记账"按钮，系统弹出"记账成功"提示框，如图6-99所示，单击"确定"按钮，完成材料出库单记账。

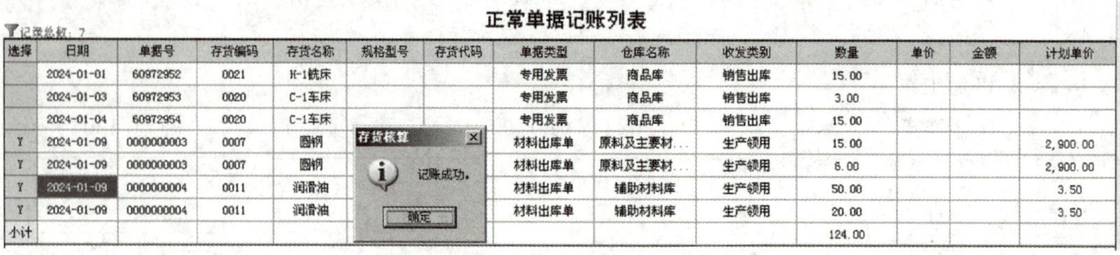

图 6-99　正常单据记账列表

3.生成凭证

执行【财务核算】【生成凭证】命令，打开"生成凭证"界面，单击"选择"按钮，系统弹出"查询条件"对话框，单击"确定"按钮，打开"未生成凭证单据一览表"，选择需要生成凭证的单据，单击"确定"按钮，输入对方科目为"50010201"，单击"合成"按钮，系统自动生成一张记账凭证，单击"保存"按钮。如图6-100所示。

已生成								

记 账 凭 证

记　字 0038		制单日期：2024.01.09	审核日期：		附单据数：2	

摘　要	科目名称	借方金额	贷方金额
材料出库单	生产成本/机加工车间/直接材料	4367500	
材料出库单	生产成本/机加工车间/直接材料	1747000	
材料出库单	原材料/原料及主要材料/圆钢		6090000
材料出库单	原材料/辅助材料/润滑油		24500
票号 日期	数量 单价	合计　　6114500	6114500

备注	项　目　C-1车床	部　门	
	个　人	客　户	
	业务员		

记账	审核	出纳	制单 姚山

图 6-100　记账凭证（出库单生成）

业务34 2024年1月9日，装配车间领用材料。该业务原始凭证如下：

业务34-1/4

领料单

领料部门：装配车间

用　　途：C-1车床　　　　　2024 年 01 月 09 日　　　　　领 第 1205 1/2 号

材料			单位	数量		成本									
编号	名称	规格		请领	实发	单价	总价								
							百	十	万	千	百	十	元	角	分
BCP01	电机	X123	台	30	30	1 500.00		4	5	0	0	0	0	0
BCP02	电机	X345	台	100	100	250.00		2	5	0	0	0	0	0
BCP03	轴承	Q123	套	50	50	340.00		1	7	0	0	0	0
BCP04	轴承	Q345	套	200	200	140.00		2	8	0	0	0	0
合计							¥	1	1	5	0	0	0	0

部门经理：姚圣宏　　　会计：张翔　　　仓库：马琴　　　经办人：李爱有

会计联

业务34-2/4

领料单

领料部门：装配车间

用　　途：C-1车床　　　　　2024 年 01 月 09 日　　　　　领 第 1205 2/2 号

材料			单位	数量		成本									
编号	名称	规格		请领	实发	单价	总价								
							百	十	万	千	百	十	元	角	分
BCP05	标准件		个	200	200	18.00			3	6	0	0	0	0
CL006	润滑油		千克	100	100	3.50				3	5	0	0	0
合计								¥	3	9	5	0	0	0

部门经理：姚圣宏　　　会计：张翔　　　仓库：马琴　　　经办人：李爱有

会计联

业务34-3/4

领料单

领料部门：装配车间

用　　途：H-1铣床　　　　　2024 年 01 月 09 日　　　　　领 第 1206 1/2 号

材料			单位	数量		成本											
						单价	总价										
编号	名称	规格		请领	实发		百	十	万	千	百	十	元	角	分	
BCP01	电机	X123	台	10	10	1 500.00			1	5	0	0	0	0	0	会计联
BCP02	电机	X345	台	50	50	250.00			1	2	5	0	0	0	0	
BCP03	轴承	Q123	套	20	20	340.00				6	8	0	0	0	0	
BCP04	轴承	Q345	套	10	10	140.00				1	4	0	0	0	0	
合计									¥	3	5	7	0	0	0	0

部门经理：姚圣宏　　　会计：张翔　　　仓库：马琴　　　经办人：李爱有

业务34-4/4

领料单

领料部门：装配车间

用　　途：H-1铣床　　　　　2024 年 01 月 09 日　　　　　领 第 1206 2/2 号

材料			单位	数量		成本										
						单价	总价									
编号	名称	规格		请领	实发		百	十	万	千	百	十	元	角	分	
CL006	润滑油		千克	30	30	3.50					1	0	5	0	0	会计联
合计										¥	1	0	5	0	0	

部门经理：姚圣宏　　　会计：张翔　　　仓库：马琴　　　经办人：李爱有

【操作指导】

1.材料出库单

2024 年 1 月 9 日，**操作员（C01）**进入企业应用平台，执行【业务工作】【供应链】【库存管理】【出库业务】【材料出库单】命令，打开"材料出库单"窗口。单击"增加"按钮，根据领料单录入"仓库"等相关信息，单击"保存"按钮，单击"审核"按钮。依次录入剩余材料出库单并审核。如图 6-101、图 6-102 所示。

图6-101　材料出库单录入

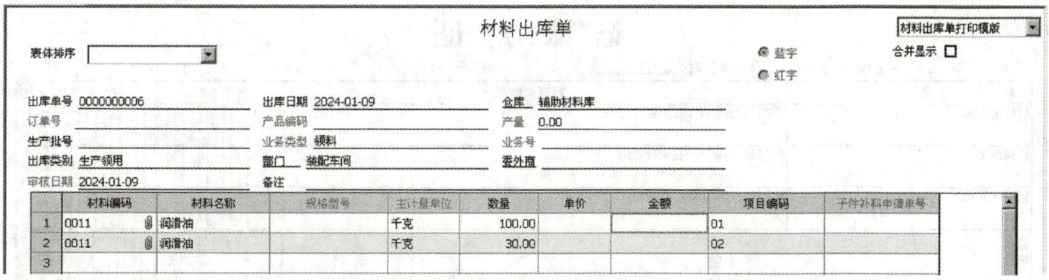

图6-102 材料出库单录入

2.正常单据记账

2024年1月9日，**操作员（W02）**进入企业应用平台，执行【业务工作】【供应链】【存货核算】【业务核算】【正常单据记账】命令，系统弹出"查询条件选择"对话框。单击"确定"按钮，打开"正常单据记账列表"窗口，选择单据类型为"材料出库单"的单据，单击"记账"按钮，系统弹出"记账成功"提示框，如图6-103所示，单击"确定"按钮，完成材料出库单记账。

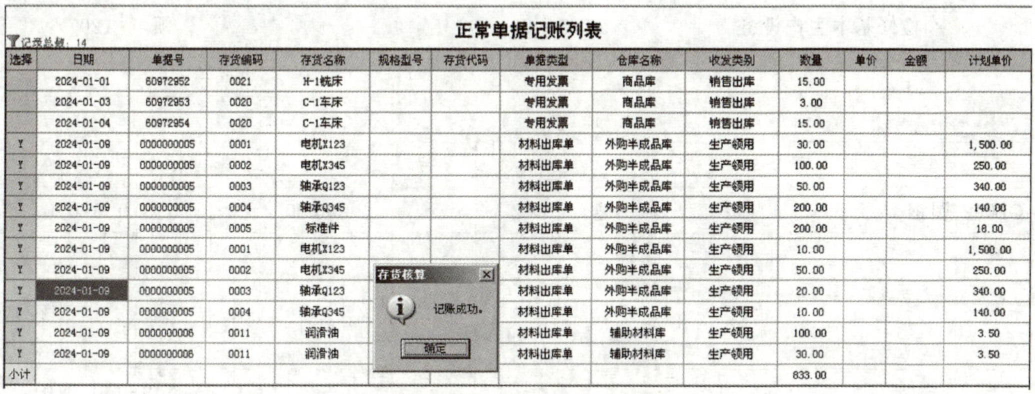

图6-103 正常单据记账列表

3.生成凭证

执行【财务核算】【生成凭证】命令，打开"生成凭证"界面，单击"选择"按钮，系统弹出"查询条件"对话框，单击"确定"按钮，打开"未生成凭证单据一览表"，选择需要生成凭证的单据，单击"确定"按钮，输入对方科目为"50010301"，单击"合成"按钮，系统自动生成一张记账凭证，单击"保存"按钮。如图6-104、图6-105所示。

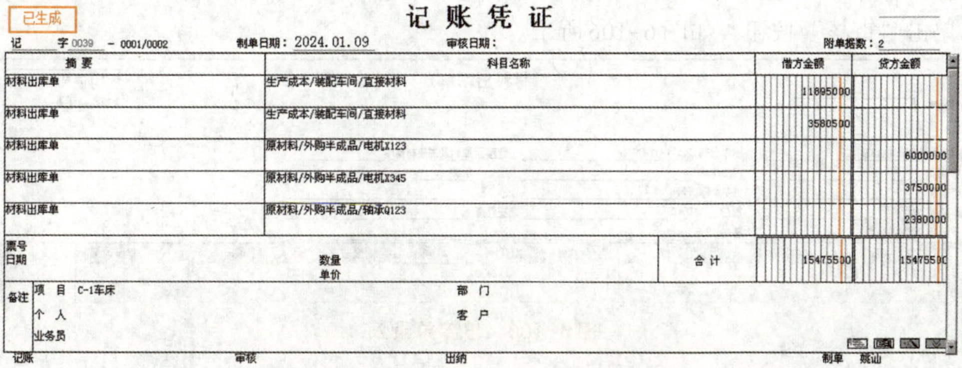

图6-104 记账凭证1/2（出库单生成）

记 账 凭 证

记　字 0039 - 0002/0002　　制单日期：2024.01.09　　审核日期：　　　　附单据数：2

摘　要	科目名称	借方金额	贷方金额
材料出库单	原材料/外购半成品/轴承Q345		2940000
材料出库单	原材料/外购半成品/标准件		380000
材料出库单	原材料/辅助材料/润滑油		45500

票号
日期　　　　　　数量
单价　　　　　　　　　　合　计　　15475500　　15475500

备注　项　目　　　　　　　　　　部　门
　　　个　人　　　　　　　　　客　户
　　　业务员

记账　　　　　审核　　　　　出纳　　　　　制单 姚汕

图6-105　记账凭证2/2（出库单生成）

业务35 2024年1月9日，机修车间领用材料。该业务原始凭证如下：

业务35

领料单

领料部门：机修车间

用　　途：检修基本生产设备　　　2024年01月09日　　　领 第1207号

材料			单位	数量		成本										
						单价	总价									
编号	名称	规格		请领	实发		百	十	万	千	百	十	元	角	分	
CL002	圆钢		吨	2	2	2 900.00			5	8	0	0	0	0		会计联
合计								￥	5	8	0	0	0	0		

部门经理：陈水生　　会计：张翔　　仓库：马琴　　经办人：秦可怡

【操作指导】

1.材料出库单

2024年1月9日，**操作员（C01）** 进入企业应用平台，执行【业务工作】【供应链】【库存管理】【出库业务】【材料出库单】命令，打开"材料出库单"窗口。单击"增加"按钮，根据领料单录入"仓库"等相关信息，单击"保存"按钮，单击"审核"按钮。如图6-106所示。

操作视频

业务35至业务40

	材料编码	材料名称	规格型号	主计量单位	数量	单价	金额	项目编码	子件补料申请单号
1	0007	圆钢		吨	2.00			03	
2									

材料出库单

表体排序　　　　　　　　　　　　　　蓝字　　　合并显示 □
　　　　　　　　　　　　　　　　　　红字

出库单号 0000000007　　出库日期 2024-01-09　　仓库 原料及主要材料库
订单号　　　　　　　　产品编码　　　　　产量 0.00
生产批号　　　　　　　业务类型 领料　　　业务号
出库类别 生产领用　　　部门 机修车间　　　委外商
审核日期 2024-01-09　　备注

图6-106　出库单录入

2.正常单据记账

2024年1月9日，**操作员（W02）** 进入企业应用平台，执行【业务工作】【供应链】【存货核算】【业务核算】【正常单据记账】命令，系统弹出"查询条件选择"对话框。单击"确定"按钮，打开"正常单据记账列表"窗口，选择单据类型为"材料出库单"的单据，单击"记账"按钮，系统弹出"记账成功"提示框，如图6-107所示，单击"确定"按钮，完成材料出库单记账。

选择	日期	单据号	存货编码	存货名称	规格型号	存货代码	单据类型	仓库名称	收发类别	数量	单价	金额	计划单价
	2024-01-01	60972952	0021	H-1铣床			专用发票	商品库	销售出库	15.00			
	2024-01-03	60972953	0020	C-1车床			专用发票	商品库	销售出库	3.00			
	2024-01-04	60972954	0020	C-1车床			专用发票	商品库	销售出库	15.00			
Y	2024-01-09	0000000007	0007	圆钢			材料出库单	原料及主要材	生产领用	2.00			2,900.00
小计										35.00			

图6-107　正常单据记账列表

3.生成凭证

执行【财务核算】【生成凭证】命令，打开"生成凭证"界面，单击"选择"按钮，系统弹出"查询条件"对话框，单击"确定"按钮，打开"未生成凭证单据一览表"，选择需要生成凭证的单据，单击"确定"按钮，输入对方科目为"50010401"，单击"合成"按钮，系统自动生成一张记账凭证，单击"保存"按钮。如图6-108所示。

图6-108　记账凭证生成

业务36 2024年1月10日，向宏达集团购买圆钢，款项未付，订单编号：G05。该业务原始凭证如下：

业务36

电子发票（增值税专用发票）

发票号码：24112000000074657254
开票日期：2024年01月10日

购买方信息	名称：方达国际股份有限公司 统一社会信用代码/纳税人识别号：911101018937465212	售方信息	名称：宏达集团有限公司 统一社会信用代码/纳税人识别号：911101118723465290

项目名称	规格型号	单位	数量	单价	金额	税率/征收率	税额
*黑色金属冶炼压延品*圆钢		吨	51	3 100.00	158 100.00	13%	20 553.00
合　计					¥158 100.00		¥20 553.00
价税合计（大写）	⊗壹拾柒万捌仟陆佰伍拾叁元整					（小写）¥178 653.00	
备注							

开票人：张立

【操作指导】

1.采购订单

2024年1月10日，操作员（G01）进入企业应用平台，执行【业务工作】【供应链】【采购管理】【采购订货】【采购订单】命令，打开"采购订单"窗口。单击"增加"按钮，添加订单编号为"G05"，采购类型选择"正常采购"，修改税率为"13%"，按照发票信息录入订单其他信息，单击"保存"按钮。单击"审核"按钮，审核填制的采购订单。如图6-109所示。

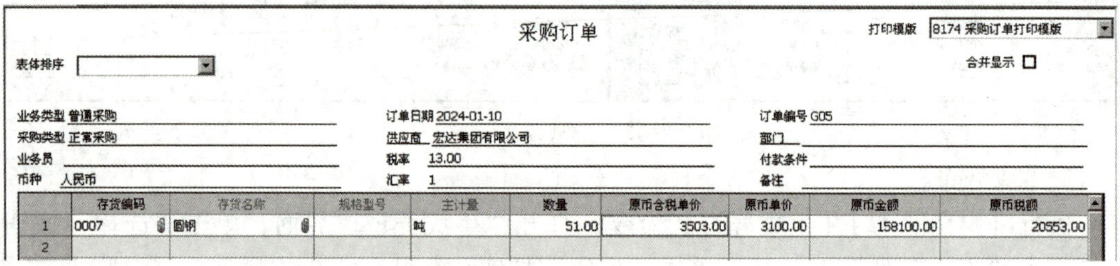

	存货编码	存货名称	规格型号	主计量	数量	原币合税单价	原币单价	原币金额	原币税额
1	0007	圆钢		吨	51.00	3503.00	3100.00	158100.00	20553.00
2									

图6-109　采购订单录入

2.专用采购发票（根据采购订单生成）

执行【业务工作】【供应链】【采购管理】【采购发票】【专用采购发票】命令，打开"专用发票"窗口。单击"增加"按钮，执行【生单】【采购订单】命令，系统弹出"查询条件选择-采购订单列表过滤"对话框，单击"确定"按钮，选择对应的采购订单，单击"确定"按钮，录入发票号"74657254"，修改税率为"13%"，系统弹出"将按照表头税率统一表体税率，是否继续"提示框，单击"是"按钮，单击"保存"按钮。如图6-110所示。

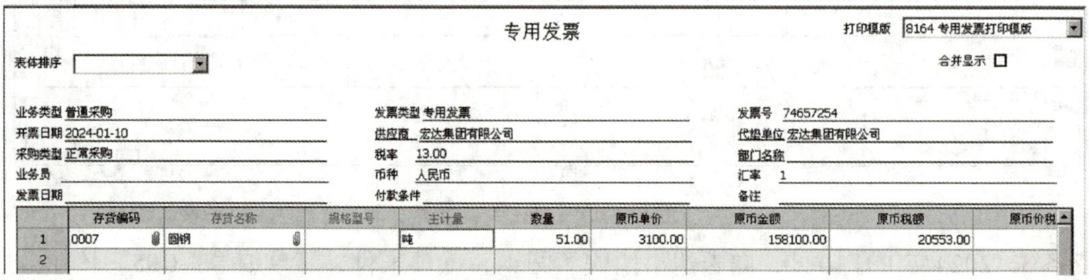

	存货编码	存货名称	规格型号	主计量	数量	原币单价	原币金额	原币税额	原币价税
1	0007	圆钢		吨	51.00	3100.00	158100.00	20553.00	
2									

图6-110　专用发票（采购订单生成）

3.应付单据审核与制单

（1）2024年1月10日，操作员（W02）进入企业应用平台，执行【业务工作】【财务会计】【应付款管理】【应付单据处理】【应付单据审核】命令，系统弹出"应付单查询条件"对话框，勾选"未完全报销"复选框，单击"确定"按钮，打开"应付单据列表"窗口。

（2）双击需要审核的票据，打开"采购发票"窗口，单击"审核"按钮，系统弹出"是否立即制单"提示框，如图6-111所示，单击"是"，打开"填制凭证"窗口，系统自动生成记账凭证，检查凭证是否有误，核对无误则单击"保存"按钮，如图6-112所示。

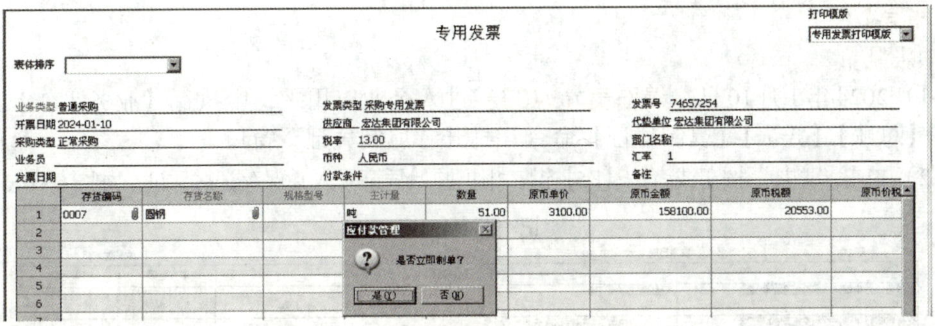

图6-111 专用发票（采购订单生成）

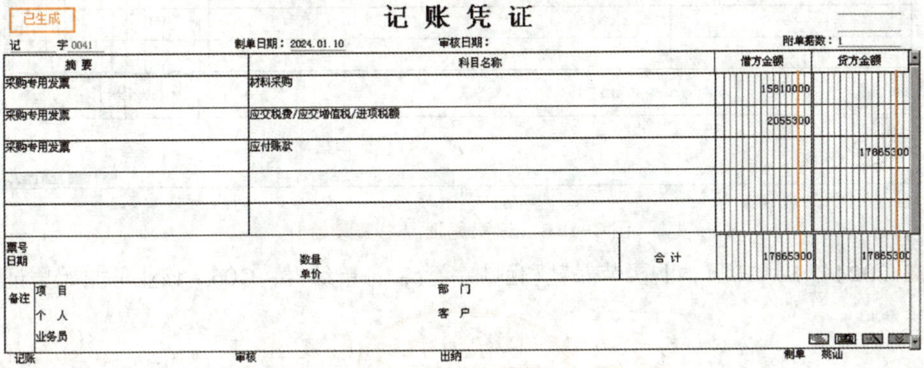

图6-112 记账凭证（采购发票生成）

操作提示

因为本业务中不涉及核销处理，同时在应付单据审核模块中有直接制单功能，可以在审核的同时根据审核的发票直接制单，无须单独在制单模块中执行制单。此功能与先审核后制单的结果一致。

业务37 2024年1月10日，向银行申请办理银行承兑汇票保证金业务。该业务原始凭证如下：

业务37

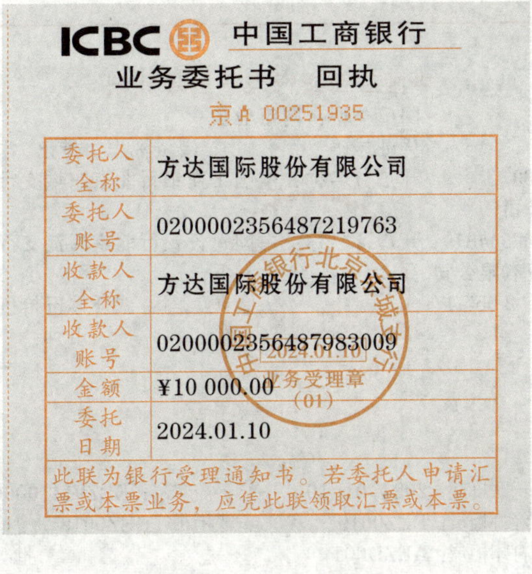

【操作指导】

总账制单

（1）2024年1月10日，**操作员（W02）** 进入企业应用平,中执行【业务工作】【财务会计】【总账】【凭证】【填制凭证】命令，打开"填制凭证"窗口。

（2）单击"增加"按钮或者按【F5】键，根据原始凭证录入并保存记账凭证。如图6-113所示。

记　字 0042	制单日期：2024.01.10	审核日期：			附单据数：1
摘要	科目名称			借方金额	贷方金额
支付向银行申请银行承兑汇票的保证金	其他应收款/保证金			1000000	000
支付向银行申请银行承兑汇票的保证金	银行存款/中国工商银行北京东城支行				1000000
票号 日期	数量 单价		合计	1000000	1000000
备注　项目　个人　业务员		部门　客户			
记账　　　　审核	出纳			制单	

图6-113　记账凭证（总账填制）

业务38 2024年1月10日，购买劳保鞋和耐热手套，订单编号：G06。该业务原始凭证如下：

业务38-1/2

电子发票（增值税专用发票）

发票号码：24112000000036475842
开票日期：2024年01月10日

购买方信息	名称：方达国际股份有限公司	销售方信息	名称：北京市清远物资有限公司
	统一社会信用代码/纳税人识别号：911101018937465212		统一社会信用代码/纳税人识别号：911101089836751412

项目名称	规格型号	单位	数量	单价	金额	税率/征收率	税额
*鞋*劳保鞋		双	55	31.60	1 738.00	13%	225.94
*皮革毛皮品*耐热手套		副	15	5.40	81.00	13%	10.53
合　计					¥1 819.00		¥236.47
价税合计（大写）	⊗贰仟零伍拾伍元肆角柒分					（小写）¥2 055.47	
备注							

开票人：杨弘

业务38-2/2

中国工商银行电子回单凭证

回单编号：668309921126	回单类型：网银业务		业务名称：
凭证种类：	凭证号码：	借贷标志：**借记**	回单格式码：S
账号：0200002356487219763	开户行名称：中国工商银行北京东城支行		
户名：**方达国际股份有限公司**			
对方账号：11001016600053354487	开户行名称：中国建设银行北京海淀支行		
对方户名：北京市清远物资有限公司			
币种：**人民币**　金额：2 055.47	金额大写：贰仟零伍拾伍元肆角柒分		
兑换信息：　币种：　金额：	牌价：　币种：　金额：
摘要：**货款**			

附加信息：

打印次数：1次　记账日期：2024-01-10　会计流水号：EEZ9111006612142
记账机构：05113789126　经办柜员：EEZ0019　记账柜员：EEZ0019　复核柜员：　授权柜员：
打印机构：65113781212　打印柜员：AEZD001　批次号：

【操作指导】

1.采购订单

（1）2024年1月10日，操作员（G01）进入企业应用平台，执行【业务工作】【供应链】【采购管理】【采购订货】【采购订单】命令，打开"采购订单"窗口。

（2）单击"增加"按钮，添加订单编号为"G06"，选择采购类型为"正常采购"，修改税率为"13%"，按照发票信息录入订单其他信息，单击"保存"按钮。单击"审核"按钮，审核填制的采购订单。如图6-114所示。

				采购订单				打印模版	8174 采购订单打印模版 ▾

表体排序 [　　　　▾]　　　　　　　　　　　　　　　　　　　　　　　　　合并显示 □

业务类型 普通采购　　　　　　　　订单日期 2024-01-10　　　　　　　　订单编号 G06
采购类型 正常采购　　　　　　　　供应商 北京市清远物资有限公司　　　部门
业务员　　　　　　　　　　　　　税率 13.00　　　　　　　　　　　　付款条件
币种 人民币　　　　　　　　　　　汇率 1　　　　　　　　　　　　　　备注

	存货编码	存货名称	规格型号	主计量	数量	原币含税单价	原币单价	原币金额	原币税额
1	0013	劳保鞋		双	55.00	35.71	31.60	1738.00	225.94
2	0014	耐热手套		副	15.00	6.10	5.40	81.00	10.53
3									
4									

图6-114　采购订单（录入）

2.采购专用发票

（1）2024年1月10日，执行【业务工作】【供应链】【采购管理】【采购发票】【专用采购发票】命令，打开"专用发票"窗口。单击"增加"按钮，执行【生单】【采购订单】命令，系统弹出"查询条件选择-采购订单列表过滤"对话框，单击"确定"按钮，选择对应的采购订单，单击"确定"按钮，录入发票号"36475842"，修改税率为"13%"，系统弹出"将按照表头税率统一表体税率，是否继续"提示框，单击"是"按钮，单击"保存"按钮。如图6-115所示。

				专用发票				打印模版	8164 专用发票打印模版 ▾

表体排序 [　　　　▾]　　　　　　　　　　　　　　　　　　　　　　　　　合并显示 □

业务类型 普通采购　　　　　　　　发票类型 专用发票　　　　　　　　　　发票号 36475842
开票日期 2024-01-10　　　　　　　供应商 北京市清远物资有限公司　　　代垫单位 北京市清远物资有限公司
采购类型 正常采购　　　　　　　　税率 13.00　　　　　　　　　　　　部门名称
业务员　　　　　　　　　　　　　币种 人民币　　　　　　　　　　　　汇率 1
发票日期　　　　　　　　　　　　付款条件　　　　　　　　　　　　　备注

	存货编码	存货名称	规格型号	主计量	数量	原币单价	原币金额	原币税额	原币价税
1	0013	劳保鞋		双	55.00	31.60	1738.00	225.94	
2	0014	耐热手套		副	15.00	5.40	81.00	10.53	
3									
4									

图6-115　专用发票（采购订单生成）

（2）单击"现付"按钮，系统弹出"采购现付"对话框，录入结算方式、原币金额等信息，如图6-116所示，单击"确定"按钮。

采购现付							✕

供货单位：　北京市清远物资有限公司　　　　　币种：人民币　　　　汇率：1
应付金额：　2055.47
结算金额：　2055.47
部门：[　　　　　]　　　　　　　　　　　　　　业务员：[　　　　　]

结算方式	原币金额	票据号	银行账号	项目大类编码	项目大类名称	项目编码	项目名称	订单号
7-其他	2055.47		11001016...					

[确定]　[取消]　[帮助]

图6-116　采购现付

操作提示

　　由于本笔业务为直接结算，因此在系统中可采用现付功能，系统会根据现结功能自动生成付款单，无须单独填制付款单。

　　3.应付单据审核与制单

　　（1）2024年1月10日，操作员（W02）进入企业应用平台，执行【业务工作】【财务会计】【应付款管理】【应付单据处理】【应付单据审核】命令，系统弹出"应付单查询条件"对话框，勾选"未完全报销""包含已现结发票"复选框，单击"确定"按钮，打开"应付单据列表"窗口。

　　（2）双击需要审核的票据，打开"采购发票"窗口，单击"审核"按钮，系统弹出"是否立即制单"提示框，如图6-117所示，单击"是"，打开"填制凭证"窗口，系统自动生成记账凭证，检查凭证是否有误，核对无误则单击"保存"按钮。如图6-118所示。

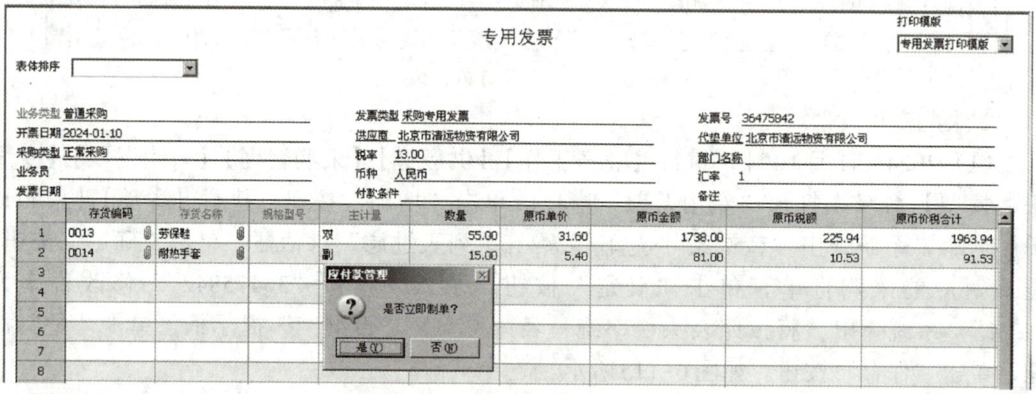

图6-117　专用发票（审核）

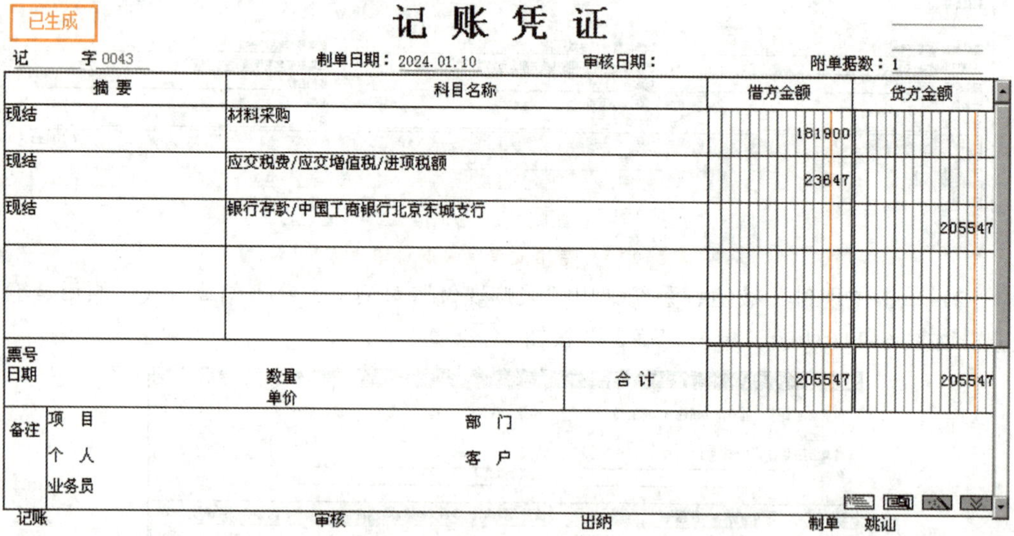

图6-118　记账凭证（自动生成）

业务39　2024年1月11日，购买润滑油，作为存货核算，订单编号：G07。该业务原始凭证如下：

业务39-1/2

电子发票（增值税专用发票）

发票号码：24112000000036475905
开票日期：2024年01月11日

购买方信息	名称：方达国际股份有限公司 统一社会信用代码/纳税人识别号：911101018937465212	销售方信息	名称：北京市清远物资有限公司 统一社会信用代码/纳税人识别号：911101089836751412

项目名称	规格型号	单位	数量	单价	金额	税率/征收率	税额
*石油制品*润滑油		千克	100	3.50	350.00	13%	45.50
合　计					¥350.00		¥45.50
价税合计（大写）	⊗叁佰玖拾伍元伍角整					（小写）	¥395.50
备注							

开票人：杨弘

业务39-2/2

中国工商银行电子回单凭证

回单编号：668309921127　回单类型：网银业务　业务名称：
凭证种类：　凭证号码：　借贷标志：借记　回单格式码：S
账号：0200002356487219763　开户行名称：中国工商银行北京东城支行
户名：方达国际股份有限公司
对方账号：11001016600053354487　开户行名称：中国建设银行北京海淀支行
对方户名：北京市清远物资有限公司
币种：人民币　金额：395.50　金额大写：叁佰玖拾伍元伍角整
兑换信息：　币种：　金额：　牌价：　币种：　金额：
摘要：货款

附加信息：

打印次数：1次　记账日期：2024-01-11　会计流水号：EEZ9111006612143
记账机构：05113789127　经办柜员：EEZ0019　记账柜员：EEZ0019　复核柜员：　授权柜员：
打印机构：65113781213　打印柜员：AEZD001　批次号：

【操作指导】

1.采购订单

（1）2024年1月11日，操作员（G01）进入企业应用平台，执行【业务工作】【供应链】【采购管理】【采购订货】【采购订单】命令，打开“采购订单”窗口。

（2）单击“增加”按钮，添加订单编号为“G07”，选择采购类型为“正常采购”，修改税率为“13%”，按照发票信息录入订单其他信息，单击“保存”按钮。单击“审核”按钮，审核填制的采购订单。如图6-119所示。

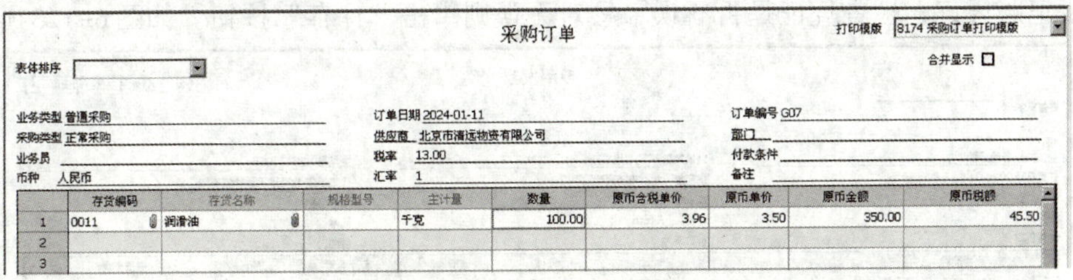
采购订单　打印模版 8174 采购订单打印模版　合并显示
表体排序
业务类型 普通采购　订单日期 2024-01-11　订单编号 G07
采购类型 正常采购　供应商 北京市清远物资有限公司　部门
业务员　税率 13.00　付款条件
币种 人民币　汇率 1　备注

	存货编码	存货名称	规格型号	主计量	数量	原币含税单价	原币单价	原币金额	原币税额
1	0011	润滑油		千克	100.00	3.96	3.50	350.00	45.50
2									
3									

图6-119　采购订单（录入）

2.采购专用发票（根据采购订单生成）

（1）2024年1月11日，执行【业务工作】【供应链】【采购管理】【采购发票】【专用采购发票】命令，打开“专用发票”窗口。

（2）单击"增加"按钮，执行【生单】【采购订单】命令，系统弹出"查询条件选择-采购订单列表过滤"对话框，单击"确定"按钮，选择对应的采购订单，单击"确定"按钮，录入发票号"36475905"，修改税率为"13%"，系统弹出"将按照表头税率统一表体税率，是否继续"提示框，单击"是"按钮，单击"保存"按钮。如图6-120所示。

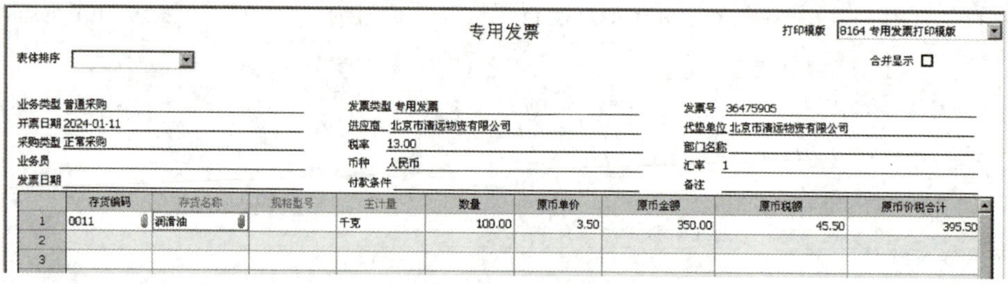

图6-120 专用发票（采购订单生成）

（3）单击"现付"按钮，系统弹出"采购现付"对话框，录入结算方式、原币金额等信息，如图6-121所示，单击"确定"按钮。

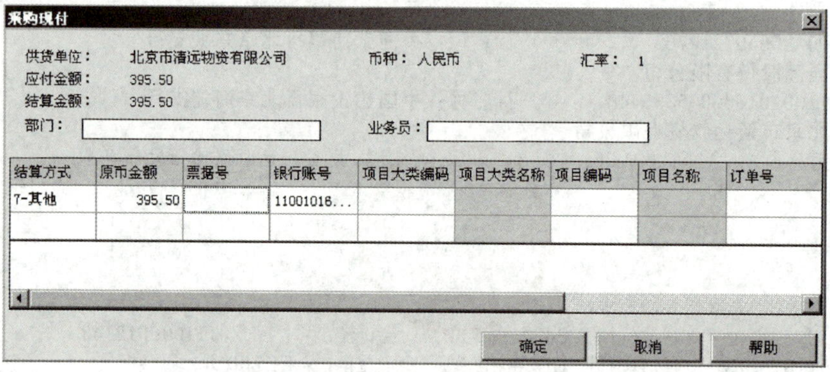

图6-121 采购现付

3.应付单据审核与制单

（1）2024年1月11日，操作员（W02）进入企业应用平台，执行【业务工作】【财务会计】【应付款管理】【应付单据处理】【应付单据审核】命令，系统弹出"应付单查询条件"对话框，勾选"未完全报销""包含已现结发票"复选框，单击"确定"按钮，打开"应付单据列表"窗口。

（2）双击需要审核的票据，打开"采购发票"窗口，单击"审核"按钮，系统弹出"是否立即制单"提示框，如图6-122所示，单击"是"，打开"填制凭证"窗口，系统自动生成记账凭证，检查凭证是否有误，核对无误则单击"保存"按钮。如图6-123所示。

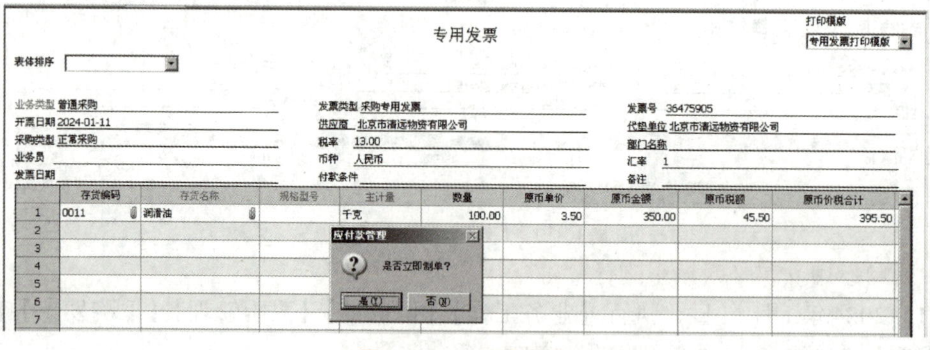

图6-122 采购发票

记账凭证

已生成			

| 记　字 0044 | 制单日期：2024.01.11 | 审核日期： | | 附单据数：1 |

摘　要	科目名称	借方金额	贷方金额
现结	材料采购	35000	
现结	应交税费/应交增值税/进项税额	4550	
现结	银行存款/中国工商银行北京东城支行		39550

| 票号 7 - | | | | |
| 日期 2024.01.11 | 数量 单价 | | 合计 | 39550 | 39550 |

| 备注 | 项目 个人 业务员 | 部门 客户 | |

| 记账 | 审核 | 出纳 | 制单 姚油 |

图6-123　记账凭证（发票生成）

业务40 2024年1月11日，购买包装箱，订单编号：G08。该业务原始凭证如下：

业务40-1/2

电子发票（增值税专用发票）

发票号码：24112000000036475906
开票日期：2024 年 01 月 11 日

购买方信息	名称：方达国际股份有限公司	售方信息	名称：北京临溪木器有限公司
	统一社会信用代码/纳税人识别号：911101018937465212		统一社会信用代码/纳税人识别号：911101011832355523

项目名称	规格型号	单位	数量	单价	金额	税率/征收率	税额
*塑料制品*包装箱		个	70	390.00	27 300.00	13%	3 549.00
合　计					¥27 300.00		¥3 549.00
价税合计（大写）		⊗叁万零捌佰肆拾玖元整				（小写）¥30 849.00	
备注							

开票人：李新

业务40-2/2

中国工商银行电子回单凭证

回单编号：668309921128	回单类型：网银业务		业务名称：
凭证种类：	凭证号码：	借贷标志：借记	回单格式码：S
账号：0200002356487219763	开户行名称：中国工商银行北京东城支行		
户名：方达国际股份有限公司			
对方账号：0200002356400254854	开户行名称：中国工商银行北京东城支行		
对方户名：北京临溪木器有限公司			
币种：人民币　金额：30 849.00	金额大写：叁万零捌佰肆拾玖元整		
兑换信息：　币种：　金额：	牌价：　币种：　金额：		
摘要：货款			

附加信息：

打印次数：1 次	记账日期：2024-01-11	会计流水号：EEZ9111006612142	
记账机构：05113789128	经办柜员：EEZ0019	记账柜员：EEZ0019	复核柜员：　授权柜员：
打印机构：65113781214	打印柜员：AEZD001	批次号：	

【操作指导】

1.采购订单

（1）2024年1月11日，操作员（G01）进入企业应用平台，执行【业务工作】【供应链】【采购管理】【采购订货】【采购订单】命令，打开"采购订单"窗口。

（2）单击"增加"按钮，添加订单编号为"G08"，选择采购类型为"正常采购"，修改税率为"13%"，按照发票信息录入订单其他信息，单击"保存"按钮。单击"审核"按钮，审核填制的采购订单。如图6-124所示。

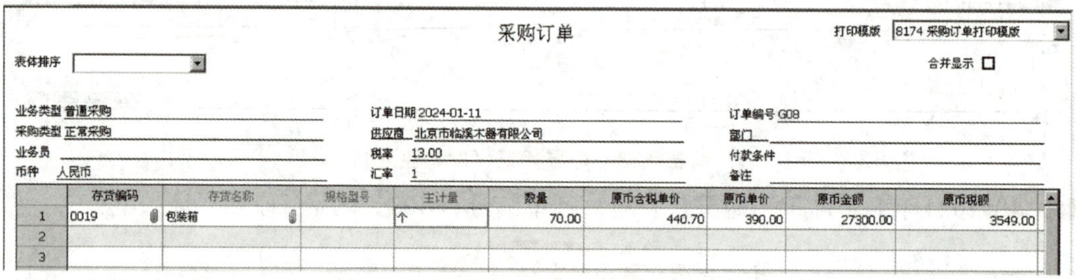

图6-124 采购订单（录入）

2.采购专用发票

（1）执行【业务工作】【供应链】【采购管理】【采购发票】【专用采购发票】命令，打开"专用发票"窗口。

（2）单击"增加"按钮，执行【生单】【采购订单】命令，系统弹出"查询条件选择-采购订单列表过滤"对话框，单击"确定"按钮，选择对应的采购订单，单击"确定"按钮，录入发票号"36475906"，修改税率为"13%"，系统弹出"将按照表头税率统一表体税率，是否继续"提示框，单击"是"按钮，单击"保存"按钮。如图6-125所示。

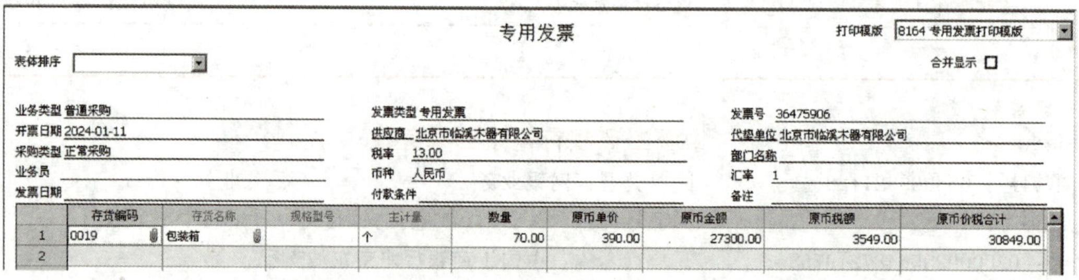

图6-125 专用发票（订单生成）

（3）单击"现付"按钮，系统弹出"采购现付"对话框，录入结算方式、原币金额等信息，如图6-126所示，单击"确定"按钮。

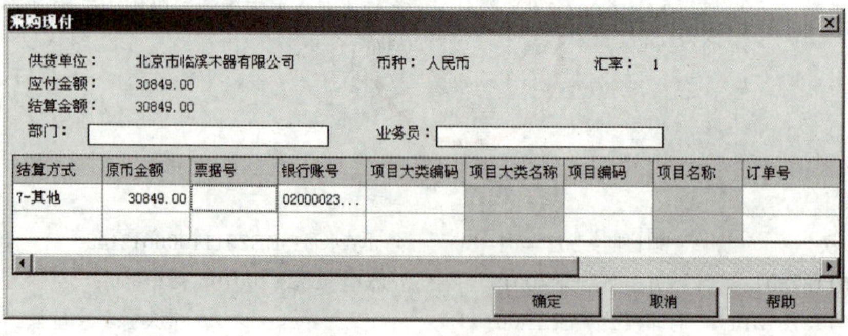

图6-126 采购现付

3.应付单据审核

（1）2024年1月11日，**操作员（W02）** 进入企业应用平台，执行【业务工作】【财务会计】【应付款管理】【应付单据处理】【应付单据审核】命令，系统弹出"应付单查询条件"对话框，勾选"未完全报销""包含已现结发票"复选框，单击"确定"按钮，打开"应付单据列表"窗口。

（2）双击需要审核的票据，打开"采购发票"窗口，单击"审核"按钮，系统弹出"是否立即制单"提示框，如图6-127所示，单击"是"，打开"填制凭证"窗口，系统自动生成记账凭证，检查凭证是否有误，核对无误则单击"保存"按钮，如图6-128所示。

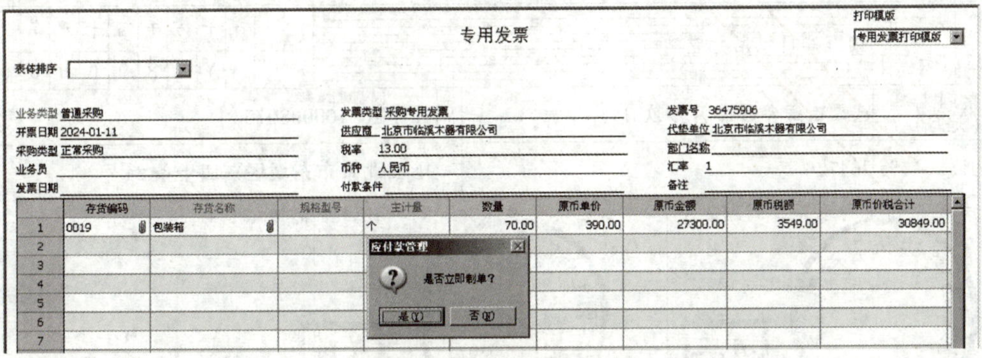

图6-127　专用发票（审核）

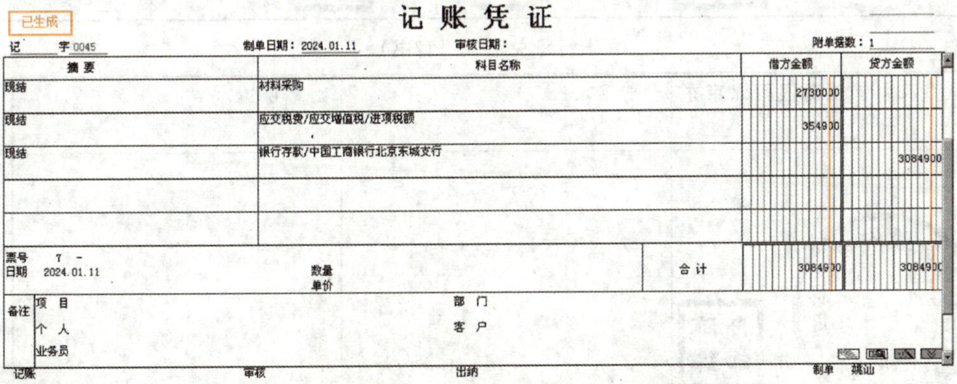

图6-128　记账凭证（发票生成）

业务41 2024年1月12日，将持有的北京市天鸿机电有限公司开具的一张银行承兑汇票向银行申请贴现（贴现率=月贴现率*12）。该业务原始凭证如下：

业务41-2/3

银行承兑汇票   2

68791083
00246678

出票日期
（大写）贰零贰叁年零壹拾月零壹拾日

出票人全称	北京市天鸿机电有限公司	收款人	全　　称	方达国际股份有限公司
出票人账号	0200002725485445212		账　　号	0200002356487219763
付款行名称	中国工商银行北京东城支行		开户银行	中国工商银行北京东城支行

出票金额	人民币（大写）	柒万捌仟玖佰元整			亿	千	百	十	万	千	百	十	元	角	分
				¥			7	8	9	0	0	0	0	0

汇票到期日（大写）	贰零贰肆年零肆月零玖日	付款行	行号	102100008075
承兑协议编号 364726			地址	北京市东城区东四十条24号

本汇票请你行承兑，到期无条件付款。

北京市天鸿机电有限公司 财务专用章

清王印元 出票人签章

本汇票已经承兑，到期日由银行付款。

中国工商银行北京东城支行 承兑专用章

承兑日期 2023年10月20日

102100008075

忠陈印建

备注：

复核　　记账

此联收款人开户行随托收凭证寄付款行作借方凭证附件

业务41-3/3

银行承兑汇票（背书）

被背书人 中国工商银行北京东城支行	被背书人	被背书人
方达国际股份有限公司 财务专用章 舟陈印毓 背书人签章 2023年12月12日	背书人签章 年 月 日	背书人签章 年 月 日

（粘贴单处）

【操作指导】

1.票据处理

（1）2024年1月12日，**操作员（W02）** 进入企业应用平台，执行【业务工作】【财务会计】【应收款管理】【票据管理】命令，系统弹出"应付单查询条件"对话框，单击"确定"按钮，打开"票据管理"窗口。如图6-129所示。

业务41至业务57

票据总数：1												
记录总数：1												
选择	序号	方向	票据类型	收到日期	票据编号	银行名称	票据摘要	币种	出票日期	结算方式	背书人	背书金额	金额
Y	1	收款	银行承兑汇票	2023-10-10	00246678			人民币	2023-10-10			0.00	78,900.00
合计												0.00	78,900.00

图6-129 票据查询

（2）选择对应票据，单击"贴现"按钮，系统弹出"票据贴现"对话框。输入贴现率"8.8656%"，结算科目选择"100201"，如图6-130所示，单击"确定"按钮。

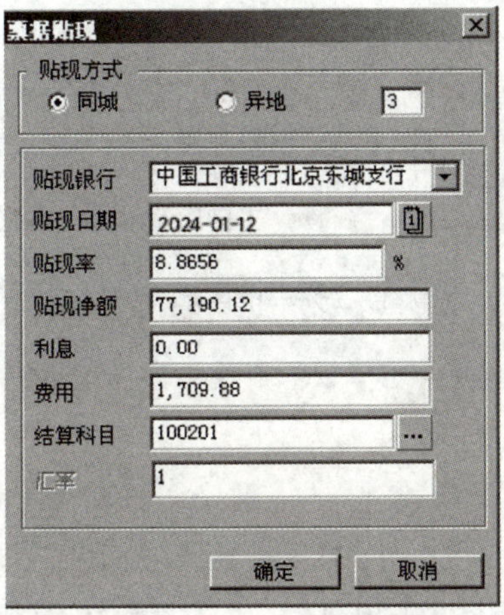

图6-130　票据管理（贴现）

操作提示

需要手动修改相应数据。

（3）系统弹出"是否立即制单"提示框，如图6-131所示，单击"否"按钮。

图6-131　票据管理（制单）

2.制单处理

（1）执行【制单处理】命令，打开"制单查询"对话框。

（2）选择"票据处理制单"复选框，单击"确定"按钮，选择需要制单的单据，单击"合并""制单"按钮，生成一张记账凭证，输入科目编码"1121"（应收票据），如图6-132所示，系统弹出"辅助项"对话框，根据资料输入相关信息。单击"确定"按钮，单击"保存"按钮。

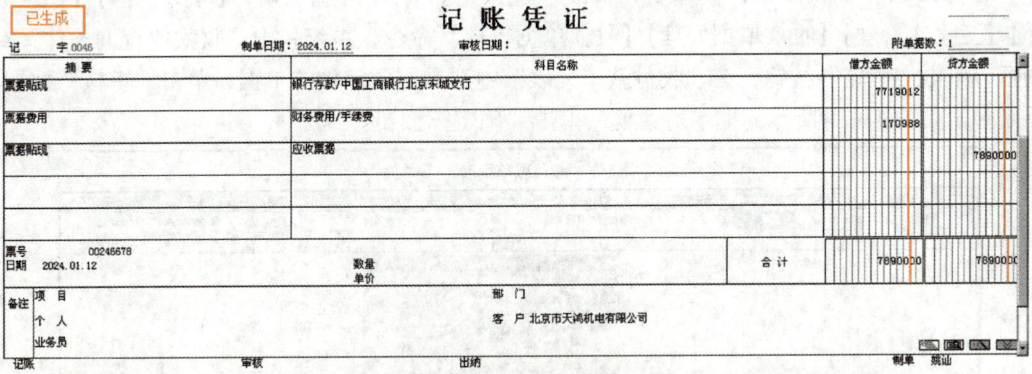

图6-132　记账凭证（票据生成）

业务42 2024年1月12日，收到本月4日办理托收承付的货款。该业务原始凭证如下：

业务42

中国工商银行电子回单凭证

回单编号：668309921129　　回单类型：**网银业务**　　业务名称：

凭证种类：　　凭证号码：　借贷标志：**贷记**　回单格式码：S

账号：0200002356487219763　开户行名称：**中国工商银行北京东城支行**

户名：**方达国际股份有限公司**

对方账号：3602021419200555486　开户行名称：**中国工商银行广州花都支行**

对方户名：**广州新林机电有限公司**

币种：**人民币**　金额：732 240.00　　金额大写：**柒拾叁万贰仟贰佰肆拾元整**

兑换信息：　币种：　金额：　牌价：　币种：　金额：

摘要：**货款**

附加信息：

打印次数：**1次**　　记账日期：2024-01-12　会计流水号：EEZ9111006612143

记账机构：05113789129　经办柜员：EEZ0019　记账柜员：EEZ0019　复核柜员：　授权柜员：

打印机构：65113781219　打印柜员：AEZD001　　批次号：

【操作指导】

1.收款单据录入

2024年1月12日，**操作员（W03）**进入企业应用平台，执行【业务工作】【财务会计】【应收款管理】【收款单据处理】【收款单据录入】命令，打开"收付款单录入"窗口，单击"增加"按钮，根据资料录入相关信息，单击"保存"按钮。如图6-133所示。

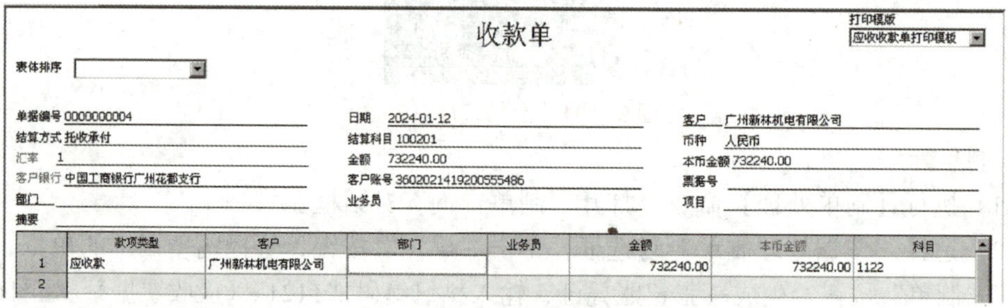

图6-133　收款单（录入）

2.收款单据审核与核销

（1）2024年1月12日，**操作员（W02）**进入企业应用平台，执行【业务工作】【财务会计】【应收款管理】【收款单据处理】【收款单据审核】命令，系统弹出"收款单查询条件"对话框，单击"确定"按钮，在"收付款单列表"中选择需要审核的单据，单击"审核"按钮，系统弹出如图6-134所示的提示对话框，单击"确定"按钮。

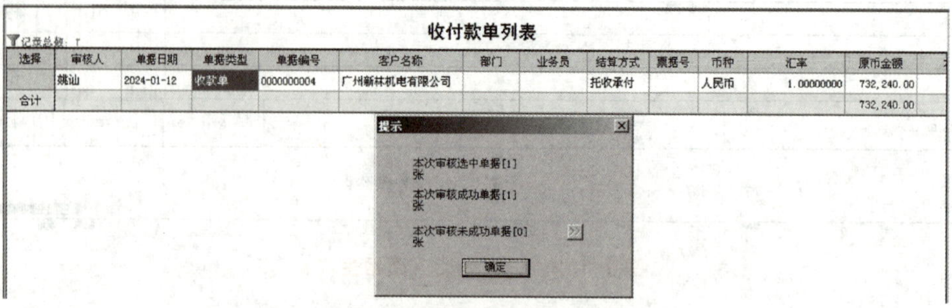

图6-134　收付款单列表（审核）

（2）执行【核销处理】【手工核销】命令，系统弹出"核销条件"对话框，选择相应的客户，单击"确定"按钮，根据资料分别在收款单的"本次结算金额"与销售专用发票的"本次结算"列中输入结算金额，单击"保存"按钮。如图6-135所示。

单据日期	单据类型	单据编号	客户	款项类型	结算方式	币种	汇率	原币金额	原币余额	本次结算金额	订单号
2024-01-12	收款单	0000000004	广州新林机电有限公司	应收款	托收承付	人民币	1.00000000	732,240.00	732,240.00	732,240.00	
合计									732,240.00	732,240.00	732,240.00

单据日期	单据类型	单据编号	到期日	客户	币种	原币金额	原币余额	可享受折扣	本次折扣	本次结算	订单号	凭证号
2024-01-04	销售专用发票	60972954	2024-01-04	广州新林机电有限公司	人民币	732,240.00	732,240.00	0.00	0.00	732,240.00	20242365	记-0010
合计						732,240.00	732,240.00	0.00		732,240.00		

图6-135 收款单手工核销

3.制单处理

（1）执行【制单处理】命令，打开"制单查询"对话框。

（2）选择"收付款单制单""核销制单"复选框，单击"确定"按钮，选择需要制单的单据，单击"合并""制单"按钮，生成一张记账凭证，单击"保存"按钮。如图6-136所示。

图6-136 记账凭证（收款单生成）

业务43 2024年1月13日，应收北京市花杨贸易有限公司一笔货款，经确认无法收回，作坏账处理。该业务原始凭证如下：

业务43-1/2 **坏账损失确认审批报告**

本公司今日收到北京市东城区人民法院裁定的关于北京市花杨贸易有限公司破产的公告，宣告其因资不抵债而破产。因本公司不是其主要的债权人，按照清偿顺序不能收回北京市花杨贸易有限公司前欠本公司货款35 000元（叁万伍仟元整），经向管理层申请，将其确认为坏账损失。（后附法院在北京日报的公告）

报批：林玲

审批：陈逸舟

方达国际股份有限公司

2024年01月13日

业务 43-2/2   **破产公告**

本法院根据北京市乐洁实业有限公司申请，受理了北京市花杨贸易有限公司破产还债一案。经本法院审查，北京市花杨贸易有限公司不能清偿到期债务情况是连续状态，且其全部资产不足以清偿到期债务，符合宣告破产的法定条件。本法院于2024年01月08日依法对其作出2024（京）民破字第2-1456号民事裁定，宣告北京市花杨贸易有限公司破产。

北京市东城区人民法院

2024年01月08日

【操作指导】

坏账发生

（1）2024年1月13日，**操作员（W02）**进入企业应用平台，执行【业务工作】【财务会计】【应收款管理】【坏账处理】【坏账发生】命令，系统弹出"坏账发生"对话框，录入客户信息，如图6-137所示，单击"确定"按钮。

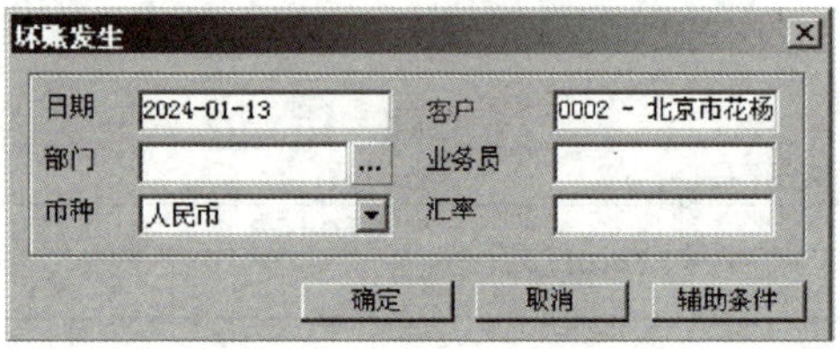

图6-137　坏账发生（录入）

（2）打开"发生坏账损失"窗口，根据资料在坏账发生单据明细的对应单据中输入本次发生坏账金额，单击"确认"按钮。如图6-138所示。

坏账发生单据明细

单据类型	单据编号	单据日期	合同号	合同名称	到期日	余　额	部　　门	业　务　员	本次发生坏账金额
销售专用发票	60972941	2023-12-05			2023-12-05	35,000.00	销售部		35000
合　计						35,000.00			35,000.00

图6-138　坏账损失确认

（3）系统弹出"是否立即制单"对话框，单击"是"按钮。系统自动生成一张记账凭证，单击"保存"按钮。如图6-139所示。

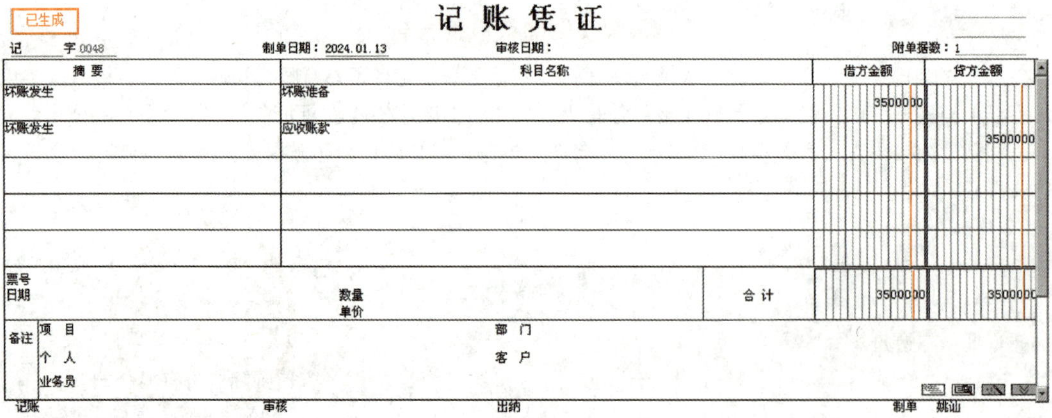

图6-139　记账凭证（坏账损失确认生成）

业务44 2024年1月13日，转账支付公共责任险财产保险费。该业务原始凭证如下：

业务44-1/2

电子发票（增值税专用发票）

发票号码：24112000000030583617
开票日期：2024 年 01 月 13 日

购买方信息	名称：方达国际股份有限公司						销售方信息	名称：中国人民财产保险股份有限公司北京分公司	
	统一社会信用代码/纳税人识别号：911101018937465212							统一社会信用代码/纳税人识别号：911101059827734456	

项目名称	规格型号	单位	数量	单价	金额	税率/征收率	税额
*保险服务*公共责任险财产保险					50 000.00	6%	3 000.00
合　计					¥50 000.00		¥3 000.00
价税合计（大写）	⊗伍万叁仟元整					（小写）¥53 000.00	
备注							

开票人：王龙

业务44-2/2

中国工商银行电子回单凭证

回单编号：668709921165	回单类型：网银业务	业务名称：
凭证种类：	凭证号码：	借贷标志：借记　回单格式码：S
账号：0200002356487219763	开户行名称：中国工商银行北京东城支行	
户名：方达国际股份有限公司		
对方账号：0200982763123944553	开户行名称：中国工商银行北京和平里支行	
对方户名：中国人民财产保险股份有限公司北京分公司		
币种：人民币　　金额：53 000.00		金额大写：伍万叁仟元整
兑换信息：　币种：　金额：　牌价：　币种：　金额：		
摘要：财产保险费		

附加信息：

打印次数：1 次	记账日期：2024-01-13	会计流水号：EEZ9111006612144	
记账机构：05113789197	经办柜员：EEZ0019	记账柜员：EEZ0019	复核柜员：　授权柜员：
打印机构：65113781210	打印柜员：AEZD001	批次号：	

【操作指导】

总账制单

（1）2024年1月13日，**操作员（W02）** 进入企业应用平台，执行【业务工作】【财务会计】【总账】【凭证】【填制凭证】命令，打开"填制凭证"窗口。

（2）单击"增加"按钮或者按【F5】键，根据原始凭证录入并保存记账凭证。如图6-140所示。

记 账 凭 证

记 字 0049　　　制单日期：2024.01.13　　　审核日期：　　　　　　附单据数：2

摘　要	科目名称	借方金额	贷方金额
支付财产保险费	管理费用/财产保险费	5000000	000
支付财产保险费	应交税费/应交增值税/进项税额	300000	
支付财产保险费	银行存款/中国工商银行北京东城支行		5300000
票号　　　—　　数量			
日期　　　　　单价	合　计	5300000	5300000
备注　项目	部门		
个人	客户		
业务员			
记账　　　　审核　　　　出纳　　　　制单　瑞珊			

图6-140　记账凭证（总账录入）

业务45 2024年1月14日，银行转账支付图书费，计入办公费。该业务原始凭证如下：

业务45-1/2

电子发票（普通发票）

发票号码：24112000000010961856
开票日期：2024年01月14日

购买方信息	名称：方达国际股份有限公司					销售方信息	名称：北京市光合书店有限公司		
	统一社会信用代码/纳税人识别号：911101018937465212						统一社会信用代码/纳税人识别号：911101013546587523		

项目名称	规格型号	单位	数量	单价	金额	税率/征收率	税额
*印刷品*报刊杂志					900.18	9%	81.02
合　计					¥900.18		¥81.02

价税合计（大写）	⊗ 玖佰捌拾壹元贰角整	（小写）¥981.20

备注

开票人：龚龙

业务45-2/2

中国工商银行电子回单凭证

回单编号：668309921659	回单类型：网银业务	业务名称：
凭证种类：	凭证号码：	借贷标志：借记	回单格式码：S
账号：0200002356487219763	开户行名称：中国工商银行北京东城支行	
户名：方达国际股份有限公司		
对方账号：0200002354689746251	开户行名称：中国工商银行北京东城支行	
对方户名：北京市光合书店有限公司		
币种：人民币　金额：981.20	金额大写：玖佰捌拾壹元贰角整	牌价：
兑换信息：　币种：　金额：	牌价：	
摘要：报刊杂志费		

附加信息：

打印次数：1次　记账日期：2024-01-14　会计流水号：EEZ9111006612145
记账机构：05113789199　经办柜员：EEZ0019　记账柜员：EEZ0019　复核柜员：　授权柜员：
打印机构：65113781239　打印柜员：AEZD001　批次号：

【操作指导】

总账制单

（1）2024年1月14日，操作员（W02）在企业应用平台执行【业务工作】【财务会计】【总账】【凭证】【填制凭证】命令，打开"填制凭证"窗口。

（2）单击"增加"按钮或者按【F5】键，根据原始凭证录入并保存记账凭证。如图6-141所示。

图6-141　记账凭证（总账录入）

业务46 2024年1月15日，发放工资，并结转代扣个税和个人承担的社保费。该业务原始凭证如下：

业务 46-1/3

2023年12月份工资表

单位：元

部门		应付工资	养老保险		失业保险		医疗（生育）保险		工伤保险		住房公积金		工会经费	非货币性福利	职工教育经费	个人所得税	实发工资	公司总支出
			个人承担	公司承担	个人承担	公司承担	个人承担	公司承担	个人承担	公司承担	个人承担	公司承担						
铸造车间	管理人员	15 500.00	812.80	1 625.60	20.32	81.28	209.20	1 097.28	0.00	20.32	1 219.20	1 219.20	310.00	5 950.00		26.17	13 212.31	25 803.68
铸造车间	工人	36 500.00	2 438.40	4 876.80	60.96	243.84	627.60	3 291.84	0.00	60.96	3 657.60	3 657.60	730.00	350.00			29 715.44	49 711.04
机加工车间	管理人员	15 500.00	812.80	1 625.60	20.32	81.28	209.20	1 097.28	0.00	20.32	1 219.20	1 219.20	310.00	9 100.00		26.17	13 212.31	28 953.68
机加工车间	工人	43 500.00	2 844.80	5 689.60	71.12	284.48	732.20	3 840.48	0.00	71.12	4 267.20	4 267.20	870.00	350.00			35 584.68	58 872.88
装配车间	管理人员	15 500.00	812.80	1 625.60	20.32	81.28	209.20	1 097.28	0.00	20.32	1 219.20	1 219.20	310.00	6 650.00			13 238.48	26 503.68
装配车间	工人	45 300.00	2 844.80	5 689.60	71.12	284.48	732.20	3 840.48	0.00	71.12	4 267.20	4 267.20	906.00	350.00			37 384.68	60 708.88
机修车间		13 000.00	812.80	1 625.60	20.32	81.28	209.20	1 097.28	0.00	20.32	1 219.20	1 219.20	260.00	1 750.00			10 738.48	19 053.68
管理部门		54 500.00	3 251.20	6 502.40	81.28	325.12	836.80	4 389.12	0.00	81.28	4 876.80	4 876.80	1 090.00	5 250.00	825.00	112.34	45 341.58	77 839.72
销售部门		26 500.00	1 625.60	3 251.20	40.64	162.56	418.40	2 194.56	0.00	40.64	2 438.40	2 438.40	530.00	700.00			21 976.96	35 817.36
合计		265 800.00	16 256.00	32 512.00	406.40	1 625.60	4 184.00	21 945.60	0.00	406.40	24 384.00	24 384.00	5 316.00	30 450.00	825.00	164.68	220 404.92	383 264.60

制单：王言　审核：林玲

业务46-2/3　　　　　　　**中国工商银行电子回单凭证**

回单编号：668309921159　　　回单类型：**网银业务**　　　　　　业务名称：

凭证种类：　　　　　　　　　凭证号码：　　借贷标志：**借记**　　回单格式码：**S**

账号：0200002356487219763　　开户行名称：**中国工商银行北京东城支行**

户名：**方达国际股份有限公司**

对方账号：0200002356487219008　　开户行名称：**中国工商银行北京东城支行**

对方户名：**方达国际股份有限公司**

币种：**人民币**　　　金额：220 404.92　　金额大写：**贰拾贰万零肆佰零肆元玖角贰分**

兑换信息：　币种：　　　金额：　　　牌价：　　　币种：　　　金额：

摘要：**工资**

附加信息：

打印次数：**1次**　　　记账日期：2024-01-15　　会计流水号：EEZ9111006612146

记账机构：05113789198　　经办柜员：EEZ0019　　记账柜员：EEZ0019　复核柜员：　授权柜员：

打印机构：65113781233　　打印柜员：AEZD001　　　　　　　　批次号：

业务46-3/3　　**特色业务中国工商银行北京东城支行批量代付成功清单**

机构代码：5060　　　　机构名称：中国工商银行北京东城支行　　入账日期：2024年01月15日

账号	姓名	金额
6222024100005163842	吕鸿文	9 298.07
6222024100005163843	王羽欣	3 869.24
6222024100005163844	林辉	7 328.07
6222024100005163845	许文语	5 369.24
6222024100005163846	谢琳琳	3 869.24
6222024100005163847	苏玲	5 869.24
6222024100005163848	张明	4 869.24
6222024100005163849	陈晨	4 869.24
6222024100005163850	王佳	6 869.24
6222024100005163851	孙新	4 369.24
6222024100005163852	杨霖	4 869.24
6222024100005163853	吴话	5 896.24
以下略		
合计		220 404.92

【操作指导】

　　总账制单

　　（1）2024年1月15日，操作员（W02）在企业应用平台执行【业务工作】【财务会计】【总账】【凭证】【填制凭证】命令，打开"填制凭证"窗口。

　　（2）单击"增加"按钮或者按【F5】键，根据原始凭证录入并保存记账凭证。如图6-142所示。

记 账 凭 证

记 字 0051　　　　　制单日期：2024.01.15　　　　审核日期：　　　　　　　　　　　　　　附单据数：3

摘要	科目名称	借方金额	贷方金额
发放工资，并结转代扣个税和个人承担的社保费	应付职工薪酬/工资	28580000	000
发放工资，并结转代扣个税和个人承担的社保费	银行存款/中国工商银行北京东城支行		22040492
发放工资，并结转代扣个税和个人承担的社保费	应交税费/应交个人所得税		16488
发放工资，并结转代扣个税和个人承担的社保费	其他应收款/社会保险费个人部分		2084640
发放工资，并结转代扣个税和个人承担的社保费	其他应收款/住房公积金个人部分		2438400
原号 日期	数量 单价	合计	28580000　　28580000

备注　项目　　　　　　部门
　　　个人　　　　　　客户
　　　业务员

记账　　　　审核　　　　出纳　　　　制单　　晓晓

图6-142　记账凭证（总账录入）

业务 47 2024年1月15日，缴纳社会保险费。该业务原始凭证如下：

业务47-1/2

社会保险费计算表

2024 年 1 月 15 日

金额单位：元

部门		养老保险		失业保险		医疗（含生育）保险		工伤保险	小计
		个人承担 8.00%	公司承担 16.00%	个人承担 0.20%	公司承担 0.80%	个人承担 2%+3	公司承担 10.8%	公司承担 0.2%	
铸造车间	管理人员	812.80	1 625.60	20.32	81.28	209.20	1 097.28	20.32	3 866.80
	工人	2 438.40	4 876.80	60.96	243.84	627.60	3 291.84	60.96	11 600.40
机加工车间	管理人员	812.80	1 625.60	20.32	81.28	209.20	1 097.28	20.32	3 866.80
	工人	2 844.80	5 689.60	71.12	284.48	732.20	3 840.48	71.12	13 533.80
装配车间	管理人员	812.80	1 625.60	20.32	81.28	209.20	1 097.28	20.32	3 866.80
	工人	2 844.80	5 689.60	71.12	284.48	732.20	3 840.48	71.12	13 533.80
机修车间		812.80	1 625.60	20.32	81.28	209.20	1 097.28	20.32	3 866.80
管理部门		3 251.20	6 502.40	81.28	325.12	836.80	4 389.12	81.28	15 467.20
销售部门		1 625.60	3 251.20	40.64	162.56	418.40	2 194.56	40.64	7 733.60
合计		16 256.00	32 512.00	406.40	1 625.60	4 184.00	21 945.60	406.40	77 336.00

审核：森玲　　　　　　　　制单：王言

业务47-2/2

ICBC 🏛 中国工商银行

电子缴税付款凭证

转账日期：2024 年 01 月 15 日　　　　　　　　凭证字号：02530522

纳税人全称及纳税人识别号：方达国际股份有限公司　911101018937465212

付款人全称：方达国际股份有限公司

付款人账号：0200002356487219763　　　　征收机关名称：国家税务总局北京市东城区税务局

付款人开户银行：中国工商银行北京东城支行　收款国库（银行）名称：国家金库北京市东城区支库

小写（合计）金额：¥77 336.00　　　　　　　缴款交易流水号：W0002014050899

大写（合计）金额：柒万柒仟叁佰叁拾陆元整　税票号

税（费）种名称　　　　　　　　　　所属日期　　　　　　　　　实缴金额

基本养老保险费　　　　　20240101—20240131　　　　　48 768.00

基本医疗保险费　　　　　20240101—20240131　　　　　26 129.60

失业保险费　　　　　　　20240101—20240131　　　　　 2 032.00

工伤保险费　　　　　　　20240101—20240131　　　　　　 406.40

第1次打印　　　　　　　　　　　打印时间：2024-01-15

（1405公分×21公分）　第二联　作付款回单（无银行收讫章无效）　复核：　　　记账：

【操作指导】

总账制单

（1）2024年1月15日，**操作员（W02）**在企业应用平台执行【业务工作】【财务会计】【总账】【凭证】【填制凭证】命令，打开"填制凭证"窗口。

（2）单击"增加"按钮或者按【F5】键，根据原始凭证录入并保存记账凭证。如图6-143所示。

记 账 凭 证

记 字 0052	制单日期：2024.01.15	审核日期：		附单据数：2

摘 要	科目名称	借方金额	贷方金额
缴纳社保	应付职工薪酬/社会保险费	5648960	
缴纳社保	其他应收款/社会保险费个人部分	2084640	
缴纳社保	银行存款/中国工商银行北京东城支行		7733600

票号 日期		合 计	7733600	7733600
备注	数量 单价			

项 目		部 门		
个 人		客 户		
业务员				

记账	审核	出纳	制单 姚山

图6-143　记账凭证（总账录入）

业务48 2024年1月15日，缴纳工会经费。该业务原始凭证如下：

业务48	① **工会专用结算凭证**（行政拨交工会经费缴款书）

缴款日期 2024 年 01 月 15 日

付款单位	全称	方达国际股份有限公司		（1）	全称	方达国际股份有限公司工会委员会			金额									此联交缴款单位作回单
	账号	0200002356487219763	收款单位	比例 60%	账号	0200002356487219732			万	千	百	十	元	角	分		
	开户银行	中国工商银行北京东城支行			开户银行	中国工商银行北京东城支行			¥	3	1	8	9	6	0		
所属月份	2023年12月	职工工人 46		（2）	全称	北京市东城区工会委员会			金额									
上月职工工资总额	265 800.00	按2%计缴应纳 5 316.00		比例 40%	账号	11001016600465786342			万	千	百	十	元	角	分		
迟交天数		按1%计缴应纳			开户银行	中国建设银行北京东城支行			¥	2	1	2	6	4	0		
合计金额 （人民币）	伍仟叁佰壹拾陆元整								十万	千	百	十	元	角	分		
									¥	5	3	1	6	0	0		
缴款单位盖章			银行盖章	年 月 日		2024 年 01 月 15 日											

【操作指导】

总账制单

（1）2024年1月15日，**操作员（W02）**在企业应用平台执行【业务工作】【财务会计】【总账】【凭证】【填制凭证】命令，打开"填制凭证"窗口。

（2）单击"增加"按钮或者按【F5】键，根据原始凭证录入并保存记账凭证。如

图6-144所示。

图6-144 记账凭证（总账录入）

业务49 2024年1月15日，缴纳住房公积金。该业务原始凭证如下：

业务49-1/2

住房公积金计算表

2024年1月15日 金额单位：元

部门		住房公积金		
		个人承担 12.0%	公司承担 12.0%	小计
铸造车间	管理人员	1 219.20	1 219.20	2 438.40
	工人	3 657.60	3 657.60	7 315.20
机加工车间	管理人员	1 219.20	1 219.20	2 438.40
	工人	4 267.20	4 267.20	8 534.40
装配车间	管理人员	1 219.20	1 219.20	2 438.40
	工人	4 267.20	4 267.20	8 534.40
机修车间		1 219.20	1 219.20	2 438.40
管理部门		4 876.80	4 876.80	9 753.60
销售部门		2 438.40	2 438.40	4 876.80
合计		24 384.00	24 384.00	48 768.00

审核：林玲 制单：王言

业务49-2/2

住房公积金汇（补）缴书

No.07088243

2024 年 01 月 15 日 附：缴存变更清册 1 页

缴款单位	单位名称	方达国际股份有限公司	收款单位	单位名称	方达国际股份有限公司
	单位账号	0200002356487219763		单位账号	0200002356487219257
	开户银行	中国工商银行北京东城支行		开户银行	中国工商银行北京东城支行

缴款类型	☑汇缴 ☐补缴		补缴原因	
缴款人数	46	缴款时间	2024 年 01 月 至 2024 年 01 月	月数 1
缴款方式	☐现金 ☑转账		金额 百十万千百十元角分 ￥4 8 7 6 8 0 0	
金额（大写）	人民币 肆万捌仟柒佰陆拾捌元整			

上次汇缴		本次增加汇缴		本次减少汇缴		本次（补）缴	
人数	金额	人数	金额	人数	金额	人数	金额
46	￥48 768.00					46	￥48 768.00

上述款项已划转至市住房公积金管理中心住房公积金存款内。（银行盖章）
（01）

复核： 经办：陈小吕 2024 年 01 月 15 日

第一联 缴款单位开户行给缴款单位的回单

【操作指导】

总账制单

（1）2024年1月15日，**操作员（W02）** 在企业应用平台执行【业务工作】【财务会计】【总账】【凭证】【填制凭证】命令，打开"填制凭证"窗口。

（2）单击"增加"按钮或者按【F5】键，根据原始凭证录入并保存记账凭证。如图6-145所示。

图6-145　记账凭证（总账生成）

业务50 2024年1月16日，为交易目的购入股票。该业务原始凭证如下：

业务50-1/2　　　　　　　　　　　对账单

客户名称：**方达国际股份有限公司**　对账日期：2024.01.16　　　印柜员：3424

资金信息：

币种	资金余额	可用金额		资产总值
人民币	23 500.00	23 500.00	23 500.00	303 750.00

流水明细：

日期	币种	业务标志	证券名称	证券代码	发生数量	成交均价	佣金	印花税	其他费	收付金额	资金余额	备注
2024.01.16	人民币	购入股票	刚玉股份	00**20	20 000	12.00			500.00	-240 500.00	23 500.00	
合计											23 500.00	

汇总股票资料：

证券名称	证券代码	当前数	可用数	最新价	市值	币种
刚玉股份	00**20	20 000	20 000	12.00	240 000.00	人民币
渤海股份	00**23	3 500	3 500	11.50	40 250.00	人民币

业务 50-2/2

电子发票（增值税专用发票）

发票号码：24112000000060972265
开票日期：2024 年 01 月 16 日

购买方信息	名称：方达国际股份有限公司 统一社会信用代码/纳税人识别号：911101018937465212	售方信息	名称：天发证券股份有限公司 统一社会信用代码/纳税人识别号：911101066737468321

项目名称	规格型号	单位	数量	单价	金额	税率/征收率	税额
*金融服务*交易的费用		笔	1	471.70	471.70	6%	28.30
合　计					¥471.70		¥28.30

价税合计（大写）　⊗伍佰元整　（小写）¥500.00

备注

开票人：张灿然

【操作指导】

总账制单

（1）2024 年 1 月 16 日，**操作员（W02）** 在企业应用平台执行【业务工作】【财务会计】【总账】【凭证】【填制凭证】命令，打开"填制凭证"窗口。

（2）单击"增加"按钮或者按【F5】键，根据原始凭证录入并保存记账凭证。如图 6-146 所示。

记账凭证

摘要	科目名称	借方金额	贷方金额
购入以交易为目的的股票	交易性金融资产/成本	24000000	
购入以交易为目的的股票	应交税费/应交增值税/进项税额	2830	
购入以交易为目的的股票	投资收益		47170
购入以交易为目的的股票	其他货币资金/存出投资款		24050000
	合计	24002830	24002830

记 字 0055　制单日期：2024.01.16　审核日期：　附单据数：2　制单 姚山

图 6-146　记账凭证（总账生成）

业务 51 2024 年 1 月 16 日，铸造车间锅炉改造工程完工，一次性支付剩余款项。该业务原始凭证如下：

业务 51-1/2

建筑服务

电子发票（增值税专用发票）

发票号码：24442000000010027235

开票日期：2024 年 01 月 16 日

购买方信息	名称：方达国际股份有限公司 统一社会信用代码/纳税人识别号：911101018937465212
销售方信息	名称：慧远工程有限公司 统一社会信用代码/纳税人识别号：911101021534531256

项目名称	建筑服务发生地	建筑项目名称	金额	税率/征收率	税额
*建筑服务*锅炉改造工程	北京市东城区北四环东路	锅炉改造	8 000.00	9%	720.00
合　计			¥8 000.00		¥720.00

价税合计（大写）	⊗捌仟柒佰贰拾元整	（小写）¥8 720.00

备注：土地增值税项目编号：
跨地（市）标志：

开票人：王跃

业务 51-2/2

中国工商银行电子回单凭证

回单编号：648309921189	回单类型：网银业务	业务名称：
凭证种类：	凭证号码：　　借贷标志：贷记	回单格式码：S

账号：0200002356487219763　　开户行名称：中国工商银行北京东城支行

户名：方达国际股份有限公司

对方账号：11001016600055446621　　开户行名称：中国建设银行北京西直门支行

对方户名：慧远工程有限公司

币种：人民币　　金额：8 720.00　　金额大写：捌仟柒佰贰拾元整

兑换信息：　　币种：　　金额：　　牌价：　　币种：　　金额：

摘要：工程款

附加信息：

打印次数：1 次	记账日期：2024-01-16	会计流水号：EEZ9111006612147
记账机构：05113789199	经办柜员：EEZ0019	记账柜员：EEZ0019
打印机构：65113781210	打印柜员：AEZD001	复核柜员：　　授权柜员：
		批次号：

【操作指导】

总账制单

（1）2024 年 1 月 16 日，操作员（W02）在企业应用平台执行【业务工作】【财务会计】【总账】【凭证】【填制凭证】命令，打开"填制凭证"窗口。

（2）单击"增加"按钮或者按【F5】键，根据原始凭证录入并保存记账凭证。如图 6-147 所示。

记 账 凭 证

记 字 0056	制单日期：2024.01.16	审核日期：		附单据数：2
摘 要	科目名称		借方金额	贷方金额
支付铸造车间锅炉改造工程款	在建工程/锅炉改进工程		800000	
支付铸造车间锅炉改造工程款	应交税费/应交增值税/进项税额		72000	
支付铸造车间锅炉改造工程款	银行存款/中国工商银行北京东城支行			872000
票号 日期	数量 单价	合 计	872000	872000
备注 项 目 个 人 业务员		部 门 客 户		
记账	审核	出纳	制单 姚山	

图 6-147　记账凭证（总账录入）

业务 52 2024 年 1 月 16 日，锅炉改造完工交付使用。该业务原始凭证如下：

业务 52-1/2

项目竣工验收单

批准文号：4609　　　　　　　　　　　　　　　　　　　　填报日期：2024 年 01 月 16 日

项目	名称	铸造车间锅炉	金额	批准	90 000.00	日期	批准				
	性质	改造		实际	87 000.00						
五种定额	名称	修理工时费用	停歇 时间	清洗 用油	费用	\多row材料消耗费					

五种定额	名称	修理工时费用	停歇时间	清洗用油	费用	钢	铜	木材	水泥	其他
	计划	3 000				4 000		9 000	74 000	
	实际	3 000				4 000		9 800	70 200	

验收意见　经检查，质量达到原设计要求，同意交付使用。

验收人员	使用部门	白星	技术科	陈水生	财务科	张翔

业务 52-2/2

锅炉改造工程结算书

方达国际股份有限公司　　　　　　2024 年 01 月 16 日

工程项目	施工方式	预算价	结算价
铸造车间锅炉改造	出包	90 000.00	87 000.00

【操作指导】

总账制单

（1）2024 年 1 月 16 日，**操作员（W02）** 在企业应用平台执行【业务工作】【财务会计】【总账】【凭证】【填制凭证】命令，打开"填制凭证"窗口。

（2）单击"增加"按钮或者按【F5】键，根据原始凭证录入并保存记账凭证。如图 6-148 所示。

记 账 凭 证

记　　字 005T		制单日期：2024.01.18	审核日期：		附单据数：2	
摘　要		科目名称			借方金额	贷方金额
锅炉改造完工交付使用		固定资产/机器设备			8TD0000	
锅炉改造完工交付使用		在建工程/锅炉改进工程				8TD0000
票号日期	数量 单价			合　计	8TD0000	8TD0000
备注	项　目		部　门			
	个　人		客　户			
	业务员					
记账		审核	出纳		制单 端山	

图6-148　记账凭证（总账录入）

业务53 2024年1月18日，向北京红方汽车有限公司购买一辆货车，通过银行转账付款。（车辆购置税已经缴纳）该业务原始凭证如下：

业务53-1/3

电子发票（增值税专用发票）

国家税务总局
北京市税务局

发票号码：24112000000025367652
开票日期：2024 年 01 月 18 日

购买方信息	名称：方达国际股份有限公司 统一社会信用代码/纳税人识别号：911101018937465212	售方信息	名称：北京红方汽车有限公司 统一社会信用代码/纳税人识别号：911101081893240412

项目名称	规格型号	单位	数量	单价	金额	税率/征收率	税额
*机动车*货车	东风天龙牵引	辆	1	215 000.00	215 000.00	13%	27 950.00
合　计					￥215 000.00		￥27 950.00
价税合计（大写）	⊗贰拾肆万贰仟玖佰伍拾元整					（小写）￥242 950.00	
备注							

开票人：林华

业务53-2/3

中国工商银行电子回单凭证

回单编号：668309921268	回单类型：**网银业务**		业务名称：
凭证种类：	凭证号码：	借贷标志：**借记**	回单格式码：S
账号：0200002356487219763	开户行名称：中国工商银行北京东城支行		
户名：**方达国际股份有限公司**			
对方账号：11051254879586415	开户行名称：**中国农业银行北京永太支行**		
对方户名：**北京红方汽车有限公司**			
币种：**人民币**　　金额：264 450.00		金额大写：**贰拾陆万肆仟肆佰伍拾元整**	
兑换信息：　币种：　金额：　牌价：　币种：　金额：			
摘要：**购买货车**			

附加信息：

打印次数：**1 次**　　　记账日期：2024-01-18　　会计流水号：EEZ9111006612148
记账机构：05113789188　　经办柜员：EEZ0019　　记账柜员：EEZ0019　　复核柜员：　　授权柜员：
打印机构：65113781218　　打印柜员：AEZD001　　批次号：

业务53-3/3

中华人民共和国
税 收 通 用 完 税 证

No.02558723

注册类型：有限公司		填发日期：2024 年 01 月 18 日		征收机关：国家税务总局北京市东城区税务局			
纳税人代码：911101018937465212			地　　址	北京市东城区北四环东路27号			
纳税人名称：方达国际股份有限公司			税款所属期	2024 年 01 月			
税　种	品目名称	计税金额、销售收入或课税数量		税率或单位税额	已缴或扣除额	实缴税额	
车辆购置税	车辆购置税	¥215 000.00		10%		21 500.00	
金额合计（大写）贰万壹仟伍佰元整						¥21 500.00	
税务机关 0101号（盖章）征税专用章	委托代征单位（盖章）	填票人 李好易（章）		备注	豪沃 A7 票面价格：236 500.00		

第一联（收据）交纳税人作完税凭证

（打印有效，手写开票无效）

【操作指导】

　　总账制单

　　（1）2024 年 1 月 18 日，**操作员（W02）** 在企业应用平台执行【业务工作】【财务会计】【总账】【凭证】【填制凭证】命令，打开"填制凭证"窗口。

　　（2）单击"增加"按钮或者按【F5】键，根据原始凭证录入并保存记账凭证。如图 6-149 所示。

记 账 凭 证

记　字 0058	制单日期：2024.01.18	审核日期：		附单据数：3

摘　要	科目名称	借方金额	贷方金额
购买货车	固定资产/运输设备	23650000	
购买货车	应交税费/应交增值税/进项税额	2795000	
购买货车	银行存款/中国工商银行北京东城支行		26445000
	合　计	26445000	26445000

票号日期	数量单价			
备注	项目	部门		
	个人	客户		
	业务员			

记账	审核	出纳	制单 姚汕

图 6-149　记账凭证（总账录入）

业务54 2024 年 1 月 18 日，为购入的卡车购买财产保险费并缴纳车船税。该业务原始凭证如下：

业务54-1/2

代收车船税

电子发票（增值税专用发票）

国家税务总局
北京市税务局

发票号码：24112000000095316500

开票日期：2024年01月18日

购买方信息	名称：方达国际股份有限公司
	统一社会信用代码/纳税人识别号：911101018937465212

售方信息	名称：中国人民财产保险股份有限公司北京分公司
	统一社会信用代码/纳税人识别号：911101059827734456

项目名称	规格型号	单位	数量	单价	金额	税率/征收率	税额
*保险服务*财产保险					5 640.00	6%	338.40
合　计					¥5 640.00		¥338.40

价税合计（大写）	⊗伍仟玖佰柒拾捌元肆角整	（小写）¥5 978.40

备注	保险单号：BX93749	车牌号/船舶登记号：京P35E20	税款所属期：2024年	车架号：3105820
	代收车船税金额：¥864.00	滞纳金金额：	全额合计：¥864.00	

开票人：王龙

业务54-2/2

中国工商银行电子回单凭证

回单编号：668309921657	回单类型：**网银业务**	业务名称：

凭证种类：	凭证号码：	借贷标志：**借记**	回单格式码：S

账号：0200002356487219763　　开户行名称：**中国工商银行北京东城支行**

户名：**方达国际股份有限公司**

对方账号：0200982763123944553　　开户行名称：**中国工商银行北京和平里支行**

对方户名：**中国人民财产保险股份有限公司北京分公司**

币种：**人民币**	金额：6 842.40	金额大写：**陆仟捌佰肆拾贰元肆角整**

兑换信息：	币种：	金额：	牌价：	币种：	金额：

摘要：**财产保险费**

电子回单
专用章

附加信息：

打印次数：**1**次	记账日期：2024-01-18	会计流水号：EEZ9111006612149

记账机构：05113789197	经办柜员：EEZ0019	记账柜员：EEZ0019	复核柜员：	授权柜员：

打印机构：65113781237	打印柜员：AEZD001	批次号：

【操作指导】

总账制单

（1）2024年1月18日，**操作员（W02）**在企业应用平台执行【业务工作】【财务会计】【总账】【凭证】【填制凭证】命令，打开"填制凭证"窗口。

（2）单击"增加"按钮或者按【F5】键，根据原始凭证录入并保存记账凭证。如图6-150所示。

记 账 凭 证

记 字 0059　　　　制单日期：2024.01.18　　　审核日期：　　　　　　　　附单据数：3

摘　要	科目名称	借方金额	贷方金额
购买财险，缴纳车船税	管理费用/财产保险费	584000	000
购买财险，缴纳车船税	应交税费/应交增值税/进项税额	33840	
购买财险，缴纳车船税	应交税费/应交车船税	66400	
购买财险，缴纳车船税	银行存款/中国工商银行北京东城支行		684240
	合　计	684240	684240

票号／日期　　数量／单价　　备注　项目／个人／业务员　　部门／客户

记账　　　审核　　　出纳　　　制单 姚曲

图6-150　记账凭证（总账录入）

业务 55 2024年1月18日，收铸造车间赵铭因违章操作的罚款。该业务原始凭证如下：

业务 55

收 款 收 据

2024 年 01 月 18 日　　　　　　　　NO.00490021

今　收　到 铸造车间赵铭

交　　来 违章操作罚款

金额（大写）：零拾 零万 零仟 贰佰 捌拾 零元 零角 零分

（小写）：¥280.00　　☑现金　□支票　□信用卡　□其他

第三联 交财务

核准　　　会计 张翔　　　记账 张翔　　　出纳 李惠　　　经手人 李惠

【操作指导】

总账制单

（1）2024年1月18日，**操作员（W02）**在企业应用平台执行【业务工作】【财务会计】【总账】【凭证】【填制凭证】命令，打开"填制凭证"窗口。

（2）单击"增加"按钮或者按【F5】键，根据原始凭证录入并保存记账凭证。如图6-151所示。

记 账 凭 证

记 字 0060　　　　制单日期：2024.01.18　　　审核日期：　　　　　　　　附单据数：1

摘　要	科目名称	借方金额	贷方金额
铸造车间赵铭因违章操作的罚款	库存现金	28000	
铸造车间赵铭因违章操作的罚款	营业外收入/罚款收入		28000
	合　计	28000	28000

票号／日期　　数量／单价　　备注　项目／个人／业务员　　部门／客户

记账　　　审核　　　出纳　　　制单 姚曲

图6-151　记账凭证（总账录入）

业务56 2024年1月20日，转账支付向山西机电制造有限公司销售商品的代垫运费款。（代垫款项通过"应收账款"核算）该业务原始凭证如下：

业务56-1/2

电子发票（增值税专用发票）

货物运输服务

发票号码：24113000000009087056
开票日期：2024年01月20日

购买方信息	名称：山西机电制造有限公司 统一社会信用代码/纳税人识别号：911401058120934289	销售方信息	名称：北京永源货运有限公司 统一社会信用代码/纳税人识别号：911101066576846390

项目名称	规格型号	单位	数量	单价	金额	税率/征收率	税额
*运输服务*运输费用					2 201.84	9%	198.16
合　计					¥2 201.84		¥198.16

运输工具种类	运输工具牌号	起运地	到达地	运输货物名称
货车	京A26322	北京市	山西省	铣床

价税合计（大写）	⊗贰仟肆佰元整	（小写）¥2 400.00

备注

开票人：曾卫鹏

业务56-2/2

中国工商银行电子回单凭证

回单编号：668309921165　　回单类型：网银业务　　业务名称：

凭证种类：　　凭证号码：　　借贷标志：**借记**　　回单格式码：S

账号：0200002356487219763　　开户行名称：**中国工商银行北京东城支行**

户名：**方达国际股份有限公司**

对方账号：11001725202542558880　　开户行名称：**交通银行北京东城支行**

对方户名：**北京永源货运有限公司**

币种：**人民币**　　金额：2 400.00　　金额大写：**贰仟肆佰元整**

兑换信息：　　币种：　　金额：　　牌价：　　币种：　　金额：

摘要：**运费**

附加信息：

打印次数：**1**次　　记账日期：2024-01-20　　会计流水号：EEZ9111006612150

记账机构：05113789197　　经办柜员：EEZ0019　　记账柜员：EEZ0019　　复核柜员：　　授权柜员：

打印机构：65113781210　　打印柜员：AEZD001　　批次号：

【操作指导】

1.收款单据录入

2024年1月20日，**操作员（W03）**进入企业应用平台，执行【业务工作】【财务会计】【应收款管理】【收款单据处理】【收款单据录入】命令，打开"收款单据录入"窗口，单击"切换"按钮，将付款单切换为红字付款单，单击"增加"按钮，根据资料录入相应信息。单击"保存"按钮。如图6-152所示。

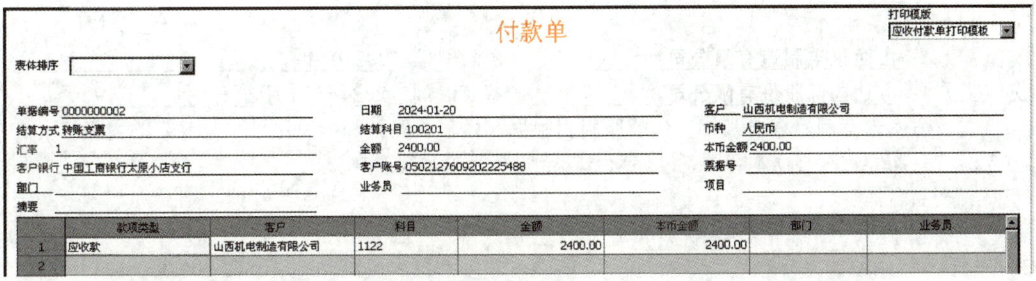

图 6-152　付款单（录入）

2. 收款单据审核

2024 年 1 月 20 日，**操作员（W02）** 进入企业应用平台，执行【业务工作】【财务会计】【应收款管理】【应收单据处理】【收款单据处理】【收款单据审核】命令，系统弹出"收款单查询条件"对话框，单击"确定"按钮，在"收付款单列表"中选择需要审核的单据，单击"审核"按钮，系统弹出如图 6-153 所示的提示对话框，单击"确定"按钮。

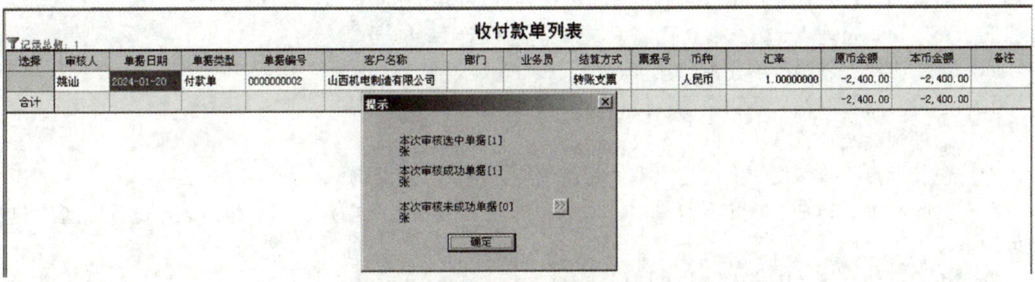

图 6-153　收付款单列表（审核）

3. 制单处理

（1）执行【制单处理】命令，打开"制单查询"对话框。

（2）选择"收付款单制单"复选框，单击"确定"按钮，选择需要制单的单据，单击"合并""制单"按钮，生成一张记账凭证，单击"保存"按钮。如图 6-154 所示。

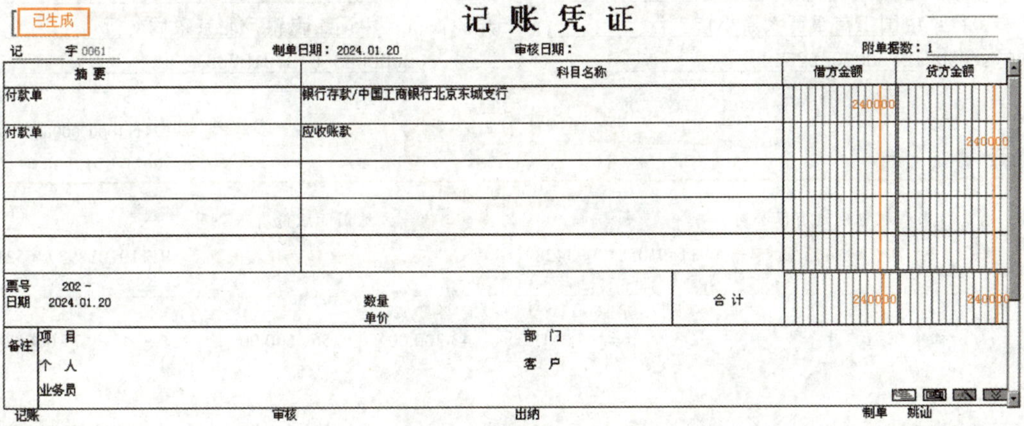

图 6-154　记账凭证（红字付款单生成）

业务 57 2024 年 1 月 20 日，向山西机电制造有限公司销售 C-1 车床，对方以银行承兑汇票支付货款及代垫的运费。该业务原始凭证如下：

业务 57-1/5

购销合同

购方（需方）：山西机电制造有限公司　　　　　　合同编号：20240139

销方（供方）：方达国际股份有限公司　　　　　　签订时间：2024 年 01 月 20 日

　　供需双方本着互利互惠、长期合作的原则，根据《中华人民共和国民法典》及双方的实际情况，就需方向供方采购事宜，订立本合同，以使双方在合同履行中共同遵守。

　　一、产品名称、数量、单价、金额：

产品名称	规格型号	计量单位	数量	单价	金额	备注
C-1车床		台	13	43 200.00	561 600.00	不含税
合计					¥561 600.00	

合计人民币（大写）伍拾陆万壹仟陆佰元整

　　二、质量要求技术标准：供方对质量负责的条件和期限：按合同企业标准。

　　三、交（提）货地点、方式：山西省太原市小店区晋阳路67号。

　　四、付款方式：以银行承兑汇票支付。

　　五、运输方式及到站、港和费用负担：由购方承担。

　　六、合理损耗及计算方法：以实际数量验收。

　　七、包装标准、包装物的供应与回收：普通包装，不回收包装物。

　　八、验收标准、方法及提出异议期限：货到需方七日内提出质量异议，不包括运输过程中造成的质量问题。

　　九、违约责任：按《中华人民共和国民法典》。

　　十、解决合同纠纷的方式：双方协商解决。

　　十一、其他约定事项：本合同一式两份，供、需双方各一份，经双方盖章后即生效。

购方（盖章）：山西机电制造有限公司　　　　　销方（盖章）：方达国际股份有限公司

单位地址：山西省太原市小店区晋阳路67号　　　单位地址：北京市东城区北四环东路27号

电话：03511905548　　　　　　　　　　　　　电话：01087326521

签订日期：2024 年 01 月 20 日　　　　　　　　签订日期：2024 年 01 月 20 日

开户银行：中国工商银行太原小店支行　　　　　开户银行：中国工商银行北京东城支行

账号：0502127609202225488　　　　　　　　账号：0200002356487219763

业务 57-2/5

电子发票（增值税专用发票）

发票号码：24111000000060972957

开票日期：2024 年 01 月 20 日

购买方信息	名称：山西机电制造有限公司 统一社会信用代码/纳税人识别号：911401058120934289			售方信息	名称：方达国际股份有限公司 统一社会信用代码/纳税人识别号：911101018937465212		
项目名称	规格型号	单位	数量	单价	金额	税率/征收率	税额
*机床*C-1车床		台	13	43 200.00	561 600.00	13%	73 008.00
合　计					¥561 600.00		¥73 008.00
价税合计（大写）	⊗陆拾叁万肆仟陆佰零捌元整					（小写）¥634 608.00	
备注							

开票人：王言

业务57-3/5

销售单

购货单位：山西机电制造有限公司　　　　　　　　纳税人识别号：911401058120934289

地址和电话：山西省太原市小店区晋阳路67号 03511905548　　　单据编号：XS20141204

开户行及账号：中国工商银行太原小店支行 0502127609202225488　　制单日期：2024年01月20日

编码	产品名称	规格	单位	单价	数量	金额	备注
CP002	C-1车床		台	43 200.00	13	561 600.00	不含税价
合计	人民币（大写）伍拾陆万壹仟陆佰元整					¥561 600.00	

总经理：陈逸舟　　销售经理：杨艳　　经手人：张成　　会计：张翔　　签收人：唐建

会计联

业务57-4/5

银行承兑汇票　　2　　38791067
　　　　　　　　　　　　　　　　　　　　10246663

出票日期（大写）　贰零贰肆年零壹月零贰拾日

出票人全称	山西机电制造有限公司	收款人	全称	方达国际股份有限公司
出票人账号	0502127609202225488		账号	0200002356487219763
付款行名称	中国工商银行太原小店支行		开户银行	中国工商银行北京东城支行

出票金额 人民币（大写）陆拾叁万柒仟零捌元整　　　亿千百十万千百十元角分 ¥ 6 3 7 0 0 8 0 0

汇票到期日（大写）贰零贰肆年零叁月零贰拾日　　付款行 行号 102161000252

承兑协议编号：364726　　付款行地址 山西省太原市小店区人民南路14号

本汇票请你行承兑，到期无条件付款。　　本汇票已经承兑，到期由本行付款。

承兑日期 2024年10月20日

出票人签章 备注：　　复核　　记账

业务57-5/5

银行承兑汇票（背书）

被背书人	被背书人	被背书人
背书人签章 年 月 日	背书人签章 年 月 日	背书人签章 年 月 日

（粘贴单处）

【操作指导】

1.销售订单

（1）2024年1月20日，**操作员（X01）**进入企业应用平台，执行【业务工作】【供应链】【销售管理】【销售订货】【销售订单】命令，打开"销售订单"窗口。

（2）单击"增加"按钮，添加订单号为"20240139"，选择销售类型为"正常销售"，按照购销合同录入订单其他信息，单击"保存"按钮。单击"审核"按钮，审核填制的销售订单。如图6-155所示。

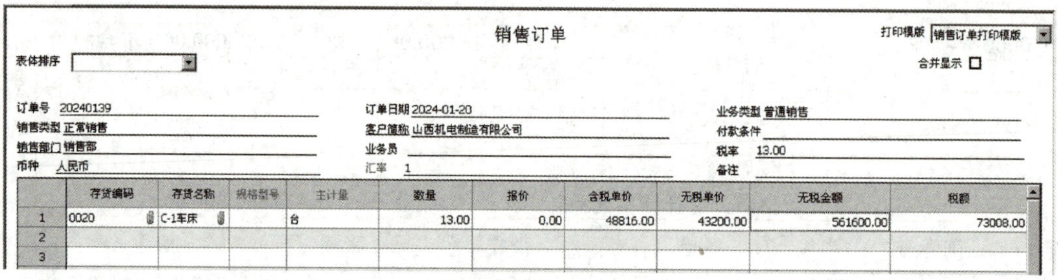

图6-155　销售订单（录入）

2.销售专用发票（根据销售订单生成）

（1）执行【业务工作】【供应链】【销售管理】【销售开票】【销售专用发票】命令，打开"销售专用发票"窗口。

（2）单击"增加"按钮，系统弹出"查询条件选择-参照订单"对话框，单击"确定"按钮，选择对应的销售订单，单击"确定"按钮，根据销售专用发票填入发票号"60972957"，仓库选择"商品库"，单击"保存"按钮。系统提示"库存现存量控制检查——以下存货可用量不足"，单击"确定"按钮，单击"复核"按钮。如图6-156所示。

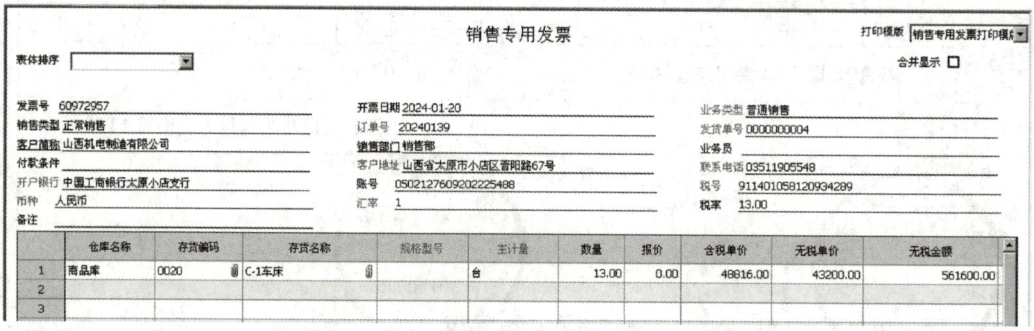

图6-156　销售专用发票（订单生成）

操作提示

系统提示库存量不足的原因是商品采用的核算方法是月末一次加权平均法，本月生产的完工产品在平时期间未做入库处理，导致库存的中商品数量不足。

3.应收单据审核与制单

（1）2024年1月20日，**操作员（W02）** 进入企业应用平台，执行【业务工作】【财务会计】【应收款管理】【应收单据处理】【应收单据审核】命令，系统弹出"应收单查询条件"对话框。

（2）单击"确定"按钮，打开"应收单据列表"窗口，双击需要审核的票据，打开"销售发票"窗口，单击"审核"按钮，系统弹出"是否立即制单"提示框，如图6-157所示，单击"是"，打开"填制凭证"窗口，系统自动生成记账凭证，检查凭证是否有误，核对无误则单击"保存"按钮，如图6-158所示。

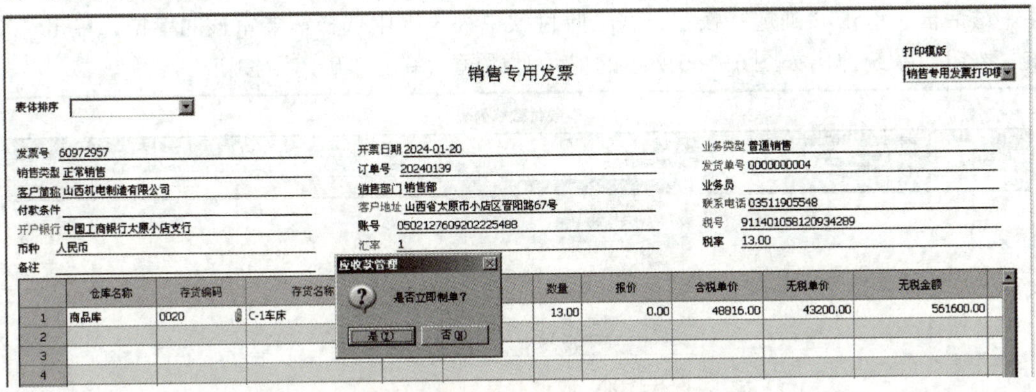

图6-157　销售专用发票（销售订单生成）

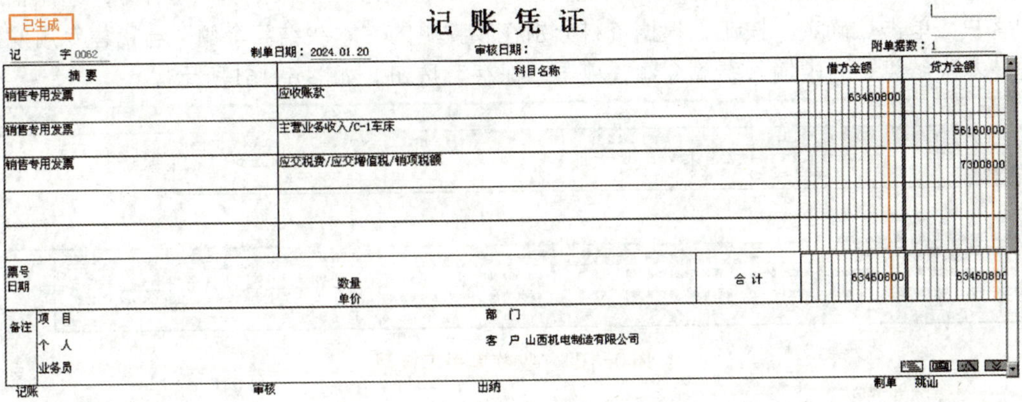

图6-158　记账凭证（应收单据生成）

4.票据处理

2024年1月20日，操作员（W03）进入企业应用平台，执行【业务工作】【财务会计】【应收款管理】【票据管理】命令，系统弹出"查询条件选择"对话框，单击"确定"按钮，打开"票据管理"窗口，单击"增加"按钮，打开"应收票据"窗口，根据银行承兑汇票资料录入相应信息，单击"保存"按钮。如图6-159所示。

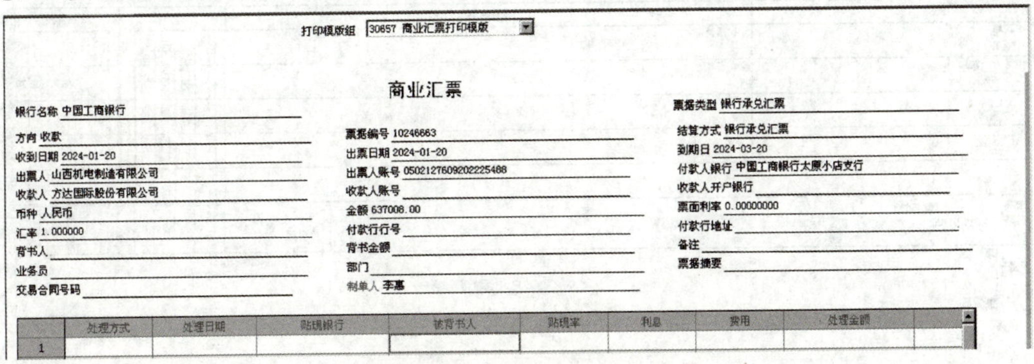

图6-159　应收票据（录入）

5.收款单据审核与核销

（1）2024年1月20日，操作员（W02）进入企业应用平台，执行【业务工作】【财务会计】【应收款管理】【收款单据处理】【收款单据审核】命令，系统弹出"收款单查询条件"对话框，单击"确定"按钮，在"收付款单列表"中选择需要审核的单据，单击"审核"按钮，系统弹出如图6-160所示的提示对话框，单击"确定"按钮。

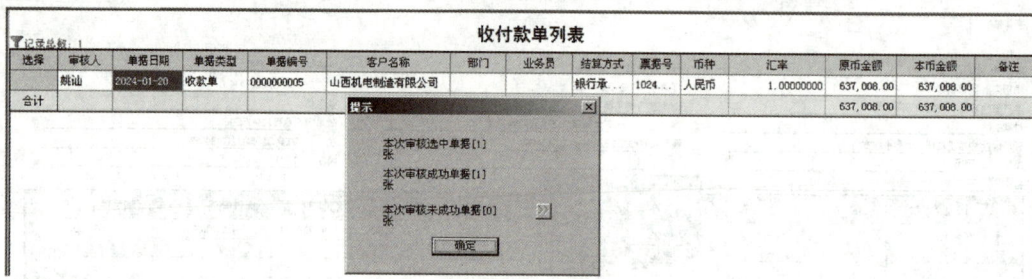

收付款单列表

选择	审核人	单据日期	单据类型	单据编号	客户名称	部门	业务员	结算方式	票据号	币种	汇率	原币金额	本币金额	备注
	姚汕	2024-01-20	收款单	0000000005	山西机电制造有限公司			银行承兑	1024..	人民币	1.00000000	637,008.00	637,008.00	
合计												637,008.00	637,008.00	

提示：
本次审核选中单据[1]张
本次审核成功单据[1]张
本次审核未成功单据[0]张

图6-160　收付款单列表（审核）

（2）执行【核销处理】【手工核销】命令，系统弹出"核销条件"对话框，选择相应的客户，单击"确定"按钮，根据资料分别在收款单的"本次结算金额"与销售专用发票的"本次结算"列中输入结算金额，单击"保存"按钮。如图6-161所示。

单据日期	单据类型	单据编号	客户	款项类型	结算方式	币种	汇率	原币金额	原币余额	本次结算金额	订单号
2024-01-20	收款单	0000000005	山西机电制造有限公司	应收款	银行承...	人民币	1.00000000	637,008.00	637,008.00	637,008.00	
合计								637,008.00	637,008.00	637,008.00	

单据日期	单据类型	单据编号	到期日	客户	币种	原币金额	原币余额	可享受折扣	本次折扣	本次结算	订单号	凭证号
2024-01-20	付款单	0000000002	2024-01-20	山西机电制造有限公司	人民币	2,400.00	2,400.00	0.00	0.00	2,400.00		记-0061
2024-01-20	销售专用发票	60972957	2024-01-20	山西机电制造有限公司	人民币	634,608.00	634,608.00	0.00	0.00	634,608.00	20240139	记-0062
合计						637,008.00	637,008.00	0.00		637,008.00		

图6-161　收款单手工核销

6.制单处理

（1）执行【制单处理】命令，打开"制单查询"对话框。

（2）选择"收付款单制单""核销制单"复选框，单击"确定"按钮，选择需要制单的单据，单击"合并""制单"按钮，生成一张记账凭证，输入借方科目"1121"（应收票据），单击"保存"按钮。如图6-162所示。

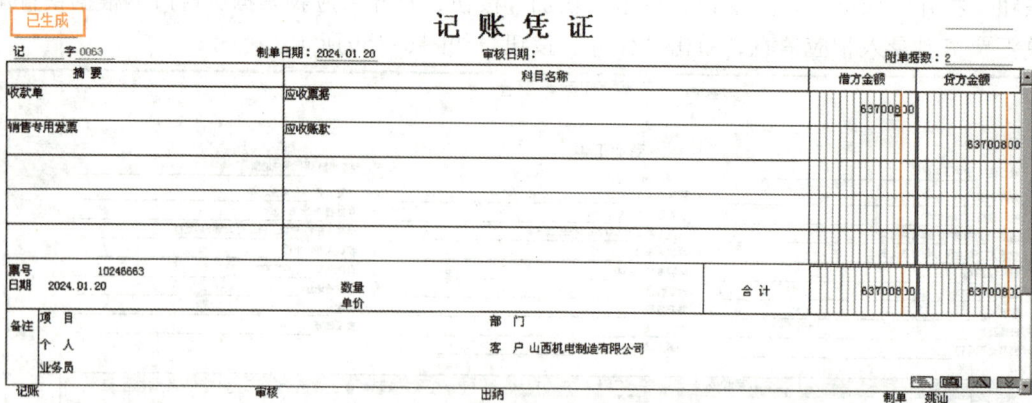

记账凭证

已生成

记　字 0063　　制单日期：2024.01.20　　审核日期：　　　　附单据数：2

摘要	科目名称	借方金额	贷方金额
收款单	应收票据	637008.00	
销售专用发票	应收账款		637008.00

票号　10248663
日期　2024.01.20　　数量　　　　合计　637008.00　637008.00
单价

备注　项目　　　　　　部门
个人
客户　山西机电制造有限公司
业务员

记账　　　　审核　　　　出纳　　　　制单 姚汕

图6-162　记账凭证（收款单生成）

业务58 2024年1月20日，铸造车间领用劳保用品。该业务原始凭证如下：

业务58　　　　　　　　　　　　　　领料单

领料部门：铸造车间

用　　途：车间耗用　　　　　　2024 年 01 月 20 日　　　　　　领 第 1208 号

材料			单位	数量		成本			
						单价	总价		
编号	名称	规格		请领	实发		百十万千百十元角分		会计联
ZZ02	劳保鞋		双	20	20	28.00	5 6 0 0 0		
ZZ03	耐热手套		副	10	10	5.00	5 0 0 0		
合计							¥ 6 1 0 0 0		

部门经理：白星　　　会计：张翔　　　仓库：马琴　　　经办人：李成慧

【操作指导】

操作视频

1.材料出库单

2024 年 1 月 20 日，**操作员（C01）**进入企业应用平台，执行【业务工作】【供应链】【库存管理】【出库业务】【材料出库单】命令，打开"材料出库单"窗口。单击"增加"按钮，根据领料单录入"仓库"等相关信息，单击"保存"按钮，单击"审核"按钮。如图6-163所示。

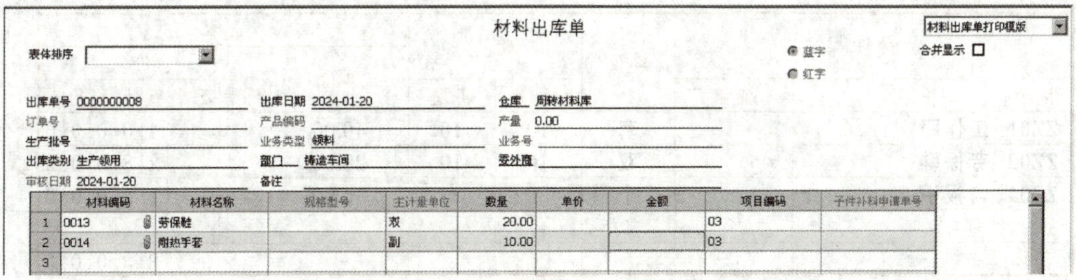

业务58至业务69

图6-163　材料出库单（录入）

2.正常单据记账

2024 年 1 月 20 日，**操作员（W02）**进入企业应用平台，执行【业务工作】【供应链】【存货核算】【业务核算】【正常单据记账】命令，系统弹出"查询条件选择"对话框。单击"确定"按钮，打开"正常单据记账列表"窗口，选择单据类型为"材料出库单"的单据，单击"记账"按钮，系统弹出"记账成功"提示框，如图6-164所示，单击"确定"按钮，完成材料出库单记账。

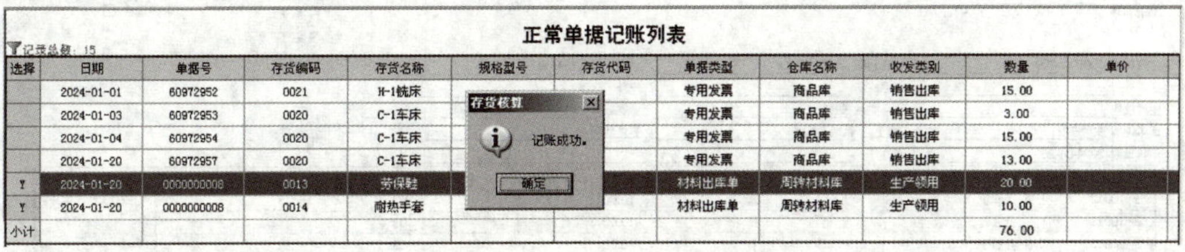

图6-164　正常单据记账

3.生成凭证

执行【财务核算】【生成凭证】命令，打开"生成凭证"界面，单击"选择"按钮，系统弹出"查询条件"对话框，单击"确定"按钮，打开"未生成凭证单据一览表"，选择需要生成凭证的单据，单击"确定"按钮，输入对方科目为"510101"，单击"合成"按钮，系统自动生成一张记账凭证，单击"保存"按钮。如图6-165所示。

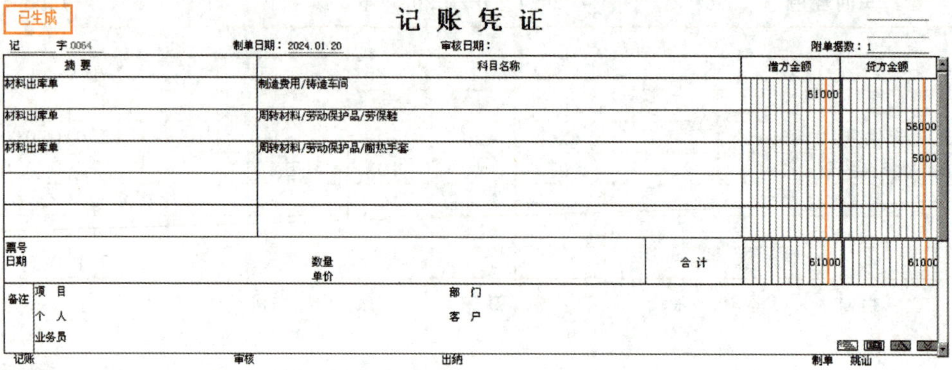

图6-165 记账凭证（单据生成）

业务59 2024年1月20日，机加工车间领用劳保用品和勾扳手。该业务原始凭证如下：

业务59	领料单														
领料部门：机加工车间															
用　途：车间耗用		2024年01月20日					领 第1209号								
材料			单位	数量		成本									会
						单价	总价								计
编号	名称	规格		请领	实发		百	十	万	千	百	十	元	角	分	联
ZZ01	工作服		套	10	10	40.00				4	0	0	0	0	
ZZ02	劳保鞋		双	10	10	28.00				2	8	0	0	0	
ZZ04	勾扳手		个	30	30	5.00				1	5	0	0	0	
合计									¥	8	3	0	0	0	
部门经理：杨临晶		会计：张翔		仓库：马琴		经办人：钱钏									

【操作指导】

1.材料出库单

2024年1月20日，**操作员（C01）**进入企业应用平台，执行【业务工作】【供应链】【库存管理】【出库业务】【材料出库单】命令，打开"材料出库单"窗口。单击"增加"按钮，根据领料单录入"仓库"等相关信息，单击"保存"按钮，单击"审核"按钮。如图6-166所示。

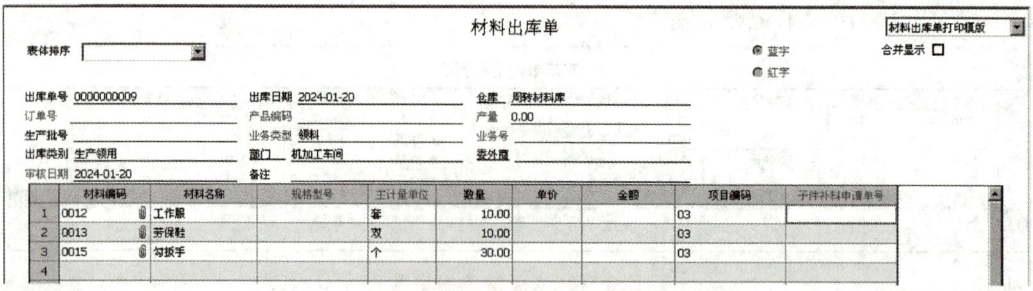

图6-166 材料出库单（录入）

2.正常单据记账

2024年1月20日，**操作员（W02）**进入企业应用平台，执行【业务工作】【供应链】【存货核算】【业务核算】【正常单据记账】命令，系统弹出"查询条件选择"对话框。单击"确定"按钮，打开"正常单据记账列表"窗口，选择单据类型为"材料出库单"的单据，单击"记账"按钮，系统弹出"记账成功"提示框，如图6-167所示，单击"确定"按钮，完成材料出库单记账。

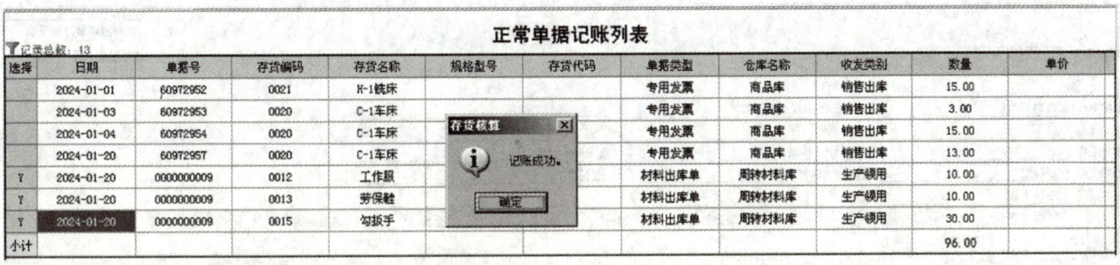

图6-167 正常单据记账

3.生成凭证

执行【财务核算】【生成凭证】命令，打开"生成凭证"界面，单击"选择"按钮，系统弹出"查询条件"对话框，单击"确定"按钮，打开"未生成凭证单据一览表"，选择需要生成凭证的单据，单击"确定"按钮，输入对方科目为"510102"，单击"合成"按钮，系统自动生成一张记账凭证，单击"保存"按钮。如图6-168所示。

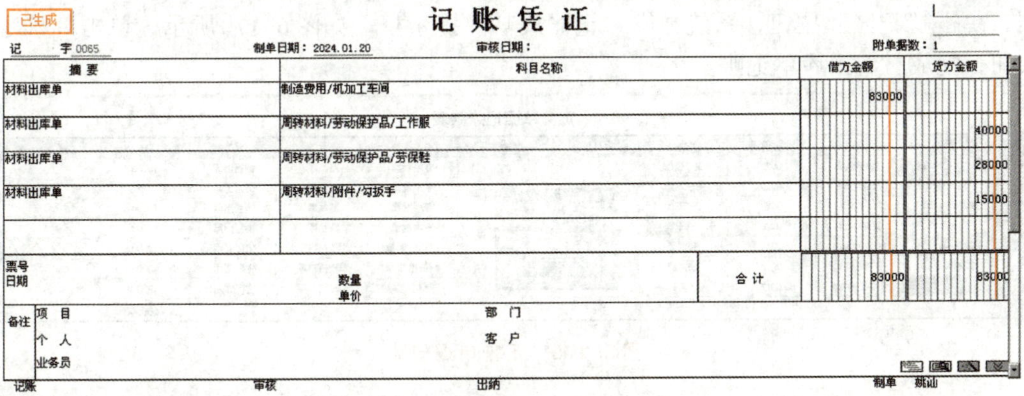

图6-168 记账凭证（单据生成）

业务60 2024年1月20日，装配车间领用劳保鞋、法兰盘和螺钉。该业务原始凭证如下：

业务60	领料单															
领料部门：装配车间																
用 途：车间耗用		2024年01月20日						领 第1210号								

材料			单位	数量		成本									会计联
编号	名称	规格		请领	实发	单价	总价								
							百	十	万	千	百	十	元	角	分
ZZ02	劳保鞋		双	10	10	28.00					2	8	0	0	0
ZZ05	法兰盘		个	40	40	14.00					5	6	0	0	0
ZZ06	螺钉		盒	10	10	17.00					1	7	0	0	0
合计									¥	1	0	1	0	0	0

部门经理：姚圣宏　　会计：张翔　　仓库：马琴　　经办人：李爱有

【操作指导】

1.材料出库单

2024年1月20日，**操作员（C01）**进入企业应用平台，执行【业务工作】【供应链】

【库存管理】【出库业务】【材料出库单】命令，打开“材料出库单”窗口。单击“增加”按钮，根据领料单录入“仓库”等相关信息，单击“保存”按钮，单击“审核”按钮。如图6-169所示。

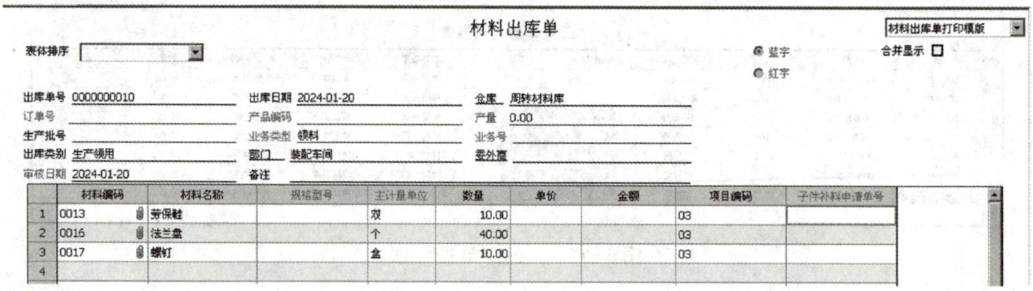
材料出库单

材料出库单打印模版

表体排序　　蓝字　红字　合并显示

出库单号 0000000010　出库日期 2024-01-20　仓库 周转材料库
订单号　产品编码　产量 0.00
生产批号　业务类型 领料　业务号
出库类别 生产领用　部门 装配车间　委外商
审核日期 2024-01-20　备注

	材料编码	材料名称	规格型号	主计量单位	数量	单价	金额	项目编码	子件补料申请单号
1	0013	劳保鞋		双	10.00			03	
2	0016	法兰盘		个	40.00			03	
3	0017	螺钉		盒	10.00			03	
4									

图6-169　材料出库单（录入）

2.正常单据记账

2024年1月20日，操作员（W02）进入企业应用平台，执行【业务工作】【供应链】【存货核算】【业务核算】【正常单据记账】命令，系统弹出“查询条件选择”对话框。单击“确定”按钮，打开“正常单据记账列表”窗口，选择单据类型为“材料出库单”的单据，单击“记账”按钮，系统弹出“记账成功”提示框，如图6-170所示，单击“确定”按钮，完成材料出库单记账。

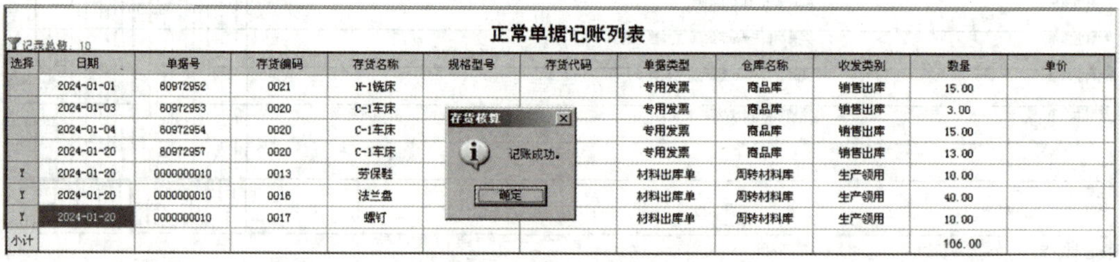
正常单据记账列表

记录总数：10

选择	日期	单据号	存货编码	存货名称	规格型号	存货代码	单据类型	仓库名称	收发类别	数量	单价
	2024-01-01	60972952	0021	H-1铣床			专用发票	商品库	销售出库	15.00	
	2024-01-03	60972953	0020	C-1车床			专用发票	商品库	销售出库	3.00	
	2024-01-04	60972954	0020	C-1车床			专用发票	商品库	销售出库	15.00	
	2024-01-20	60972957	0020	C-1车床			专用发票	商品库	销售出库	13.00	
Y	2024-01-20	0000000010	0013	劳保鞋			材料出库单	周转材料库	生产领用	10.00	
Y	2024-01-20	0000000010	0016	法兰盘			材料出库单	周转材料库	生产领用	40.00	
Y	2024-01-20	0000000010	0017	螺钉			材料出库单	周转材料库	生产领用	10.00	
小计										106.00	

存货核算　记账成功。　确定

图6-170　正常单据记账

3.生成凭证

执行【财务核算】【生成凭证】命令，打开“生成凭证”界面，单击“选择”按钮，系统弹出“查询条件”对话框，单击“确定”按钮，打开“未生成凭证单据一览表”，选择需要生成凭证的单据，单击“确定”按钮，输入对方科目为“510103”，单击“合成”按钮，系统自动生成一张记账凭证，单击“保存”按钮。如图6-171所示。

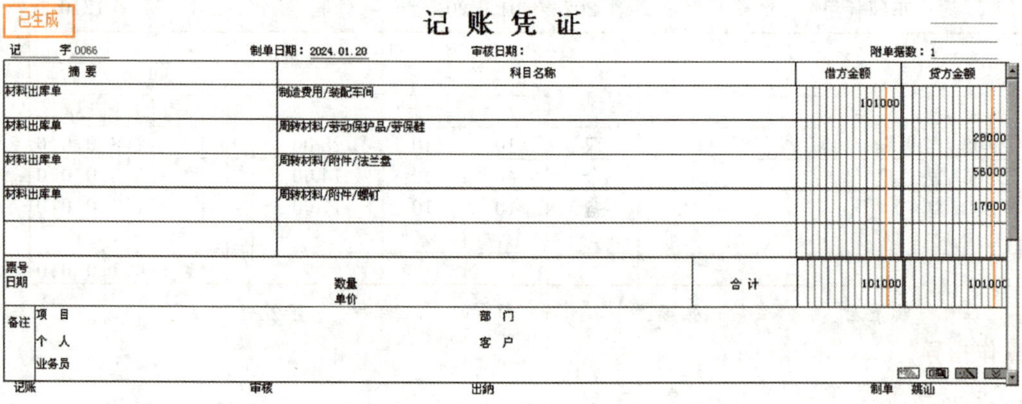
已生成

记账凭证

记　字 0066　制单日期：2024.01.20　审核日期：　附单据数：1

摘要	科目名称	借方金额	贷方金额
材料出库单	制造费用/装配车间	101000	
材料出库单	周转材料/劳动保护品/劳保鞋		28000
材料出库单	周转材料/附件/法兰盘		56000
材料出库单	周转材料/附件/螺钉		17000
票号 日期	数量 单价 　合计	101000	101000

备注　项目　部门
个人　客户
业务员

记账　审核　出纳　制单 姚山

图6-171　记账凭证（单据生成）

业务61 2024年1月20日，机修车间领用劳保用品和专用工具。该业务原始凭证如下：

领料单

业务61

领料部门：机修车间

用　　途：车间耗用　　　　　　　　2024 年 01 月 20 日　　　　　　　　领 第 1211 号

材料			单位	数量		成本										
						单价	总价									
编号	名称	规格		请领	实发		百	十	万	千	百	十	元	角	分	
CL007	专用工具		把	20	20	42.00				8	4	0	0	0		会计联
ZZ02	劳保鞋		双	10	10	28.00				2	8	0	0	0		
合计									¥	1	1	2	0	0	0	

部门经理：陈水生　　会计：张翔　　仓库：马琴　　经办人：秦可怡

【操作指导】

1.材料出库单

2024年1月20日，**操作员（C01）** 进入企业应用平台，执行【业务工作】【供应链】【库存管理】【出库业务】【材料出库单】命令，打开"材料出库单"窗口。单击"增加"按钮，根据领料单录入"仓库"等相关信息，单击"保存"按钮，单击"审核"按钮。如图6-172所示。

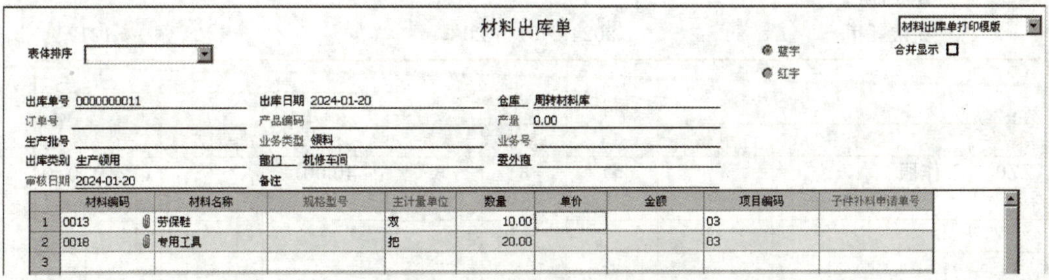

图6-172　材料出库单（录入）

2.正常单据记账

2024年1月20日，**操作员（W02）** 进入企业应用平台，执行【业务工作】【供应链】【存货核算】【业务核算】【正常单据记账】命令，系统弹出"查询条件选择"对话框。单击"确定"按钮，打开"正常单据记账列表"窗口，选择单据类型为"材料出库单"的单据，单击"记账"按钮，系统弹出"记账成功"提示框，如图6-173所示，单击"确定"按钮，完成材料出库单记账。

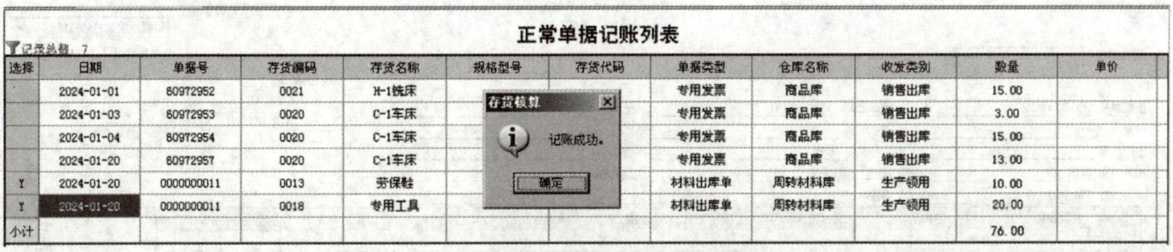

图6-173　正常单据记账

3.生成凭证

执行【财务核算】【生成凭证】命令,打开"生成凭证"界面,单击"选择"按钮,系统弹出"查询条件"对话框,单击"确定"按钮,打开"未生成凭证单据一览表",选择需要生成凭证的单据,单击"确定"按钮,输入对方科目为"50010401",单击"合成"按钮,系统自动生成一张记账凭证,单击"保存"按钮。如图6-174所示。

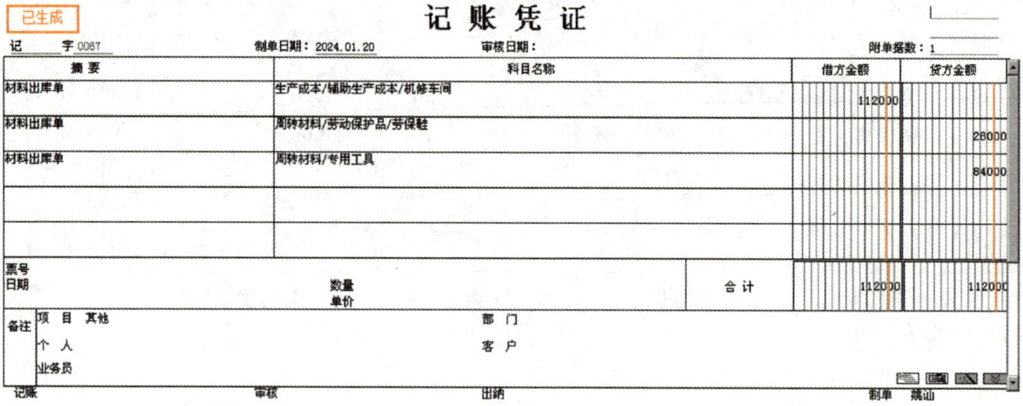

图6-174 记账凭证(单据生成)

业务62 2024年1月20日,财务部管理人员领用工作服。该业务原始凭证如下:

【操作指导】

1.材料出库单

2024年1月20日,操作员(C01)进入企业应用平台,执行【业务工作】【供应链】【库存管理】【出库业务】【材料出库单】命令,打开"材料出库单"窗口。单击"增加"按钮,根据领料单录入"仓库"等相关信息,单击"保存"按钮,单击"审核"按钮。如图6-175所示。

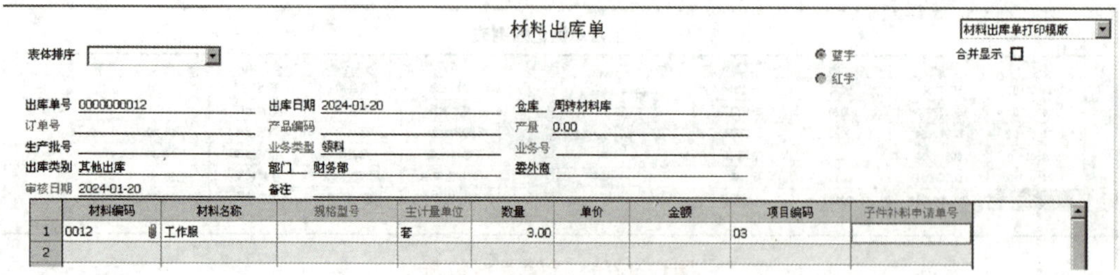

图6-175 材料出库单(录入)

2.正常单据记账

2024年1月20日，**操作员（W02）**进入企业应用平台，执行【业务工作】【供应链】【存货核算】【业务核算】【正常单据记账】命令，系统弹出"查询条件选择"对话框。单击"确定"按钮，打开"正常单据记账列表"窗口，选择单据类型为"材料出库单"的单据，单击"记账"按钮，系统弹出"记账成功"提示框，如图6-176所示，单击"确定"按钮，完成材料出库单记账。

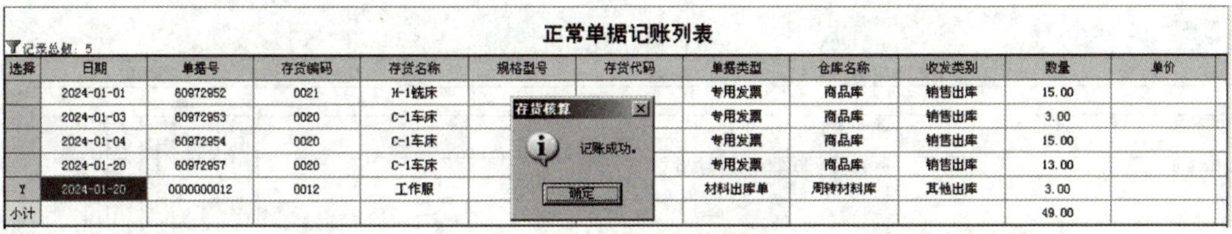

选择	日期	单据号	存货编码	存货名称	规格型号	存货代码	单据类型	仓库名称	收发类别	数量	单价
	2024-01-01	60972952	0021	H-1铣床			专用发票	商品库	销售出库	15.00	
	2024-01-03	60972953	0020	C-1车床			专用发票	商品库	销售出库	3.00	
	2024-01-04	60972954	0020	C-1车床			专用发票	商品库	销售出库	15.00	
	2024-01-20	60972957	0020	C-1车床			专用发票	商品库	销售出库	13.00	
Y	2024-01-20	0000000012	0012	工作服			材料出库单	周转材料库	其他出库	3.00	
小计										49.00	

图6-176　正常单据记账

3.生成凭证

执行【财务核算】【生成凭证】命令，打开"生成凭证"界面，单击"选择"按钮，系统弹出"查询条件"对话框，单击"确定"按钮，打开"未生成凭证单据一览表"，选择需要生成凭证的单据，单击"确定"按钮，输入对方科目为"660201"，单击"合成"按钮，系统自动生成一张记账凭证，单击"保存"按钮。如图6-177所示。

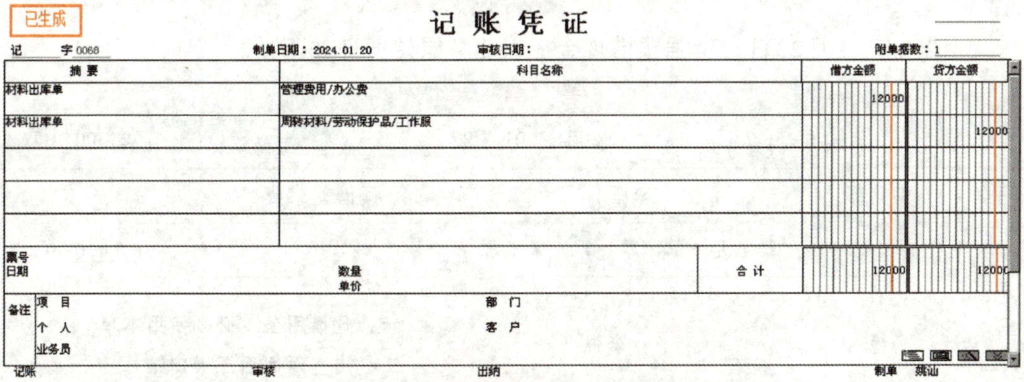

图6-177　记账凭证（单据生成）

业务63 2024年1月22日，提现备用。该业务原始凭证如下：

业务63

【操作指导】

总账制单

（1）2024年1月22日，**操作员（W02）**在企业应用平台执行【业务工作】【财务会计】【总账】【凭证】【填制凭证】命令，打开"填制凭证"窗口。

（2）单击"增加"按钮或者按【F5】键，根据原始凭证录入并保存记账凭证。如图6-178所示。

记 账 凭 证

记 字 0069	制单日期：2024.01.22	审核日期：		附单据数：1
摘 要	科目名称		借方金额	贷方金额
提现备用	库存现金		600000	
提现备用	银行存款/中国工商银行北京东城支行			600000
票号 日期	数量 单价	合计	600000	600000
备注 项目 个人 业务员	部门 客户			
记账	审核	出纳	制单	撤销

图6-178 记账凭证（总账录入）

业务64 2024年1月22日，李强预借现金。该业务原始凭证如下：

业务64

借 款 单

2024 年 01 月 22 日　　　　第 345001 号

借款部门	供销部	姓名	李强	事由	预借差旅费
借款金额（大写）	零万伍仟零佰零拾零元零角零分			（小写）¥5 000.00	
部门负责人签章	杨艳	借款人签章	李强	注意事项	一、凡借用公款必须使用本单 二、出差返回后三天内结算
单位领导批示	陈逸舟	财务经理审核意见	林玲		

（现金付讫）

【操作指导】

总账制单

（1）2024年1月22日，**操作员（W02）**在企业应用平台执行【业务工作】【财务会计】【总账】【凭证】【填制凭证】命令，打开"填制凭证"窗口。

（2）单击"增加"按钮或者按【F5】键，根据原始凭证录入并保存记账凭证。如图6-179所示。

记账凭证

记　字 0070	制单日期：2024.01.22	审核日期：				附单据数：1	
摘　要	科目名称				借方金额		贷方金额
预借现金	其他应收款/李强				500000		
预借现金	库存现金						500000
票号 日期	数量 单价				合　计	500000	500000
备注 项　目	部　门						
个　人	客　户						
业务员							
记账	审核	出纳				制单 就汕	

图6-179　记账凭证（总账录入）

业务65 2024年1月22日，公司申请到了商品的名称商标，并支付相关费用。该业务原始凭证如下：

业务65-1/2

国家知识产权局专利收费收据

No.21130773

国财 02501　　　　　　　2024 年 01 月 22 日　　　☑银行 □邮局 □现金 □支票

今收到　方达国际股份有限公司
交　来　注册商品名称费用
金　额　（大写）贰万肆仟元整　　　　　　（小写）¥24 000.00
注：1.申请号　XS375766
　　2.交费日期2024 年 01 月 22 日

收款人　杨莉
签　章　（杨莉）　　　　　　　　　公　章

第二联　转交款人收据

此收据仅作为收费财务凭证，只有在申请号、交费日期、数额及缴费种类符合专利法和实施细则要求时，才具有专利法律效力。

业务65-2/2

中国工商银行电子回单凭证

回单编号：628309921653	回单类型：网银业务	业务名称：
凭证种类：	凭证号码：　　借贷标志：借记	回单格式码：S
账号：0200002356487219763	开户行名称：中国工商银行北京东城支行	
户名：方达国际股份有限公司		
对方账号：341556020225	开户行名称：中国银行北京潘家园支行	
对方户名：北京市专利局		
币种：人民币　金额：24 000.00	金额大写：贰万肆仟元整	
兑换信息：　币种：　金额：　牌价：　币种：　金额：		
摘要：注册商标费		

附加信息：

打印次数：1 次　　　记账日期：2024-01-22　　　会计流水号：EEZ9111006612151
记账机构：05113789193　经办柜员：EEZ0019　记账柜员：EEZ0019　复核柜员：　授权柜员：
打印机构：65113781233　打印柜员：AEZD001　　　　　　　　　　批次号：

【操作指导】

总账制单

（1）2024年1月22日，操作员（W02）在企业应用平台执行【业务工作】【财务会计】【总账】【凭证】【填制凭证】命令，打开"填制凭证"窗口。

（2）单击"增加"按钮或者按【F5】键，根据原始凭证录入并保存记账凭证。如图6-180所示。

图6-180　记账凭证（总账录入）

业务66 2024年1月22日，收到北京市机床经销有限公司前欠货款。该业务原始凭证如下：

业务66	中国工商银行电子回单凭证		
回单编号：668309921168	回单类型：**网银业务**		业务名称：
凭证种类：	凭证号码：	借贷标志：**贷记**	回单格式码：**S**
账号：0200002356487219763	开户行名称：**中国工商银行北京东城支行**		
户名：**方达国际股份有限公司**			
对方账号：0200002725485227758	开户行名称：**中国工商银行北京东城支行**		
对方户名：**北京市机床经销有限公司**			
币种：**人民币**　金额：65 000.00		金额大写：**陆万伍仟元整**	
兑换信息：　币种：	金额：　　牌价：	币种：　　金额：	
摘要：**货款**			
附加信息：			
打印次数：**1**次	记账日期：**2024-01-22**	会计流水号：**EEZ9111006612152**	
记账机构：05113789123	经办柜员：**EEZ0019**	记账柜员：**EEZ0019**	复核柜员：　授权柜员：
打印机构：65113781211	打印柜员：**AEZD001**	批次号：	

【操作指导】

1.收款单据录入

（1）2024年1月22日，操作员（W03）进入企业应用平台，执行【业务工作】【财务会计】【应收款管理】【收款单据处理】【收款单据录入】命令，打开"收付款单录入"窗口。

（2）单击"增加"按钮，根据资料录入相关信息，单击"保存"按钮。如图6-181所示。

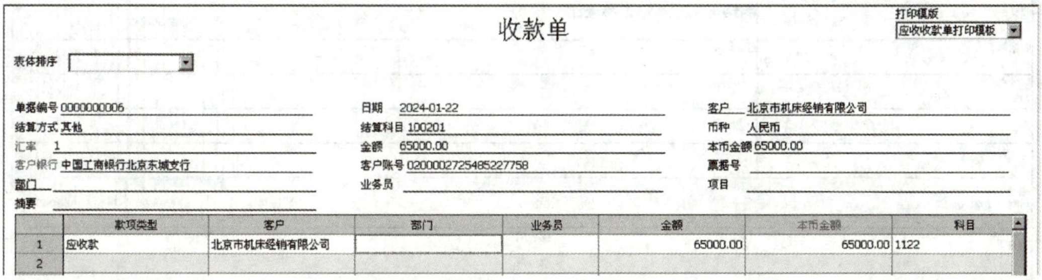

图6-181　收款单（录入）

2.收款单据审核与核销

（1）2024年1月22日，**操作员（W02）**进入企业应用平台，执行【业务工作】【财务会计】【应收款管理】【收款单据处理】【收款单据审核】命令，系统弹出"收款单查询条件"对话框，单击"确定"按钮，

（2）在"收付款单列表"中选择需要审核的单据，单击"审核"按钮，系统弹出如图6-182所示的提示对话框，单击"确定"按钮。

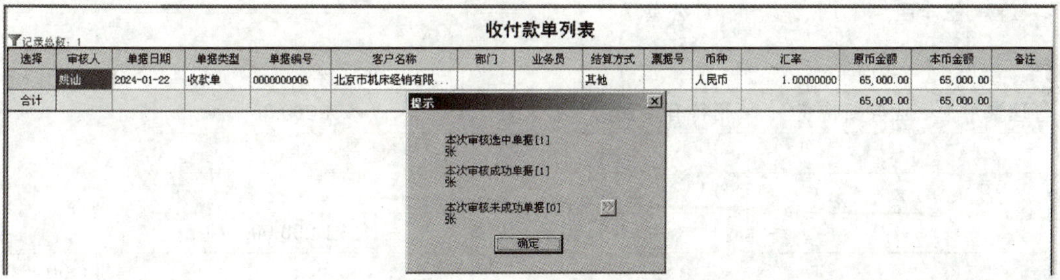

图6-182　收付款单列表（审核）

（3）执行【核销处理】【手工核销】命令，系统弹出"核销条件"对话框，选择相应的客户，单击"确定"按钮，根据资料分别在收款单的"本次结算金额"与销售专用发票的"本次结算"列中输入结算金额，单击"保存"按钮，如图6-183所示。

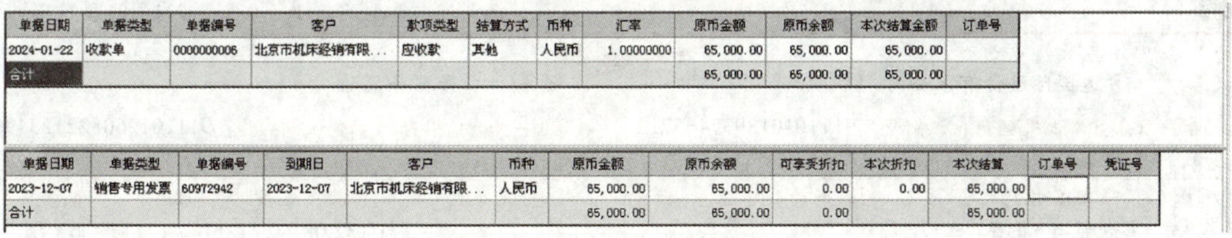

图6-183　收款单手工核销

3.制单处理

（1）执行【制单处理】命令，打开"制单查询"对话框。

（2）选择"收付款单制单""核销制单"复选框，单击"确定"按钮，选择需要制单的单据，单击"合并""制单"按钮，生成一张记账凭证，单击"保存"按钮。如图6-184所示。

记账凭证

摘要	科目名称	借方金额	贷方金额
收款单	银行存款/中国工商银行北京东城支行	6500000	
收款单	应收账款		6500000

已生成

记 字 0072　　制单日期：2024.01.22　　审核日期：　　　　　附单据数：2

票号 7 -
日期 2024.01.22　　数量　　单价　　　　　　合 计　6500000　6500000

备注　项目　　　　　部门
个人　　　　　客户
业务员

记账　　审核　　出纳　　制单 姚汕

图6-184　记账凭证（收款单制单）

业务67 2024年1月23日，行政科报销业务招待费，余款收回。该业务原始凭证如下：

业务67-1/3

报销单

填报日期：2024年01月23日　　　　单据及附件共 1 张

姓名	王丰明	所属部门	办公室	报销形式	现金
				支票号码	

报销项目	摘要	金额	备注
管理费用——业务招待费	招待有关部门考察人员	1 200.00	
合　计		¥1 200.00	

金额大写：零拾零万壹仟贰佰零拾零元零角零分　　原借款：¥1 500.00　　应退款：¥300.00　　应补款：

总经理：陈逸舟　财务经理：林玲　部门经理：王丰明　会计：张翔　出纳：李惠　领款人：王丰明

业务67-2/3

电子发票（普通发票）

发票号码：24112000000026479473
开票日期：2024年01月23日

购买方信息	名称：方达国际股份有限公司	售方信息	名称：牡丹商务酒店
	统一社会信用代码/纳税人识别号：911101018937465212		统一社会信用代码/纳税人识别号：911101260822123490

项目名称	规格型号	单位	数量	单价	金额	税率/征收率	税额
*餐饮服务*餐费					1 132.08	6%	67.92
合　计					¥1 132.08		¥67.92
价税合计（大写）	⊗壹仟贰佰元整					（小写）¥1 200.00	
备注							

开票人：唐婉

业务67-3/3

收 款 收 据

2024 年 01 月 23 日　　　　　　　　　　NO.00490021

今　收　到 办公室王丰明

交　来：归还剩余的备用借款

金额（大写）：零拾　　零万　　零千　　叁佰　　零拾　　零元　　零角　　零分

（小写）¥300.00　☑现金　□支票　□信用卡　□其他　收款单位（盖章）

核准 王言　　会计 张翔　　记账 张翔　　出纳 李惠　　经手人 王丰明

【操作指导】

总账制单

（1）2024 年 1 月 23 日，**操作员（W02）** 在企业应用平台执行【业务工作】【财务会计】【总账】【凭证】【填制凭证】命令，打开"填制凭证"窗口。

（2）单击"增加"按钮或者按【F5】键，根据原始凭证录入并保存记账凭证。如图 6-185 所示。

记 账 凭 证

记　字 0073	制单日期：2024.01.23	审核日期：		附单据数：3	
摘　要	科目名称			借方金额	贷方金额
报销业务招待费	管理费用/业务招待费			120000	
报销业务招待费	库存现金			300000	
报销业务招待费	其他应收款/王丰明				150000
票号	数量			合　计	150000　150000
日期	单价				
备注　项　目	部　门				
个　人	客　户				
业务员					
记账	审核	出纳		制单　施丽	

图 6-185　记账凭证（总账录入）

业务68 2024 年 1 月 23 日，支付本月电话费，计入办公费。该业务原始凭证如下：

业务68-1/2

电子发票（增值税专用发票）

发票号码：24112000000000892312

开票日期：2024 年 01 月 23 日

国家税务总局
北京市税务局

购买方信息	名称：方达国际股份有限公司 统一社会信用代码/纳税人识别号：911101018937465212						售方信息	名称：中国电信北京分公司 统一社会信用代码/纳税人识别号：911101059827732589		
项目名称	规格型号	单位	数量		单价		金额	税率/征收率		税额
*电信服务*基础电信服务							4 720.00	9%		424.80
*电信服务*增值电信服务							1 552.80	6%		93.17
合　计							¥6 272.80			¥517.97
价税合计（大写）	⊗陆仟柒佰玖拾元柒角柒分							（小写）¥6 790.77		
备注										

开票人：林仪

业务 68-2/2

中国工商银行电子回单凭证

回单编号：668309921143	回单类型：网银业务	业务名称：
凭证种类：	凭证号码：	借贷标志：借记	回单格式码：S
账号：0200002356487219763	开户行名称：中国工商银行北京东城支行	
户名：方达国际股份有限公司		
对方账号：512548725458871	开户行名称：中国农业银行北京东城支行营业部	
对方户名：中国电信北京分公司		
币种：人民币 金额：6 790.77	金额大写：陆仟柒佰玖拾元柒角柒分	
兑换信息： 币种： 金额：	牌价： 币种： 金额：	
摘要：电话费		

附加信息：

打印次数：1 次	记账日期：2024-01-23	会计流水号：EEZ9111006612153	
记账机构：05113789121	经办柜员：EEZ0019	记账柜员：EEZ0019	复核柜员： 授权柜员：
打印机构：65113781217	打印柜员：AEZD001		批次号：

【操作指导】

总账制单

（1）2024 年 1 月 23 日，**操作员（W02）** 在企业应用平台执行【业务工作】【财务会计】【总账】【凭证】【填制凭证】命令，打开"填制凭证"窗口。

（2）单击"增加"按钮或者按【F5】键，根据原始凭证录入并保存记账凭证。如图 6-186 所示。

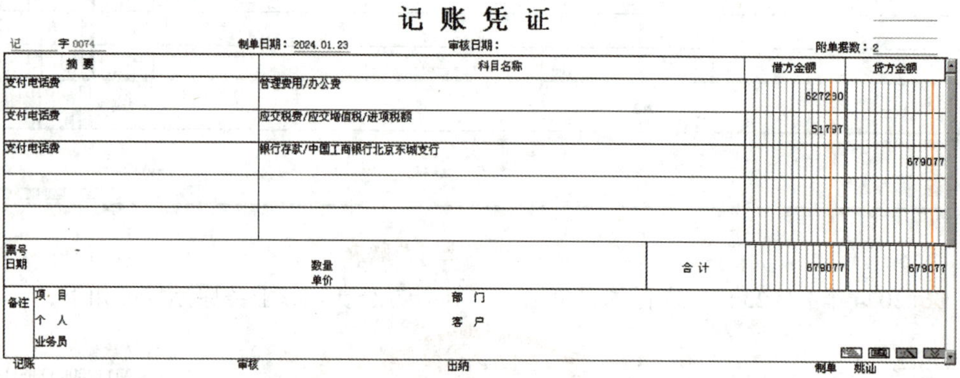

图 6-186 记账凭证（总账录入）

业务 69 2024 年 1 月 24 日，铸造车间领用材料。该业务原始凭证如下：

业务 69

领料单

领料部门：**铸造车间**

用　　途：**C-1 车床**　　　　2024 年 01 月 24 日　　　　领 第 1213 号

材料			单位	数量		成本		
编号	名称	规格		请领	实发	单价	总价	
CL001	生铁		吨	5	5	2 400.00	1 2 0 0 0 0 0	会计联
CL003	焦炭		吨	5	5	500.00	2 5 0 0 0 0	
CL004	煤		吨	5	5	160.00	8 0 0 0 0	
合计							￥1 5 3 0 0 0 0	

部门经理：**白星**　　会计：**张翔**　　仓库：**马琴**　　经办人：**李成慧**

【操作指导】

1.材料出库单

（1）2024年1月24日，**操作员（C01）** 进入企业应用平台，执行【业务工作】【供应链】【库存管理】【出库业务】【材料出库单】命令，打开"材料出库单"窗口。

（2）单击"增加"按钮，根据领料单录入"仓库"等相关信息，单击"保存"按钮，单击"审核"按钮。依次录入剩余材料出库单并审核。如图6-187、图6-188所示。

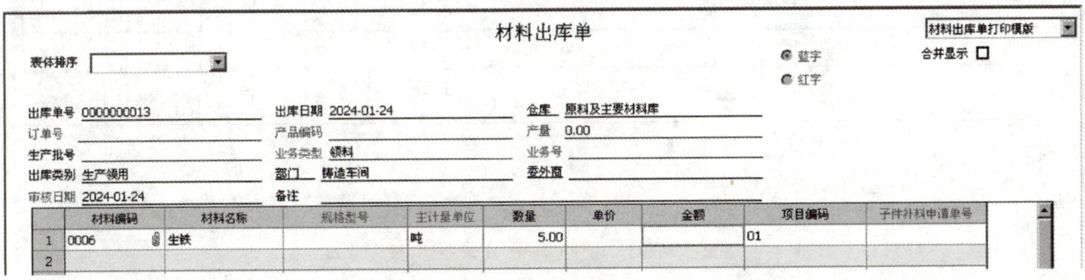

图6-187　材料出库单（录入）

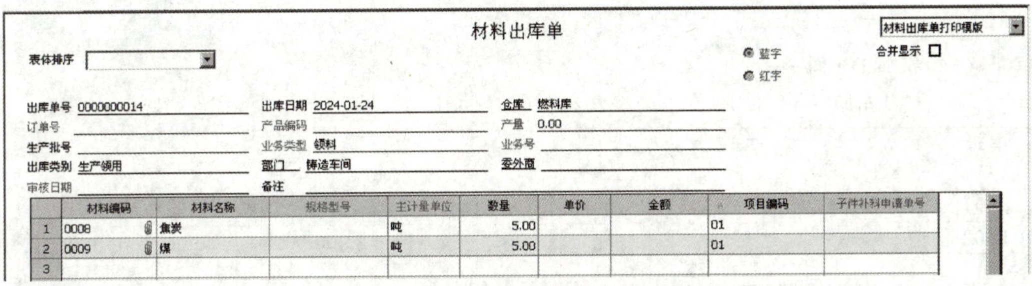

图6-188　材料出库单（录入）

2.正常单据记账

（1）2024年1月24日，**操作员（W02）** 进入企业应用平台，执行【业务工作】【供应链】【存货核算】【业务核算】【正常单据记账】命令，系统弹出"查询条件选择"对话框。

（2）单击"确定"按钮，打开"正常单据记账列表"窗口，选择单据类型为"材料出库单"的单据，单击"记账"按钮，系统弹出"记账成功"提示框，如图6-189所示，单击"确定"按钮，完成材料出库单记账。

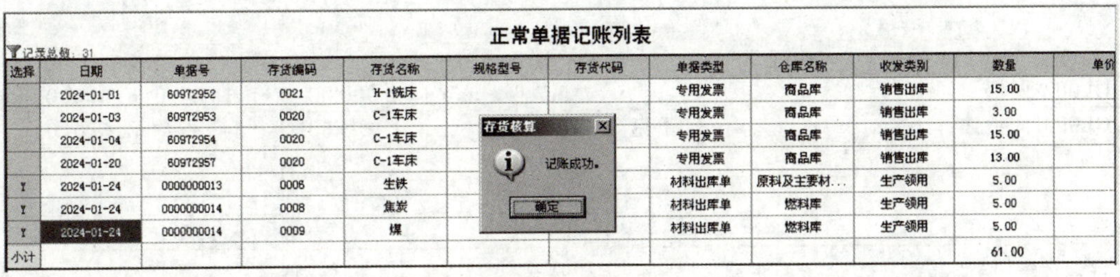

图6-189　正常单据记账

3.生成凭证

（1）执行【财务核算】【生成凭证】命令，打开"生成凭证"界面，单击"选择"按钮，系统弹出"查询条件"对话框，单击"确定"按钮，

（2）打开"未生成凭证单据一览表"，选择需要生成凭证的单据，单击"确定"按钮，输入对方科目为"50010101"，单击"合成"按钮，系统自动生成一张记账凭证，单

击"保存"按钮。如图6-190所示。

记 账 凭 证

已生成						
记 字 0075		制单日期：2024.01.24	审核日期：			附单据数：2

摘要	科目名称	借方金额	贷方金额
材料出库单	生产成本/铸造车间/直接材料	1530000	
材料出库单	原材料/原料及主要材料/生铁		1200000
材料出库单	原材料/燃料/焦炭		250000
材料出库单	原材料/燃料/煤		80000

票号日期	数量单价		合计	1530000	1530000
备注	项目 C-1车床	部门			
	个人	客户			
	业务员				
记账	审核	出纳		制单 姚山	

图6-190 记账凭证（单据生成）

业务70 2024年1月24日，机加工车间领用材料。该业务原始凭证如下：

业务70-1/2
领料单

领料部门：机加工车间

用 途：C-1车床　　　　　2024年01月24日　　　　　领 第1214号

材料			单位	数量		成本									
						单价	总价								
编号	名称	规格		请领	实发		百	十	万	千	百	十	元	角	分
CL002	圆钢		吨	7.5	7.5	2 900.00			2	1	7	5	0	0	0
合计							¥	2	1	7	5	0	0	0	

部门经理：杨临晶　　　会计：张翔　　　仓库：马琴　　　经办人：钱钏

业务70-2/2
领料单

领料部门：机加工车间

用 途：H-1铣床　　　　　2024年01月24日　　　　　领 第1215号

材料			单位	数量		成本									
						单价	总价								
编号	名称	规格		请领	实发		百	十	万	千	百	十	元	角	分
CL002	圆钢		吨	5.5	5.5	2 900.00			1	5	9	5	0	0	0
CL006	润滑油		千克	10	10	3.50						3	5	0	0
合计							¥	1	5	9	8	5	0	0	

部门经理：杨临晶　　　会计：张翔　　　仓库：马琴　　　经办人：钱钏

【操作指导】

1.材料出库单

（1）2024年1月24日，**操作员（C01）**进入企业应用平台，执行【业务工作】【供应链】【库存管理】【出库业务】【材料出库单】命令，打开"材料出库单"窗口。

操作视频

业务70至业务76

（2）单击“增加”按钮，根据领料单录入“仓库”等相关信息，单击“保存”按钮，单击“审核”按钮。依次录入剩余材料出库单并审核。如图6–191、图6–192所示。

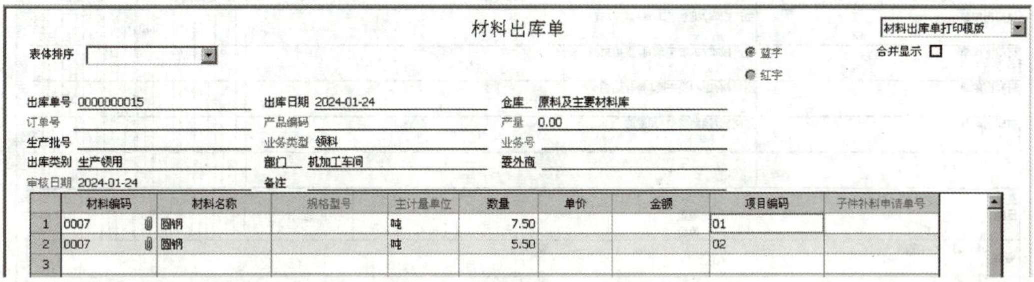

图6–191 材料出库单（录入）

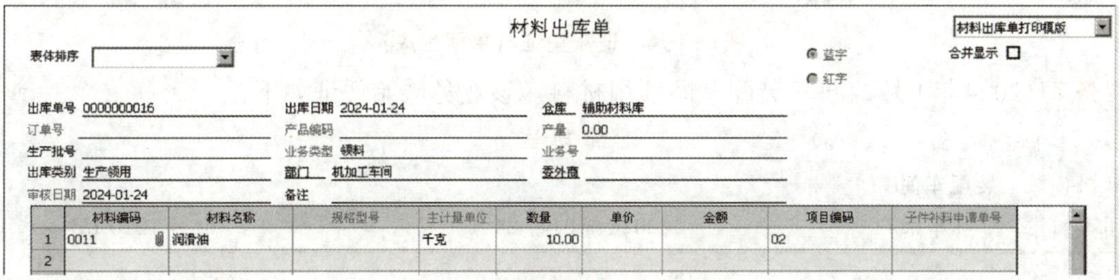

图6–192 材料出库单（录入）

2. 正常单据记账

（1）2024年1月24日，**操作员（W02）**进入企业应用平台，执行【业务工作】【供应链】【存货核算】【业务核算】【正常单据记账】命令，系统弹出“查询条件选择”对话框。

（2）单击“确定”按钮，打开“正常单据记账列表”窗口，选择单据类型为“材料出库单”的单据，单击“记账”按钮，系统弹出“记账成功”提示框，如图6–193所示，单击“确定”按钮，完成材料出库单记账。

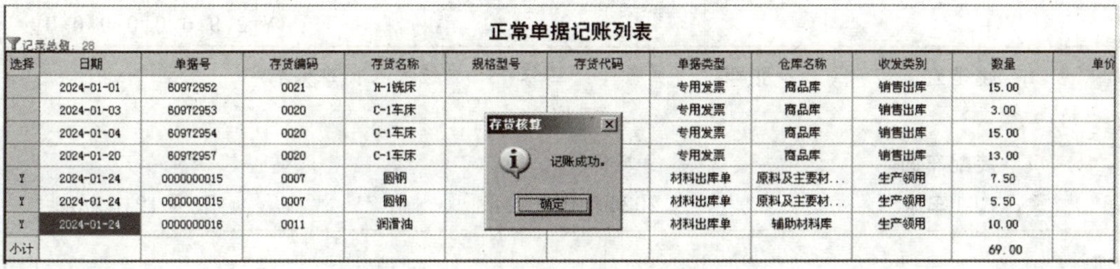
正常单据记账列表

记录总数：28

选择	日期	单据号	存货编码	存货名称	规格型号	存货代码	单据类型	仓库名称	收发类别	数量	单价
	2024-01-01	60972952	0021	H-1铣床			专用发票	商品库	销售出库	15.00	
	2024-01-03	60972953	0020	C-1车床			专用发票	商品库	销售出库	3.00	
	2024-01-04	60972954	0020	C-1车床			专用发票	商品库	销售出库	15.00	
	2024-01-20	60972957	0020	C-1车床			专用发票	商品库	销售出库	13.00	
Y	2024-01-24	0000000015	0007	圆钢			材料出库单	原料及主要材...	生产领用	7.50	
Y	2024-01-24	0000000015	0007	圆钢			材料出库单	原料及主要材...	生产领用	5.50	
Y	2024-01-24	0000000016	0011	润滑油			材料出库单	辅助材料库	生产领用	10.00	
小计										69.00	

存货核算
记账成功。
确定

图6–193 正常单据记账

3. 生成凭证

（1）执行【财务核算】【生成凭证】命令，打开“生成凭证”界面，单击“选择”按钮，系统弹出“查询条件”对话框，单击“确定”按钮，打开“未生成凭证单据一览表”。

（2）选择需要生成凭证的单据，单击“确定”按钮，输入对方科目为“50010201”，单击“合成”按钮，系统自动生成一张记账凭证，单击“保存”按钮。如图6–194所示。

记账凭证

已生成

记 字 0076　　制单日期：2024.01.24　　审核日期：　　　　　　附单据数：2

摘要	科目名称	借方金额	贷方金额
材料出库单	生产成本/机加工车间/直接材料	2175000	
材料出库单	生产成本/机加工车间/直接材料	1598500	
材料出库单	原材料/原料及主要材料/圆钢		3770000
材料出库单	原材料/辅助材料/润滑油		3500

票号日期　　数量单价　　　　　合计　3773500　3773500

备注　项目 C-1车床　　部门
　　　个人　　　　　　客户
　　　业务员

记账　　　审核　　　出纳　　　制单 姚山

图6-194　记账凭证（单据生成）

业务71 2024年1月24日，装配车间领用材料。该业务原始凭证如下：

业务71-1/6　　　　　　**领料单**

领料部门：装配车间
用　途：C-1车床　　　2024年01月24日　　　领 第1216 1/3号

材料编号	名称	规格	单位	请领	实发	单价	总价
BCP01	电机	X123	台	70	70	1 500.00	1 0 5 0 0 0 0 0
BCP02	电机	X345	台	300	300	250.00	7 5 0 0 0 0 0
BCP03	轴承	Q123	套	200	200	340.00	6 8 0 0 0 0 0
BCP04	轴承	Q345	套	300	300	140.00	4 2 0 0 0 0 0
合计							¥ 2 9 0 0 0 0 0 0

部门经理：姚圣宏　　会计：张翔　　仓库：马琴　　经办人：李爱有

业务71-2/6　　　　　　**领料单**

领料部门：装配车间
用　途：C-1车床　　　2024年01月24日　　　领 第1216 2/3号

材料编号	名称	规格	单位	请领	实发	单价	总价
BCP05	标准件		个	450	450	18.00	8 1 0 0 0 0
CL006	润滑油		千克	50	50	3.50	1 7 5 0 0
CL005	油漆		千克	800	800	12.00	9 6 0 0 0 0
合计							¥ 1 7 8 7 5 0 0

部门经理：姚圣宏　　会计：张翔　　仓库：马琴　　经办人：李爱有

业务71-3/6

领料单

领料部门：装配车间

用　途：C-1车床　　　　　　2024年01月24日　　　　　　领 第1216 3/3号

材料			单位	数量		成本									
编号	名称	规格		请领	实发	单价	总价								
							百	十	万	千	百	十	元	角	分
CL007	专用工具		把	2 000	2 000	42.00			8	4	0	0	0	0	0
CL008	包装箱		个	50	50	380.00			1	9	0	0	0	0	0
合计							¥	1	0	3	0	0	0	0	0

部门经理：姚圣宏　　会计：张翔　　仓库：马琴　　经办人：李爱有

业务71-4/6

领料单

领料部门：装配车间

用　途：H-1铣床　　　　　　2024年01月24日　　　　　　领 第1217 1/3号

材料			单位	数量		成本									
编号	名称	规格		请领	实发	单价	总价								
							百	十	万	千	百	十	元	角	分
BCP01	电机	X123	台	10	10	1 500.00			1	5	0	0	0	0	0
BCP02	电机	X345	台	50	50	250.00			1	2	5	0	0	0	0
BCP03	轴承	Q123	套	20	20	340.00				6	8	0	0	0	0
BCP04	轴承	Q345	套	50	50	140.00				7	0	0	0	0	0
合计							¥	4	1	3	0	0	0	0	0

部门经理：姚圣宏　　会计：张翔　　仓库：马琴　　经办人：李爱有

业务71-5/6

领料单

领料部门：装配车间

用　途：H-1铣床　　　　　　2024年01月24日　　　　　　领 第1217 2/3号

材料			单位	数量		成本									
编号	名称	规格		请领	实发	单价	总价								
							百	十	万	千	百	十	元	角	分
CL006	润滑油		千克	40	40	3.50					1	4	0	0	0
CL005	油漆		千克	200	200	12.00				2	4	0	0	0	0
BCP05	标准件		个	160	160	18.00				2	8	8	0	0	0
合计							¥		5	4	2	0	0	0	0

部门经理：姚圣宏　　会计：张翔　　仓库：马琴　　经办人：李爱有

业务71-6/6

领料单

领料部门：装配车间

用　途：H-1铣床　　　　　　2024年01月24日　　　　　　领 第1217 3/3号

材料			单位	数量		成本									
编号	名称	规格		请领	实发	单价	总价								
							百	十	万	千	百	十	元	角	分
CL007	专用工具		把	300	300	42.00			1	2	6	0	0	0	0
CL008	包装箱		个	20	20	380.00				7	6	0	0	0	0
合计							¥		2	0	2	0	0	0	0

部门经理：姚圣宏　　会计：张翔　　仓库：马琴　　经办人：李爱有

【操作指导】

1.材料出库单

（1）2024年1月24日，操作员（C01）进入企业应用平台，执行【业务工作】【供应链】【库存管理】【出库业务】【材料出库单】命令，打开"材料出库单"窗口。

（2）单击"增加"按钮，根据领料单录入"仓库"等相关信息，单击"保存"按钮，单击"审核"按钮。依次录入剩余材料出库单并审核，如图6-195至图6-197所示。

材料出库单

表体排序									材料出库单打印模版		
出库单号 0000000017	出库日期 2024-01-24	仓库 外购半成品库		蓝字	合并显示 □						
订单号	产品编码	产量 0.00		红字							
生产批号	业务类型 领料	业务号									
出库类别 生产领用	部门 装配车间	零外流									
审核日期 2024-01-24	备注										

	材料编码	材料名称	规格型号	主计量单位	数量	单价	金额	项目编码	子件补料申请单号
1	0001	电机X123		台	70.00			01	
2	0002	电机X345		台	300.00			01	
3	0003	轴承Q123		套	200.00			01	
4	0004	轴承Q345		套	300.00			01	
5	0005	标准件		个	450.00			01	
6	0001	电机X123		台	10.00			02	
7	0002	电机X345		台	50.00			02	
8	0003	轴承Q123		套	20.00			02	
9	0004	轴承Q345		套	50.00			02	
10	0005	标准件		个	160.00			02	
11									

图6-195 材料出库单（录入）

材料出库单

表体排序									材料出库单打印模版		
出库单号 0000000018	出库日期 2024-01-24	仓库 辅助材料库		蓝字	合并显示 □						
订单号	产品编码	产量 0.00		红字							
生产批号	业务类型 领料	业务号									
出库类别 生产领用	部门 装配车间	零外流									
审核日期 2024-01-24	备注										

	材料编码	材料名称	规格型号	主计量单位	数量	单价	金额	项目编码	子件补料申请单号
1	0010	油漆		千克	800.00			01	
2	0011	润滑油		千克	50.00			01	
3	0010	油漆		千克	200.00			02	
4	0011	润滑油		千克	40.00			02	
5									

图6-196 材料出库单（录入）

材料出库单

表体排序									材料出库单打印模版		
出库单号 0000000019	出库日期 2024-01-24	仓库 周转材料库		蓝字	合并显示 □						
订单号	产品编码	产量 0.00		红字							
生产批号	业务类型 领料	业务号									
出库类别 生产领用	部门 装配车间	零外流									
审核日期 2024-01-24	备注										

	材料编码	材料名称	规格型号	主计量单位	数量	单价	金额	项目编码	子件补料申请单号
1	0018	专用工具		把	2000.00			01	
2	0019	包装箱		个	50.00			01	
3	0018	专用工具		把	300.00			02	
4	0019	包装箱		个	20.00			02	

图6-197 材料出库单（录入）

2.正常单据记账

（1）2024年1月24日，操作员（W02）进入企业应用平台，执行【业务工作】【供应链】【存货核算】【业务核算】【正常单据记账】命令，系统弹出"查询条件选择"对话框。

（2）单击"确定"按钮，打开"正常单据记账列表"窗口，选择单据类型为"材料出库单"的单据，单击"记账"按钮，系统弹出"记账成功"提示框，如图6-198所示，单击"确定"按钮，完成材料出库单记账。

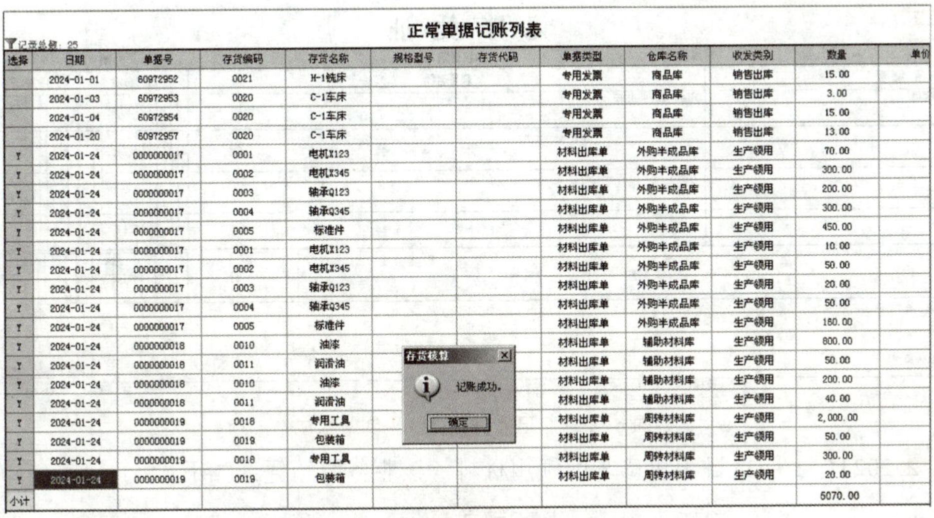

正常单据记账列表

记录总数：25

选择	日期	单据号	存货编码	存货名称	规格型号	存货代码	单据类型	仓库名称	收发类别	数量	单价
	2024-01-01	60972952	0021	H-1铣床			专用发票	商品库	销售出库	15.00	
	2024-01-03	60972953	0020	C-1车床			专用发票	商品库	销售出库	3.00	
	2024-01-04	60972954	0020	C-1车床			专用发票	商品库	销售出库	15.00	
	2024-01-20	60972957	0020	C-1车床			专用发票	商品库	销售出库	13.00	
Y	2024-01-24	0000000017	0001	电机X123			材料出库单	外购半成品库	生产领用	70.00	
Y	2024-01-24	0000000017	0002	电机X345			材料出库单	外购半成品库	生产领用	300.00	
Y	2024-01-24	0000000017	0003	轴承Q123			材料出库单	外购半成品库	生产领用	200.00	
Y	2024-01-24	0000000017	0004	轴承Q345			材料出库单	外购半成品库	生产领用	300.00	
Y	2024-01-24	0000000017	0005	标准件			材料出库单	外购半成品库	生产领用	450.00	
Y	2024-01-24	0000000017	0001	电机X123			材料出库单	外购半成品库	生产领用	10.00	
Y	2024-01-24	0000000017	0002	电机X345			材料出库单	外购半成品库	生产领用	50.00	
Y	2024-01-24	0000000017	0003	轴承Q123			材料出库单	外购半成品库	生产领用	20.00	
Y	2024-01-24	0000000017	0004	轴承Q345			材料出库单	外购半成品库	生产领用	50.00	
Y	2024-01-24	0000000017	0005	标准件			材料出库单	外购半成品库	生产领用	160.00	
Y	2024-01-24	0000000018	0010	油漆			材料出库单	辅助材料库	生产领用	800.00	
Y	2024-01-24	0000000018	0011	润滑油			材料出库单	辅助材料库	生产领用	50.00	
Y	2024-01-24	0000000018	0010	油漆			材料出库单	辅助材料库	生产领用	200.00	
Y	2024-01-24	0000000018	0011	润滑油			材料出库单	辅助材料库	生产领用	40.00	
Y	2024-01-24	0000000019	0018	专用工具			材料出库单	周转材料库	生产领用	2,000.00	
Y	2024-01-24	0000000019	0019	包装箱			材料出库单	周转材料库	生产领用	50.00	
Y	2024-01-24	0000000019	0018	专用工具			材料出库单	周转材料库	生产领用	300.00	
Y	2024-01-24	0000000019	0019	包装箱			材料出库单	周转材料库	生产领用	20.00	
小计										5070.00	

图6-198　正常单据记账

3.生成凭证

（1）执行【财务核算】【生成凭证】命令，打开“生成凭证”界面，单击“选择”按钮，系统弹出“查询条件”对话框，单击“确定”按钮，打开“未生成凭证单据一览表”。

（2）选择需要生成凭证的单据，单击“确定”按钮，输入对方科目为“50010301”，单击“合成”按钮，系统自动生成一张记账凭证，单击“保存”按钮。如图6-199至图6-201所示。

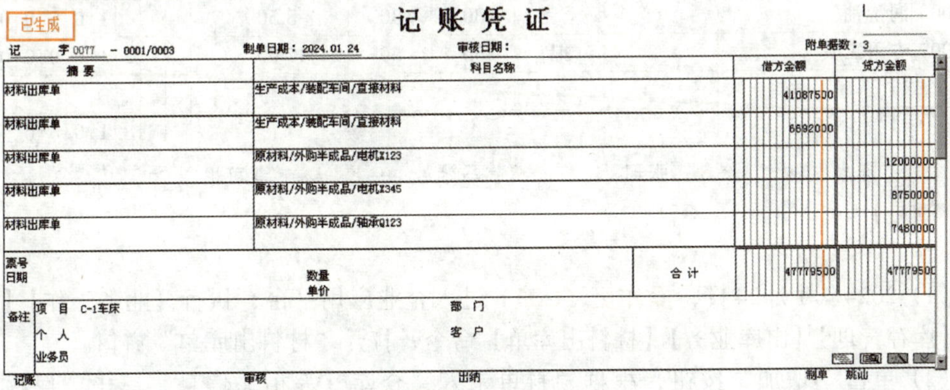

已生成

记账凭证

记　字 0077 － 0001/0003　制单日期：2024.01.24　审核日期：　附单据数：3

摘要	科目名称	借方金额	贷方金额
材料出库单	生产成本/装配车间/直接材料	41087500	
材料出库单	生产成本/装配车间/直接材料	6692000	
材料出库单	原材料/外购半成品/电机X123		12000000
材料出库单	原材料/外购半成品/电机X345		8750000
材料出库单	原材料/外购半成品/轴承Q123		7480000
票号 日期　数量 单价	合计	47779500	47779500

备注　项　目　C-1车床　部　门
个　人　客　户
业务员

记账　审核　出纳　制单　姚山

图6-199　记账凭证1/3（单据生成）

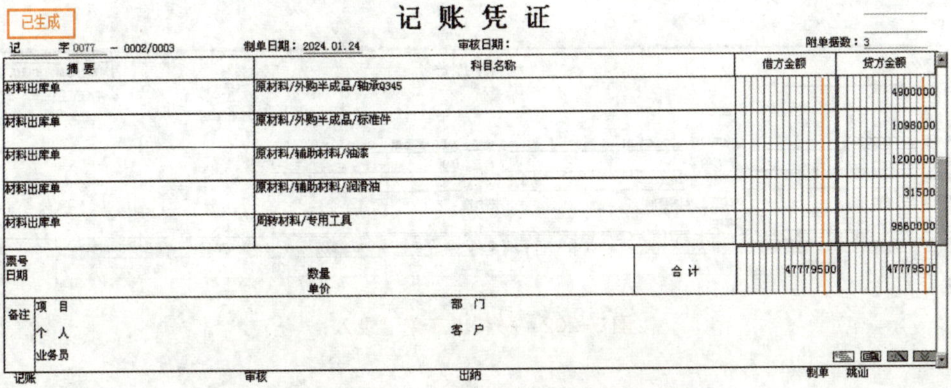

已生成

记账凭证

记　字 0077 － 0002/0003　制单日期：2024.01.24　审核日期：　附单据数：3

摘要	科目名称	借方金额	贷方金额
材料出库单	原材料/外购半成品/轴承Q345		4900000
材料出库单	原材料/外购半成品/标准件		1098000
材料出库单	原材料/辅助材料/油漆		1200000
材料出库单	原材料/辅助材料/润滑油		31500
材料出库单	周转材料/专用工具		9860000
票号 日期　数量 单价	合计	47779500	47779500

备注　项　目　部　门
个　人　客　户
业务员

记账　审核　出纳　制单　姚山

图6-200　记账凭证2/3（单据生成）

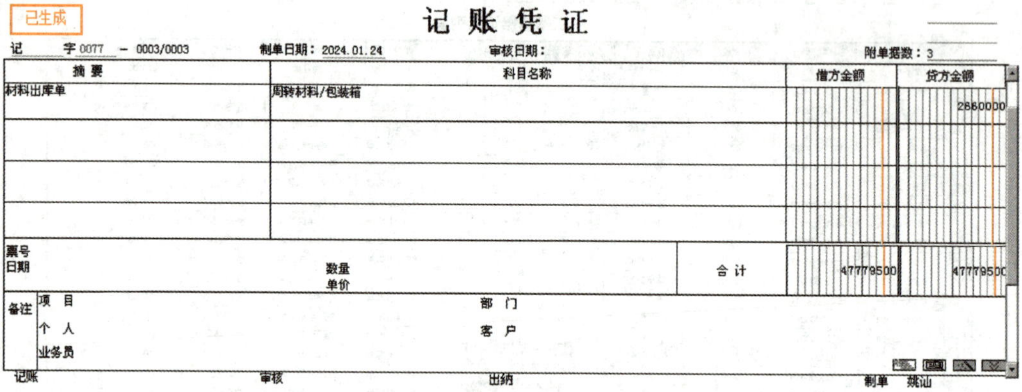

已生成

记账凭证

记 字 0077 － 0003/0003 制单日期：2024.01.24 审核日期： 附单据数：3

摘要	科目名称	借方金额	贷方金额
材料出库单	周转材料/包装箱		2860000
票号 日期	数量 单价 合计	4777950	4777950

备注 项目 部门

个人 客户

业务员

记账 审核 出纳 制单 姚山

图 6-201 记账凭证 3/3（单据生成）

业务 72 2024年1月24日，机修车间领用材料。该业务原始凭证如下：

业务 72

领料单

领料部门：机修车间

用　　途：检修基本生产设备　　2024 年 01 月 24 日　　领 第 1218 号

材料			单位	数量		成本									
						单价	总价								
编号	名称	规格		请领	实发		百	十	万	千	百	十	元	角	分
BCP05	标准件		个	50	50	18.00					9	0	0	0	0
CL006	润滑油		千克	30	30	3.50					1	0	5	0	0
CL007	专用工具		把	50	50	42.00				2	1	0	0	0	0
合计									¥	3	1	0	5	0	0

会计联

部门经理：陈水生　　会计：张翔　　仓库：马琴　　经办人：秦可怡

【操作指导】

1.材料出库单

（1）2024年1月24日，操作员（C01）进入企业应用平台，执行【业务工作】【供应链】【库存管理】【出库业务】【材料出库单】命令，打开“材料出库单”窗口。

（2）单击“增加”按钮，根据领料单录入“仓库”等相关信息，单击“保存”按钮，单击“审核”按钮。依次录入剩余材料出库单并审核，如图6-202至图6-204所示。

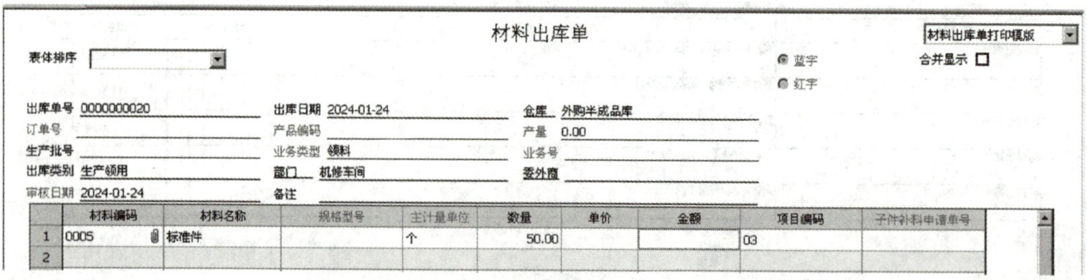

材料出库单　　材料出库单打印模版

表体排序　　蓝字　红字　　合并显示

出库单号 0000000020　出库日期 2024-01-24　仓库 外购半成品库

订单号　产品编码　产量 0.00

生产批号　业务类型 领料　业务号

出库类别 生产领用　部门 机修车间　委外商

审核日期 2024-01-24　备注

	材料编码	材料名称	规格型号	主计量单位	数量	单价	金额	项目编码	子件补料申请单号
1	0005	标准件		个	50.00			03	
2									

图 6-202 材料出库单（录入）

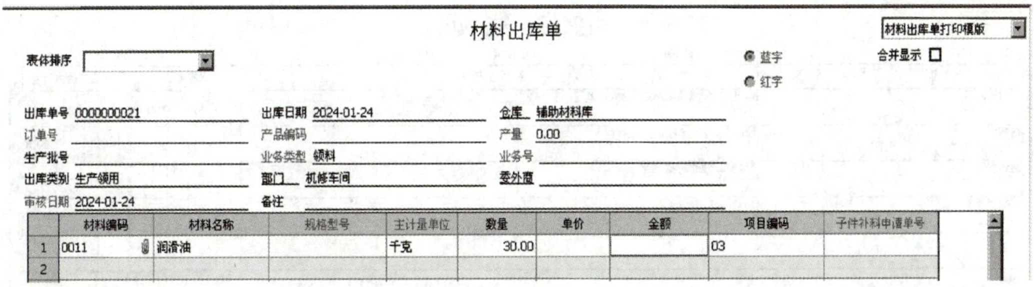

图6-203　材料出库单（录入）

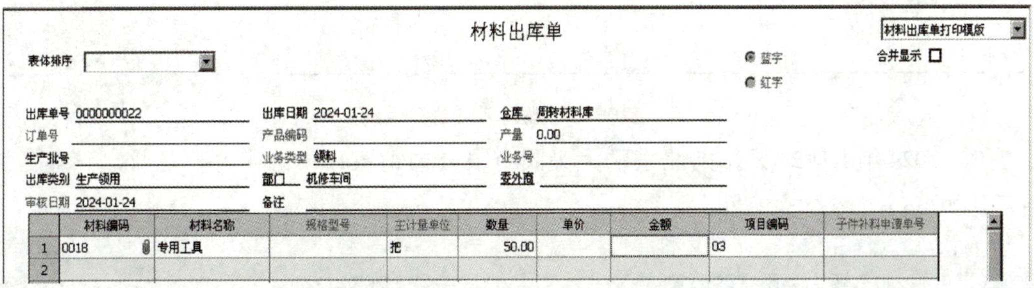

图6-204　材料出库单（录入）

2.正常单据记账

（1）2024年1月24日，**操作员（W02）** 进入企业应用平台，执行【业务工作】【供应链】【存货核算】【业务核算】【正常单据记账】命令，系统弹出"查询条件选择"对话框。

（2）单击"确定"按钮，打开"正常单据记账列表"窗口，选择单据类型为"材料出库单"的单据，单击"记账"按钮，系统弹出"记账成功"提示框，如图6-205所示，单击"确定"按钮，完成材料出库单记账。

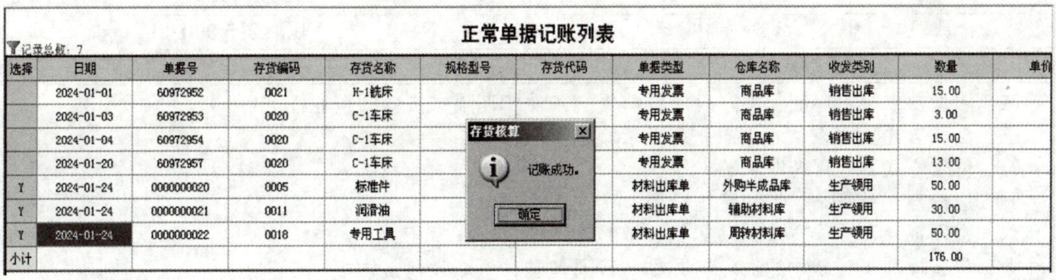

图6-205　正常单据记账

3.生成凭证

（1）执行【财务核算】【生成凭证】命令，打开"生成凭证"界面，单击"选择"按钮，系统弹出"查询条件"对话框，单击"确定"按钮，打开"未生成凭证单据一览表"，选择需要生成凭证的单据。

（2）单击"确定"按钮，输入对方科目为"50010401"，单击"合成"按钮，系统自动生成一张记账凭证，单击"保存"按钮。如图6-206所示。

已生成

记账凭证

记 字 0078　　制单日期：2024.01.24　　审核日期：　　附单据数：3

摘要	科目名称	借方金额	贷方金额
材料出库单	生产成本/辅助生产成本/机修车间	310500	
材料出库单	原材料/外购半成品/标准件		90000
材料出库单	原材料/辅助材料/润滑油		10500
材料出库单	周转材料/专用工具		210000
票号 日期	数量 单价　　合计	310500	310500

备注　项目 其他　　部门
　　　个人　　客户
　　　业务员

记账　　审核　　出纳　　制单 姚山

图6-206　记账凭证（单据生成）

业务73 2024年1月24日，向北京顺大集团有限公司销售H-1铣床，款已收。该业务原始凭证如下：

业务73-1/4

购销合同

购方（需方）：北京顺大集团有限公司　　合同编号：20240024

销方（供方）：方达国际股份有限公司　　签订时间：2024年01月24日

供需双方本着互利互惠、长期合作的原则，根据《中华人民共和国民法典》及双方的实际情况，就需方向供方采购事宜，订立本合同，以使双方在合同履行中共同遵守。

一、产品名称、数量、单价、金额：

产品名称	规格型号	计量单位	数量	单价	金额	备注
H-1铣床		台	10	27 500.00	275 000.00	不含税
合计					¥275 000.00	
合计人民币（大写）	贰拾柒万伍仟元整					

二、质量要求技术标准：供方对质量负责的条件和期限：按合同企业标准。

三、交（提）货地点、方式：北京市东城区翠微路9号。

四、付款方式：银行转账。

五、运输方式及到站、港和费用负担：由购方承担。

六、合理损耗及计算方法：以实际数量验收。

七、包装标准、包装物的供应与回收：普通包装，不回收包装物。

八、验收标准、方法及提出异议期限：货到需方七日内提出质量异议，不包括运输过程中造成的质量问题。

九、违约责任：按《中华人民共和国民法典》。

十、解决合同纠纷的方式：双方协商解决。

十一、其他约定事项：本合同一式两份，供、需双方各一份，经双方盖章后即生效。

购方（盖章）：北京顺大集团有限公司
单位地址：北京市东城区翠微路9号
电话：01090053167
签订日期：2024年01月24日
开户银行：交通银行北京东单支行
账号：110017252025425231 2

销方（盖章）：方达国际股份有限公司
单位地址：北京市东城区北四环东路27号
电话：01087326521
签订日期：2024年01月24日
开户银行：中国工商银行北京东城支行
账号：0200002356487219763

业务 73-2/4

电子发票（增值税专用发票）

国家税务总局
北京市税务局

发票号码：24111000000060972958
开票日期：2024 年 01 月 24 日

| 购买方信息 | 名称：北京顺大集团有限公司 |
| | 统一社会信用代码/纳税人识别号：911101011208217734 |

| 销售方信息 | 名称：方达国际股份有限公司 |
| | 统一社会信用代码/纳税人识别号：911101018937465212 |

项目名称	规格型号	单位	数量	单价	金额	税率/征收率	税额
*机床*H-1 铣床		台	10	27 500.00	275 000.00	13%	35 750.00
合 计					¥275 000.00		¥35 750.00

价税合计（大写） ⊗叁拾壹万零柒佰伍拾元整 （小写）¥310 750.00

备注

开票人：王言

业务 73-3/4

销售单

购货单位：北京顺大集团有限公司　　　　纳税人识别号：911101011208217734

地址和电话：北京市东城区翠微路 9 号 01090053167　　单据编号：XS20141205

开户行及账号：交通银行北京东单支行 1100172520254252312　　制单日期：2024 年 01 月 24 日

编码	产品名称	规格	单位	单价	数量	金额	备注
CP001	H-1 铣床		台	27 500.00	10	275 000.00	不含税价

会计联

合计 人民币（大写）贰拾柒万伍仟元整　　　　¥275 000.00

总经理：陈逸舟　销售经理：杨艳　经手人：张成　会计：张翔　签收人：许苑

业务 73-4/4

中国工商银行电子回单凭证

回单编号：668309921185　　回单类型：网银业务　　业务名称：

凭证种类：　　凭证号码：　借贷标志：贷记　回单格式码：S

账号：0200002356487219763　　开户行名称：中国工商银行北京东城支行

户名：方达国际股份有限公司

对方账号：1100172520254252312　　开户行名称：交通银行北京东单支行

对方户名：北京顺大集团有限公司

币种：人民币　金额：310 750.00　　金额大写：叁拾壹万零柒佰伍拾元整

兑换信息：　币种：　金额：　　牌价：　币种：　金额：

摘要：货款

附加信息：

打印次数：1 次　　记账日期：2024-01-24　　会计流水号：EEZ9111006612154

记账机构：05113789195　　经办柜员：EEZ0019　　记账柜员：EEZ0019　复核柜员：　授权柜员：

打印机构：65113781210　　打印柜员：AEZD001　　批次号：

【操作指导】

1.销售订单

（1）2024 年 1 月 24 日，**操作员（X01）**进入企业应用平台，执行【业务工作】【供应链】【销售管理】【销售订货】【销售订单】命令，打开"销售订单"窗口。

（2）单击"增加"按钮，添加订单号为"20240024"，选择销售类型为"正常销售"，按照购销合同录入订单其他信息，单击"保存"按钮；单击"审核"按钮，审核填制的销售订单。如图6-207所示。

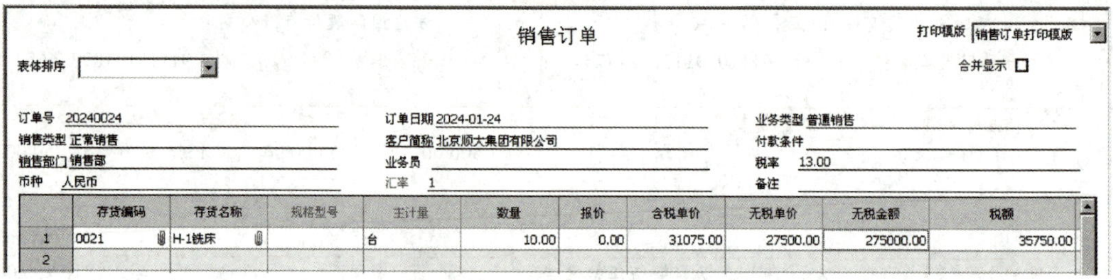

图6-207 销售订单（录入）

2.销售专用发票（根据销售订单生成）

（1）执行【业务工作】【供应链】【销售管理】【销售开票】【销售专用发票】命令，打开"销售专用发票"窗口。

（2）单击"增加"按钮，系统弹出"查询条件选择-参照订单"对话框，单击"确定"按钮，选择对应的销售订单，单击"确定"按钮，根据销售专用发票填入发票号"60972958"，仓库选择"商品库"，单击"保存"按钮。系统提示"库存现存量控制检查——以下存货可用量不足"，如图6-208所示，单击"确定"按钮。

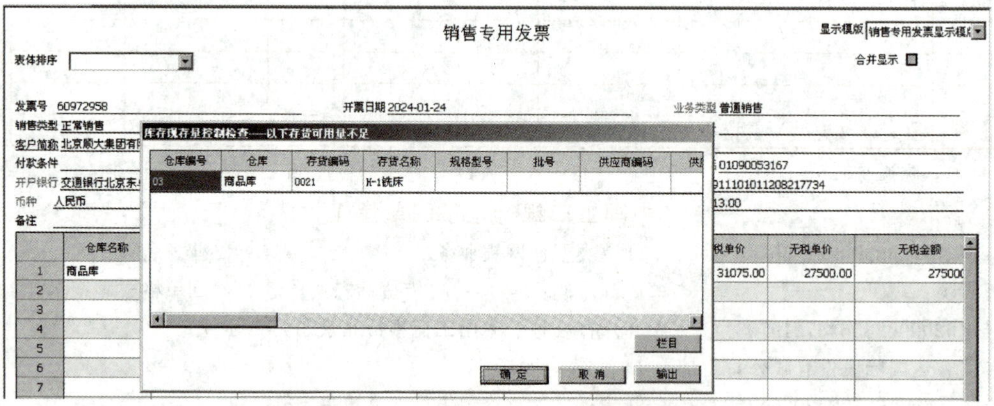

图6-208 销售专用发票（销售订单生成）

（3）单击"现结"按钮，系统弹出"现结"对话框，录入结算方式、原币金额等信息，单击"确定"按钮。单击"复核"按钮，复核已现结的销售专用发票。如图6-209、图6-210所示。

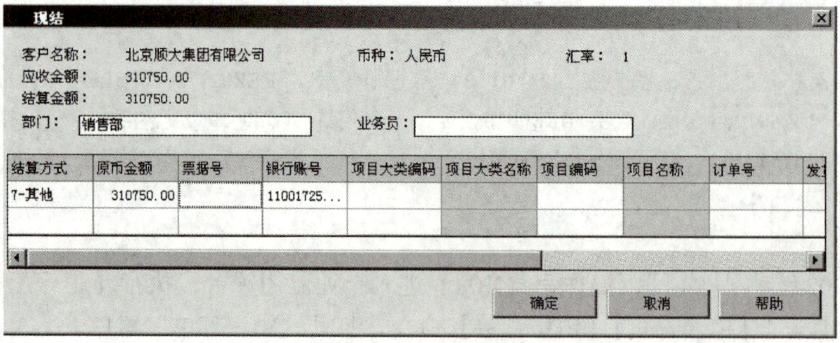

图6-209 现结

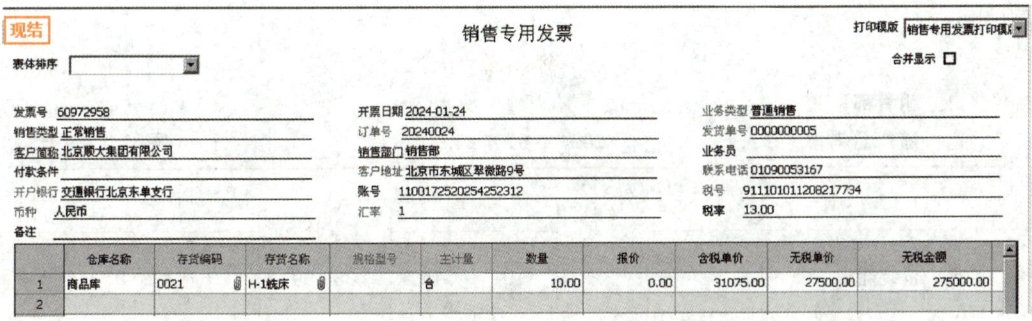
现结

销售专用发票

打印模版 销售专用发票打印模版

表体排序

合并显示

发票号 60972958　开票日期 2024-01-24　业务类型 普通销售

销售类型 正常销售　订单号 20240024　发货单号 0000000005

客户简称 北京顺大集团有限公司　销售部门 销售部　业务员

付款条件　客户地址 北京市东城区翠微路9号　联系电话 01090053167

开户银行 交通银行北京东单支行　账号 1100172520254252312　税号 911101011208217734

币种 人民币　汇率 1　税率 13.00

备注

	仓库名称	存货编码	存货名称	规格型号	主计量	数量	报价	含税单价	无税单价	无税金额
1	商品库	0021	H-1铣床		台	10.00	0.00	31075.00	27500.00	275000.00
2										

图6-210　销售专用发票（审核）

3.应收单据审核与制单

（1）2024年1月24日，操作员（W02）在企业应用平台中执行【业务工作】【财务会计】【应收款管理】【应收单据处理】【应收单据审核】命令，系统弹出“应收单查询条件”对话框，勾选“包含已现结发票”。

（2）单击“确定”按钮，打开“应收单据列表”窗口，双击需要审核的票据，打开“销售发票”窗口，单击“审核”按钮，系统弹出“是否立即制单”提示框，如图6-211所示，单击“是”，打开“填制凭证”窗口，系统自动生成记账凭证，修改“主营业务收入”为“主营业务收入/H-1铣床”，单击“保存”按钮。如图6-212所示。

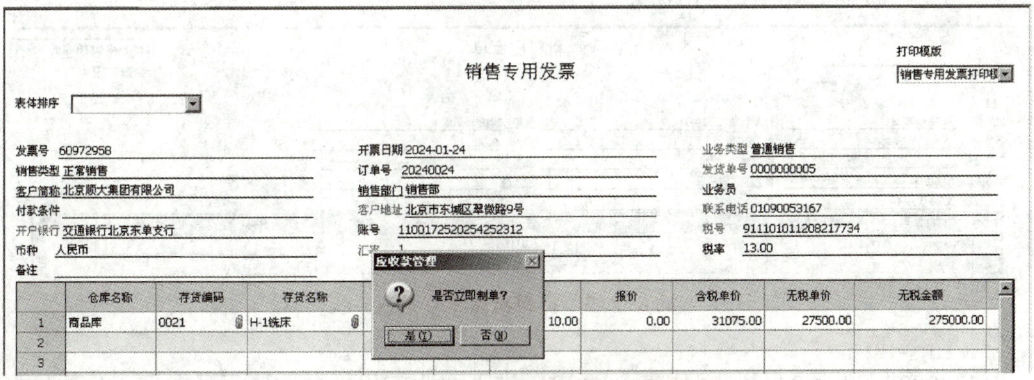
销售专用发票

打印模版 销售专用发票打印模

表体排序

发票号 60972958　开票日期 2024-01-24　业务类型 普通销售

销售类型 正常销售　订单号 20240024　发货单号 0000000005

客户简称 北京顺大集团有限公司　销售部门 销售部　业务员

付款条件　客户地址 北京市东城区翠微路9号　联系电话 01090053167

开户银行 交通银行北京东单支行　账号 1100172520254252312　税号 911101011208217734

币种 人民币　汇率 1　税率 13.00

备注

应收款管理

是否立即制单？

是(Y)　否(N)

	仓库名称	存货编码	存货名称		报价	含税单价	无税单价	无税金额
1	商品库	0021	H-1铣床	10.00	0.00	31075.00	27500.00	275000.00
2								
3								

图6-211　销售专用发票（审核）

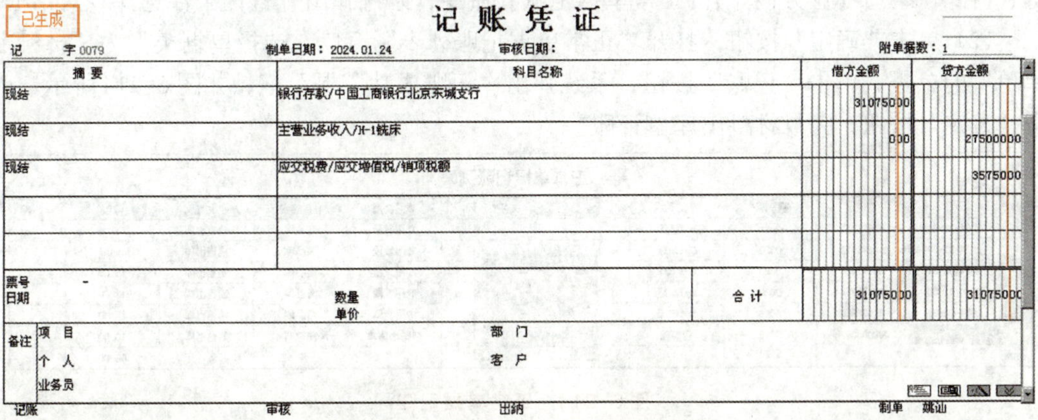
已生成

记账凭证

记　字 0079　制单日期：2024.01.24　审核日期：　附单据数：1

摘要	科目名称	借方金额	贷方金额
现结	银行存款/中国工商银行北京东城支行	3107500	
现结	主营业务收入/H-1铣床		27500000
现结	应交税费/应交增值税/销项税额		3575000
票号 - 日期　数量 单价	合计	31075000	31075000

备注　项目　部门

个人　客户

业务员

记账　审核　出纳　制单 姚山

图6-212　记账凭证（销售发票生成）

业务74 2024年1月24日，结转随产品销售但不单独计价的包装物成本。该业务原始凭证如下：

业务74

领料单

领料部门：销售部

用　　途：随产品销售　　　　2024年01月24日　　　　领 第1219号

材料			单位	数量		成本									
						单价	总价								
编号	名称	规格		请领	实发		百	十	万	千	百	十	元	角	分
CL008	包装箱		个	10	10	380.00				3	8	0	0	0	0
合计									¥	3	8	0	0	0	0

会计联

部门经理：杨艳　　会计：张翔　　仓库：马琴　　经办人：张成

【操作指导】

1.材料出库单

（1）2024年1月24日，操作员（C01）进入企业应用平台，执行【业务工作】【供应链】【库存管理】【出库业务】【材料出库单】命令，打开“材料出库单”窗口。

（2）单击“增加”按钮，根据领料单录入“仓库”等相关信息，单击“保存”按钮，单击“审核”按钮。如图6-213所示。

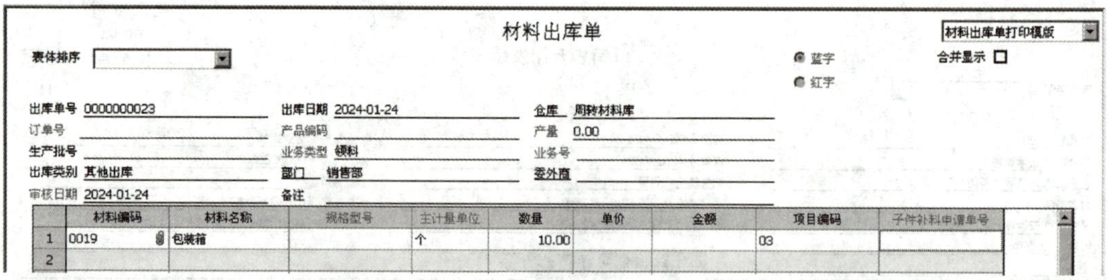
材料出库单

材料出库单打印模版

表体排序　　　蓝字　红字　　合并显示

出库单号 0000000023　　出库日期 2024-01-24　　仓库 周转材料库

订单号　　产品编码　　产量 0.00

生产批号　　业务类型 领料　　业务号

出库类别 其他出库　　部门 销售部　　委外商

审核日期 2024-01-24　　备注

	材料编码	材料名称	规格型号	主计量单位	数量	单价	金额	项目编码	子件补料申请单号
1	0019	包装箱		个	10.00			03	
2									

图6-213　材料出库单（录入）

2.正常单据记账

（1）2024年1月24日，操作员（W02）进入企业应用平台，执行【业务工作】【供应链】【存货核算】【业务核算】【正常单据记账】命令，系统弹出“查询条件选择”对话框。

（2）单击“确定”按钮，打开“正常单据记账列表”窗口，选择单据类型为“材料出库单”的单据，单击“记账”按钮，系统弹出“记账成功”提示框，如图6-214所示，单击“确定”按钮，完成材料出库单记账。

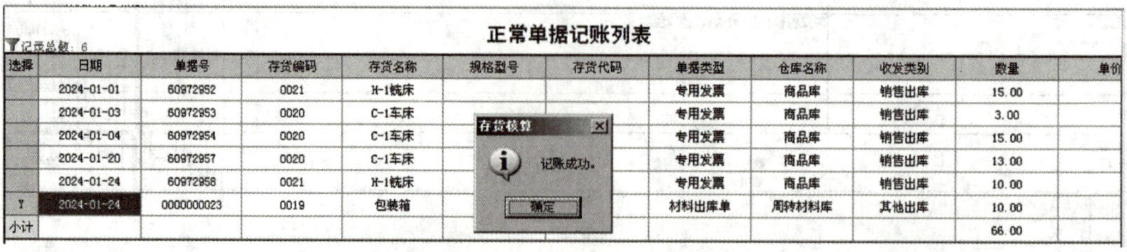
正常单据记账列表

记录总数：6

选择	日期	单据号	存货编码	存货名称	规格型号	存货代码	单据类型	仓库名称	收发类别	数量	单价
	2024-01-01	60972952	0021	H-1铣床			专用发票	商品库	销售出库	15.00	
	2024-01-03	60972953	0020	C-1车床			专用发票	商品库	销售出库	3.00	
	2024-01-04	60972954	0020	C-1车床			专用发票	商品库	销售出库	15.00	
	2024-01-20	60972957	0020	C-1车床			专用发票	商品库	销售出库	13.00	
	2024-01-24	60972958	0021	H-1铣床			专用发票	商品库	销售出库	10.00	
Y	2024-01-24	0000000023	0019	包装箱			材料出库单	周转材料库	其他出库	10.00	
小计										66.00	

图6-214　正常单据记账

3.生成凭证

（1）执行【财务核算】【生成凭证】命令，打开“生成凭证”界面，单击“选择”按钮，系统弹出"查询条件"对话框，单击"确定"按钮，打开"未生成凭证单据一览表"，选择需要生成凭证的单据。

（2）单击"确定"按钮，输入对方科目为"660102"，单击"合成"按钮，系统自动生成一张记账凭证，单击"保存"按钮。如图6-215所示。

已生成		**记 账 凭 证**				
						附单据数：1
记　字 0080		制单日期：2024.01.24	审核日期：		借方金额	贷方金额
摘要		科目名称				
材料出库单		销售费用/包装费			380000	
材料出库单		周转材料/包装箱				380000
				合　计	380000	380000

图 6-215　记账凭证（单据生成）

业务75 2024年1月25日，销售作为材料的圆钢3吨，款已收到。该业务原始凭证如下：

业务75-1/4

购销合同

购方（需方）：北京天启机床有限公司　　　　合同编号：20240025
销方（供方）：方达国际股份有限公司　　　　签订时间：2024年01月25日

　　供需双方本着互利互惠、长期合作的原则，根据《中华人民共和国民法典》及双方的实际情况，就需方向供方采购事宜，订立本合同，以使双方在合同履行中共同遵守。

一、产品名称、数量、单价、金额：

产品名称	规格型号	计量单位	数量	单价	金额	备注
圆钢		吨	3	3 420.00	10 260.00	不含税
合计					¥10 260.00	

合计人民币（大写）**壹万零贰佰陆拾元整**

二、质量要求技术标准：供方对质量负责的条件和期限：按合同企业标准。
三、交（提）货地点、方式：北京市西城区车公庄大街53号。
四、付款方式：转账支付。
五、运输方式及到站、港和费用负担：由购方承担。
六、合理损耗及计算方法：以实际数量验收。
七、包装标准、包装物的供应与回收：普通包装，不回收包装物。
八、验收标准、方法及提出异议期限：货到需方七日内提出质量异议，不包括运输过程中造成的质量问题。
九、违约责任：按《中华人民共和国民法典》。
十、解决合同纠纷的方式：双方协商解决。
十一、其他约定事项：本合同一式两份，供、需双方各一份，经双方盖章后即生效。

购方（盖章）：北京天启机床有限公司　　　　销方（盖章）：方达国际股份有限公司
单位地址：北京市西城区车公庄大街53号　　　单位地址：北京市东城区北四环东路27号
电话：01070308385　　　　　　　　　　　　电话：01087326521
签订日期：2024年01月25日　　　　　　　　签订日期：2024年01月25日
开户银行：中国工商银行北京西直门支行　　　开户银行：中国工商银行北京东城支行
账号：0200982763122548712　　　　　　　　账号：0200002356487219763

业务75-2/4

电子发票（增值税专用发票）

发票号码：24111000000060972959

开票日期：2024 年 01 月 25 日

购买方信息	名称：北京天启机床有限公司				售方信息	名称：方达国际股份有限公司		
	统一社会信用代码/纳税人识别号：911101021643604012					统一社会信用代码/纳税人识别号：911101018937465212		

项目名称	规格型号	单位	数量	单价	金额	税率/征收率	税额
*黑色金属冶炼压延品*圆钢		吨	3	3 420.00	10 260.00	13%	1 333.80
合　计					¥10 260.00		¥1 333.80

价税合计（大写）	⊗壹万壹仟伍佰玖拾叁元捌角整	（小写）¥11 593.80

备注	

开票人：王言

业务75-3/4

销售单

购货单位：北京天启机床有限公司　　　　　　纳税人识别号：911101021643604012

地址和电话：北京市西城区车公庄大街53号 01070308385　　单据编号：XS20241206

开户行及账号：中国工商银行北京西直门支行0200982763122548712　　制单日期：2024 年 01 月 25 日

编码	产品名称	规格	单位	单价	数量	金额	备注
CL002	圆钢		吨	3 420.00	3	10 260.00	不含税价
合计 人民币（大写）	壹万零贰佰陆拾元整					¥10 260.00	

总经理：陈逸舟　　销售经理：杨艳　　经手人：张成　　会计：张翔　　签收人：吕志远

业务75-4/4

中国工商银行电子回单凭证

回单编号：668309922132　　回单类型：网银业务　　　　业务名称：

凭证种类：　　　　　　　凭证号码：　　借贷标志：贷记　　回单格式码：S

账号：0200002356487219763　　开户行名称：中国工商银行北京东城支行

户名：方达国际股份有限公司

对方账号：0200982763122548712　　开户行名称：中国工商银行北京西直门支行

对方户名：北京天启机床有限公司

币种：人民币　　　金额：11 593.80　　　金额大写：壹万壹仟伍佰玖拾叁元捌角整

兑换信息：　　币种：　　　　金额：　　　牌价：　　　币种：　　　金额：

摘要：货款

附加信息：

打印次数：1次　　　记账日期：2024-01-25　　会计流水号：EEZ9111006612155

记账机构：05113789198　　经办柜员：EEZ0019　　记账柜员：EEZ0019　　复核柜员：　　授权柜员：

打印机构：65113781210　　打印柜员：AEZD001　　　　　　　　　　批次号：

【操作指导】

1.销售订单

（1）2024 年 1 月 25 日，**操作员（X01）**进入企业应用平台，执行【业务工作】【供应链】【销售管理】【销售订货】【销售订单】命令，打开"销售订单"窗口。

（2）单击"增加"按钮，添加订单号为"20240025"，选择销售类型为"正常销售"，按照购销合同录入订单其他信息，单击"保存"按钮；单击"审核"按钮，审核填制的销售订单。如图6-216所示。

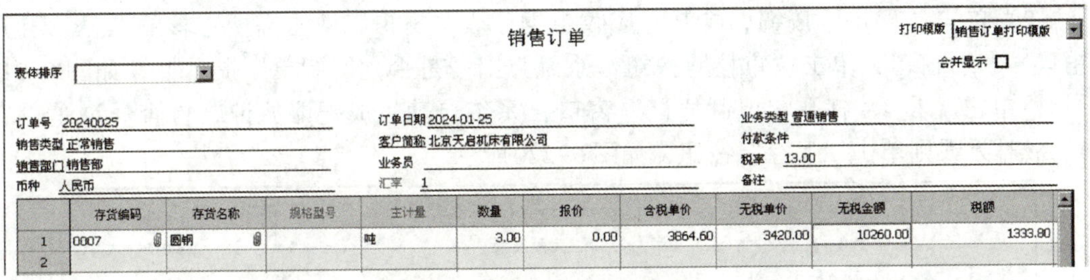

图6-216　销售订单（录入）

2.销售专用发票（根据销售订单生成）

（1）执行【业务工作】【供应链】【销售管理】【销售开票】【销售专用发票】命令，打开"销售专用发票"窗口。

（2）单击"增加"按钮，系统弹出"查询条件选择-参照订单"对话框，单击"确定"按钮，选择对应的销售订单，单击"确定"按钮，根据销售专用发票填入发票号"60972959"，仓库选择"原料及主要材料库"，单击"保存"按钮。如图6-217所示。

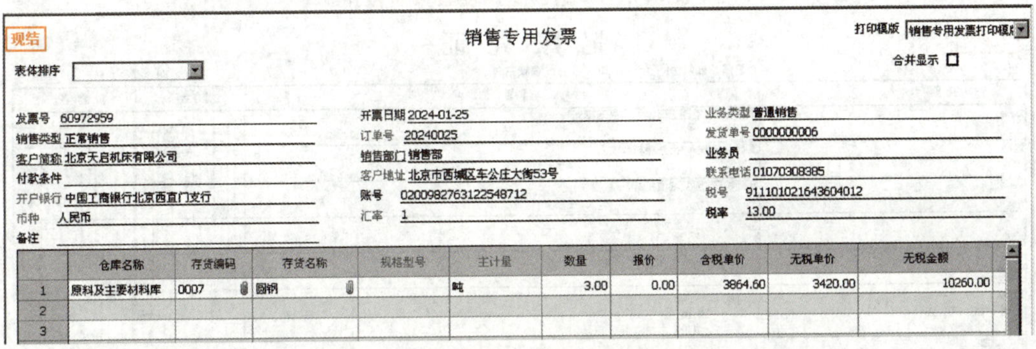

图6-217　销售专用发票（订单生成）

（3）单击"现结"按钮，系统弹出"现结"对话框，录入结算方式、原币金额等信息，如图6-218所示，单击"确定"按钮，单击"复核"按钮，复核已现结的销售专用发票。

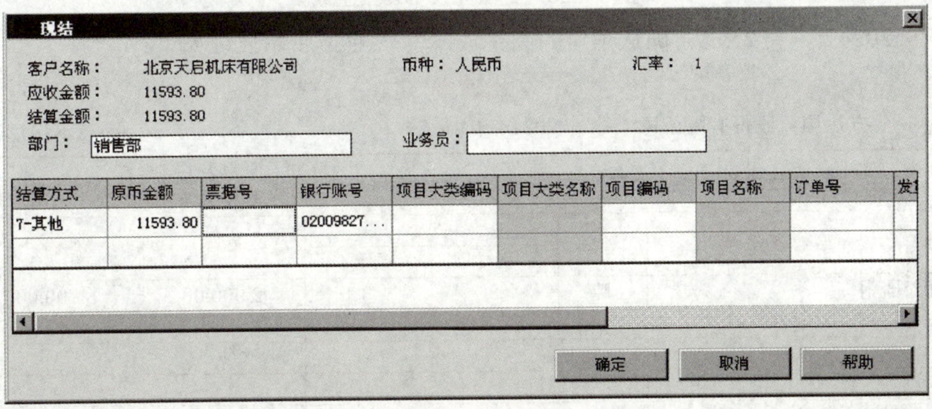

图6-218　现结

3.应收单据审核与制单

（1）2024年1月25日，**操作员（W02）**在企业应用平台中执行【业务工作】【财务会计】【应收款管理】【应收单据处理】【应收单据审核】命令，系统弹出"应收单查询条件"对话框，勾选"包含已现结发票"。

（2）单击"确定"按钮，打开"应收单据列表"窗口，双击需要审核的票据，打开"销售发票"窗口，单击"审核"按钮，系统弹出"是否立即制单"提示框，如图6-219所示，单击"是"，打开"填制凭证"窗口，系统自动生成记账凭证，检查凭证是否有误，核对无误则单击"保存"按钮，如图6-220所示。

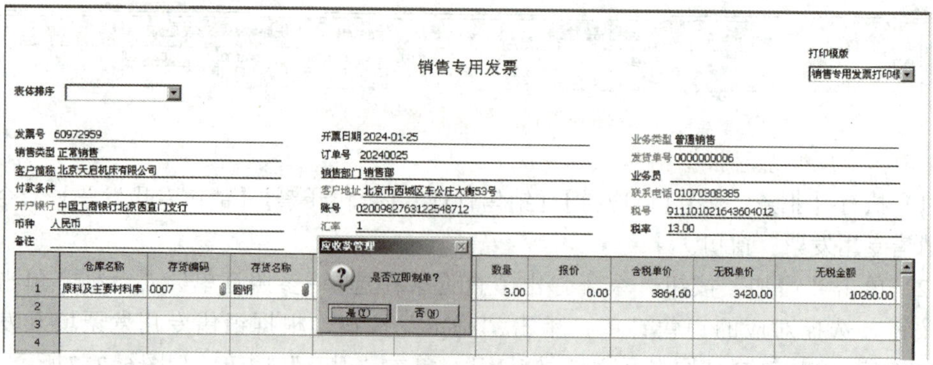

图6-219　销售专用发票（审核）

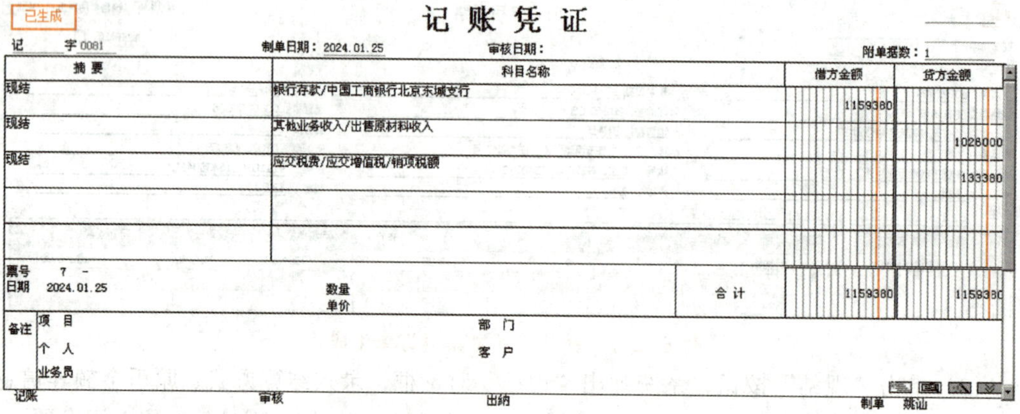

图6-220　记账凭证（发票生成）

业务76 2024年1月25日，确认销售的圆钢成本。该业务原始凭证如下：

业务76			出库单						
出货单位：方达国际股份有限公司			2024年01月25日				单号：CK111206		
提货单位或领货部门	北京天启机床有限公司		销售单号	XS20241206	发出仓库	原料及主要材料库	出库日期	2024.01.25	会计联
编号	名称及规格	单位	数量		单价	金额			
			应发	实发					
CL002	圆钢	吨	3	3	2 900.00	8 700.00			
	合计					¥8 700.00			

部门经理：杨艳　　会计：张翔　　仓库：马琴　　经办人：孙小楠

【操作指导】

1.销售出库单

（1）2024年1月25日，**操作员（C01）**进入企业应用平台，执行【业务工作】【供应链】【库存管理】【出库业务】【销售出库单】，打开"销售出库单"窗口，执行【生单】【销售生单】命令，系统弹出"查询条件选择-销售发货单列表"对话框。

（2）单击"确定"按钮，选择相应的销售发货单，单击"确定"按钮，单击"保存"按钮，单击"审核"按钮，系统弹出"该单据审核成功"提示对话框，单击"确定"按钮。如图6-221所示。

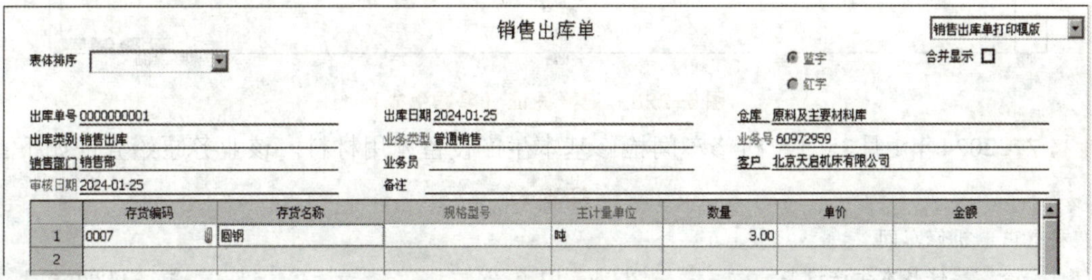

图6-221　销售出库单（录入）

2.正常单据记账

（1）2024年1月25日，**操作员（W02）**进入企业应用平台，执行【业务工作】【供应链】【存货核算】【业务核算】【正常单据记账】命令，系统弹出"查询条件选择"对话框。

（2）单击"确定"按钮，打开"正常单据记账列表"窗口，选择单据类型为"专用发票"的单据，单击"记账"按钮，系统弹出"记账成功"提示框，如图6-222所示，单击"确定"按钮，完成专用发票记账。

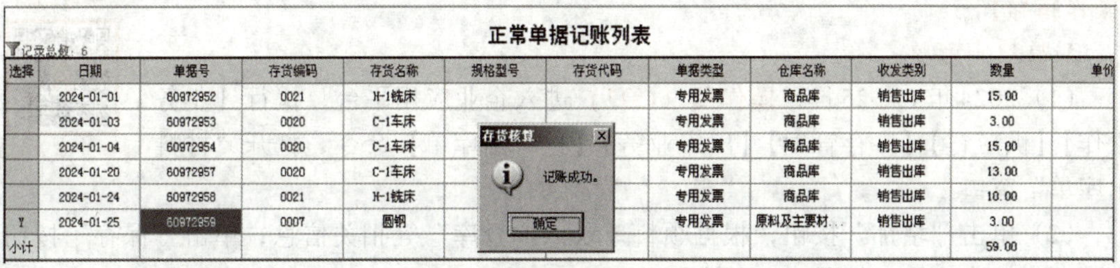

图6-222　正常单据记账

3.生成凭证

（1）执行【财务核算】【生成凭证】命令，打开"生成凭证"界面，单击"选择"按钮，系统弹出"查询条件"对话框，单击"确定"按钮，打开"未生成凭证单据一览表"，选择需要生成凭证的单据。

（2）单击"确定"按钮，输入对方科目为"640202"，单击"合成"按钮，系统自动生成一张记账凭证，单击"保存"按钮。如图6-223所示。

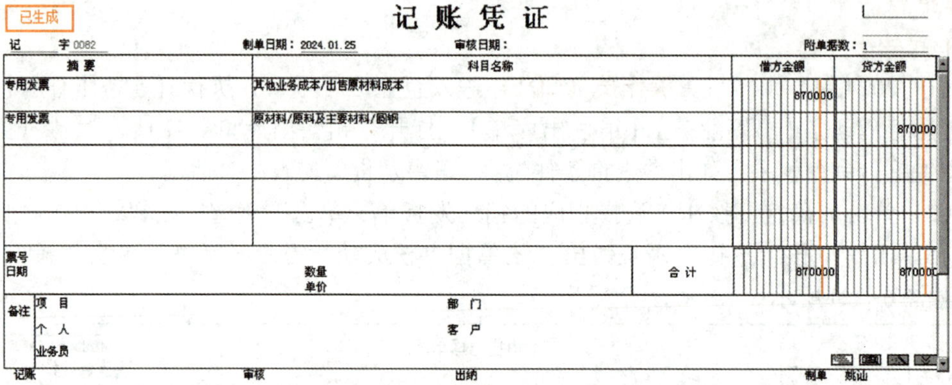

图 6-223　记账凭证（单据生成）

业务 77　2024 年 1 月 25 日，机修车间检修基本生产设备领用材料。该业务原始凭证如下：

业务77					领料单											
领料部门：机修车间																
用　　途：检修基本生产设备				2024 年 01 月 25 日						领 第1220号						

材料			单位	数量		成本									
						单价	总价								
编号	名称	规格		请领	实发		百	十	万	千	百	十	元	角	分
CL002	圆钢		吨	2	2	2 900.00			5	8	0	0	0	0	
合计								¥	5	8	0	0	0	0	

部门经理：陈水生　　会计：张翔　　仓库：马琴　　经办人：秦可怡

【操作指导】

1.材料出库单

（1）2024 年 1 月 25 日，操作员（C01）进入企业应用平台，执行【业务工作】【供应链】【库存管理】【出库业务】【材料出库单】命令，打开"材料出库单"窗口。

（2）单击"增加"按钮，根据领料单录入"仓库"等相关信息，单击"保存"按钮，单击"审核"按钮。如图 6-224 所示。

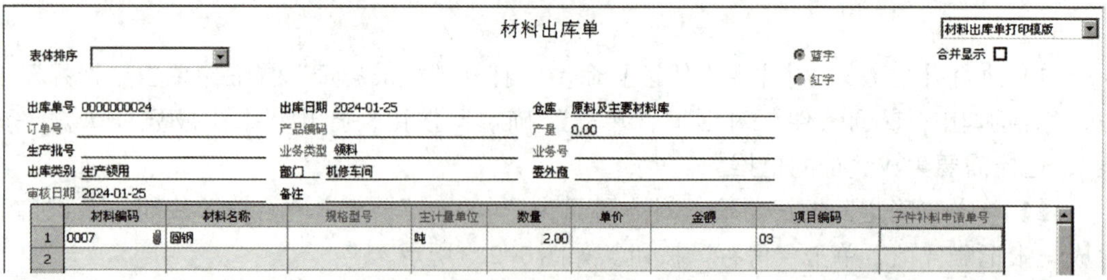

操作视频

业务 77 至业务 88

图 6-224　材料出库单（录入）

2.正常单据记账

（1）2024 年 1 月 25 日，操作员（W02）进入企业应用平台，执行【业务工作】【供应链】【存货核算】【业务核算】【正常单据记账】命令，系统弹出"查询条件选择"对话框。

（2）单击"确定"按钮，打开"正常单据记账列表"窗口，选择单据类型为"材料出库单"的单据，单击"记账"按钮，系统弹出"记账成功"提示框，如图6-225所示，单击"确定"按钮，完成材料出库单记账。

选择	日期	单据号	存货编码	存货名称	规格型号	存货代码	单据类型	仓库名称	收发类别	数量	单价
	2024-01-01	60972952	0021	H-1铣床			专用发票	商品库	销售出库	15.00	
	2024-01-03	60972953	0020	C-1车床			专用发票	商品库	销售出库	3.00	
	2024-01-04	60972954	0020	C-1车床			专用发票	商品库	销售出库	15.00	
	2024-01-20	60972957	0020	C-1车床			专用发票	商品库	销售出库	13.00	
	2024-01-24	60972958	0021	H-1铣床			专用发票	商品库	销售出库	10.00	
Y	2024-01-25	0000000024	0007	圆钢			材料出库单	原料及主要材...	生产领用	2.00	
小计										58.00	

图6-225 正常单据记账

3.生成凭证

（1）执行【财务核算】【生成凭证】命令，打开"生成凭证"界面，单击"选择"按钮，系统弹出"查询条件"对话框，单击"确定"按钮，打开"未生成凭证单据一览表"，选择需要生成凭证的单据。

（2）单击"确定"按钮，输入对方科目为"50010401"，单击"合成"按钮，系统自动生成一张记账凭证，单击"保存"按钮。如图6-226所示。

图6-226 记账凭证（单据生成）

业务78 2024年1月25日，支付机修车间设备修理费。该业务原始凭证如下：

业务78-1/2

电子发票（增值税专用发票）

发票号码：24111000000030961856
开票日期：2024年01月25日

国家税务总局
北京市税务局

购买方信息	名称：方达国际股份有限公司 统一社会信用代码/纳税人识别号：911101018937465212			售方信息	名称：北京邓旭机修有限公司 统一社会信用代码/纳税人识别号：911101081551153134		
项目名称	规格型号	单位	数量	单价	金额	税率/征收率	税额
*劳务*修理费					9 200.00	13%	1 196.00
合 计					¥9 200.00		¥1 196.00
价税合计（大写）	⊗壹万零叁佰玖拾陆元整					（小写）¥10 396.00	
备注							

开票人：李一

业务78-2/2　　　　　　　**中国工商银行电子回单凭证**

回单编号：668809921165　　　回单类型：**网银业务**　　　　业务名称：

凭证种类：　　　　　　　凭证号码：　　借贷标志：**借记**　回单格式码：S

账号：0200002356487219763　　开户行名称：**中国工商银行北京东城支行**

户名：**方达国际股份有限公司**

对方账号：0200982763122245685　　开户行名称：**中国工商银行北京玉东支行**

对方户名：**北京邓旭机修有限公司**

币种：**人民币**　　　金额：10 396.00　　金额大写：**壹万零叁佰玖拾陆元整**

兑换信息：　　币种：　　金额：　　牌价：　　币种：　　金额：

摘要：**修理费**

附加信息：

打印次数：**1次**　　　记账日期：2024-01-25　　会计流水号：EEZ9111006612156

记账机构：05113789197　　经办柜员：EEZ0019　　记账柜员：EEZ0019　复核柜员：　授权柜员：

打印机构：65113781210　　打印柜员：AEZD001　　　　　　　批次号：

【操作指导】

　　总账制单

　　（1）2024年1月25日，**操作员（W02）** 在企业应用平台执行【业务工作】【财务会计】【总账】【凭证】【填制凭证】命令，打开"填制凭证"窗口。

　　（2）单击"增加"按钮或者按【F5】键，根据原始凭证录入并保存记账凭证。如图6-227所示。

记账凭证

摘　要	科目名称	借方金额	贷方金额
支付机修车间设备维修费	管理费用/维修费	920000	
支付机修车间设备维修费	应交税费/应交增值税/进项税额	119600	
支付机修车间设备维修费	银行存款/中国工商银行北京东城支行		1039600
	合　计	1039600	1039600

记　字 0064　　制单日期：2024.01.25　　审核日期：　　　附单据数：2

图6-227　记账凭证（总账填制）

业务79 2024年1月25日，支付财务人员培训费（暂不考虑相关的成本费用分配）。该业务原始凭证如下：

业务79-1/2

报销单

填报日期：2024 年 01 月 25 日　　　　　单据及附件共 1 张

姓名	林玲	所属部门	财务部	报销形式	现金
				支票号码	

报销项目	摘要	金额	备注
职工教育培训	财务部门员工培训	874.50	
合　计		¥874.50	

（加盖方达）

金额大写：零拾零万零仟捌佰柒拾肆元伍角零分	原借款：	应退款：
		应补款：¥874.50

总经理：**陈逸舟**　财务经理：**林玲**　部门经理：**林玲**　会计：**张翔**　出纳：**李惠**　领款人：**林玲**

业务79-2/2

电子发票（增值税专用发票）

（全国统一发票监制章 国家税务总局 北京市税务局）

发票号码：24112000000947583862
开票日期：2024 年 01 月 25 日

购买方信息	名称：方达国际股份有限公司 统一社会信用代码/纳税人识别号：911101018937465212	销售方信息	名称：北京思锐咨询有限公司 统一社会信用代码/纳税人识别号：911101013647872612

项目名称	规格型号	单位	数量	单价	金额	税率/征收率	税额
*生活服务*培训费					825.00	6%	49.50
合　计					¥825.00		¥49.50
价税合计（大写）	⊗捌佰柒拾肆元伍角整					（小写）¥874.50	
备注							

开票人：施南浩

【操作指导】

　　总账制单

　　（1）2024 年 1 月 25 日，**操作员（W02）**在企业应用平台执行【业务工作】【财务会计】【总账】【凭证】【填制凭证】命令，打开"填制凭证"窗口。

　　（2）单击"增加"按钮或者按【F5】键，根据原始凭证录入并保存记账凭证。如图 6-228 所示。

记账凭证

摘要	科目名称	借方金额	贷方金额
记　字 0085	制单日期：2024.01.25　审核日期：		附单据数：2
支付财务人员职工培训费	应付职工薪酬/职工教育经费	825000	
支付财务人员职工培训费	应交税费/应交增值税/进项税额	49500	
支付财务人员职工培训费	库存现金		87450
票号 日期	数量 单价	合计	87450　87450
备注 项目 个人 业务员	部门 客户		
记账　　审核　　出纳		制单　姚迪	

图 6-228　记账凭证（总账生成）

业务80 2024年1月25日，购买产品发放福利（暂不考虑相关的成本费用分配）。该业务原始凭证如下：

业务80-1/2

电子发票（普通发票）
国家税务总局
北京市税务局

发票号码：24112000000027364862

开票日期：2024 年 01 月 25 日

购买方信息	名称：方达国际股份有限公司				销方信息	名称：北京沃尔玛商贸有限公司		
	统一社会信用代码/纳税人识别号：911101018937465212					统一社会信用代码/纳税人识别号：911101016574653412		

项目名称	规格型号	单位	数量	单价	金额	税率/征收率	税额
*畜禽产品*伊利酸奶		箱	174	22.5841	3 929.63	13%	510.85
*油料*金龙鱼调和油		桶	174	43.1151	7 502.02	13%	975.26
*家用厨房电器具*美的豆浆机		台	87	178.3363	15 515.26	13%	2 016.98
合　计					¥26 946.91		¥3 503.09
价税合计（大写）	⊗叄万零肆佰伍拾元整					（小写）¥30 450.00	
备注							

开票人：尹丽

业务80-2/2

中国工商银行电子回单凭证

回单编号：668319921165	回单类型：**网银业务**	业务名称：
凭证种类：	凭证号码：	借贷标志：**借记** 回单格式码：S
账号：0200002356487219763	开户行名称：**中国工商银行北京东城支行**	
户名：**方达国际股份有限公司**		
对方账号：0200002354978746253	开户行名称：**中国工商银行北京西直门支行**	
对方户名：**北京沃尔玛商贸有限公司**		
币种：**人民币** 金额：30 450.00	金额大写：**叄万零肆佰伍拾元整**	
兑换信息： 币种： 金额：	牌价： 币种： 金额：	
摘要：**购买福利用品**		

附加信息：

打印次数：**1次**	记账日期：2024-01-25	会计流水号：EEZ9111006612157	
记账机构：05113789197	经办柜员：EEZ0019	记账柜员：EEZ0019	复核柜员： 授权柜员：
打印机构：65113781210	打印柜员：AEZD001	批次号：	

【操作指导】

　　总账制单

　　（1）2024 年 1 月 25 日，**操作员（W02）**在企业应用平台执行【业务工作】【财务会计】【总账】【凭证】【填制凭证】命令，打开"填制凭证"窗口。

　　（2）单击"增加"按钮或者按【F5】键，根据原始凭证录入并保存记账凭证。如图 6-229 所示。

记 账 凭 证

记　字 0086	制单日期: 2024.01.25	审核日期:		附单据数: 2	
摘　要	科目名称			借方金额	贷方金额
购买产品发放福利	应付职工薪酬/非货币性福利			3045000	
购买产品发放福利	银行存款/中国工商银行北京东城支行				3045000
票号			合计	3045000	3045000
日期	数量/单价				
备注	项目 / 个人 / 业务员	部门 / 客户			
记账	审核	出纳		制单 柳汕	

图 6-229　记账凭证（总账填制）

业务 81 2024 年 1 月 25 日，将期初持有的渤海股份股票 3 500 股出售。该业务原始凭证如下：

业务 81-1/3

天发证券北京东城营业部交割单

客户名称：方达国际股份有限公司　对账日期：2024 年 1 月 25 日　打印柜员：2245

资金信息：

币种	资金余额	可用金额	可取现金	资产总值
人民币	74 094.25	74 094.25	74 094.25	324 094.25

流水明细：

日期	币种	业务标志	证券名称	证券代码	发生数量	成交均价	佣金	印花税	其他费	收付金额	资金余额	备注
2024.01.25	人民币	股票卖出	渤海股份	00**23	3 500	14.6207			578.20	50 594.25	74 094.25	

汇总股票资料：

证券名称	证券代码	当前数	可用数	最新价	市值	币种
刚玉股份	00**20	20 000	20 000	12.50	250 000.00	人民币

业务 81-2/3

电子发票（增值税专用发票）

发票号码：24112000000060988673

开票日期：2024 年 01 月 25 日

购买方信息	名称：方达国际股份有限公司 统一社会信用代码/纳税人识别号：911101018937465212	售方信息	名称：天发证券股份有限公司 统一社会信用代码/纳税人识别号：911101066737468321

项目名称	规格型号	单位	数量	单价	金额	税率/征收率	税额
*金融服务*直接收费金融服务					545.47	6%	32.73
合　计					¥545.47		¥32.73
价税合计（大写）	⊗伍佰柒拾捌元贰角整					（小写）¥578.20	
备注							

开票人：张灿然

业务81-3/3	备查账		
单位：方达国际股份有限公司	2024 年 01 月 16 日		金额单位：元
科目	明细	股数（股）	金额
交易性金融资产	渤海股份	3 500	40 957.45

【操作指导】

总账制单

（1）2024 年 1 月 25 日，**操作员（W02）** 在企业应用平台执行【业务工作】【财务会计】【总账】【凭证】【填制凭证】命令，打开"填制凭证"窗口。

（2）单击"增加"按钮或者按【F5】键，根据原始凭证录入并保存记账凭证。如图 6-230 所示。

图 6-230　记账凭证（总账填制）

业务82 2024 年 1 月 26 日，计提本月固定资产及投资性房地产折旧。该业务原始凭证如下：

业务82　投资性房地产、固定资产折旧计提表

编制单位：方达国际股份有限公司　　　　2024 年 1 月　　　　　　　　　　单位：元

类别	预计使用年限	预计残值率	铸造车间		机加工车间		装配车间		机修车间		投资性房地产		公司总部		合计	
			原值	月折旧额	原值	月折旧额	原值	月折旧额	原值	月折旧额	原值	月折旧额	原值	月折旧额	原值	月折旧额
投资性房地产	20	0.04									600 000	2 400			600 000	2 400
房屋及建筑物	20	0.04	2 040 000	8 160	2 380 000	9 520	2 176 000	8 704	204 000	816			2 000 000	8 000	8 800 000	35 200
机器设备	10	0.04	965 000	7 020	485 000	3 880	230 000	1 840	330 000	2 640			39 000	312	2 049 000	15 692
生产经营用工具	5	0.04	32 000	512	32 000	512	32 000	512					211 300	3 380.8	307 300	4 916.8
运输设备	4	0.04											612 700	12 254	612 700	12 254
电子设备	3	0.04											442 500	9 036.84	442 500	9 036.84
合计			3 037 000	15 692	2 897 000	13 912	2 438 000	11 056	534 000	3 456	600 000	2 400	3 305 500	32 983.64	12 811 500	79 499.64

审核：林玲　　　　　　　　制单：张翔

【操作指导】

总账制单

（1）2024年1月26日，操作员（W02）在企业应用平台执行【业务工作】【财务会计】【总账】【凭证】【填制凭证】命令，打开“填制凭证”窗口。

（2）单击“增加”按钮或者按【F5】键，根据原始凭证录入并保存记账凭证。如图6-231至图6-233所示。

记 账 凭 证

记　字 0088 － 0001/0003　制单日期：2024.01.26　审核日期：　附单据数：1

摘要	科目名称	借方金额	贷方金额
计提折旧	制造费用/铸造车间	1569200	
计提折旧	制造费用/机加工车间	1391200	
计提折旧	制造费用/装配车间	1105600	
计提折旧	生产成本/辅助生产成本/机修车间	345600	
计提折旧	其他业务成本/折旧费	240000	
票号 日期	数量 单价　合计	7949964	7949964
备注	项目　部门 个人　客户 业务员		

记账　审核　出纳　制单　姚山

图6-231　记账凭证1/3（总账填制）

记 账 凭 证

记　字 0088 － 0002/0003　制单日期：2024.01.26　审核日期：　附单据数：1

摘要	科目名称	借方金额	贷方金额
计提折旧	管理费用/折旧费	3298364	
计提折旧	投资性房地产累计折旧		240000
计提折旧	累计折旧/房屋及建筑物		3520000
计提折旧	累计折旧/机器设备		1569200
计提折旧	累计折旧/生产经营用工具		491680
票号 日期	数量 单价　合计	7949964	7949964
备注	项目　部门 个人　客户 业务员		

记账　审核　出纳　制单　姚山

图6-232　记账凭证2/3（总账填制）

记 账 凭 证

记　字 0088 － 0003/0003　制单日期：2024.01.26　审核日期：　附单据数：1

摘要	科目名称	借方金额	贷方金额
计提折旧	累计折旧/运输设备		1225400
计提折旧	累计折旧/电子设备		903684
票号 日期	数量 单价　合计	7949964	7949964
备注	项目　部门 个人　客户 业务员		

记账　审核　出纳　制单　姚山

图6-233　记账凭证3/3（总账填制）

业务 83 2024年1月28日，支付建造厂房工程款。该业务原始凭证如下：

业务 83-1/2

电子发票（增值税专用发票）

发票号码：24112000000053648762
开票日期：2024 年 01 月 28 日

建筑服务

购买方信息	名称：方达国际股份有限公司				销售方信息	名称：大地建筑工程有限公司	
	统一社会信用代码/纳税人识别号：911101018937465212					统一社会信用代码/纳税人识别号：911101141551122456	

项目名称	建筑服务发生地	建筑项目名称	金额	税率/征收率	税额
*建筑服务*厂房建造	北京市东城区广大北路139号	厂房建筑工程	200 000.00	9%	18 000.00
合　计			¥200 000.00		¥18 000.00

价税合计（大写）	⊗贰拾壹万捌仟元整	（小写）¥218 000.00

备注：土地增值税项目编号：
跨地（市）标志：

开票人：陈剑

业务 83-2/2

中国工商银行电子回单凭证

回单编号：665309921165	回单类型：网银业务		业务名称：

凭证种类：　　　　　　　凭证号码：　　　　借贷标志：**借记**　　回单格式码：S
账号：0200002356487219763　　开户行名称：中国工商银行北京东城支行
户名：**方达国际股份有限公司**
对方账号：0200982763155879856　　开户行名称：中国工商银行北京沙河分理处
对方户名：**大地建筑工程有限公司**
币种：**人民币**　　金额：218 000.00　　金额大写：贰拾壹万捌仟元整
兑换信息：　币种：　　金额：　　牌价：　　币种：　　金额：
摘要：**工程款**

附加信息：

打印次数：**1 次**　　记账日期：2024-01-28　　会计流水号：EEZ9111006612158
记账机构：05113789197　　经办柜员：EEZ0019　　记账柜员：EEZ0019　复核柜员：　授权柜员：
打印机构：65113781210　　打印柜员：AEZD001　　批次号：

【操作指导】

总账制单

（1）2024年1月28日，操作员（W02）在企业应用平台执行【业务工作】【财务会计】【总账】【凭证】【填制凭证】命令，打开"填制凭证"窗口。

（2）单击"增加"按钮或者按【F5】键，根据原始凭证录入并保存记账凭证。如图6-234所示。

记账凭证

记 字 0089　　　　制单日期：2024.01.28　　　审核日期：　　　　　　附单据数：2

摘　要	科目名称	借方金额	贷方金额
支付建造厂房工程款	在建工程/厂房建造工程	20000000	
支付建造厂房工程款	应交税费/应交增值税/进项税额	1800000	
支付建造厂房工程款	银行存款/中国工商银行北京东城支行		21800000

票号	－					
日期		数量 单价		合　计	21800000	21800000

备注：项　目　　　部　门
　　　个　人　　　客　户
　　　业务员

记账　　　　　审核　　　　　出纳　　　　　制单 姚汕

图6-234　记账凭证（总账填制）

业务84 2024年1月29日，支付并分摊电费。该业务原始凭证如下：

业务84-1/3

电子发票（增值税专用发票）

发票号码：24112000000064859635
开票日期：2024 年 01 月 29 日

购买方信息	名称：方达国际股份有限公司 统一社会信用代码/纳税人识别号：911101018937465212	售方信息	名称：北京市电力集团有限公司 统一社会信用代码/纳税人识别号：911101021534534589

项目名称	规格型号	单位	数量	单价	金额	税率/征收率	税额
*供电*电费		度	77 750	0.80	62 200.00	13%	8 086.00
合　计					¥62 200.00		¥8 086.00

价税合计（大写）	⊗柒万零贰佰捌拾陆元整	（小写）¥70 286.00

备注：

开票人：李平

业务84-2/3

委托收款 结算凭证（贷方凭证）　　5　No.365748973

同城特约　　　　　　2024 年 01 月 29 日

付款人	全　称	方达国际股份有限公司	收款人	全　称	北京市电力集团有限公司
	账号或地址	0200002356487219763		账号或地址	11001016600053004401
	开户银行	中国工商银行北京东城支行		开户银行	中国建设银行北京西单支行

委收金额	人民币 （大写）	柒万零贰佰捌拾陆元整	千 百 十 万 千 百 十 元 角 分 ¥ 7 0 2 8 6 0 0

合同号	DD847392	款项内容	电费	附寄单证张数	

此联为付款人开户银行给付款人按期付款的通知

（盖章：中国工商银行北京东城支行 2024.01.29 办讫章（01））

业务84-3/3

电费分配表

方达国际股份有限公司　　　　　　　2024年01月　　　　　　　金额单位：元

使用部门	耗用量（度）	单价	金额
铸造车间	22 152	0.80	17 721.60
机加工车间	18 558	0.80	14 846.40
装配车间	20 245	0.80	16 196.00
机修车间	12 750	0.80	10 200.00
管理部门	4 045	0.80	3 236.00
合计	77 750		62 200.00

审核：林玲　　　　　　　　　　　制单：张翔

【操作指导】

　　总账制单

　　（1）2024年1月29日，操作员（W02）在企业应用平台执行【业务工作】【财务会计】【总账】【凭证】【填制凭证】命令，打开"填制凭证"窗口。

　　（2）单击"增加"按钮或者按【F5】键，根据原始凭证录入并保存记账凭证。如图6-235、图6-236所示。

　　备注：生产成本辅助项为"其他"。

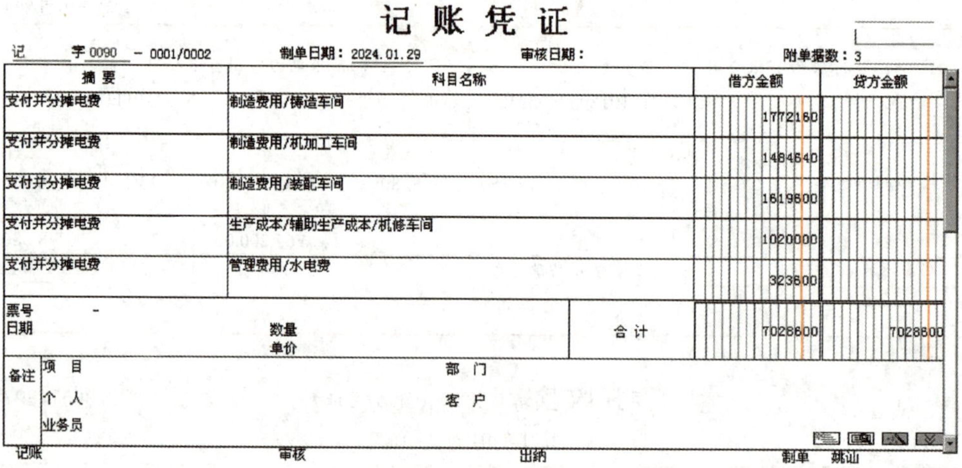

图6-235　记账凭证1/2（总账填制）

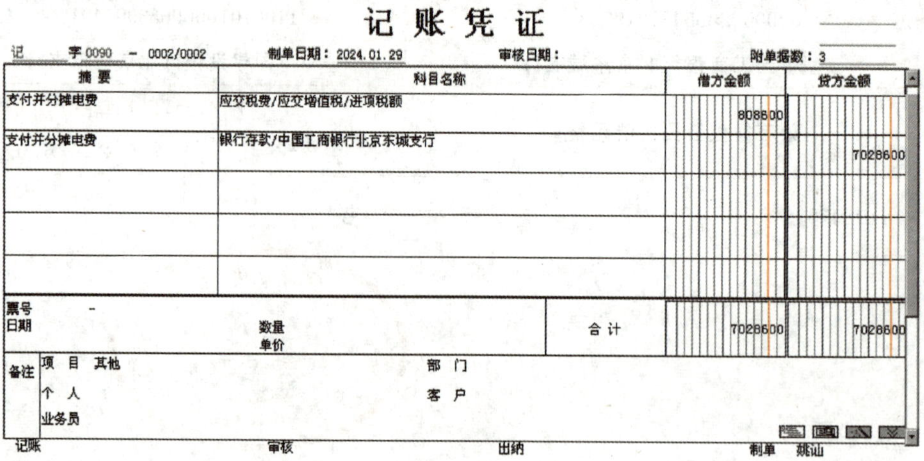

图6-236　记账凭证2/2（总账填制）

业务85 2024年1月29日，支付并分摊水费。该业务原始凭证如下：

业务85-1/3

<table>
<tr><td colspan="2" align="center">电子发票（增值税专用发票）</td><td>发票号码：24112000000064759873</td></tr>
<tr><td colspan="2" align="center">国家税务总局</td><td>开票日期：2024 年 01 月 29 日</td></tr>
</table>

<table>
<tr><td rowspan="2">购买方信息</td><td>名　称：方达国际股份有限公司</td><td rowspan="2">售方信息</td><td>名　称：北京市自来水集团有限公司</td></tr>
<tr><td>统一社会信用代码/纳税人识别号：911101018937465212</td><td>统一社会信用代码/纳税人识别号：911101021497881678</td></tr>
</table>

项目名称	规格型号	单位	数量	单价	金额	税率/征收率	税额
*冰雪*工业用水		吨	1 335	4.20	5 607.00	9%	504.63
合　计					¥5 607.00		¥504.63
价税合计（大写）	⊗陆仟壹佰壹拾壹元陆角叁分					（小写）¥6 111.63	
备注							

开票人：林玲

业务85-2/3

委托收款结算凭证（贷方凭证）　　　5　No.627485983

同城特约　　　　　　2024 年 01 月 29 日

<table>
<tr><td rowspan="3">付款人</td><td>全　称</td><td>方达国际股份有限公司</td><td rowspan="3">收款人</td><td>全　称</td><td>北京市自来水集团有限公司</td><td rowspan="8">此联为付款人开户银行给付款人按期付款的通知</td></tr>
<tr><td>账号或地址</td><td>0200002356487219763</td><td>账号或地址</td><td>0200982236598569891</td></tr>
<tr><td>开户银行</td><td>中国工商银行北京东城支行</td><td>开户银行</td><td>中国工商银行北京西四支行</td></tr>
</table>

委收金额	人民币（大写）	陆仟壹佰壹拾壹元陆角叁分	千百十万千百十元角分 ¥611163

合同号 SS323874　　　　款项内容 水费　　附寄单证张数

（中国工商银行北京东城支行 2024.01.29 办讫章（01））

业务85-3/3

水费分配表

方达国际股份有限公司　　　2024 年 01 月　　　金额单位：元

使用部门	耗用量（吨）	单价	金额
铸造车间	300	4.20	1 260.00
机加工车间	210	4.20	882.00
装配车间	150	4.20	630.00
机修车间	100	4.20	420.00
管理部门	575	4.20	2 415.00
合计	1 335		5 607.00

审核：林玲　　　　　　制单：张翔

【操作指导】

　　总账制单

　　（1）2024年1月29日，**操作员（W02）**在企业应用平台执行【业务工作】【财务会计】【总账】【凭证】【填制凭证】命令，打开"填制凭证"窗口。

（2）单击"增加"按钮或者按【F5】键，根据原始凭证录入并保存记账凭证。如图6-237、图6-238所示。（备注：生产成本辅助项为"其他"）

记 账 凭 证

记 字 0091 - 0001/0002   制单日期：2024.01.29   审核日期：   附单据数：3

摘要	科目名称	借方金额	贷方金额
支付并分摊水费	制造费用/铸造车间	126000	
支付并分摊水费	制造费用/机加工车间	88200	
支付并分摊水费	制造费用/装配车间	63000	
支付并分摊水费	生产成本/辅助生产成本/机修车间	42000	
支付并分摊水费	管理费用/水电费	241500	
票号 日期 - 数量 单价	合计	611163	611163

备注：项目　　　　　　　　　部门
个人　　　　　　　　　　客户
业务员

记账　　　　　审核　　　　　出纳　　　　　制单 姚汕

图6-237 记账凭证1/2（总账填制）

记 账 凭 证

记 字 0091 - 0002/0002   制单日期：2024.01.29   审核日期：   附单据数：3

摘要	科目名称	借方金额	贷方金额
支付并分摊水费	应交税费/应交增值税/进项税额	50463	
支付并分摊水费	银行存款/中国工商银行北京东城支行		611163
票号 日期 - 数量 单价	合计	611163	611163

备注：项目 其他　　　　　部门
个人　　　　　　　　　　客户
业务员

记账　　　　　审核　　　　　出纳　　　　　制单 姚汕

图6-238 记账凭证2/2（总账填制）

业务86 2024年1月31日，圆钢验收入库。该业务原始凭证如下：

业务86-1/3

入 库 单

2024 年 01 月 04 日   单号：RK1112001

交来单位及部门	长江钢铁集团有限公司		发票号码或生产单号码		60978674	验收仓库	原料及主要材料库	入库日期	2024.01.04
编号	名称及规格	单位	数量		实际价格		计划价格		价格差异
			交库	实收	单价	金额	单价	金额	
CL002	圆钢	吨	28	28	3 167.40	88 687.20	2 900.00	81 200.00	7 487.20
	合计					¥88 687.20		¥81 200.00	¥7 487.20

部门经理：马琴　　会计：张翔　　仓库：孙小楠　　经办人：刘海

业务86-2/3

入库单

2024 年 01 月 08 日　　　　　　　单号：RK1112003

交来单位及部门	上海黄河钢铁制造有限公司		发票号码或生产单号码	36475857	验收仓库	原材料及主要材料库	入库日期	2024.01.08
编号	名称及规格	单位	数量		实际价格		计划价格		价格差异

编号	名称及规格	单位	交库	实收	单价	金额	单价	金额	价格差异	
CL002	圆钢	吨	5	5	4 402.00	22 010.00	2 900.00	14 500.00	7 510.00	会计联
	合计					￥22 010.00		￥14 500.00	￥7 510.00	

部门经理：马琴　　　会计：张翔　　　仓库：孙小楠　　　经办人：刘海

业务86-3/3

入库单

2024 年 01 月 10 日　　　　　　　单号：RK1112005

交来单位及部门	宏达集团有限公司		发票号码或生产单号码	74657254	验收仓库	原材料及主要材料库	入库日期	2024.01.10

编号	名称及规格	单位	交库	实收	单价	金额	单价	金额	价格差异	
CL002	圆钢	吨	51	51	3 100.00	158 100.00	2 900.00	147 900.00	10 200.00	会计联
	合计					￥158 100.00		￥147 900.00	￥10 200.00	

部门经理：马琴　　　会计：张翔　　　仓库：孙小楠　　　经办人：刘海

【操作指导】

1. 采购入库单

（1）2024 年 1 月 31 日，操作员（C01）进入企业应用平台，执行【业务工作】【供应链】【库存管理】【入库业务】【采购入库单】命令，打开"采购入库单"窗口。

（2）选择【生单】【采购订单（蓝字）】命令，系统弹出"查询条件选择–采购订单列表"对话框，单击"确定"按钮，打开"订单生单列表"窗口，根据原始单据入库单的供应商选择对应的单据，单据"确定"按钮，仓库改为"原料及主要材料库"，单击"保存"与"审核"按钮。依次增加其他采购入库单。如图6-239至图6-241所示。

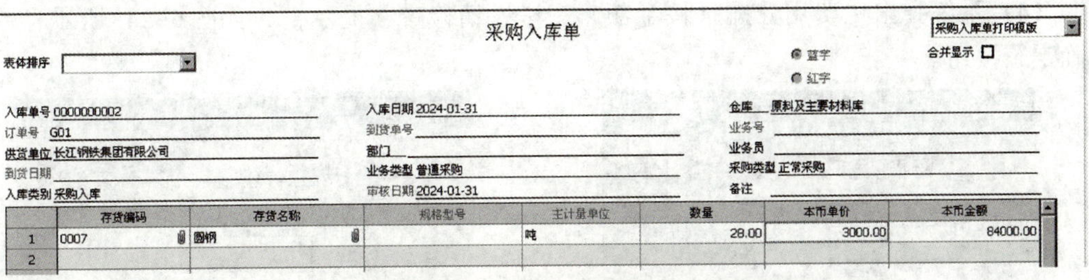

图6-239　采购入库单（录入）

图6-240 采购入库单（录入）

图6-241 采购入库单（录入）

2.采购结算

（1）2024年1月31日，**操作员（G01）**进入企业应用平台，执行【业务工作】【供应链】【采购管理】【采购结算】【手工结算】命令，打开"手工结算"窗口。

（2）单击"选单"按钮，打开"结算选单"窗口，单击"查询"按钮，系统弹出"查询条件选择-采购手工结算"对话框，单击"确定"按钮。选择对应的入库单、发票和运费专用发票，单击"确定"按钮。

操作提示

①如果筛选后在结算选单中没有显示出单据，则需要检查发票和入库单是否已审核；若未审核，则需要找到相应单据审核后再进行结算。

②由于某种原因需要修改或删除入库单、采购发票时，需要先取消采购结算，具体操作为：采购结算→结算单列表→选择要取消的结算单→单击"删除"。

（3）单击"分摊"按钮，系统弹出"选择按金额分摊，是否开始计算？"提示框，如图6-242所示，单击"是"按钮。

（4）系统弹出"费用分摊（按金额）完毕，请检查"提示框，如图6-243所示，单击"确定"按钮。

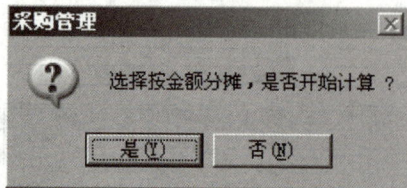

图6-242 运费分摊标准

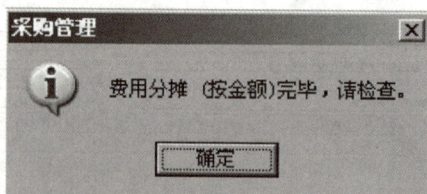

图6-243 运费分摊

（5）单击"结算"按钮，系统弹出"完成结算"提示框，单击"确定"按钮。根据上述步骤完成其他发票与入库单的结算。

操作提示

采购过程中涉及运费则需要在采购结算时进行分摊，没有运杂费时不需要分摊，直接结算。

其一：需要分摊（如图6-244、图6-245所示）

结算汇总

存货名称	单据号	结算数量	发票数量	合理损耗数量	非合理损耗数量	非合理损耗金额	分摊费用	分摊折
圆钢	60978674		28.00					
	0000000002	28.00						
合计		28.00	28.00	0.00	0.00	0.00	0.00	

选择费用分摊方式：⊙按金额　○按数量　□相同供应商

费用名称	发票号	开票日期	对应仓库	对应存货	供货单位	代垫单位	规格型号	计量单
运费	10087235	2024-01-04			北京永通货运有限公司	长江钢铁集团有限公司		元
合计	---	---	---	---	---		---	---

图6-244　运费分摊1

结算汇总

单据类型	存货编号	存货名称	单据号	结算数量	发票数量	合理损耗数量	非合理损耗数量	非合理损耗金额
采购发票		圆钢	38475857		5.00			
采购入库单	0007		0000000003	5.00				
		合计		5.00	5.00	0.00	0.00	0.0C

选择费用分摊方式：⊙按金额　○按数量　□相同供应商

费用名称	发票号	开票日期	对应仓库	对应存货	供货单位	代垫单位	规格型号	计量单
运费	10087236	2024-01-08			上海货运站	上海黄河钢铁制造有		元
合计	---	---	---	---	---		---	---

图6-245　运费分摊2

其二：不需要分摊（如图6-246所示）

结算汇总

单据类型	存货编号	存货名称	单据号	结算数量	发票数量	合理损耗数量	非合理损耗数量	非合理损耗金额
采购发票		圆钢	74857254		51.00			
采购入库单	0007		0000000004	51.00				
		合计		51.00	51.00	0.00	0.00	0.0C

选择费用分摊方式：⊙按金额　○按数量　□相同供应商

费用名称	发票号	开票日期	对应仓库	对应存货	供货单位	代垫单位	规格型号	计量单

图6-246　结算汇总（不需要分摊）

3.正常单据记账

（1）2024年1月31日，操作员（W02）进入企业应用平台，执行【业务工作】【供应链】【存货核算】【业务核算】【正常单据记账】命令，系统弹出“查询条件选择”对话框。

（2）单击“确定”按钮，打开“正常单据记账列表”窗口，选择单据类型为“采购入库单”的单据，单击“记账”按钮，系统弹出“记账成功”提示框，如图6-247所示，单击“确定”按钮，完成采购入库单记账。

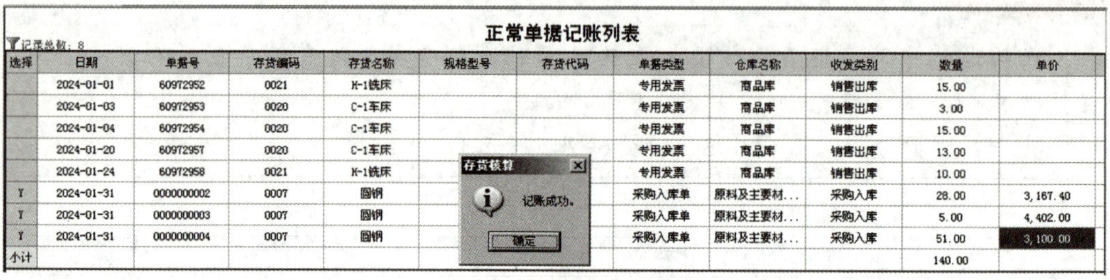

选择	日期	单据号	存货编码	存货名称	规格型号	存货代码	单据类型	仓库名称	收发类别	数量	单价
	2024-01-01	60972952	0021	M-1铣床			专用发票	商品库	销售出库	15.00	
	2024-01-03	60972953	0020	C-1车床			专用发票	商品库	销售出库	3.00	
	2024-01-04	60972954	0020	C-1车床			专用发票	商品库	销售出库	15.00	
	2024-01-20	60972957	0020	C-1车床			专用发票	商品库	销售出库	13.00	
	2024-01-24	60972958	0021	M-1铣床			专用发票	商品库	销售出库	10.00	
Y	2024-01-31	0000000002	0007	圆钢			采购入库单	原料及主要材...	采购入库	28.00	3,167.40
Y	2024-01-31	0000000003	0007	圆钢			采购入库单	原料及主要材...	采购入库	5.00	4,402.00
Y	2024-01-31	0000000004	0007	圆钢			采购入库单	原料及主要材...	采购入库	51.00	3,100.00
小计										140.00	

图6-247 正常单据记账列表

4.生成凭证

（1）执行【财务核算】【生成凭证】命令，打开“生成凭证”界面，单击“选择”按钮，系统弹出“查询条件”对话框。

（2）单击“确定”按钮，打开“未生成凭证单据一览表”，选择需要生成凭证的单据，单击“确定”按钮，单击“合成”按钮，系统自动生成一张记账凭证，单击“保存”按钮。如图6-248所示。

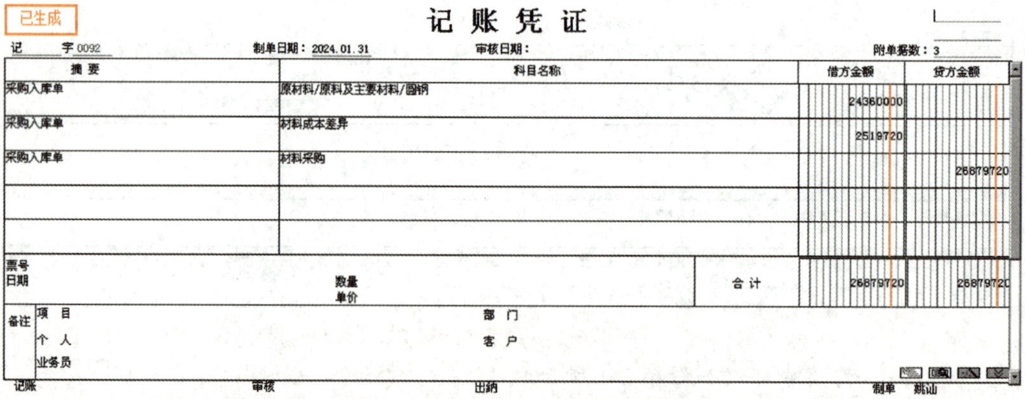

摘要	科目名称	借方金额	贷方金额
采购入库单	原材料/原料及主要材料/圆钢	24360000	
采购入库单	材料成本差异	2519720	
采购入库单	材料采购		26879720
票号 日期	数量 单价 合计	26879720	26879720

图6-248 记账凭证（单据生成）

业务87 2024年1月31日，煤验收入库。该业务原始凭证如下：

业务87

入库单

2024年01月08日　　　　单号：RK1112004

交来单位及部门	河南安阳煤矿有限公司			发票号码或生产单号码	37583617	验收仓库	燃料库	入库日期	2024.01.08
编号	名称及规格	单位	数量		实际价格		计划价格		价格
			交库	实收	单价	金额	单价	金额	差异
CL004	煤	吨	280	280	198.25	55 510.00	160.00	44 800.00	10 710.00
	合计					¥55 510.00		¥44 800.00	¥10 710.00

会计联

部门经理：马琴　　会计：张翔　　仓库：孙小楠　　经办人：刘海

【操作指导】

1.采购入库单

（1）2024年1月31日，**操作员（C01）**进入企业应用平台，执行【业务工作】【供应链】【库存管理】【入库业务】【采购入库单】命令，打开"采购入库单"窗口。

（2）选择【生单】【采购订单（蓝字）】命令，系统弹出"查询条件选择-采购订单列表"对话框，单击"确定"按钮，打开"订单生单列表"窗口，根据原始单据入库单的供应商选择对应的单据，单据"确定"按钮，录入仓库为"燃料库"，单击"保存"与"审核"按钮。如图6-249所示。

图6-249　采购入库单（录入）

2.采购结算

（1）2024年1月31日，**操作员（G01）**进入企业应用平台，执行【业务工作】【供应链】【采购管理】【采购结算】【手工结算】命令，打开"手工结算"窗口。

（2）单击"选单"按钮，打开"结算选单"窗口，单击"查询"按钮，系统弹出"查询条件选择-采购手工结算"对话框，单击"确定"按钮，选择对应的入库单、发票和运费专用发票，单击"确定"按钮。

（3）单击"分摊"按钮，系统弹出"选择按金额分摊，是否开始计算"提示框，如图6-250所示，单击"是"按钮。

（4）系统弹出"费用分摊（按金额）完毕，请检查"提示框，如图6-251所示，单击"确定"按钮。

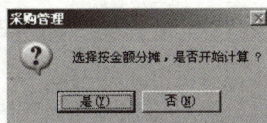

图6-250　运费分摊标准选择

图6-251　运费分摊

（5）单击"结算"按钮，系统弹出"完成结算"提示框，单击"确定"按钮。如图6-252所示。

图6-252　结算汇总

3.正常单据记账

（1）2024年1月31日，**操作员（W02）**进入企业应用平台，执行【业务工作】【供应链】【存货核算】【业务核算】【正常单据记账】命令，系统弹出"查询条件选择"对话框。

（2）单击"确定"按钮，打开"正常单据记账列表"窗口，选择单据类型为"采购入库单"的单据，单击"记账"按钮，系统弹出"记账成功"提示框，如图6-253所示，单击"确定"按钮，完成采购入库单记账。

正常单据记账列表

选择	日期	单据号	存货编码	存货名称	规格型号	存货代码	单据类型	仓库名称	收发类别	数量	单价
	2024-01-01	60972952	0021	H-1铣床			专用发票	商品库	销售出库	15.00	
	2024-01-03	60972953	0020	C-1车床			专用发票	商品库	销售出库	3.00	
	2024-01-04	60972956	0020	C-1车床			专用发票	商品库	销售出库	15.00	
	2024-01-20	60972957	0020	C-1车床			专用发票	商品库	销售出库	13.00	
	2024-01-24	60972958	0021	H-1铣床			专用发票	商品库	销售出库	10.00	
Y	2024-01-31	0000000005	0009	煤			采购入库单	燃料库	采购入库	280.00	198.25
小计										336.00	

图6-253　正常单据记账列表

4.生成凭证

（1）执行【财务核算】【生成凭证】命令，打开"生成凭证"界面，单击"选择"按钮，系统弹出"查询条件"对话框。

（2）单击"确定"按钮，打开"未生成凭证单据一览表"，选择需要生成凭证的单据。单击"确定"按钮，单击"生成"按钮，系统自动生成一张记账凭证，单击"保存"按钮。如图6-254所示。

记账凭证

摘要	科目名称	借方金额	贷方金额
采购入库单	原材料/燃料/煤	4480000	
采购入库单	材料成本差异	1071000	
采购入库单	材料采购		5551000
	合计	5551000	5551000

记字 0093　制单日期：2024.01.31　审核日期：　附单据数：张

图6-254　记账凭证（单据生成）

业务88 2024年1月31日，劳动保护品验收入库。该业务原始凭证如下：

业务88

入库单

2024 年 01 月 10 日　　　　单号：RK1112006

交来单位及部门	北京市清远物资有限公司			发票号码或生产单号码	36475842		验收仓库	周转材料库		入库日期	2024.01.10	
编号	名称及规格	单位	数量		实际价格		计划价格			价格差异	会计联
			交库	实收	单价	金额	单价	金额			
ZZ02	劳保鞋	双	55	55	31.60	1 738.00	28.00	1 540.00		198.00	
ZZ03	耐热手套	副	15	15	5.40	81.00	5.00	75.00		6.00	
	合计					¥1 819.00		¥1 615.00		¥204.00	

部门经理：马琴　　会计：张翔　　仓库：孙小楠　　经办人：刘海

【操作指导】

1.采购入库单

（1）2024年1月31日，操作员（C01）进入企业应用平台，执行【业务工作】【供应链】【库存管理】【入库业务】【采购入库单】命令，打开"采购入库单"窗口。

（2）选择【生单】【采购订单（蓝字）】命令，系统弹出"查询条件选择-采购订单列表"对话框，单击"确定"按钮，打开"订单生单列表"窗口，根据原始单据入库单的供应商选择对应的单据，单据"确定"按钮，录入仓库为"周转材料库"，单击"保存"与"审核"按钮。如图6-255所示。

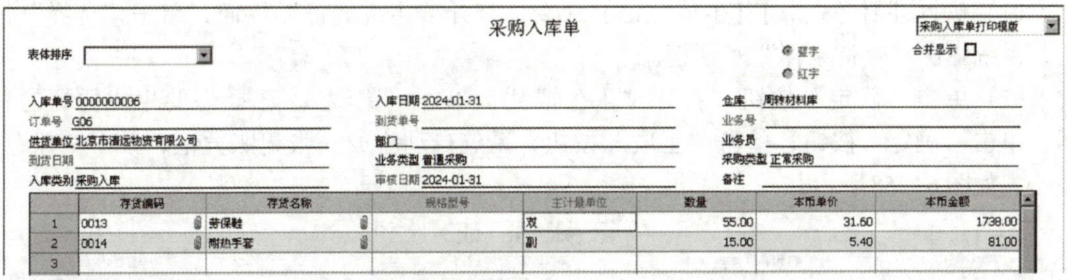

图6-255 采购入库单（录入）

2.采购结算

（1）2024年1月31日，操作员（G01）进入企业应用平台，执行【业务工作】【供应链】【采购管理】【采购结算】【手工结算】命令，打开"手工结算"窗口。

（2）单击"选单"按钮，打开"结算选单"窗口，单击"查询"按钮，系统弹出"查询条件选择-采购手工结算"对话框，单击"确定"按钮，选择对应的入库单、发票，单击"确定"按钮，单击"结算"按钮，系统弹出"完成结算"提示框，单击"确定"按钮。如图6-256所示。

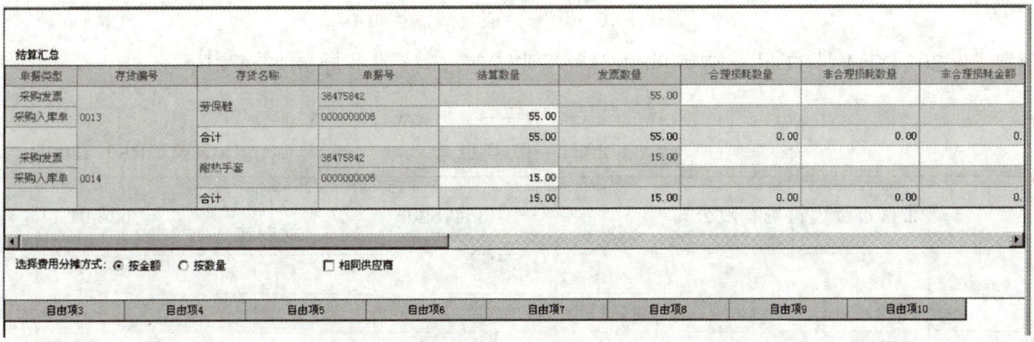

图6-256 采购结算

3.正常单据记账

（1）2024年1月31日，操作员（W02）进入企业应用平台，执行【业务工作】【供应链】【存货核算】【业务核算】【正常单据记账】命令，系统弹出"查询条件选择"对话框。

（2）单击"确定"按钮，打开"正常单据记账列表"窗口，选择单据类型为"采购入库单"的单据，单击"记账"按钮，系统弹出"记账成功"提示框，如图6-257所示，单击"确定"按钮，完成采购入库单记账。

正常单据记账列表

记录总数：10

选择	日期	单据号	存货编码	存货名称	规格型号	存货代码	单据类型	仓库名称	收发类别	数量	单价
	2024-01-01	60972952	0021	H-1铣床			专用发票	商品库	销售出库	15.00	
	2024-01-03	60972953	0020	C-1车床			专用发票	商品库	销售出库	3.00	
	2024-01-04	60972954	0020	C-1车床			专用发票	商品库	销售出库	15.00	
	2024-01-20	60972957	0020	C-1车床			专用发票	商品库	销售出库	13.00	
	2024-01-24	60972958	0021	H-1铣床			专用发票	商品库	销售出库	10.00	
Y	2024-01-31	0000000006	0013	劳保鞋			采购入库单	周转材料库	采购入库	55.00	31.60
Y	2024-01-31	0000000006	0014	耐热手套			采购入库单	周转材料库	采购入库	15.00	5.40
小计										126.00	

存货核算
记账成功。
确定

图6-257　正常单据记账列表

4.生成凭证

（1）执行【财务核算】【生成凭证】命令，打开“生成凭证”界面，单击“选择”按钮，系统弹出“查询条件”对话框。

（2）单击“确定”按钮，打开“未生成凭证单据一览表”，选择需要生成凭证的单据，单击“确定”按钮，单击“生成”按钮，系统自动生成一张记账凭证，单击“保存”按钮。如图6-258所示。

已生成

记 账 凭 证

记　字 0094　　制单日期：2024.01.31　　审核日期：　　附单据数：1

摘要	科目名称	借方金额	贷方金额
采购入库单	材料成本差异	20400	
采购入库单	周转材料/劳动保护品/劳保鞋	154000	
采购入库单	周转材料/劳动保护品/耐热手套	7500	
采购入库单	材料采购		181900
票号 日期　　数量 单价	合计	181900	181900

备注　项　目　　部　门
个　人　　客　户
业务员

记账　　审核　　出纳　　制单　姚山

图6-258　记账凭证（单据生成）

业务89 2024年1月31日，购入的润滑油验收入库。该业务原始凭证如下：

业务89

入库单

2024年01月11日　　单号：RK1112007

交来单位及部门	北京市清远物资有限公司		发票号码或生产单号码		36475905	验收仓库	辅助材料库	入库日期	2024.01.11	
编号	名称及规格	单位	数量		实际价格		计划价格		价格差异	
			交库	实收	单价	金额	单价	金额		
CL006	润滑油	千克	100	100	3.50	350.00	3.50	350.00	0.00	会计联
合计						¥350.00		¥350.00		

部门经理：马琴　　会计：张翔　　仓库：孙小楠　　经办人：刘海

【操作指导】

操作视频

业务89至业务97

1.采购入库单

（1）2024年1月31日，**操作员（C01）** 进入企业应用平台，执行【业务工作】【供应链】【库存管理】【入库业务】【采购入库单】命令，打开"采购入库单"窗口。

（2）选择【生单】【采购订单（蓝字）】命令，系统弹出"查询条件选择-采购订单列表"对话框，单击"确定"按钮，打开"订单生单列表"窗口，根据原始据入库单的供应商选择对应的单据，单据"确定"按钮，录入仓库为"辅助材料库"，单击"保存"与"审核"按钮。如图6-259所示。

采购入库单

采购入库单打印模版

表体排序

● 蓝字　　合并显示 □
○ 红字

入库单号 0000000007　　　入库日期 2024-01-31　　　仓库 辅助材料库
订单号 G07　　　到货单号　　　业务号
供货单位 北京市清远物资有限公司　　　部门　　　业务类型 普通采购　　　采购类型 正常采购
到货日期　　　业务类型 普通采购　　　采购类型 正常采购
入库类别 采购入库　　　审核日期 2024-01-31　　　备注

	存货编码	存货名称	规格型号	主计量单位	数量	本币单价	本币金额
1	0011	润滑油		千克	100.00	3.50	350.00
2							

图6-259　采购入库单（录入）

2.采购结算

（1）2024年1月31日，**操作员（G01）** 进入企业应用平台，执行【业务工作】【供应链】【采购管理】【采购结算】【手工结算】命令，打开"手工结算"窗口。

（2）单击"选单"按钮，打开"结算选单"窗口，单击"查询"按钮，系统弹出"查询条件选择-采购手工结算"对话框，单击"确定"按钮，选择对应的入库单与发票，单击"确定"按钮，单击"结算"按钮，系统弹出"完成结算"提示框，单击"确定"按钮。如图6-260所示。

结算汇总

单据类型	存货编号	存货名称	单据号	结算数量	发票数量	合理损耗数量	非合理损耗数量	非合理损耗金额
采购发票		润滑油	36475905		100.00			
采购入库单	0011		0000000007	100.00				
		合计		100.00	100.00	0.00	0.00	0

选择费用分摊方式：● 按金额 ○ 按数量　　□ 相同供应商

自由项3	自由项4	自由项5	自由项6	自由项7	自由项8	自由项9	自由项10

图6-260　采购结算

3.正常单据记账

（1）2024年1月31日，**操作员（W02）** 进入企业应用平台，执行【业务工作】【供应链】【存货核算】【业务核算】【正常单据记账】命令，系统弹出"查询条件选择"对话框。

（2）单击"确定"按钮，打开"正常单据记账列表"窗口，选择单据类型为"采购入库单"的单据，单击"记账"按钮，系统弹出"记账成功"提示框，如图6-261所示，单击"确定"按钮，完成采购入库单记账。

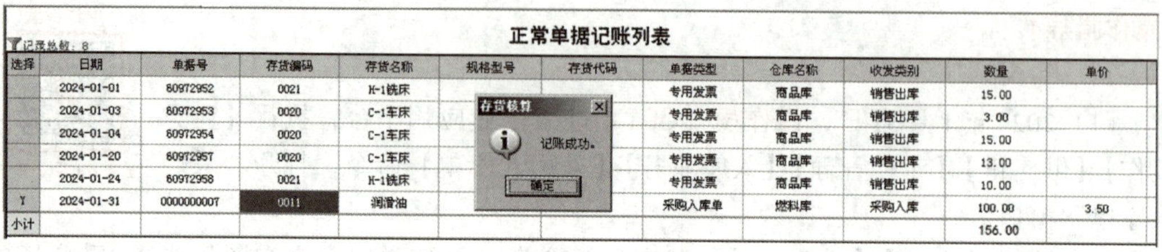

图 6-261　正常单据记账列表

4.生成凭证

（1）执行【财务核算】【生成凭证】命令，打开"生成凭证"界面，单击"选择"按钮，系统弹出"查询条件"对话框。

（2）单击"确定"按钮，打开"未生成凭证单据一览表"，选择需要生成凭证的单据，单击"确定"按钮，单击"生成"按钮，系统自动生成一张记账凭证，单击"保存"按钮。如图 6-262 所示。

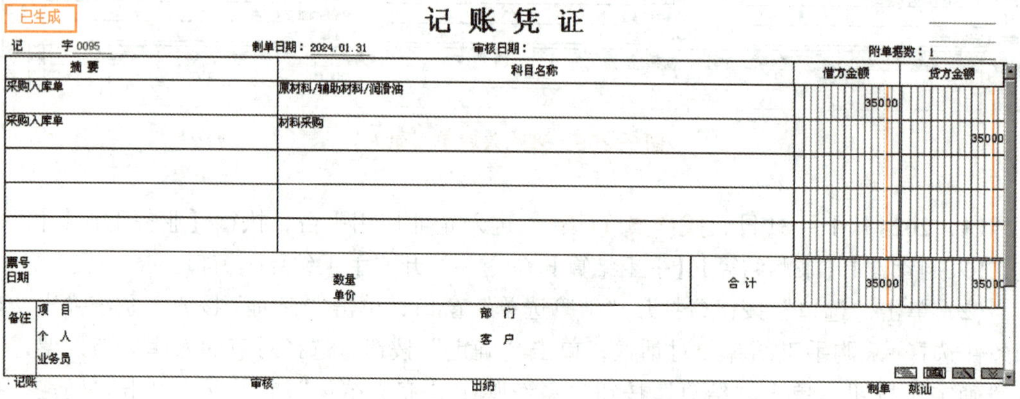

图 6-262　记账凭证（单据生成）

业务90 2024 年 1 月 31 日，外购的轴承 Q123 验收入库。该业务原始凭证如下：

业务90

入库单

2024 年 01 月 06 日　　　　　　　单号：RK1112002

交来单位及部门	山西鸿运轴承销售有限公司		发票号码或生产单号码		60977583		验收仓库	外购半成品库	入库日期	2024.01.06	
编号	名称及规格	单位	数量		实际价格		计划价格		价格差异		会计联
			交库	实收	单价	金额	单价	金额			
BCP03	轴承 Q123	套	100	100	377.20	37 720.00	340.00	34 000.00	3 720.00		
合计						¥37 720.00		¥34 000.00	¥3 720.00		

部门经理：马琴　　会计：张翔　　仓库：孙小楠　　经办人：刘海

【操作指导】

1.采购入库单

（1）2024 年 1 月 31 日，**操作员（C01）**进入企业应用平台，执行【业务工作】【供应链】【库存管理】【入库业务】【采购入库单】命令，打开"采购入库单"窗口。

（2）选择【生单】【采购订单（蓝字）】命令，系统弹出"查询条件选择-采购订单列表"对话框，单击"确定"按钮，打开"订单生单列表"窗口，根据原始单据入库单的供应商选择对应的单据，单据"确定"按钮，录入仓库为"外购半成品库"，单击"保存"与"审核"按钮。如图6-263所示。

采购入库单									采购入库单打印模版
表体排序							⊙ 蓝字		合并显示 ☐
							○ 红字		

入库单号 0000000008 　　　入库日期 2024-01-31 　　　仓库 外购半成品库
订单号 G02 　　　到货单号 　　　业务号
供货单位 山西鸿运轴承销售有限公司 　　　部门 　　　业务员
到货日期 　　　业务类型 普通采购 　　　采购类型 正常采购
入库类别 采购入库 　　　审核日期 2024-01-31 　　　备注

	存货编码	存货名称	规格型号	主计量单位	数量	本币单价	本币金额
1	0003	轴承Q123		套	100.00	340.00	34000.00
2							

图6-263 采购入库单（录入）

2.采购结算

（1）2024年1月31日，操作员（G01）进入企业应用平台，执行【业务工作】【供应链】【采购管理】【采购结算】【手工结算】命令，打开"手工结算"窗口。

（2）单击"选单"按钮，打开"结算选单"窗口，单击"查询"按钮，系统弹出"查询条件选择-采购手工结算"对话框，单击"确定"按钮，选择对应的入库单、发票和运费专用发票，单击"确定"按钮。

（3）单击"分摊"按钮，系统弹出"选择按金额分摊，是否开始计算？"提示框，如图6-264所示，单击"是"按钮。

（4）系统弹出"费用分摊（按金额）完毕，请检查"提示框，如图6-265所示，单击"确定"按钮。

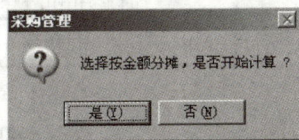

图6-264 运费分摊标准选择　　　　图6-265 运费分摊

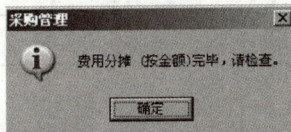

（5）单击"结算"按钮。系统弹出"完成结算"提示框，单击"确定"按钮。如图6-266所示。

结算汇总									
单据类型	存货编码	存货名称	单据号	结算数量	发票数量	合理损耗数量	非合理损耗数量	非合理损耗金额	
采购发票	0003	轴承Q123	60977583		100.00				
采购入库单			0000000008	100.00					
		合计		100.00	100.00	0.00	0.00	0.	

选择费用分摊方式：⊙ 按金额 ○ 按数量 　　☐ 相同供应商

费用名称	发票号	开票日期	对应仓库	对应存货	供货单位	代垫单位	规格型号	计量
运费	09087109	2024-01-06			山西永达货运有限公司	山西鸿运轴承销售有		元
合计								

图6-266 结算汇总

3.正常单据记账

（1）2024年1月31日，操作员（W02）进入企业应用平台，执行【业务工作】【供应链】【存货核算】【业务核算】【正常单据记账】命令，系统弹出“查询条件选择”对话框。

（2）单击“确定”按钮，打开“正常单据记账列表”窗口，选择单据类型为“采购入库单”的单据，单击“记账”按钮，系统弹出“记账成功”提示框，如图6-267所示，单击“确定”按钮，完成采购入库单记账。

正常单据记账列表

记录总数：7

选择	日期	单据号	存货编码	存货名称	规格型号	存货代码	单据类型	仓库名称	收发类别	数量	单价
	2024-01-01	60972952	0021	H-1铣床			专用发票	商品库	销售出库	15.00	
	2024-01-03	60972953	0020	C-1车床			专用发票	商品库	销售出库	3.00	
	2024-01-04	60972954	0020	C-1车床			专用发票	商品库	销售出库	15.00	
	2024-01-20	60972957	0020	C-1车床			专用发票	商品库	销售出库	13.00	
	2024-01-24	60972958	0021	H-1铣床			专用发票	商品库	销售出库	10.00	
Y	2024-01-31	0000000008	0003	轴承Q123			采购入库单	外购半成品库	采购入库	100.00	377.20
小计										156.00	

存货核算
记账成功。
确定

图6-267　正常单据记账列表

4. 生成凭证

（1）执行【财务核算】【生成凭证】命令，打开“生成凭证”界面，单击“选择”按钮，系统弹出“查询条件”对话框。

（2）单击“确定”按钮，打开“未生成凭证单据一览表”，选择需要生成凭证的单据，单击“确定”按钮，单击“生成”按钮，系统自动生成一张记账凭证，单击“保存”按钮。如图6-268所示。

已生成

记 账 凭 证

记　字 0096　　制单日期：2024.01.31　　审核日期：　　附单据数：1

摘 要	科目名称	借方金额	贷方金额
采购入库单	原材料/外购半成品/轴承Q123	3400000	
采购入库单	材料成本差异	372000	
采购入库单	材料采购		3772000
票号 日期	数量 单价 合计	3772000	3772000

备注　项 目　　部 门
　　　个 人　　客 户
　　　业务员

记账　　审核　　出纳　　制单 姚山

图6-268　记账凭证（单据生成）

业务91　2024年1月31日，购入的包装箱验收入库。该业务原始凭证如下：

业务91

入库单

2024年01月11日　　单号：RK1112008

交来单位及部门	北京临溪木器有限公司			发票号码或生产单号码	36475906		验收仓库	周转材料库	入库日期	2024.01.11
编号	名称及规格	单位	数量		实际价格		计划价格		价格	
			交库	实收	单价	金额	单价	金额	差异	
CL008	包装箱	个	70	70	390.00	27 300.00	380.00	26 600.00	700.00	
合计						¥27 300.00		¥26 600.00	¥700.00	

会计联

部门经理：马琴　　会计：张翔　　仓库：孙小楠　　经办人：刘海

【操作指导】

1.采购入库单

（1）2024年1月31日，**操作员（C01）**进入企业应用平台，执行【业务工作】【供应链】【库存管理】【入库业务】【采购入库单】命令，打开"采购入库单"窗口。

（2）选择【生单】【采购订单（蓝字）】命令，系统弹出"查询条件选择-采购订单列表"对话框，单击"确定"按钮，打开"订单生单列表"窗口，根据原始单据入库单的供应商选择对应的单据，单据"确定"按钮，录入仓库为"周转材料库"，单击"保存"与"审核"按钮。如图6-269所示。

	采购入库单				采购入库单打印模版 ▼
表体排序 ▼				◉ 蓝字 ○ 红字	合并显示 □

入库单号 0000000009			入库日期 2024-01-31			仓库 周转材料库		
订单号 G08			到货单号			业务号		
供货单位 北京市临溪木器有限公司			部门			业务员		
到货日期			业务类型 普通采购			采购类型 正常采购		
入库类别 采购入库			审核日期 2024-01-31			备注		

	存货编码	存货名称	规格型号	主计量单位	数量	本币单价	本币金额
1	0019	包装箱		个	70.00	390.00	27300.00
2							

图6-269 采购入库单

2.采购结算

（1）2024年1月31日，**操作员（G01）**进入企业应用平台，执行【业务工作】【供应链】【采购管理】【采购结算】【手工结算】命令，打开"手工结算"窗口。

（2）单击"选单"按钮，打开"结算选单"窗口，单击"查询"按钮，系统弹出"查询条件选择-采购手工结算"对话框，单击"确定"按钮，选择对应的入库单和发票，单击"确定"按钮，单击"结算"按钮，系统弹出"完成结算"提示框，单击"确定"按钮。如图6-270所示。

结算汇总

单据类型	存货编号	存货名称	单据号	结算数量	发票数量	合理损耗数量	非合理损耗数量	非合理损耗金额
采购发票	0019	包装箱	36475906		70.00			
采购入库单			0000000009	70.00				
		合计		70.00	70.00	0.00	0.00	0.

选择费用分摊方式: ◉ 按金额 ○ 按数量   □ 相同供应商

自由项3	自由项4	自由项5	自由项6	自由项7	自由项8	自由项9	自由项10

图6-270 结算汇总

3.正常单据记账

（1）2024年1月31日，**操作员（W02）**进入企业应用平台，执行【业务工作】【供应链】【存货核算】【业务核算】【正常单据记账】命令，系统弹出"查询条件选择"对话框。

（2）单击"确定"按钮，打开"正常单据记账列表"窗口，选择单据类型为"采购入库单"的单据，单击"记账"按钮，系统弹出"记账成功"提示框，如图6-271所示，单击"确定"按钮，完成采购入库单记账。

正常单据记账列表

记录总数：6

选择	日期	单据号	存货编码	存货名称	规格型号	存货代码	单据类型	仓库名称	收发类别	数量	单价
	2024-01-01	60972952	0021	H-1铣床			专用发票	商品库	销售出库	15.00	
	2024-01-03	60972953	0020	C-1车床			专用发票	商品库	销售出库	3.00	
	2024-01-04	60972954	0020	C-1车床			专用发票	商品库	销售出库	15.00	
	2024-01-20	60972957	0020	C-1车床			专用发票	商品库	销售出库	13.00	
	2024-01-24	60972958	0021	H-1铣床			专用发票	商品库	销售出库	10.00	
Y	2024-01-31	0000000009	0019	包装箱			采购入库单	周转材料库	采购入库	70.00	390.00
小计										126.00	

存货核算　记账成功。　确定

图6-271　正常单据记账列表

4. 生成凭证

（1）执行【财务核算】【生成凭证】命令，打开“生成凭证”界面，单击“选择”按钮，系统弹出“查询条件”对话框。

（2）单击“确定”按钮，打开“未生成凭证单据一览表”，选择需要生成凭证的单据，单击“确定”按钮，单击“生成”按钮，系统自动生成一张记账凭证，单击“保存”按钮。如图6-272所示。

已生成

记 账 凭 证

记 字 0097　　制单日期：2024.01.31　　审核日期：　　附单据数：1

摘要	科目名称	借方金额	贷方金额
采购入库单	材料成本差异	70000	
采购入库单	周转材料/包装箱	2660000	
采购入库单	材料采购		2730000
票号 日期　数量 单价	合 计	2730000	2730000

备注　项　目　　部　门
个　人　　客　户
业务员

记账　审核　出纳　制单　姚山

图6-272　记账凭证（单据生成）

业务92 2024年1月31日，结转发出材料成本差异。该业务原始凭证如下：

业务92-1/2

发出材料汇总表

2024年1月31日

领料部门及用途		产品	原材料及主要材料		燃料		辅助材料		外购半成品		周转材料		成本差异合计
			计划成本	成本差异	计划成本	成本差异	计划成本	成本差异	计划成本	成本差异	计划成本	成本差异	
基本生产成本	铸造车间	C-1机床	84 000	5 040	12 400	2 356							7 396
		H-1铣床	19 200	1 152	5 800	1 102							2 254
	机加工车间	C-1机床	65 250	3 915			175	1.75					3 916.75
		H-1铣床	33 350	2 001			105	1.05					2 002.05
	装配车间	C-1机床					10 125	101.25	416 700	12 501	103 000	2 060	14 662.25
		H-1铣床					2 645	26.45	79 880	2 396.4	20 200	404	2 826.85
制造费用	铸造车间										610	12.2	12.2
	机加工车间										830	16.6	16.6
	装配车间										1 010	20.2	20.2
辅助生产成本	机修车间		11 600	696			105	1.05	900	27	3 220	64.4	788.45
销售费用											3 800	76	76
管理费用											120	2.4	2.4
其他业务成本			8 700	522									522
合计			222 100	13 326	18 200	3 458	13 155	131.55	497 480	14 924.4	132 790	2 655.8	34 495.75

审核：林玲　　　　制单：张翔

业务92-2/2

发出材料汇总表

单位：元

明细账号 材料及主要材料 材料名称	计量单位	期初余额 结存数量	期初余额 计划单价	期初余额 结存金额	材料成本差异	本期购入 数量	本期购入 计划单价	本期购入 金额	材料成本差异	本期合计 数量	本期合计 单价	本期合计 金额	材料成本差异	材料成本差异率	用途	本期领用 数量	本期领用 单价	本期领用 金额	材料成本差异
原料及主要材料				473 000	18 200			243 600	25 197.2			716 600	43 397.2	0.06				222 100	13 326
生铁	吨	98	2 400	235 200						98	2 400	235 200			铸造车间—C—1机床	35	2 400	84 000	5 040
															铸造车间—H—1铣床	8	2 400	19 200	1 152
圆钢	吨	82	2 900	237 800		84	2 900	243 600	25 197.2	166	2 900	481 400			机加工车间—C—1机床	22.5	2 900	65 250	3 915
															机加工车间—H—1铣床	11.5	2 900	33 350	2 001
															销售领销售材料	3	2 900	8 700	522
															机加车间 维修领用	4	2 900	11 600	696
燃料				19 880	1 438			44 800	10 710			64 680	12 148	0.19				18 200	3 458
焦炭	吨	32	500	16 000						32	500	16 000			铸造车间—C—1机床	20	500	10 000	1 900
															铸造车间—H—1铣床	10	500	5 000	950
煤	吨	24.25	160	3 880		280	160	44 800	10 710	304.25	160	48 680			铸造车间—H—1铣床	15	160	2 400	456
															铸造车间—H—1铣床	5	160	800	152
外购半成品				1 448 400	43 849			34 000	3 720			1 482 400	47 569	0.03				497 480	14 924.4
电机 X123	台	178	1 500	267 000						178	1 500	267 000			装配车间—C—1机床	100	1 500	150 000	4 500
															装配车间—H—1铣床	20	1 500	30 000	900
电机 X345	台	520	250	130 000						520	250	130 000			装配车间—C—1机床	400	250	100 000	3 000
															装配车间—H—1铣床	100	250	25 000	750
轴承 Q123	套	1 890	340	642 600		100	340	34 000	3 720	1 990	340	676 600			装配车间—C—1机床	250	340	85 000	2 550
															装配车间—H—1铣床	40	340	13 600	408
轴承 Q345	套	2 650	140	371 000						2 650	140	371 000			装配车间—C—1机床	500	140	70 000	2 100
															装配车间—H—1铣床	60	140	8 400	252
标准件	个	2 100	18	37 800						2 100	18	37 800			装配车间—C—1机床	650	18	11 700	351
															装配车间—H—1铣床	160	18	2 880	86.4
															机修车间	50	18	900	27
辅助材料				13 400	120			350	0			13 750	120	0.01				13 155	131.55
油漆	千克	1 000	12	12 000						1 000	12	12 000			装配车间—C—1机床	800	12	9 600	96
															装配车间—H—1铣床	200	12	2 400	24
润滑油	千克	400	3.5	1 400		100	3.5	350		500	3.5	1 750			机加工车间—C—1机床	50	3.5	175	1.75
															机加工车间—H—1铣床	30	3.5	105	1.05
															装配车间—C—1机床	150	3.5	525	5.25
															装配车间—H—1铣床	70	3.5	245	2.45
															机修车间	30	3.5	105	1.05
周转材料				201 007	3 958			28 215	904			229 222	4 862	0.02				132 790	2 655.8
工作服	套	22	40	880						22	40	880			机加工车间	10	40	400	8
															管理部门	3	40	120	2.4
劳保鞋	双	55	28	1 540		55	28	1 540	198	110	28	3 080			装配车间	10	28	280	5.6
															机修车间	10	28	280	5.6
															铸造车间	20	28	560	11.2
耐热手套	副	28	5	140		15	5	75	6	43	5	215			机加工车间	10	5	50	1
勾扳手	个	52	5	260						52	5	260			机加工车间	30	5	150	3
涂料盘	盒	98	14	1 372						98	14	1 375			装配车间	40	14	560	11.2
螺钉	盒	35	17	595						35	17	595			装配车间	10	17	170	3.4
专业工具	把	3 360	42	141 120						3 360	42	141 120			C—1机床	2 000	42	84 000	1 680
															H—1铣床	300	42	12 600	252
															机修车间	70	42	2 940	58.8
包装箱	个	145	380	55 100		70	380	26 600	700	215	380	81 700			C—1机床	50	380	19 000	380
															H—1铣床	20	380	7 600	152
															销售费用	10	380	3 800	76
总计				2 155 687	67 565			350 965	40 531.2			2 506 652	108 096.2					883 725	34 495.75

制单：王言　　审核：林玲

【操作指导】

总账制单

（1）2024年1月31日，操作员（W02）在企业应用平台执行【业务工作】【财务会计】【总账】【凭证】【填制凭证】命令，打开"填制凭证"窗口。

（2）单击"增加"按钮或者按【F5】键，根据原始凭证录入并保存记账凭证。如图6-273至图6-275所示。

记 账 凭 证

摘 要	科目名称	借方金额	贷方金额
结转发出材料成本差异	生产成本/铸造车间/直接材料	739800	
结转发出材料成本差异	生产成本/铸造车间/直接材料	225400	
结转发出材料成本差异	生产成本/机加工车间/直接材料	391875	
结转发出材料成本差异	生产成本/机加工车间/直接材料	200205	
结转发出材料成本差异	生产成本/装配车间/直接材料	1486225	

记 字0098 - 0001/0003　制单日期：2024.01.31　审核日期：　附单据数：2

票号 日期　数量 单价　合 计 3449575 3449575

备注 项 目 C-1车床　部 门
个 人　客 户
业务员

记账　审核　出纳　制单 姚山

图6-273　记账凭证1/3（总账制单）

记 账 凭 证

摘 要	科目名称	借方金额	贷方金额
结转发出材料成本差异	生产成本/装配车间/直接材料	282685	
结转发出材料成本差异	制造费用/铸造车间	1220	
结转发出材料成本差异	制造费用/机加工车间	1660	
结转发出材料成本差异	制造费用/装配车间	2020	
结转发出材料成本差异	生产成本/辅助生产成本/机修车间	78845	

记 字0098 - 0002/0003　制单日期：2024.01.31　审核日期：　附单据数：2

票号 日期　数量 单价　合 计 3449575 3449575

备注 项 目 H-1铣床　部 门
个 人　客 户
业务员

记账　审核　出纳　制单 姚山

图6-274　记账凭证2/3（总账填制）

记 账 凭 证

记 字 0098 - 0003/0003　　制单日期：2024.01.31　　审核日期：　　　　附单据数：2

摘要	科目名称	借方金额	贷方金额
结转发出材料成本差异	销售费用/包装费	7600	
结转发出材料成本差异	管理费用/办公费	240	
结转发出材料成本差异	其他业务成本/出售原材料成本	52200	
结转发出材料成本差异	材料成本差异		3449575

票号　日期　　　数量　单价　　　　　合计　3449575　3449575

备注　项目　部门　个人　客户　业务员

记账　　　审核　　　出纳　　　制单　姚汕

图6-275　记账凭证3/3（总账填制）

业务93 2024年1月31日，计提工资、社会保险费、福利费、工会经费和职工教育经费。（福利费为非货币性福利）该业务原始凭证如下：

业务93-1/2　　　　　　　　　　**薪酬分配表**

编制单位：方达国际股份有限公司　　　　2024年1月　　　　　　金额单位：元

成本费用项目			直接计入		分配计入			薪资合计
领料部门及用途	生产车间	产品名称			定额工时	分配率（元/时）	直接人工	
基本生产成本	铸造车间	C-1机床			700	49.711	34 797.70	34 797.70
		H-1铣床			300	49.711	14 913.34	14 913.34
		小计			1 000		49 711.04	49 711.04
	机加工车间	C-1机床			1 160	42.0521	48 780.44	48 780.44
		H-1铣床			240	42.0518	10 092.44	10 092.44
		小计			1 400		58 872.88	58 872.88
	装配车间	C-1机床			900	40.4726	36 425.34	36 425.34
		H-1铣床			600	40.4726	24 283.54	24 283.54
		小计			1 500		60 708.88	60 708.88
制造费用	铸造车间		25 803.68					25 803.68
	机加工车间		28 953.68					28 953.68
	装配车间		26 503.68					26 503.68
	小计		81 261.04					81 261.04
辅助生产成本	机修车间		19 053.68					19 053.68
管理费用	管理部门		77 839.72					77 839.72
销售费用	销售部门		35 817.36					35 817.36
合计			213 971.80					383 264.60

审核：林玲　　　　　　　　　　制单：张翔

备注：尾差在H-1铣床调整。

业务 93-2/2

2024 年 1 月份工资汇总表

单位：元

部门		应付工资	养老保险		失业保险		医疗(生育)保险		工伤保险		住房公积金		工会经费	非货币性福利	职工教育经费	个人所得税	实发工资	公司总支出
			个人承担	公司承担	个人承担	公司承担	个人承担	公司承担	个人承担	公司承担	个人承担	公司承担						
铸造车间	管理人员	15 500.00	812.80	1 625.60	20.32	81.28	209.20	1 097.28	0.00	20.32	1 219.20	1 219.20	310.00	5 950.00		26.17	13 212.31	25 803.68
	工人	36 500.00	2 438.40	4 876.80	60.96	243.84	627.60	3 291.84	0.00	60.96	3 657.60	3 657.60	730.00	350.00			29 715.44	49 711.04
机加工车间	管理人员	15 500.00	812.80	1 625.60	20.32	81.28	209.20	1 097.28	0.00	20.32	1 219.20	1 219.20	310.00	9 100.00		26.17	13 212.31	28 953.68
	工人	43 500.00	2 844.80	5 689.60	71.12	284.48	732.20	3 840.48	0.00	71.12	4 267.20	4 267.20	870.00	350.00			35 584.68	58 872.88
装配车间	管理人员	15 500.00	812.80	1 625.60	20.32	81.28	209.20	1 097.28	0.00	20.32	1 219.20	1 219.20	310.00	6 650.00			13 238.48	26 503.68
	工人	45 300.00	2 844.80	5 689.60	71.12	284.48	732.20	3 840.48	0.00	71.12	4 267.20	4 267.20	906.00	350.00			37 384.68	60 708.88
机修车间		13 000.00	812.80	1 625.60	20.32	81.28	209.20	1 097.28	0.00	20.32	1 219.20	1 219.20	260.00	1 750.00			10 738.48	19 053.68
管理部门		54 500.00	3 251.20	6 502.40	81.28	325.12	836.80	4 389.12	0.00	81.28	4 876.80	4 876.80	1 090.00	5 250.00	825.00	112.34	45 341.58	77 839.72
销售部门		26 500.00	1 625.60	3 251.20	40.64	162.56	418.40	2 194.56	0.00	40.64	2 438.40	2 438.40	530.00	700.00			21 976.96	35 817.36
合计		265 800.00	16 256.00	32 512.00	406.40	1 625.60	4 184.00	21 945.60	0.00	406.40	24 384.00	24 384.00	5 316.00	30 450.00	825.00	164.68	220 404.92	383 264.60

制单：王言　　审核：林玲

【操作指导】

　　总账制单

　　（1）2024 年 1 月 31 日，**操作员（W02）** 在企业应用平台执行【业务工作】【财务会计】【总账】【凭证】【填制凭证】命令，打开"填制凭证"窗口。

　　（2）单击"增加"按钮或者按【F5】键，根据原始凭证录入并保存记账凭证。如图 6-276 至图 6-279 所示。

记 账 凭 证

记　字 0099 - 0001/0004　　制单日期：2024.01.31　　审核日期：　　　　　　附单据数：2

摘　要	科目名称	借方金额	贷方金额
计提工资、社保及三项经费	生产成本/铸造车间/直接人工	34797770	
计提工资、社保及三项经费	生产成本/铸造车间/直接人工	1491334	
计提工资、社保及三项经费	生产成本/机加工车间/直接人工	4878044	
计提工资、社保及三项经费	生产成本/机加工车间/直接人工	1009244	
计提工资、社保及三项经费	生产成本/装配车间/直接人工	3642534	

票号
日期　　　　　数量
　　　　　　　单价　　　　　　　　　　合　计　　38326460　　38326460

备注　项目 C-1车床　　　　　　部 门
　　　个 人　　　　　　　　　客 户
　　　业务员

记账　　　　　审核　　　　　出纳　　　　　制单 姚汕

图 6-276 记账凭证 1/4（总账填制）

记 账 凭 证

记　字 0099 - 0002/0004　　制单日期：2024.01.31　　审核日期：　　　　　　附单据数：2

摘　要	科目名称	借方金额	贷方金额
计提工资、社保及三项经费	生产成本/装配车间/直接人工	2428354	
计提工资、社保及三项经费	制造费用/铸造车间	2580388	
计提工资、社保及三项经费	制造费用/机加工车间	2895368	
计提工资、社保及三项经费	制造费用/装配车间	2650368	
计提工资、社保及三项经费	生产成本/辅助生产成本/机修车间	1905368	

票号
日期　　　　　数量
　　　　　　　单价　　　　　　　　　　合　计　　38326460　　38326460

备注　项目 K-1铣床　　　　　　部 门
　　　个 人　　　　　　　　　客 户
　　　业务员

记账　　　　　审核　　　　　出纳　　　　　制单 姚汕

图 6-277 记账凭证 2/4（总账填制）

记 账 凭 证

记　字 0099 - 0003/0004　　制单日期：2024.01.31　　审核日期：　　　　　　附单据数：2

摘　要	科目名称	借方金额	贷方金额
计提工资、社保及三项经费	管理费用/职工薪酬	7783972	
计提工资、社保及三项经费	销售费用/职工薪酬	3581738	
计提工资、社保及三项经费	应付职工薪酬/工资		26580000
计提工资、社保及三项经费	应付职工薪酬/社会保险费		5648980
计提工资、社保及三项经费	应付职工薪酬/住房公积金		2438400

票号
日期　　　　　数量
　　　　　　　单价　　　　　　　　　　合　计　　38326460　　38326460

备注　项目
　　　个 人　　　　　　　　　部 门
　　　业务员　　　　　　　　客 户

记账　　　　　审核　　　　　出纳　　　　　制单 姚汕

图 6-278 记账凭证 3/4（总账填制）

记 账 凭 证

记　字 0099 - 0004/0004　　制单日期: 2024.01.31　　审核日期:　　　　　　　附单据数: 2

摘　要	科目名称	借方金额	贷方金额
计提工资、社保及三项经费	应付职工薪酬/工会经费		531600
计提工资、社保及三项经费	应付职工薪酬/非货币性福利		3045000
计提工资、社保及三项经费	应付职工薪酬/职工教育经费		82500
票号 日期	数量 单价	合　计	38326450	38326450

备注　项　目　　　　　　　　部　门
　　　　个　人　　　　　　　客　户
　　　　业务员

记账　　　　　审核　　　　　出纳　　　　　制单 姚汕

图 6-279　记账凭证 4/4（总账填制）

业务 94 2024 年 1 月 31 日，按直接分配法结转辅助车间的生产费用。该业务原始凭证如下：

业务 94-1/2 　　　　　　　　　**辅助生产成本归集表**

编制单位：方达国际股份有限公司　　　　2024 年 01 月　　　　　　　　单位：元

项目明细	金额
物料消耗	15 825
材料成本差异	788.45
折旧费	3 456
水电费	10 620
职工薪酬	19 053.68
合计	49 743.13

审核：林玲　　　　　制单：张翔

业务 94-2/2 　　　　　　　　　**辅助生产成本分配表**

编制单位：方达国际股份有限公司　　　　2024 年 01 月　　　　　　金额单位：元

耗用部门	耗用工时	分配率（4位小数）	分配金额
铸造车间	340	24.8716	8 456.34
机加工车间	820	24.8716	20 394.71
装配车间	700	24.8716	17 410.12
管理部门	140	24.8716	3 481.96
合计	2 000		49 743.13

审核：林玲　　　　制单：张翔

备注：尾差在管理部门调整。

【操作指导】

　　总账制单

　　（1）2024 年 1 月 31 日，**操作员（W02）** 在企业应用平台执行【业务工作】【财务会计】【总账】【凭证】【填制凭证】命令，打开"填制凭证"窗口。

　　（2）单击"增加"按钮或者按【F5】键，根据原始凭证录入并保存记账凭证。如

图 6-280 所示。

图 6-280　记账凭证（总账填制）

<mark>业务 95</mark> 2024 年 1 月 31 日，按定额工时结转各车间的制造费用。该业务原始凭证如下：

业务 95-1/2

制造费用归集表

编制单位：方达国际股份有限公司　　　　　2024 年 01 月　　　　　　　　单位：元

项目明细	铸造车间	机加工车间	装配车间	合计
低值易耗品	622.20	846.60	1 030.20	2 499.00
职工薪酬	25 803.68	28 953.68	26 503.68	81 261.04
水电费	18 981.60	15 728.40	16 826.00	51 536.00
折旧	15 692.00	13 912.00	11 056.00	40 660.00
分摊辅助生产成本	8 456.34	20 394.71	17 410.12	46 261.17
合计	69 555.82	79 835.39	72 826.00	222 217.21

审核：林玲　　　　　制单：张翔

业务 95-2/2

制造费用分配表

编制单位：方达国际股份有限公司　　　　　2024 年 01 月　　　　　　金额单位：元

生产车间	产品名称	定额工时	分配率（4 位小数）	分配金额
铸造车间	C-1 机床	700	69.5558	48 689.06
	H-1 铣床	300	69.5558	20 866.76
	小计	1 000		69 555.82
机加工车间	C-1 机床	1 160	57.0253	66 149.35
	H-1 铣床	240	57.0253	13 686.04
	小计	1 400		79 835.39
装配车间	C-1 机床	900	48.5507	43 695.63
	H-1 铣床	600	48.5507	29 130.37
	小计	1 500		72 826.00

审核：林玲　　　　制单：张翔

备注：尾差计入 H-1 铣床。

【操作指导】

总账制单

（1）2024 年 1 月 31 日，**操作员（W02）**在企业应用平台执行【业务工作】【财务会计】【总账】【凭证】【填制凭证】命令，打开"填制凭证"窗口。

（2）单击"增加"按钮或者按【F5】键，根据原始凭证录入并保存记账凭证。如图6-281、图6-282所示。

图6-281 记账凭证1/2（总账填制）

图6-282 记账凭证2/2（总账填制）

业务96 2024年1月31日，结转完工产品成本（尾差计入在产品）。该业务原始凭证如下：

业务96-1/8

产量记录表

编制单位：方达国际股份有限公司　　　　2024年1月　　　　　　　　数量单位：台

产品	生产车间（生产步骤）	期初数量	本期投入	本期完工	月末在产品	各工序完工率	投料率
C-1车床	铸造车间	10	30	30	10	0.13	0.2
	机加工车间	15	30	40	5	0.46	0.35
	装配车间	12	40	50	2	0.84	1
	合计						
H-1铣床	铸造车间	10	15	20	5	0.13	0.18
	机加工车间	5	20	15	10	0.37	0.45
	装配车间	10	15	20	5	0.74	1
	合计						

审核：林玲　　　　制单：张翔

业务 96-2/8

C-1 车床生产成本计算表

编制单位：方达国际股份有限公司　　　　　　2024 年 1 月　　　　　　　　　　金额单位：元

工序	成本费用项目	期初在产品成本	本期投入	生产费用合计	月末完工产品数量（最总完工）	在产品（约当产量）	约当产量合计	分配率（单位成本）	期末完工产品		期末在产品成本
									总成本	单位成本	
铸造车间	直接材料	22 615.50	103 796.00	126 411.50	50	9	59	2 142.5678	107 128.39		19 283.11
	直接人工	10 890.50	34 797.70	45 688.20	50	8.3	58.3	783.6741	39 183.71		6 504.49
	制造费用	7 335.30	48 689.06	56 024.36	50	8.3	58.3	960.9667	48 048.34		7 976.02
	小计	40 841.30	187 282.76	228 124.06			175.6	3 887.2086	194 360.44		33 763.62
机加工车间	直接材料	25 870.55	69 341.75	95 212.30		3.75	53.75	1 771.3916	88 569.58		6 642.72
	直接人工	27 980.00	48 780.44	76 760.44	50	4.3	54.3	1 413.6361	70 681.81		6 078.63
	制造费用	15 570.55	66 149.35	81 719.90	50	4.3	54.3	1 504.9705	75 248.53		6 471.37
	小计	69 421.10	184 271.54	253 692.64			162.35	4 689.9982	234 499.92		19 192.72
装配车间	直接材料	129 230.50	544 487.25	673 717.75	50	2	52	12 956.1106	647 805.53		25 912.22
	直接人工	15 450.15	36 425.34	51 875.49	50	1.68	51.68	1 003.7827	50 189.14		1 686.35
	制造费用	13 625.00	43 695.63	57 320.63	50	1.68	51.68	1 109.1453	55 457.27		1 863.36
	小计	158 305.65	624 608.22	782 913.87			155.36	15 069.0386	753 451.94		29 461.93
合计		268 568.05	996 162.52	1 264 730.57				23 646.2454	1 182 312.30	23 646.25	82 418.27

审核：林玲　　　　　　制单：张翔

业务 96-3/8

H-1 铣床生产成本计算表

编制单位：方达国际股份有限公司　　　　　　2024 年 1 月　　　　　　　　　　金额单位：元

工序	成本费用项目	期初在产品成本	本期投入	生产费用合计	月末完工产品数量（最总完工）	在产品（约当产量）	约当产量合计	分配率（单位成本）	期末完工产品		期末在产品成本
									总成本	单位成本	
铸造车间	直接材料	49 125.36	27 254.00	76 379.36	20	15.9	35.9	2 127.5588	42 551.18		33 828.18
	直接人工	9 480.50	14 913.34	24 393.84	20	15.65	35.65	684.2592	13 685.18		10 708.66
	制造费用	3 632.50	20 866.76	24 499.26	20	15.65	35.65	687.2163	13 744.33		10 754.93
	小计	62 238.36	63 034.10	125 272.46			107.2	3 499.0343	69 980.69		55 291.77
机加工车间	直接材料	21 400.60	35 457.05	56 857.65	20	9.5	29.5	1 927.3780	38 547.56		18 310.09
	直接人工	8 480.30	10 092.44	18 572.74	20	8.7	28.7	647.1338	12 942.68		5 630.06
	制造费用	4 960.20	13 686.04	18 646.24	20	8.7	28.7	649.6948	12 993.90		5 652.34
	小计	34 841.10	59 235.53	94 076.63			86.9	32 24.2066	64 484.14		29 592.49
装配车间	直接材料	23 980.30	105 551.85	129 532.15	20	5	25	5 181.2860	103 625.72		25 906.43
	直接人工	7 580.10	24 283.54	31 863.64	20	3.7	23.7	1 344.4574	26 889.15		4 974.49
	制造费用	8 410.55	29 130.37	37 540.92	20	3.7	23.7	1 584.0051	31 680.10		5 860.82
	小计	39 970.95	158 965.76	198 936.71			72.4	8 109.7485	162 194.97		36 741.74
合计		137 050.41	281 235.39	418 285.80				14 932.9894	296 659.80	14 832.99	121 626.00

审核 林玲　　　　　　制单：张翔

业务 96-4/8

入库单

2024 年 01 月 11 日　　　　　　　　　　单号：RK1112009

交来单位及部门	生产部			发票号码或生产单号码			验收仓库	商品库	入库日期	2024.01.11
编号	名称及规格	单位	数量		实际价格		计划价格		价格差异	
			交库	实收	单价	金额	单价	金额		
CP002	C-1 车床	台	15	15						
	合计		15	15						

部门经理：马琴　　　　会计：张翔　　　　仓库：孙小楠　　　　经办人：刘海

业务96-5/8

入库单

2024 年 01 月 21 日

单号：RK1112011

交来单位及部门	生产部			发票号码或生产单号码				验收仓库	商品库	入库日期	2024.01.21
编号	名称及规格	单位	数量		实际价格		计划价格			价格差异	
			交库	实收	单价	金额	单价	金额			
CP002	C-1车床	台	20	20							
	合计		20	20							

部门经理：马琴　　会计：张翔　　仓库：孙小楠　　经办人：刘海

业务96-6/8

入库单

2024 年 01 月 28 日

单号：RK1112012

交来单位及部门	生产部			发票号码或生产单号码				验收仓库	商品库	入库日期	2024.01.28
编号	名称及规格	单位	数量		实际价格		计划价格			价格差异	
			交库	实收	单价	金额	单价	金额			
CP002	C-1车床	台	15	15							
	合计		15	15							

部门经理：马琴　　会计：张翔　　仓库：孙小楠　　经办人：刘海

业务96-7/8

入库单

2024 年 01 月 15 日

单号：RK1112010

交来单位及部门	生产部			发票号码或生产单号码				验收仓库	商品库	入库日期	2024.01.15
编号	名称及规格	单位	数量		实际价格		计划价格			价格差异	
			交库	实收	单价	金额	单价	金额			
CP001	H-1铣床	台	10	10							
	合计		10	10							

部门经理：马琴　　会计：张翔　　仓库：孙小楠　　经办人：刘海

业务96-8/8

入库单

2024年01月30日　　　　单号：RK1112013

交来单位及部门	生产部		发票号码或生产单号码			验收仓库	商品库	入库日期	2024.01.30	
编号	名称及规格	单位	数量		实际价格		计划价格		价格差异	
			交库	实收	单价	金额	单价	金额		
CP001	H-1铣床	台	10	10						
合计			10	10						

会计联

部门经理：马琴　　会计：张翔　　仓库：孙小楠　　经办人：刘海

【操作指导】

1.产成品入库单

（1）2024年1月31日，操作员（C01）进入企业应用平台，执行【业务工作】【供应链】【库存管理】【入库业务】【产成品入库单】命令，打开“产成品入库单”窗口。

（2）单击“增加”按钮，根据原始凭证录入仓库和产品等相关信息，单击“保存”按钮，单击“审核”按钮。如图6-283所示。

产成品入库单

产成品入库单打印模版

表体排序　　　　蓝字　红字　　合并显示

入库单号 0000000001　　入库日期 2024-01-31　　仓库 商品库

生产订单号　　生产批号　　部门

入库类别 产成品入库　　审核日期 2024-01-31　　备注

	产品编码	产品名称	规格型号	主计量单位	数量	单价	金额
1	0020	C-1车床		台	50.00	23646.25	1182312.30
2	0021	H-1铣床		台	20.00	14832.99	296659.80
3							

图6-283　产品入库单（录入）

2.正常单据记账

（1）2024年1月31日，操作员（W02）进入企业应用平台，执行【业务工作】【供应链】【存货核算】【业务核算】【正常单据记账】命令，系统弹出“查询条件选择”对话框。

（2）单击“确定”按钮，打开“正常单据记账列表”窗口，选择单据类型为“产成品入库单”的单据，单击“记账”按钮，系统弹出“记账成功”提示框，如图6-284所示，单击“确定”按钮，完成产成品入库单记账。

正常单据记账列表

记录总数：7

选择	日期	单据号	存货编码	存货名称	规格型号	存货代码	单据类型	仓库名称	收发类别	数量	单价	金额
	2024-01-01	60972952	0021	H-1铣床			专用发票	商品库	销售出库	15.00		
	2024-01-03	60972953	0020	C-1车床			专用发票	商品库	销售出库	3.00		
	2024-01-04	60972954	0020	C-1车床			专用发票	商品库	销售出库	15.00		
	2024-01-20	60972957	0020	C-1车床			专用发票	商品库	销售出库	13.00		
	2024-01-24	60972958	0021	H-1铣床			专用发票	商品库	销售出库	10.00		
Y	2024-01-31	0000000001	0020	C-1车床			产成品入库单	商品库	产成品入库	50.00	23,646.25	1,182,312.30
Y	2024-01-31	0000000001	0021	H-1铣床			产成品入库单	商品库	产成品入库	20.00	14,832.99	296,659.80
小计										126.00		1,478,972.10

存货核算

记账成功。

确定

图6-284　正常单据记账列表

3.生成凭证

（1）执行【财务核算】【生成凭证】命令，打开“生成凭证”界面，单击“选择”按钮，系统弹出"查询条件"对话框，单击"确定"按钮，打开"未生成凭证单据一览表"，选择需要生成凭证的单据。

（2）单击"确定"按钮，输入对方科目为"50010101"，单击"合成"按钮，系统自动生成一张记账凭证，修改贷方科目为各产品生产成本计算表中各工序对应的成本费用项目，金额为项目对应的期末完工产品总成本，单击"保存"按钮。如图6-285至图6-288所示。

备注：根据C-1车床生产成本计算表和H-1车床生产成本计算表填制相应辅助项。

图6-285　记账凭证1/4（单据生成）

图6-286　记账凭证2/4（单据生成）

图6-287　记账凭证3/4（单据生成）

记 账 凭 证

已生成

| 记　　字 0102 - 0004/0004 | 制单日期：2024.01.31 | 审核日期： | | 附单据数：1 |

摘　要	科目名称	借方金额	贷方金额
产成品入库单	生产成本/装配车间/直接人工		5018914
产成品入库单	生产成本/装配车间/制造费用		5545727
产成品入库单	生产成本/装配车间/直接材料		10362572
产成品入库单	生产成本/装配车间/直接人工		2888915
产成品入库单	生产成本/装配车间/制造费用		3188010

| 票号 日期 | 数量 单价 | | 合计 | 14789721 0 | 14789721 0 |

备注　项　目 C-1车床　　　部　门
　　　个　人　　　　　　　客　户
　　　业务员

| 记账 | 审核 | 出纳 | 制单 | 挑汕 |

图 6-288　记账凭证 4/4（单据生成）

实训二　期末业务处理

业务 97 2024 年 1 月 31 日，结转销售成本（尾差计入库存成本）。该业务原始凭证如下：

业务 97-1/6

发出商品成本计算表

编制单位：**方达国际股份有限公司**　　制表日期：2024 年 1 月　　　　金额单位：元

产成品	期初			本期入库			加权平均 单位成本	销售		库存	
	数量	单价	金额	数量	单价	金额		数量	金额	数量	金额
C-1 机床	28	23 900	669 200	50	23 646.25	1 182 312.30	23 737.34	31	735 857.54	47	1 115 654.76
H-1 铣床	20	14 800	296 000	20	14 832.99	296 659.80	14 816.50	25	370 412.50	15	222 247.30
合计			965 200			1 478 972.10			1 106 270.04		1 337 902.06

审核：**林玲**　　　　制单：**张翔**

业务 97-2/6

出库单

出货单位：**方达国际股份有限公司**　　2024 年 01 月 01 日　　　单号：CK111201

| 提货单位或领货部门 | 北京市天鸿机电有限公司 | | 销售单号 | XS20241201 | 发出仓库 | 商品库 | 出库日期 | 2024.01.01 |

编号	名称及规格	单位	数量		单价	金额	会计联
			应发	实发			
CP001	H-1 铣床	台	15	15			
	合计						

部门经理：**杨艳**　　会计：**张翔**　　仓库：**马琴**　　经办人：**孙小楠**

业务97-3/6

出库单

出货单位：方达国际股份有限公司　　　　2024 年 01 月 03 日　　　　　　　单号：CK111202

提货单位或领货部门	山西机电制造有限公司		销售单号	XS20241202		发出仓库	商品库	出库日期	2024.01.03
编号	名称及规格	单位	数量		单价		金额		
			应发	实发					
CP002	C-1车床	台	3	3					
	合计								

部门经理：杨艳　　　会计：张翔　　　仓库：马琴　　　经办人：孙小楠

业务97-4/6

出库单

出货单位：方达国际股份有限公司　　　　2024 年 01 月 04 日　　　　　　　单号：CK111203

提货单位或领货部门	广州新林机电有限公司		销售单号	XS20241203		发出仓库	商品库	出库日期	2024.01.04
编号	名称及规格	单位	数量		单价		金额		
			应发	实发					
CP002	C-1车床	台	15	15					
	合计								

部门经理：杨艳　　　会计：张翔　　　仓库：马琴　　　经办人：孙小楠

业务97-5/6

出库单

出货单位：方达国际股份有限公司　　　　2024 年 01 月 20 日　　　　　　　单号：CK111204

提货单位或领货部门	山西机电制造有限公司		销售单号	XS20241204		发出仓库	商品库	出库日期	2024.01.20
编号	名称及规格	单位	数量		单价		金额		
			应发	实发					
CP002	C-1车床	台	13	13					
	合计								

部门经理：杨艳　　　会计：张翔　　　仓库：马琴　　　经办人：孙小楠

业务97-6/6

出库单

出货单位：方达国际股份有限公司　　　　2024 年 01 月 24 日　　　　　　　单号：CK111205

提货单位或领货部门	北京顺大集团有限公司		销售单号	XS20241205		发出仓库	商品库	出库日期	2024.01.24
编号	名称及规格	单位	数量		单价		金额		
			应发	实发					
CP001	H-1铣床	台	10	10					
	合计								

部门经理：杨艳　　　会计：张翔　　　仓库：马琴　　　经办人：孙小楠

1. 销售出库单

（1）2024年1月31日，操作员（C01）进入企业应用平台，执行【业务工作】【供应链】【库存管理】【出库业务】【销售出库单】命令，打开“销售出库单”窗口。

（2）选择【生单】【销售生单】，系统弹出“查询条件选择-销售发货单列表”对话框，单击“确定”按钮。打开“销售生单”窗口，根据出库单选择相应的销售发货单依次生成销售出库单，单击“确定”按钮，系统自动生成销售出库单，单击“保存”按钮，单击“审核”按钮，系统弹出“该单据审核成功”提示对话框，单击“确定”按钮。如图6-289至图6-293所示。

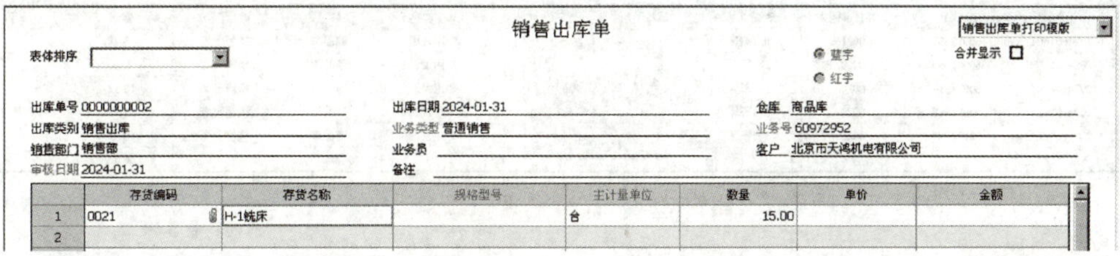

销售出库单

表体排序　　销售出库单打印模版　　合并显示　● 蓝字　○ 红字

出库单号 0000000002　出库日期 2024-01-31　仓库 商品库
出库类别 销售出库　业务类型 普通销售　业务号 60972952
销售部门 销售部　业务员　客户 北京市天鸿机电有限公司
审核日期 2024-01-31　备注

	存货编码	存货名称	规格型号	主计量单位	数量	单价	金额
1	0021	H-1铣床		台	15.00		
2							

图6-289　销售出库单1（销售发货单生成）

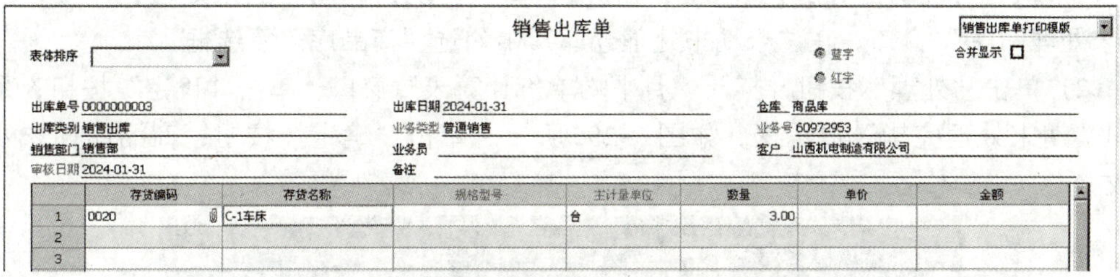

销售出库单

表体排序　　销售出库单打印模版　　合并显示　● 蓝字　○ 红字

出库单号 0000000003　出库日期 2024-01-31　仓库 商品库
出库类别 销售出库　业务类型 普通销售　业务号 60972953
销售部门 销售部　业务员　客户 山西机电制造有限公司
审核日期 2024-01-31　备注

	存货编码	存货名称	规格型号	主计量单位	数量	单价	金额
1	0020	C-1车床		台	3.00		
2							
3							

图6-290　销售出库单2（销售发货单生成）

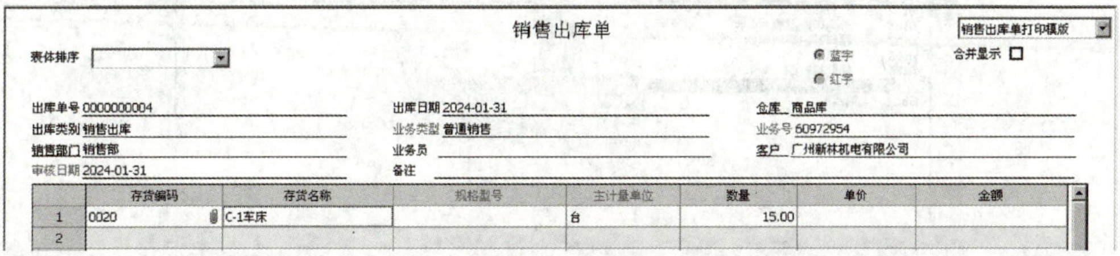

销售出库单

表体排序　　销售出库单打印模版　　合并显示　● 蓝字　○ 红字

出库单号 0000000004　出库日期 2024-01-31　仓库 商品库
出库类别 销售出库　业务类型 普通销售　业务号 60972954
销售部门 销售部　业务员　客户 广州新林机电有限公司
审核日期 2024-01-31　备注

	存货编码	存货名称	规格型号	主计量单位	数量	单价	金额
1	0020	C-1车床		台	15.00		
2							

图6-291　销售出库单3（销售发货单生成）

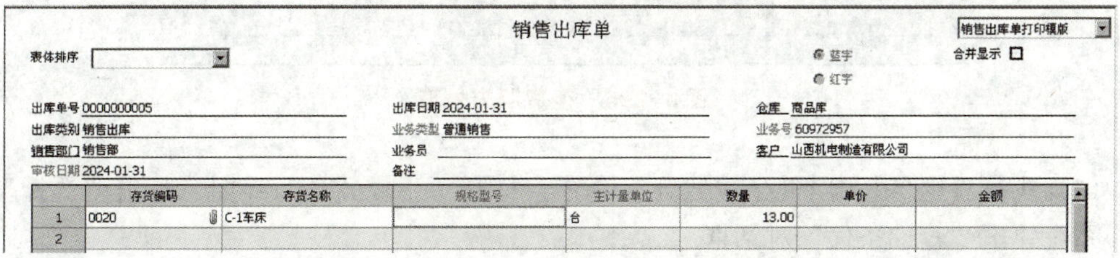

销售出库单

表体排序　　销售出库单打印模版　　合并显示　● 蓝字　○ 红字

出库单号 0000000005　出库日期 2024-01-31　仓库 商品库
出库类别 销售出库　业务类型 普通销售　业务号 60972957
销售部门 销售部　业务员　客户 山西机电制造有限公司
审核日期 2024-01-31　备注

	存货编码	存货名称	规格型号	主计量单位	数量	单价	金额
1	0020	C-1车床		台	13.00		
2							

图6-292　销售出库单4（销售发货单生成）

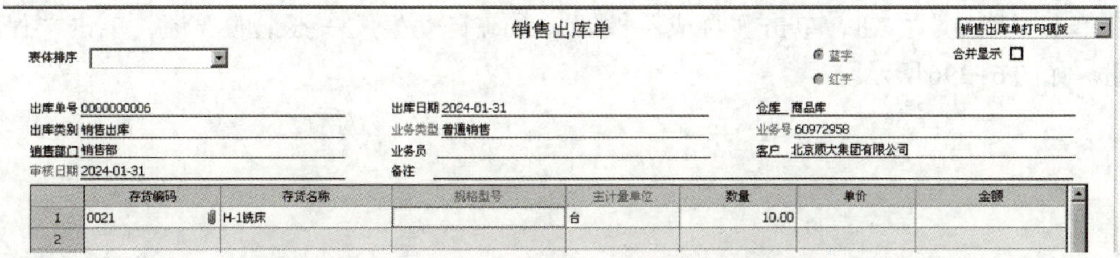

销售出库单

表体排序　　销售出库单打印模版　　合并显示　● 蓝字　○ 红字

出库单号 0000000006　出库日期 2024-01-31　仓库 商品库
出库类别 销售出库　业务类型 普通销售　业务号 60972958
销售部门 销售部　业务员　客户 北京顺大集团有限公司
审核日期 2024-01-31　备注

	存货编码	存货名称	规格型号	主计量单位	数量	单价	金额
1	0021	H-1铣床		台	10.00		
2							

图6-293　销售出库单5（销售发货单生成）

2.正常单据记账

（1）2024年1月31日，操作员（W02）进入企业应用平台，执行【业务工作】【供应链】【存货核算】【业务核算】【正常单据记账】命令，系统弹出"查询条件选择"对话框。

（2）单击"确定"按钮，打开"正常单据记账列表"窗口，选择单据类型为"专用发票"的单据，单击"记账"按钮，系统弹出"记账成功"提示框，如图6-294所示，单击"确定"按钮，完成销售出库单记账。

选择	日期	单据号	存货编码	存货名称	规格型号	存货代码	单据类型	仓库名称	收发类别	数量	单价
Y	2024-01-01	60972952	0021	K-1铣床			专用发票	商品库	销售出库	15.00	
Y	2024-01-03	60972953	0020	C-1车床			专用发票	商品库	销售出库	3.00	
Y	2024-01-04	60972954	0020	C-1车床			专用发票	商品库	销售出库	15.00	
Y	2024-01-20	60972957	0020	C-1车床			专用发票	商品库	销售出库	13.00	
Y	2024-01-24	60972958	0021	K-1铣床			专用发票	商品库	销售出库	10.00	
小计										58.00	

图6-294　正常单据记账列表

3.期末处理

（1）执行【业务工作】【供应链】【存货核算】【业务核算】【期末处理】命令，打开"期末处理-1月"窗口，在"未期末处理仓库"中勾选"商品库"复选框。

（2）单击"处理"按钮，打开"月平均单价计算表"窗口，单击"确定"按钮，系统弹出"期末处理完毕"提示框，如图6-295所示，单击"确定"按钮，商品库期末处理完成。

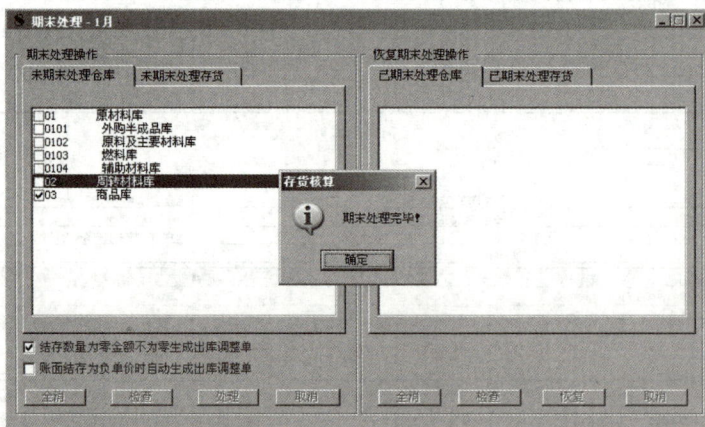

图6-295　存货期末处理

4.生成凭证

（1）执行【财务核算】【生成凭证】命令，打开"生成凭证"界面，单击"选择"按钮，系统弹出"查询条件"对话框。

（2）单击"确定"按钮，打开"未生成凭证单据一览表"，选择需要生成凭证的单据，单击"确定"按钮，单击"合成"按钮，系统自动生成一张记账凭证，单击"保存"按钮。如图6-296所示。

已生成

记 账 凭 证

记 字 0103　　制单日期：2024.01.31　　审核日期：　　附单据数：5

摘要	科目名称	借方金额	贷方金额
专用发票	主营业务成本/C-1车床	73585754	
专用发票	主营业务成本/K-1铣床	37041250	
专用发票	库存商品/C-1车床		73585754
专用发票	库存商品/K-1铣床		37041250
票号 日期	数量 单价 合计	110627004	110627004

备注　项目　　部门
　　　个人　　客户
　　　业务员

记账　审核　出纳　制单 姚山

图6-296　记账凭证（单据生成）

业务98 2024年1月31日，归还短期借款，支付利息。该业务原始凭证如下：

业务98

还款凭证

2024年01月31日　　序号：3864752

还款人	方达国际股份有限公司	贷款人	方达国际股份有限公司
存款账号	0200002356487219763	贷款账号	0200002354354657231
本息合计币种（大写）	人民币伍拾万零捌佰肆拾柒元贰角贰分	亿千百十万千百十元角分	¥50084722

收回2023年08月01日发放，2024年01月31日到期贷款

本金：¥500 000.00　　利息：¥847.22

该笔贷款尚欠本金：¥0.00　　利息：¥0.00

上述还贷款项我行已收妥

中国工商银行北京东城支行 2024.01.31 办讫章 (01)

（银行业务公章）

制票：　　复核：

第一联 债务还贷回单

【操作指导】

总账制单

操作视频

业务98至业务110

（1）2024年1月31日，操作员（W02）在企业应用平台执行【业务工作】【财务会计】【总账】【凭证】【填制凭证】命令，打开“填制凭证”窗口。

（2）单击“增加”按钮或者按【F5】键，根据原始凭证录入并保存记账凭证。如图6-297所示。

记 账 凭 证

记 字 0104　　制单日期：2024.01.31　　审核日期：　　附单据数：1

摘要	科目名称	借方金额	贷方金额
归还短期借款，支付利息	短期借款/中国工商银行北京东城支行	50000000	
归还短期借款，支付利息	财务费用/利息支出	84722	
归还短期借款，支付利息	银行存款/中国工商银行北京东城支行		50084722
票号 日期	数量 单价 合计	50084722	50084722

备注　项目　　部门
　　　个人　　客户
　　　业务员

记账　审核　出纳　制单 姚山

图6-297　记账凭证（总账填制）

业务99 2024年1月31日，月末盘点，包装箱盘亏。该业务原始凭证如下：

业务99

存货盘点报告表

企业名称：**方达国际股份有限公司**　　2024年01月31日　　　　金额单位：元

存货名称	计量单位	单价	数量		盈余		亏短		盈亏原因
			账存	实存	数量	金额	数量	金额	
电机X123	台	1 500.00	58	58					
电机X345	台	250.00	20	20					
轴承Q123	套	340.00	1 700	1 700					
轴承Q345	套	140.00	2 090	2 090					
标准件	个	18.00	1 240	1 240					
生铁	吨	2 400.00	55	55					
圆钢	吨	2 900.00	125	125					
焦炭	吨	500.00	4	4					
煤	吨	160.00	278	278					
润滑油	千克	3.50	170	170					
工作服	套	40.00	9	9					
劳保鞋	双	28.00	60	60					
耐热手套	副	5.00	33	33					
勾扳手	个	5.00	22	22					
法兰盘	个	14.00	58	58					
螺钉	盒	17.00	25	25					
专用工具	把	42.00	2 130	2 130					
包装箱	个	380.00	9	7			2	760.00	**待查，材料差异15.20**
C-1车床	台	23 900.00	47	47					
H-1铣床	台	14 800.00	15	15					

审核人：**林玲**　　　　监盘人：**张翔**　　　　盘点人：**马琴**

【操作指导】

1.填制盘点单

（1）2024年1月31日，**操作员（C01）**进入企业应用平台，执行【业务工作】【供应链】【库存管理】【盘点业务】命令，打开"盘点业务"窗口。

（2）单击"增加"按钮，根据存货盘点报告表录入盘点单相应信息，盘点数量输入"7"，单击"保存"按钮，单击"审核"按钮。如图6-298所示。

图6-298　盘点单（录入）

2.审核其他出库单

（1）执行【库存管理】【出库业务】【其他出库单】命令，打开"其他出库单"窗口；

（2）单击"—>"，系统已根据盘点单自动生成"其他出库单"，单击"审核"按钮。如图6-299所示。

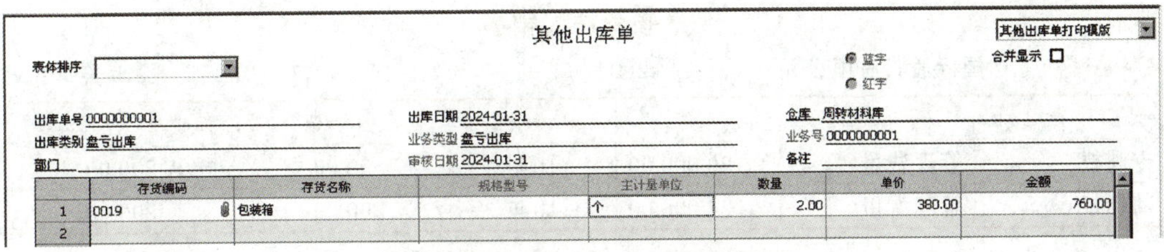

图 6-299　其他出库单（盘点单生成）

3.正常单据记账

（1）2024 年 1 月 31 日，**操作员（W02）**进入企业应用平台，执行【业务工作】【供应链】【存货核算】【业务核算】【正常单据记账】命令，系统弹出"查询条件选择"对话框。

（2）单击"确定"按钮，打开"正常单据记账列表"窗口，选择单据类型为"其他出库单"的单据，单击"记账"按钮，系统弹出"记账成功"提示框，如图 6-300 所示，单击"确定"按钮，完成其他出库单记账。

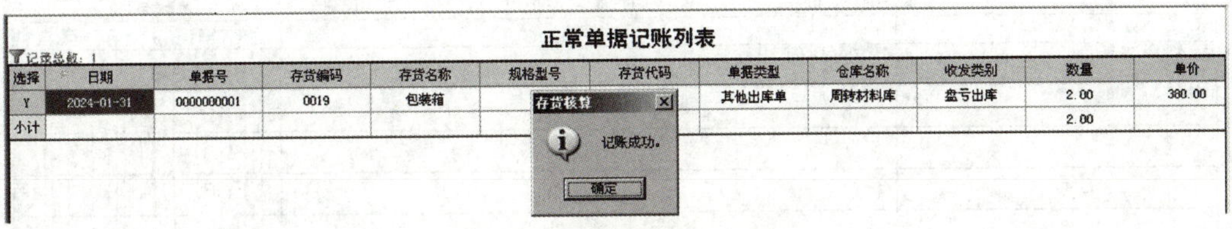

图 6-300　正常单据记账列表

4.生成凭证

（1）执行【财务核算】【生成凭证】命令，打开"生成凭证"界面，单击"选择"按钮，系统弹出"查询条件"对话框。

（2）单击"确定"按钮，打开"未生成凭证单据一览表"，选择需要生成凭证的单据。单击"确定"按钮，录入对方科目为"190101"（待处理财产损溢），单击"生成"按钮，系统自动生成一张记账凭证，修改"190101"科目金额，增加"1404"（材料成本差异）科目及金额，单击"保存"按钮。如图 6-301 所示。

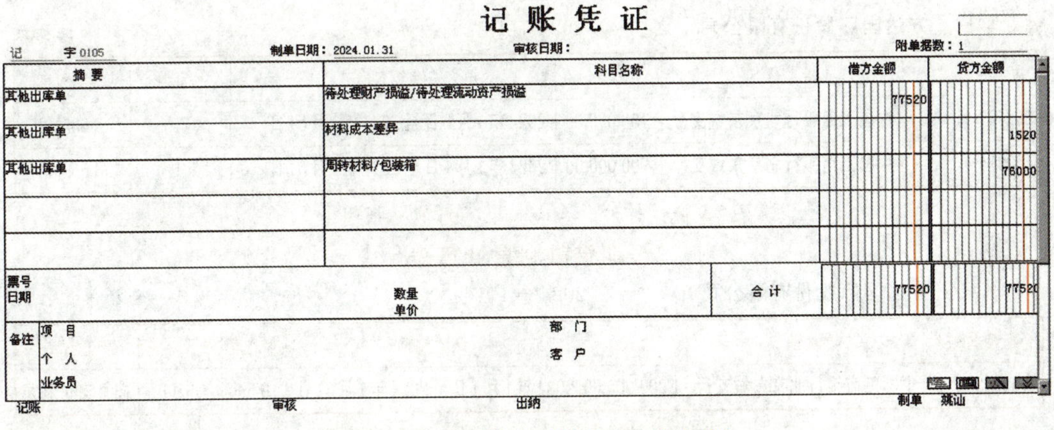

图 6-301　记账凭证（其他出库单生成）

业务 100　2024 年 1 月 31 日，无形资产摊销。该业务原始凭证如下：

业务100

无形资产摊销表

编制单位：**方达国际股份有限公司**　　　　2024年1月　　　　　　金额单位：元

无形资产名称	费用科目	原值	摊销年限	本月摊销额	累计摊销额（含本月）
专利权	管理费用	2 136 000.00	10 年	17 800.00	427 200.00
商标权	管理费用	24 000.00	10 年	200.00	200.00

审核：林玲　　　　　　制单：张翔

【操作指导】

总账制单

（1）2024年1月31日，**操作员（W02）**在企业应用平台执行【业务工作】【财务会计】【总账】【凭证】【填制凭证】命令，打开"填制凭证"窗口。

（2）单击"增加"按钮或者按【F5】键，根据原始凭证录入并保存记账凭证。如图6-302所示。

图6-302　记账凭证（总账填制）

业务101 2024年1月31日，计提借款利息。长期借款用于企业的厂房建造工程，符合资本化条件。该业务原始凭证如下：

业务101-1/2

短期借款利息计算表

编制单位：**方达国际股份有限公司**　　　　2024年1月　　　　　　金额单位：元

短期借款编号	借款银行	本金	计息期间	年利率	应提利息
202437	中国工商银行北京东城支行	150 000.00	2024年1月6日至2024年1月31日	6.1%	635.42
103264	中国工商银行北京东城支行	700 000.00	2024年1月1日至2024年1月31日	6.1%	3 558.33

审核：林玲　　　　　　制单：张翔

业务101-2/2

长期借款利息计算表

编制单位：**方达国际股份有限公司**　　　　2024年1月　　　　　　金额单位：元

长期借款编号	借款银行	本金	计息期间	年利率	应提利息	付息方式
2748563	中国工商银行北京东城支行	1 200 000.00	2024年1月1日至2024年1月31日	6.5%	6 500	按月支付利息

审核：林玲　　　　　　制单：张翔

【操作指导】

　　总账制单

　　（1）2024年1月31日，**操作员（W02）**在企业应用平台执行【业务工作】【财务会计】【总账】【凭证】【填制凭证】命令，打开"填制凭证"窗口。

　　（2）单击"增加"按钮或者按【F5】键，根据原始凭证录入并保存记账凭证。如图6-303所示。

记 账 凭 证

记　字 0107	制单日期：2024.01.31	审核日期：		附单据数：2
摘　要	科目名称		借方金额	贷方金额
计提借款利息	财务费用/利息支出		419375	
计提借款利息	在建工程/厂房建造工程		650000	
计提借款利息	应付利息			1069375
		合　计	1069375	1069375

图6-303　记账凭证（总账填制）

业务102　2024年1月31日，经查实确认，盘亏的包装箱属于管理不善造成，经批准作为管理费用处理。该业务原始凭证如下：

业务102

存货盘盈/亏处理报告表

企业名称：**方达国际股份有限公司**　　2024年01月31日　　　　金额单位：元

存货名称	计量单位	单价	数量		盘盈		盘亏		差异原因
			账存	实存	数量	金额	数量	金额	
包装箱	个	380.00	9	7			2	760.00	管理不善造成
财务部门建议处理意见	经查明为管理不善造成，盘亏金额（¥760.00），对应的材料成本差异（¥15.20）及进项税额转出（¥100.78），作为管理费用处理。								
单位主管部门批复处理意见	同意财务部意见。								

批准人：陈逸舟　　　审批人：林玲　　　部门负责人：马琴　　　制单人：张翔

【操作指导】

　　总账制单

　　（1）2024年1月31日，**操作员（W02）**在企业应用平台执行【业务工作】【财务会计】【总账】【凭证】【填制凭证】命令，打开"填制凭证"窗口。

　　（2）单击"增加"按钮或者按【F5】键，根据原始凭证录入并保存记账凭证。

如图6-304所示。

图6-304 记账凭证（总账填制）

业务103 2024年1月31日，因技术发展，公司原专利技术贬值，计提减值准备。该业务原始凭证如下：

业务103	无形资产减值准备计提表		
编制单位：方达国际股份有限公司	2024年01月		单位：元
项目	原值	计提减值准备	备注
专利权	2 136 000.00	30 000.00	专利技术贬值
审核：林玲		制单：张翔	

【操作指导】

总账制单

（1）2024年1月31日，**操作员（W02）** 在企业应用平台执行【业务工作】【财务会计】【总账】【凭证】【填制凭证】命令，打开"填制凭证"窗口。

（2）单击"增加"按钮或者按【F5】键，根据原始凭证录入并保存记账凭证。如图6-305所示。

图6-305 记账凭证（总账填制）

业务 104 2024年1月31日，交易性金融资产公允价值变动。该业务原始凭证如下：

公允价值变动表

业务104				
编制单位：方达国际股份有限公司		2024年01月31日		单位：元
名称	账面价值	期末公允价值	公允价值增加额	公允价值减少额
刚玉股份	240 000.00	295 957.45	55 957.45	
审核：林玲		制单：张翔		

【操作指导】

总账制单

（1）2024年1月31日，**操作员（W02）** 在企业应用平台执行【业务工作】【财务会计】【总账】【凭证】【填制凭证】命令，打开"填制凭证"窗口。

（2）单击"增加"按钮或者按【F5】键，根据原始凭证录入并保存记账凭证。如图6-306所示。

记 账 凭 证

记 字 0110	制单日期：2024.01.31	审核日期：		附单据数：1
摘 要	科目名称		借方金额	贷方金额
交易性金融资产公允价值变动	交易性金融资产/公允价值变动		5595745	
交易性金融资产公允价值变动	公允价值变动损益			5595745
票号 日期	数量 单价	合 计	5595745	5595745
备注 项 目 个 人 业务员	部 门 客 户			
记账	审核	出纳		制单 姚山

图6-306 记账凭证（总账填制）

业务 105 2024年1月31日，计算转让金融资产应交增值税。该业务原始凭证如下：

增值税计算表

业务105				
编制单位：方达国际股份有限公司		2024年01月31日		金额单位：元
售价	成本价	计税金额	税率	应交增值税
51 172.45	40 957.45	10 215.00	6%	578.21
审核：林玲		制单：张翔		

【操作指导】

总账制单

（1）2024年1月31日，**操作员（W02）** 在企业应用平台执行【业务工作】【财务会计】【总账】【凭证】【填制凭证】命令，打开"填制凭证"窗口。

（2）单击"增加"按钮或者按【F5】键，根据原始凭证录入并保存记账凭证。如图6-307所示。

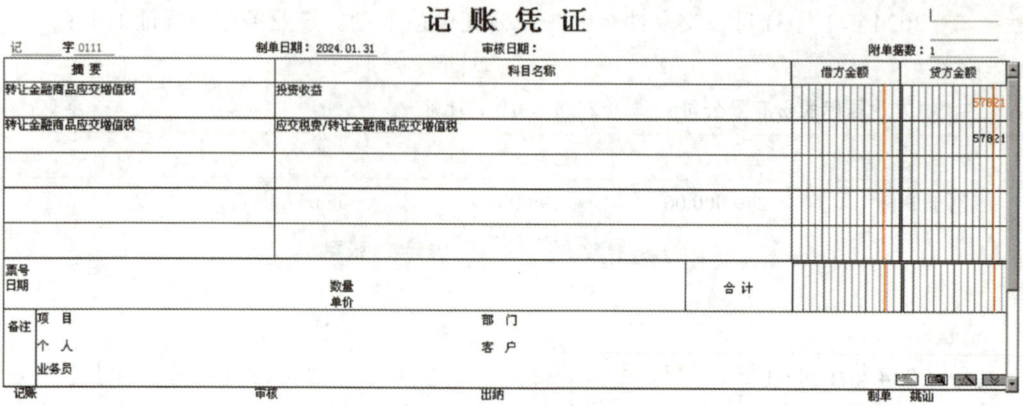

图 6-307　记账凭证（总账填制）

业务106 2024年1月31日，结转本月未交增值税。该业务原始凭证如下：

业务106

未交增值税计算表

编制单位：方达国际股份有限公司　　　　2024年01月　　　　　　单位：元

售价	进项税额	进项税额转出	销项税额	未交增值税
应交税费	97 139.46	100.78	276 285.80	179 247.12
合计				179 247.12

审核：林玲　　　　　　　制单：张翔

【操作指导】

1.自定义转账

（1）2024年1月31日，**操作员（W02）** 进入企业应用平台，执行【业务工作】【财务会计】【总账】【期末】【转账定义】【自定义转账】命令，打开"自定义转账设置"窗口。

（2）单击"增加"按钮，系统弹出"转账目录"对话框，录入转账序号"0001"和转账说明"结转本月未交增值税"，单击"确定"按钮，单击"增行"按钮，根据资料输入科目编码与金额公式，单击"保存"按钮。如图6-308所示。

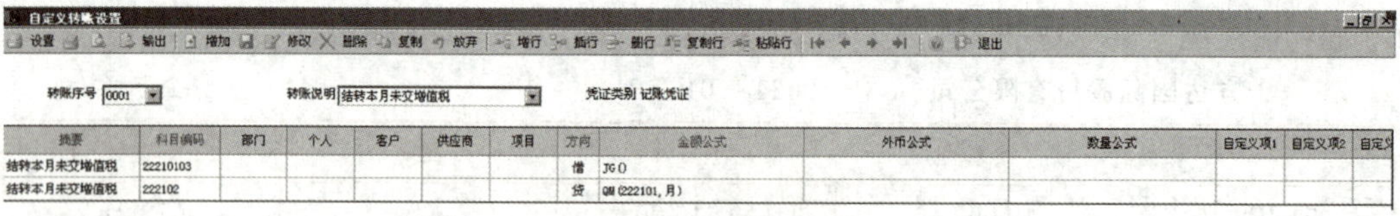

图 6-308　自定义转账设置

2.出纳签字（出纳）、审核凭证（主管）、记账（会计）

（1）2024年1月31日，**操作员（W03）** 进入企业应用平台，执行【业务工作】【财务会计】【总账】【凭证】【出纳签字】命令，打开"出纳签字"对话框。

（2）单击"确定"按钮，打开"出纳签字列表"窗口，双击打开任意一张凭证，单击"批处理"下拉键，选择"成批出纳签字"，对所有凭证进行签字。如图6-309所示。

图 6-309　出纳签字

（3）2024年1月31日，**操作员（A01）** 进入企业应用平台，执行【业务工作】【财务会计】【总账】【凭证】【审核凭证】命令，打开"凭证审核"对话框，单击"确定"按钮，打开"凭证审核列表"窗口，双击打开任意一张凭证，单击"批处理"下拉键，选择"成批审核凭证"，对所有凭证进行审核。如图6-310所示。

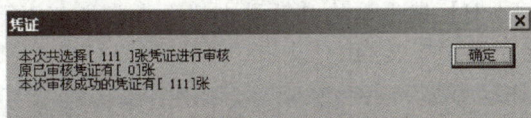

图6-310 凭证审核

（4）2024年1月31日，**操作员（W02）** 进入企业应用平台，执行【业务工作】【财务会计】【总账】【凭证】【记账】命令，打开"记账"对话框，单击"全选"按钮，单击"记账"按钮，系统弹出"期初试算平衡表-试算结果平衡"对话框，如图6-311所示，单击"确定"按钮，系统提示记账完毕，单击"确定"按钮。单击"退出"按钮。

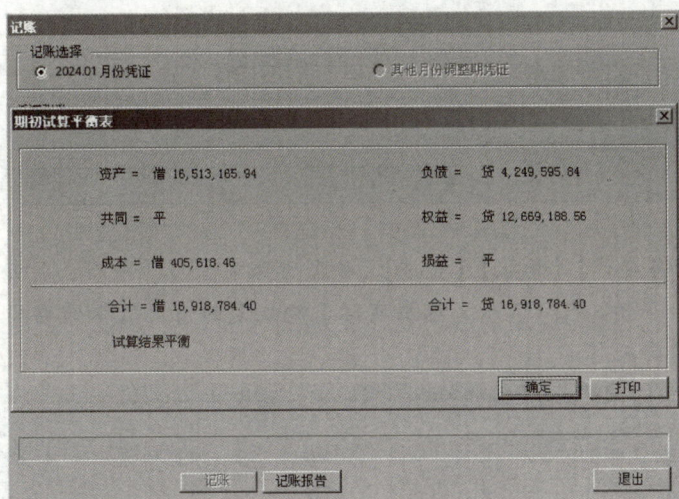

图6-311 凭证记账

（5）2024年1月31日，**操作员（W02）** 执行【期末】【转账生成】命令，打开"转账生成"对话框，选择"自定义转账"单选框，选择转账生成单据，单击"确定"按钮，系统自动生成记账凭证，单击"保存"按钮。如图6-312所示。

图6-312 记账凭证（转账生成）

操作提示

记账后需要恢复记账前状态，按以下步骤操作：

1. 操作员（W02）执行【财务会计】【总账】【期末】【对账】命令，打开"对账"窗口，在此窗口按【Ctrl+H】键，系统自动弹出"记账前状态功能已被激活"提示框，如图6-313所示，单击"确定"按钮。

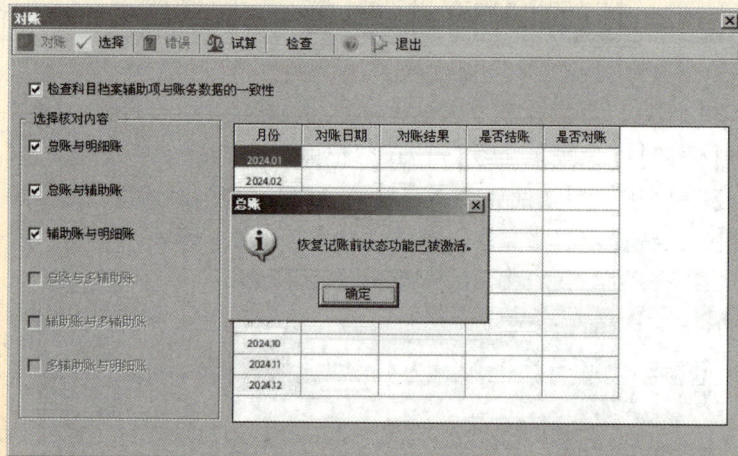

图6-313　对账

2. 执行【财务会计】【总账】【凭证】【恢复记账前状态】命令，打开"恢复记账前状态"对话框，如图6-314所示，根据实际需要恢复的情况选择需要恢复的方式，即可完成恢复记账前状态。

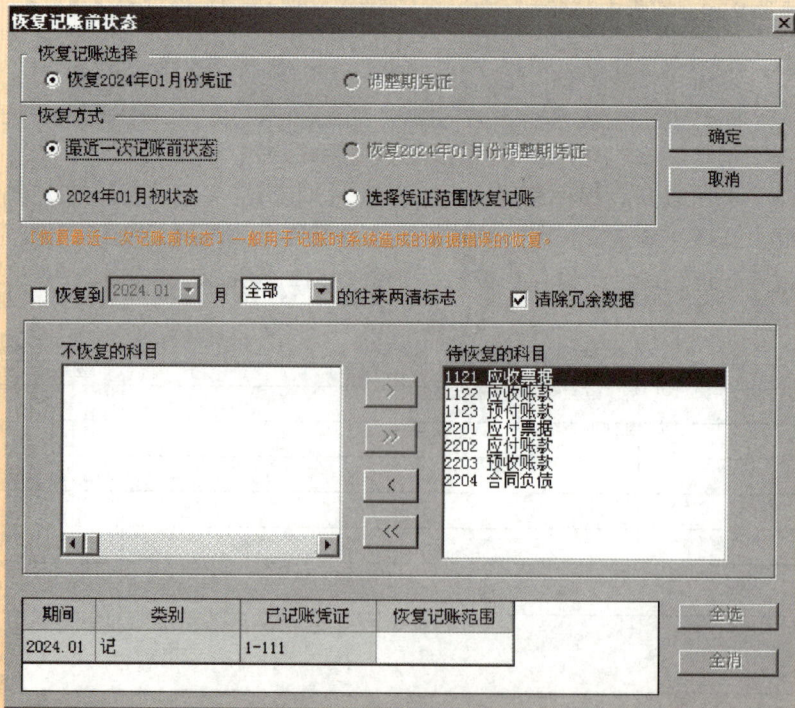

图6-314　恢复记账前状态

业务 107 2024年1月31日，计提本月车船税、房产税、城镇土地使用税。该业务原始凭证如下：

业务107-1/3

车船税摊销计算表

编制单位：**方达国际股份有限公司**　制表日期：2024年1月31日　金额单位：元

项目	数量	自重（吨）	年应纳税额	年纳税额	月应纳税额
东风牵引半挂货车	1	9	96.00	864.00	72.00
长安轻卡	1	2.60	96.00	249.60	20.80
东风自卸车	1	25	96.00	2 400.00	200.00
尼桑商务车	1	—	480.00	480.00	40.00
东风天龙牵引货车	—	9	96.00	864.00	72.00
合计	—	—	—	—	404.80

审核：**林玲**　　制单：**王言**

业务107-2/3

房产税摊销计算表

编制单位：**方达国际股份有限公司**　制表日期：2024年1月31日　金额单位：元

房产所属部门	房产项目	原值	扣除比例/租金收入	税率	年应纳税额	月应纳税额
铸造车间	车间（自用）	2 040 000.00	30%	1.2%	17 136.00	1 428.00
机加工车间	车间（自用）	2 380 000.00	30%	1.2%	19 992.00	1 666.00
装配车间	车间（自用）	2 176 000.00	30%	1.2%	18 278.40	1 523.20
机修车间	车间（自用）	204 000.00	30%	1.2%	1 713.60	142.80
公司总部	办公楼（自用）	2 000 000.00	30%	1.2%	16 800.00	1 400.00
小计		8 800 000.00			73 920.00	6 160.00
投资性房地产	仓库（对包出租）	600 000.00	8 400.00	12%	—	1 008.00
合计						7 168.00

审核：**林玲**　　制单：**王言**

业务107-3/3

城镇土地使用税摊销计算表

编制单位：**方达国际股份有限公司**　制表日期：2024年1月31日　金额单位：元

土地所属部门	房产项目	面积（平方米）	土地级次	单位税额（元/平方米）	年应纳税额	月应纳税额
铸造车间	车间（自用）		四级	12.00		
机加工车间	车间（自用）		四级	12.00		
装配车间	车间（自用）		四级	12.00		
机修车间	车间（自用）		四级	12.00		
小计		1 676	四级	12.00	20 112.00	1 676.00
公司总部	办公楼（自用）	520	三级	18.00	9 360.00	780.00
投资性房地产	仓库（对外出租）	236	四级	12.00	2 832.00	236.00
合计		—	—	—	32 304.00	2 692.00

审核：**林玲**　　制单：**王言**

【操作指导】

总账制单

（1）2024年1月31日，操作员（W02）在企业应用平台执行【业务工作】【财务会计】【总账】【凭证】【填制凭证】命令，打开"填制凭证"窗口。

（2）单击"增加"按钮或者按【F5】键，根据原始凭证录入并保存记账凭证。如图6-315所示。

记 账 凭 证

记 字 0113 制单日期：2024.01.31 审核日期： 附单据数：3

摘要	科目名称	借方金额	贷方金额
计提本月房产税、车船税、城镇土地使用税	税金及附加	1026480	
计提本月房产税、车船税、城镇土地使用税	应交税费/应交房产税		716800
计提本月房产税、车船税、城镇土地使用税	应交税费/应交城镇土地使用税		269200
计提本月房产税、车船税、城镇土地使用税	应交税费/应交车船税		40480
票号 日期	数量 单价 合计	1026480	1026480

备注 项 目 部 门
个 人 客 户
业务员

记账 审核 出纳 制单 姚山

图6-315 记账凭证（总账填制）

业务108 2024年1月31日，计提城市维护建设税、教育费附加、地方教育附加。该业务原始凭证如下：

业务108

附加税费计算表

编制单位：方达国际股份有限公司 2024年01月31日 金额单位：元

计税依据	税种	计税金额	税率	应纳税额
增值税	城市维护建设税	179 825.33	7%	12 587.77
增值税	教育费附加	179 825.33	3%	5 394.76
增值税	地方教育附加	179 825.33	2%	3 596.51
合计				21 579.04

审核：林玲 制单：张翔

【操作指导】

1.凭证审核、记账

2024年1月31日，操作员（A01）进入企业应用平台，执行【审核凭证】命令；操作员（W02）进入企业应用平台，执行【记账】命令。

2.自定义转账

2024年1月31日，操作员（W02）进入企业应用平台，执行【业务工作】【财务会计】【总账】【期末】【转账定义】【自定义转账】命令，公式设置参照“结转本月未交增值税”（业务106）的操作步骤，进行“计提附加税”的转账设置。如图6-316所示。

自定义转账设置

设置 输出 增加 修改 删除 复制 放弃 增行 插行 删行 复制行 粘贴行

转账序号 0002 转账说明 计提附加税 凭证类别 记账凭证

摘要	科目编码	部门	个人	客户	供应商	项目	方向	金额公式
计提附加税	6403						借	JG()
计提附加税	222107						贷	QM(222102,月)+FS(222106,月,贷)*0.07
计提附加税	222108						贷	QM(222102,月)+FS(222106,月,贷)*0.03
计提附加税	222109						贷	QM(222102,月)+FS(222106,月,贷)*0.02

图6-316 增值税结转定义

3.转账生成

执行【转账生成】命令，打开“转账生成”对话框，选择“自定义转账”单选框，选择转账生成单据，单击“确定”按钮，系统自动生成记账凭证，单击“保存”按钮。如图6-317所示。

记 账 凭 证

记　字 0114　　制单日期：2024.01.31　　审核日期：　　附单据数：0

摘要	科目名称	借方金额	贷方金额
计提附加税	税金及附加	2157904	
计提附加税	应交税费/应交城市维护建设税		1258777
计提附加税	应交税费/应交教育费附加		539476
计提附加税	应交税费/应交地方教育附加		359651
票号 日期	数量 单价 合计	2157904	2157904

备注　项目　　部门
　　　个人　　客户
　　　业务员

记账　　审核　　出纳　　制单　账山

图6-317　记账凭证（转账生成）

业务109 2024年1月31日，计提本月印花税。该业务原始凭证如下：

业务109

印花税明细表

编制单位：方达国际股份有限公司　　2024年01月31月　　金额单位：元

日期	合同类型	合同金额	税率	税额
12月1日	买卖合同	412 500	0.0003	123.75
12月3日	买卖合同	129 600	0.0003	38.88
12月4日	买卖合同	648 000	0.0003	194.40
12月5日	借款合同	150 000	0.00005	7.50
12月6日	买卖合同	37 720	0.0003	11.32
12月8日	买卖合同	55 510	0.0003	16.65
12月8日	买卖合同	22 010	0.0003	6.60
12月10日	买卖合同	158 100	0.0003	47.43
12月11日	买卖合同	27 300	0.0003	8.19
12月13日	财产保险合同	50 000	0.001	50.00
12月18日	财产保险合同	5 640	0.001	5.64
12月20日	买卖合同	561 600	0.0003	168.48
12月24日	买卖合同	275 000	0.0003	82.50
合计				761.34

审核：林玲　　制单：张翔

【操作指导】

总账制单

（1）2024年1月31日，操作员（W02）在企业应用平台执行【业务工作】【财务会计】【总账】【凭证】【填制凭证】命令，打开“填制凭证”窗口。

（2）单击"增加"按钮或者按【F5】键，根据原始凭证录入并保存记账凭证。如图6-318所示。

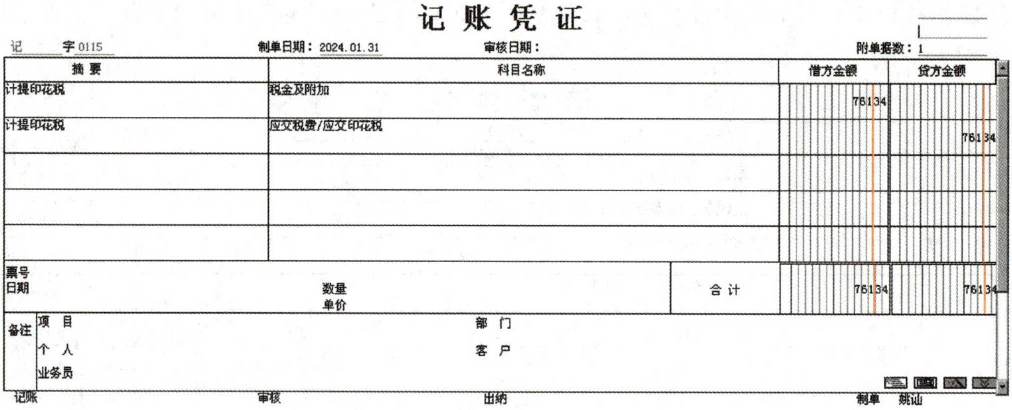

图6-318　记账凭证（总账填制）

业务110 2024年1月31日，结转损益类账户。（收入、支出分开制单）

【操作指导】

1. 凭证审核、记账

（1）2024年1月31日，操作员（A01）进入企业应用平台，执行【审核凭证】命令；

（2）操作员（W02）进入企业应用平台，执行【记账】命令。

2. 自定义转账

（1）执行【财务会计】【总账】【期末】【转账定义】【期间损益】命令，打开"期间损益结转设置"对话框。

（2）录入本年利润科目"4103"，单击"确定"按钮，完成"期间损益结转"设置。如图6-319所示。

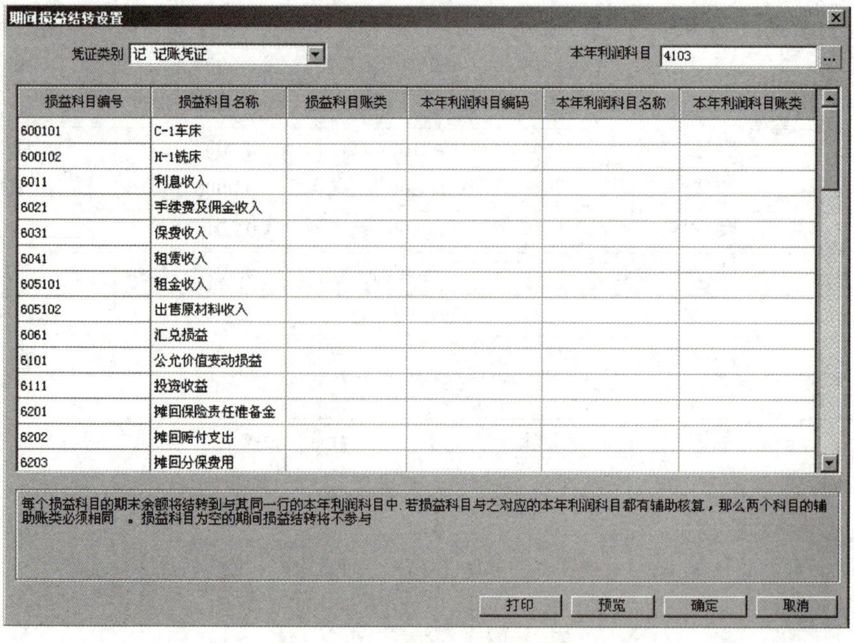

图6-319　期间损益结转设置

3.转账生成

（1）执行【转账生成】命令，打开"转账生成"对话框，选择"期间损益结转"单选框，在"类型"栏选择"收入"，单击"全选"按钮。如图6-320所示。

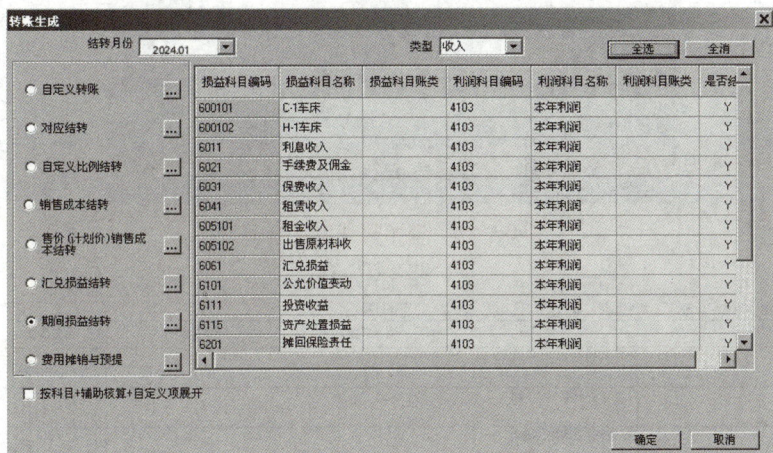

图6-320　期间损益结转

（2）单击"确定"按钮，系统自动生成结转损益类收入的记账凭证，单击"保存"按钮。关闭"凭证"窗口。如图6-321、图6-322所示。

图6-321　记账凭证1/2（期间损益结转自动生成）

图6-322　记账凭证2/2（期间收入结转）

（3）继续在"类型"栏选择"支出"，单击"全选"按钮，单击"确定"按钮，系统弹出如图6-323所示的提示框，单击"是"，系统自动生成结转损益类支出的记账凭证，如图6-324至图6-328所示。

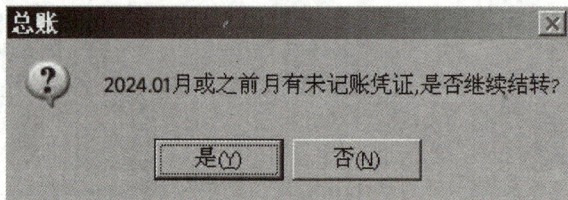

图6-323　期间损益结转选择

记 账 凭 证

记　字 0117 - 0001/0005　制单日期：2024.01.31　审核日期：　　　附单据数：0

摘要	科目名称				借方金额	贷方金额
期间损益结转	本年利润				152357702	
期间损益结转	主营业务成本/C-1车床					73585754
期间损益结转	主营业务成本/X-1铣床					37041250
期间损益结转	其他业务成本/折旧费					240000
期间损益结转	其他业务成本/出售原材料成本					922200
票号 日期	数量 单价			合 计	152357702	152357702
备注	项目	部门				
	个人	客户				
	业务员					

记账　　　审核　　　出纳　　　制单 姚山

图6-324　记账凭证1/5（期间支出结转）

记 账 凭 证

记　字 0117 - 0002/0005　制单日期：2024.01.31　审核日期：　　　附单据数：0

摘要	科目名称				借方金额	贷方金额
期间损益结转	税金及附加					3280518
期间损益结转	销售费用/广告费					3000000
期间损益结转	销售费用/包装费					387800
期间损益结转	销售费用/运费					279000
期间损益结转	销售费用/职工薪酬					3581738
票号 日期	数量 单价			合 计	152357702	152357702
备注	项目	部门				
	个人	客户				
	业务员					

记账　　　审核　　　出纳　　　制单 姚山

图6-325　记账凭证2/5（期间支出结转）

记 账 凭 证

记 字 0117 - 0003/0005　　制单日期: 2024.01.31　　审核日期:　　　　　　　　　　附单据数: 0

摘 要	科目名称	借方金额	贷方金额
期间损益结转	管理费用/办公费		767020
期间损益结转	管理费用/差旅费		127659
期间损益结转	管理费用/财产保险费		5584000
期间损益结转	管理费用/业务招待费		120000
期间损益结转	管理费用/折旧费		3298334
票号 日期	数量 单价	合 计	152357702	152357702

备注　项 目　　　　部 门
　　　个 人　　　　客 户
　　　业务员

记账　　　　审核　　　　出纳　　　　制单 姚汕

图6-326　记账凭证3/5（期间支出结转）

记 账 凭 证

记 字 0117 - 0004/0005　　制单日期: 2024.01.31　　审核日期:　　　　　　　　　　附单据数: 0

摘 要	科目名称	借方金额	贷方金额
期间损益结转	管理费用/水电费		585100
期间损益结转	管理费用/职工薪酬		7783972
期间损益结转	管理费用/无形资产摊销		1800000
期间损益结转	管理费用/盘亏损失		87598
期间损益结转	管理费用/维修费		1288198
票号 日期	数量 单价	合 计	152357702	152357702

备注　项 目　　　　部 门
　　　个 人　　　　客 户
　　　业务员

记账　　　　审核　　　　出纳　　　　制单 姚汕

图6-327　记账凭证4/5（期间支出结转）

记 账 凭 证

记 字 0117 - 0005/0005　　制单日期: 2024.01.31　　审核日期:　　　　　　　　　　附单据数: 0

摘 要	科目名称	借方金额	贷方金额
期间损益结转	财务费用/手续费		173638
期间损益结转	财务费用/利息支出		504037
期间损益结转	资产减值损失		3000000
期间损益结转	营业外支出/捐赠支出		5000000
票号 日期	数量 单价	合 计	152357702	152357702

备注　项 目　　　　部 门
　　　个 人　　　　客 户
　　　业务员

记账　　　　审核　　　　出纳　　　　制单 姚汕

图6-328　记账凭证5/5（期间支出结转）

业务 111 2024年1月31日，计提所得税。该业务原始凭证如下:

业务111

所得税费用计提表

编制单位：**方达国际股份有限公司**　　　　2024 年 01 月 31 月　　　　金额单位：元

应纳税所得额	所得税税率	应纳所得税额
565 332.05	25%	141 333.01
合　计		¥141 333.01

审核：**林玲**　　　　制单：**张翔**

【操作指导】

操作视频

业务 111 至业务 113

1.凭证审核、记账

（1）2024 年 1 月 31 日，**操作员（A01）**进入企业应用平台，执行【审核凭证】命令。

（2）**操作员（W02）**进入企业应用平台，执行【记账】命令。

2.自定义转账

2024 年 1 月 31 日，**操作员（W02）**进入企业应用平台，执行【业务工作】【财务会计】【总账】【期末】【转账定义】【自定义转账】命令，公式设置参照"结转本月未交增值税"（**业务106**）的操作步骤，进行"计提所得税"的转账设置。如图 6-329 所示。

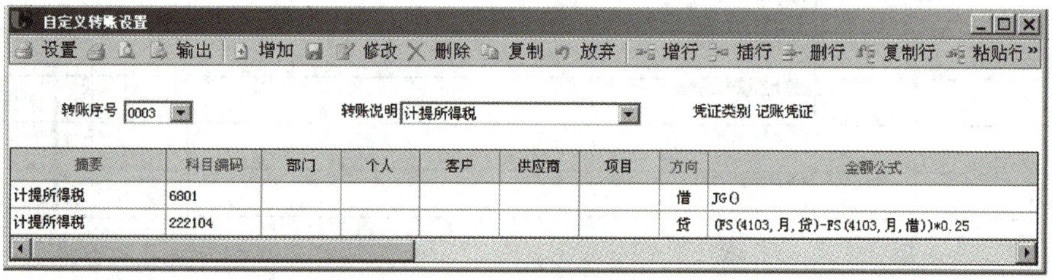

图 6-329　自定义转账（计提所得税）

3.转账生成

执行【转账生成】命令，打开"转账生成"对话框，选择"自定义转账"单选框，选择转账生成单据，单击"确定"按钮，系统自动生成记账凭证，单击"保存"按钮。如图 6-330 所示。

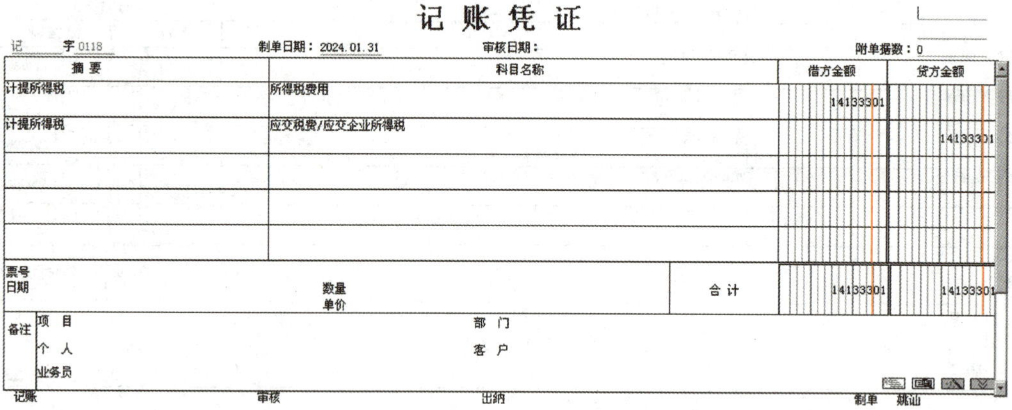

图 6-330　记账凭证（转账生成）

业务112 2024 年 1 月 31 日，结转所得税费用。

【操作指导】

1. 凭证审核、记账

（1）2024 年 1 月 31 日，**操作员（A01）**进入企业应用平台，执行【审核凭证】命令。

（2）**操作员（W02）**进入企业应用平台，执行【记账】命令。

2. 转账生成

（1）执行【总账】【期末】【转账生成】命令，打开“转账生成”对话框，选择“期间损益结转”单选框，在“类型”栏选择“支出”。

（2）单击“全选”按钮，单击“确定”按钮，系统自动生成结转损益类支出的记账凭证。如图6-331所示。

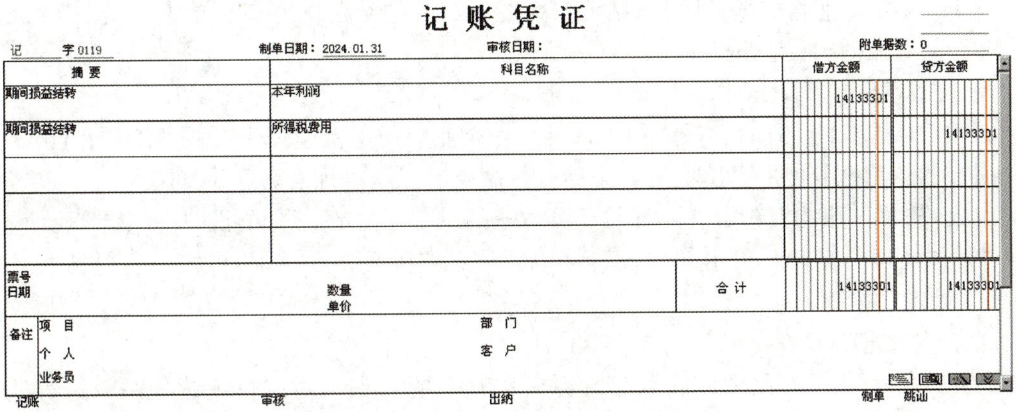
记账凭证

记 字 0119 制单日期：2024.01.31 审核日期： 附单据数：0

摘要	科目名称	借方金额	贷方金额
期间损益结转	本年利润	14133301	
期间损益结转	所得税费用		14133301
票号 日期	数量 单价 合计	14133301	14133301

备注 项目 部门 个人 客户 业务员

记账 审核 出纳 制单 姚山

图6-331 记账凭证（自动结转所得税费用）

实训三 结账

业务113 2024年1月31日，对各个模块进行结账处理。

操作提示

反结账的快捷键是“Ctrl+shift+F6”，部分电脑还要+Fn。

【操作指导】

1. 总账系统凭证审核、记账

（1）2024年1月31日，**操作员（A01）**进入企业应用平台，执行【审核凭证】命令。

（2）**操作员（W02）**进入企业应用平台，执行【记账】命令。

2. 采购管理系统结账

（1）2024年1月31日，**操作员（G01）**在企业应用平台中执行【业务工作】【供应链】【采购管理】【月末结账】命令。

（2）打开“结账”窗口，单击“结账”按钮，系统提示“月末结账，是否关闭订单”。单击“否”按钮，月末结账完毕。

3. 销售管理系统结账

操作员（X01）参照“采购管理系统结账”的步骤，对销售管理系统进行期末结账。

4.库存管理系统结账

操作员（C01） 参照"采购管理系统结账"的步骤，对库存管理系统进行期末结账。

5.存货核算系统结账

（1）2024年1月31日，**操作员（A01）** 在企业应用平台中执行【业务工作】【供应链】【存货核算】【业务核算】【期末处理】命令，弹出"期末处理–1月"窗口。

（2）在"未期末处理仓库"中选择全部未处理仓库，单击"处理"按钮，系统弹出差异处理窗口，单击"确定"按钮，系统提示"期末处理完毕"。单击"确定"按钮，系统提示"已期末处理仓库"。

（3）执行【业务核算】【月末结账】命令，打开"结账"窗口，单击"结账"按钮，系统提示"月末结账完成"。

6.应收款管理系统结账

（1）2024年1月31日，**操作员（A01）** 在企业应用平台中执行【业务工作】【财务会计】【应收款管理】【期末处理】【月末结账】命令，打开"月末处理"窗口。

（2）选择结账的月份，在结账标记处双击后（显示"Y"），单击"下一步"，系统弹出"月末处理"窗口。单击"完成"按钮，结账完成后，系统提示"1月份结账成功"，单击"确定"按钮。

7.应付款管理系统结账

操作员（01） 参照"应收款管理系统结账"的步骤，对应付款管理系统进行期末结账。

8.总账系统结账

（1）2024年1月31日，**操作员（A01）** 在企业应用平台中执行【财务会计】【总账】【期末】【结账】命令，打开"结账"窗口，如图6-332所示。

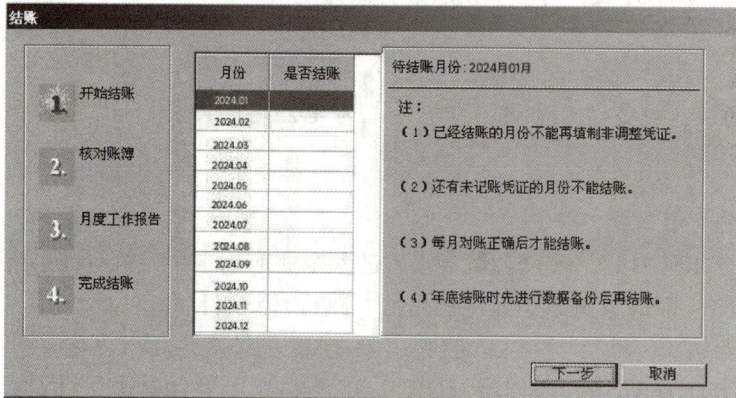

图6-332 结账（总账）

（2）单击"下一步"按钮，单击"对账"按钮，单击"下一步"，打开"结账–月度工作报告"对话框，显示"2024年01月工作报告"。如图6-333、图6-334所示。

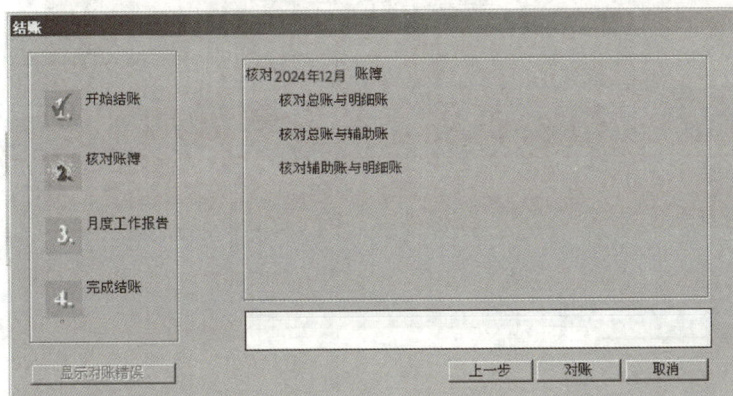

图6-333　对账（总账系统）

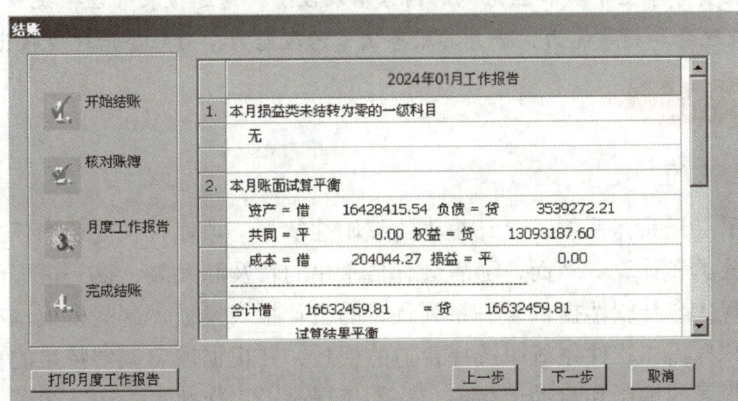

图6-334　结账报告（总账系统）

（3）单击"下一步"，系统提示"2024年1月工作检查完成，可以结账"。单击"结账"按钮，总账系统结账完成。

项目七
报表管理系统业务处理

思政要点

本项目旨在引导学生了解和应用党的国家治理理念，通过报表管理系统业务处理，培养学生正确的管理理念和领导能力，提升其服务国家治理能力，为社会治理现代化作出贡献。

报表管理系统概述

一、编制会计报表的一般方法

在传统的手工记账体系中，会计报表的编制往往是一项耗时且复杂的任务，涉及大量的数据汇总、分类和计算。然而，随着会计信息化的普及和发展，这一过程已经变得更为高效和简化。现代会计软件提供了一系列预设的会计报表模板，这些模板旨在简化报表的编制流程。用户只需在软件系统中选择合适的模板，并根据需要调整特定的参数，即可轻松地完成会计报表的编制和自动化生成。这不仅提高了工作效率，还减少了人为失误，使得会计报告更加准确、及时和可靠。

二、U8报表管理功能的概述

在U8系统内，财务报告的编制和管理由名为"UFO报表"的特定模块承担，该模块是U8财务会计系统的一个集成部分。通过利用UFO报表模块的高级功能，用户不仅能够生成各种官方财务报表，还能够创建用于内部分析和管理决策支持的报表。

UFO报表模块的核心功能包括对报表文件的全面管理，以及报表格式的灵活设计。它允许用户定义复杂的报表公式，确保数据的精确性和报表的灵活性。此外，该模块能够直接从总账系统和其他相关业务模块中抽取所需数据，自动化地编制和生成财务报表，极大地提高了效率和准确性。

报表系统支持对生成的报表进行详尽的审核和汇总工作，确保信息的准确无误。它还能够产生各种分析图表，为管理层提供直观的数据视图，帮助其作出决策。最终，报表可以根据预定的格式进行输出，以满足不同利益相关者的需求。

三、报表制作的一般流程

制作报表的关键是数据的来源，而报表系统就是将各种来源的数据采集到所需的报表中，然后进行计算、汇总等，以达到既定的目的。本教程的报表数据来源于总账系统和其他业务系统。

制作UFO报表的过程可分为以下精细化的步骤，以确保报表的准确性和有效性：

（一）初始化报表系统

启动UFO报表模块并创建新的报表项目。这一步骤是进入报表制作流程的基础，确保了报表设计工作的顺利开展。

（二）设计报表布局

根据需求设计报表的整体布局和格式，包括报表的标题、列宽、行高以及字体样式等，以确保报表的清晰性和可读性。

（三）公式与参数设置

定义报表中需要使用的各类计算公式和参数。这包括对数据的计算规则、比率分析以及其他财务指标的设定，是确保报表数据准确性的关键步骤。

（四）数据集成与处理

从总账系统和其他相关业务系统中提取数据，并对这些数据进行处理。这一步骤涉及数据的筛选、汇总和转换，以适应报表的要求。

（五）图形与可视化处理

根据需要将数据通过图表等形式进行可视化处理，以增强报表的表现力和易理解性。这可能包括条形图、折线图或饼图等。

（六）报表输出与打印

在报表设计和数据处理完成后，进行报表的预览、调整和打印。这一步骤确保报表的最终形式符合预期，且适合阅读和分发使用。

（七）系统退出与保存

在报表生成并打印后，保存并退出 UFO 报表系统。这一步骤保证了所做工作的保存和数据的安全。

虽然以上七步骤根据实际情况可能会有所调整，但初始化报表系统、设计报表布局、数据集成与处理以及系统退出与保存这四个步骤是制作报表过程中的必要环节。报表的核心在于数据的准确集成和处理，而 UFO 报表系统正是通过高效地汇集和计算来自总账及其他业务系统的数据，以达到制定报表的目的。

四、报表公式定义

在编制会计报表时，关键的一步是正确地应用和定义各类公式。这些公式主要包括单元公式（计算公式）、审核公式以及舍位平衡公式。为了确保公式的正确应用，所有的公式定义都需在报表的"格式"设置状态下进行。

（一）单元公式（计算公式）

单元公式的作用是建立报表中各个数据项之间的计算关系。在报表的数值单元格中输入"="符号即可开始定义单元公式。例如，如果一个报表包含30列和30行的数据，理论上可能需要定义多达900个单元公式。鉴于这一点，选择预设单元公式的报表模板可以显著提高效率。尽管这些模板旨在满足通用需求，但用户仍可根据特定企业的要求对单元公式进行调整，这种做法能够节省大量时间。

（二）审核公式

审核公式的目的是验证报表内部或报表间的数据关系是否准确无误。这些公式通过"审核公式"菜单项来定义，它们对于确保报表数据的准确性和一致性至关重要。

（三）舍位平衡公式

在处理报表数据时，特别是在进行四舍五入或小数点调整时，舍位平衡公式确保数据的平衡性不被破坏。这类公式通常在报表数据的计量单位从较小的单位（如元）转换到较大的单位（如千元、万元或亿元）时使用，以保持数据的一致性和准确性。舍位平衡公式通过“舍位平衡公式”菜单项来定义。

综上所述，通过精心设计和应用这些公式，可以确保财务报表的数据准确性和逻辑一致性，从而为决策制定提供可靠的支持。

实训一　资产负债表

一、生成预置资产负债表格式

【操作指导】

操作视频

资产负债表

（1）2024年1月31日，操作员（A01）进入企业应用平台，执行【财务会计】【UFO报表】命令，打开“UFO报表”，系统弹出“日积月累”提示框，单击“关闭”按钮。单击“文件”“新建”按钮，打开一张空白表页。

（2）执行【格式】【报表模板（M）】命令，打开“报表模板”对话框，在“您所在的行业”下拉栏选择“2007年新会计制度科目”，在“财务报表”下拉栏选择“资产负债表”，如图7-1所示。

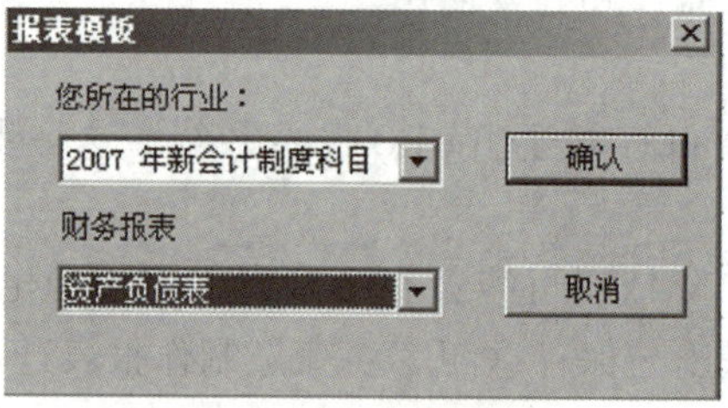

图7-1　报表模板选择

（3）单击“确认”按钮，系统提示“模板格式将覆盖本表格式！是否继续？”，单击“是”按钮，生成的预置资产负债表模板如图7-2所示。

二、确认和调整报表项目、公式、格式

本公司修订报表的依据为《关于修订印发2019年度一般企业财务报表格式的通知》（财会〔2019〕6号）中的资产负债表模板，如图7-3所示。

（一）调整报表项目

本报表结合公司具体情况，根据《关于修订印发2019年度一般企业财务报表格式的通知》（财会〔2019〕6号）中的资产负债表模板对预置的资产负债表进行如下修改：

1.更改报表项目

（1）“年初余额”改为“上年年末余额”。

（2）资产类项目“可供出售金融资产”改为“债权投资”；“持有至到期投资”改为“其他债权投资”。

2.增加报表项目

（1）资产类项目增加“合同资产”“其他权益工具投资”。

（2）负债类项目增加“合同负债”“租赁负债”。

（3）所有者权益类项目增加“其他权益工具”。

资产负债表

会企01表

编制单位：　　　　　xxxx年　　xx月　　　　　　　　xx日　　　　　单位:元

资　产	行次	期末余额	年初余额	负债和所有者权益（或股东权益）	行次	期末余额	年初余额
流动资产：				流动负债：			
货币资金	1	公式单元	公式单元	短期借款	32	公式单元	公式单元
交易性金融资产	2	公式单元	公式单元	交易性金融负债	33	公式单元	公式单元
应收票据	3	公式单元	公式单元	应付票据	34	公式单元	公式单元
应收账款	4	公式单元	公式单元	应付账款	35	公式单元	公式单元
预付款项	5	公式单元	公式单元	预收款项	36	公式单元	公式单元
应收利息	6	公式单元	公式单元	应付职工薪酬	37	公式单元	公式单元
应收股利	7	公式单元	公式单元	应交税费	38	公式单元	公式单元
其他应收款	8	公式单元	公式单元	应付利息	39	公式单元	公式单元
存货	9	公式单元	公式单元	应付股利	40	公式单元	公式单元
一年内到期的非流动资产	10			其他应付款	41	公式单元	公式单元
其他流动资产	11			一年内到期的非流动负债	42	公式单元	公式单元
流动资产合计	12	公式单元	公式单元	其他流动负债	43		
非流动资产：				流动负债合计	44	公式单元	公式单元
可供出售金融资产	13	公式单元	公式单元	非流动负债：			
持有至到期投资	14	公式单元	公式单元	长期借款	45	公式单元	公式单元
长期应收款	15	公式单元	公式单元	应付债券	46	公式单元	公式单元
长期股权投资	16	公式单元	公式单元	长期应付款	47	公式单元	公式单元
投资性房地产	17	公式单元	公式单元	专项应付款	48	公式单元	公式单元
固定资产	18	公式单元	公式单元	预计负债	49	公式单元	公式单元
在建工程	19	公式单元	公式单元	递延所得税负债	50	公式单元	公式单元
工程物资	20	公式单元	公式单元	其他非流动负债	51		
固定资产清理	21	公式单元	公式单元	非流动负债合计	52	公式单元	公式单元
生产性生物资产	22	公式单元	公式单元	负债合计	53	公式单元	公式单元
油气资产	23	公式单元	公式单元	所有者权益（或股东权益）：			
无形资产	24	公式单元	公式单元	实收资本（或股本）	54	公式单元	公式单元
开发支出	25	公式单元	公式单元	资本公积	55	公式单元	公式单元
商誉	26	公式单元	公式单元	减：库存股	56	公式单元	公式单元
长期待摊费用	27	公式单元	公式单元	盈余公积	57	公式单元	公式单元
递延所得税资产	28	公式单元	公式单元	未分配利润	58	公式单元	公式单元
其他非流动资产	29			所有者权益（或股东权益）合计	59	公式单元	公式单元
非流动资产合计	30	公式单元	公式单元				
资产总计	31	公式单元	公式单元	负债和所有者权益（或股东权益）总计	60	公式单元	公式单元

图7-2　生成的资产负债表预置模板

资产负债表

会企01表

编制单位：　　　　　　　　　　　　　　　　　　_____年____月____日　　　　　　　　　　　　　　单位：元

资产	期末余额	上年年末余额	负债和所有者权益（或股东权益）	期末余额	上年年末余额
流动资产：			流动负债：		
货币资金			短期借款		
交易性金融资产			交易性金融负债		
衍生金融资产			衍生金融负债		
应收票据			应付票据		
应收账款			应付账款		
应收款项融资			预收款项		
预付款项			合同负债		
其他应收款			应付职工薪酬		
存货			应交税费		
合同资产			其他应付款		
持有待售资产			持有待售负债		
一年内到期的非流动资产			一年内到期的非流动负债		
其他流动资产			其他流动负债		
流动资产合计			流动负债合计		
非流动资产：			非流动负债：		
债权投资			长期借款		
其他债权投资			应付债券		
长期应收款			其中：优先股		
长期股权投资			永续债		
其他权益工具投资			租赁负债		
其他非流动金融资产			长期应付款		
投资性房地产			预计负债		
固定资产			递延收益		
在建工程			递延所得税负债		
生产性生物资产			其他非流动负债		
油气资产			非流动负债合计		
使用权资产			负债合计		
无形资产			所有者权益（或股东权益）：		
开发支出			实收资本（或股本）		
商誉			其他权益工具		
长期待摊费用			其中：优先股		
递延所得税资产			永续债		
其他非流动资产			资本公积		
非流动资产合计			减：库存股		
			其他综合收益		
			专项储备		
			盈余公积		
			未分配利润		
			所有者权益（或股东权益）合计		
资产总计			负债和所有者权益（或股东权益）总计		

图7-3　资产负债表模板

3.删除报表项目

（1）删除表首的编制单位。

（2）删除【应收利息】【应收股利】【应付利息】【应付股利】【工程物资】【固定资产清理】项目。

（二）调整报表公式

1.修改公式

（1）"其他应收款"项目：

期末公式为：QM("1221",月,,,年,,)+QM("1131",月,,,年,,)+QM("1132",月,,,年,,)

期初公式为：QC("1221",全年,,,年,,)+QC("1131",全年,,,年,,)+QC("1132",全年,,,年,,)

（2）"投资性房地产"项目：

期末公式为：QM("1521",月,,,年,,)-QM("1522",月,,,年,,)

期初公式为：QC("1521",全年,,,年,,)-QC("1522",全年,,,年,,)

（3）"固定资产"项目：

期末公式为：QM("1601",月,,,年,,)-QM("1602",月,,,年,,)-QM("1603",月,,,年,,)+QM("1606",月,,,年,,)

期初公式为：QC("1601",全年,,,年,,)-QC("1602",全年,,,年,,)-QC("1603",全年,,,年,,)+QC("1606",全年,,,年,,)

（4）"在建工程"项目：

期末公式为：QM("1604",月,,,年,,)+QM("1605",月,,,年,,)

期初公式为：QC("1604",全年,,,年,,)+QC("1605",全年,,,年,,)

（5）"其他应付款"项目：

期末公式为：QM("2241",月,,,年,,)+QM("2231",月,,,年,,)+QM("2232",月,,,年,,)

期初公式为：QC("2241",全年,,,年,,)+QC("2231",全年,,,年,,)+QC("2232",全年,,,年,,)

（6）"资产总计"项目等于流动资产合计加非流动资产合计。

（7）"负债合计"项目等于流动负债合计加非流动负债合计。

（8）"负债和所有者权益（或股东权益）总计"项目等于负债合计加所有者权益（或股东权益）合计。

2.增加项目公式

"合同负债"项目：

期末公式为：QM("2204",月,,,年,,)

期初公式为：QC("2204",全年,,,年,,)

操作提示

> "合同资产""债权投资""其他债权投资""其他权益工具投资""租赁负债""其他权益工具"等项目无须设置公式，原因是该科目当期没有发生额。

【操作指导】

（一）调整报表项目

1.更改报表项目

（1）将生成的资产负债表模板调整为"格式"状态。如图7-4所示。

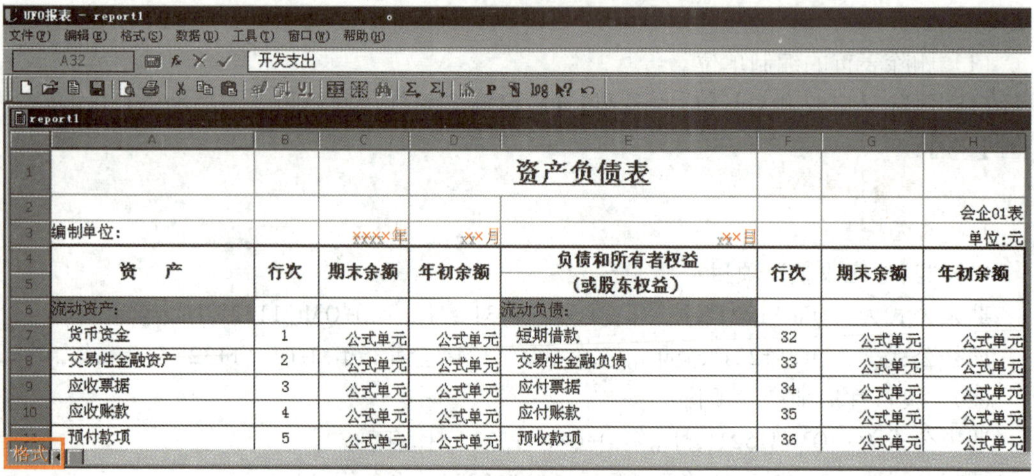
UFO报表 - report1
文件(F) 编辑(E) 格式(S) 数据(D) 工具(T) 窗口(W) 帮助(H)
A32
开发支出
report1
资产负债表
会企01表
编制单位:
xxxx年
xx月
xx日
单位:元
资 产
行次
期末余额
年初余额
负债和所有者权益
(或股东权益)
行次
期末余额
年初余额
流动资产:
流动负债:
货币资金 1 公式单元 公式单元
短期借款 32 公式单元 公式单元
交易性金融资产 2 公式单元 公式单元
交易性金融负债 33 公式单元 公式单元
应收票据 3 公式单元 公式单元
应付票据 34 公式单元 公式单元
应收账款 4 公式单元 公式单元
应付账款 35 公式单元 公式单元
预付款项 5 公式单元 公式单元
预收款项 36 公式单元 公式单元
格式

图7-4 资产负债表模板设置

（2）根据资料修改报表项目："年初余额"改为"上年年末余额"；"可供出售金融资产"更改为"债权投资"；"持有至到期投资"改为"其他债权投资"。双击单元格直接对项目名称进行修改，修改之处如图7-5所示。

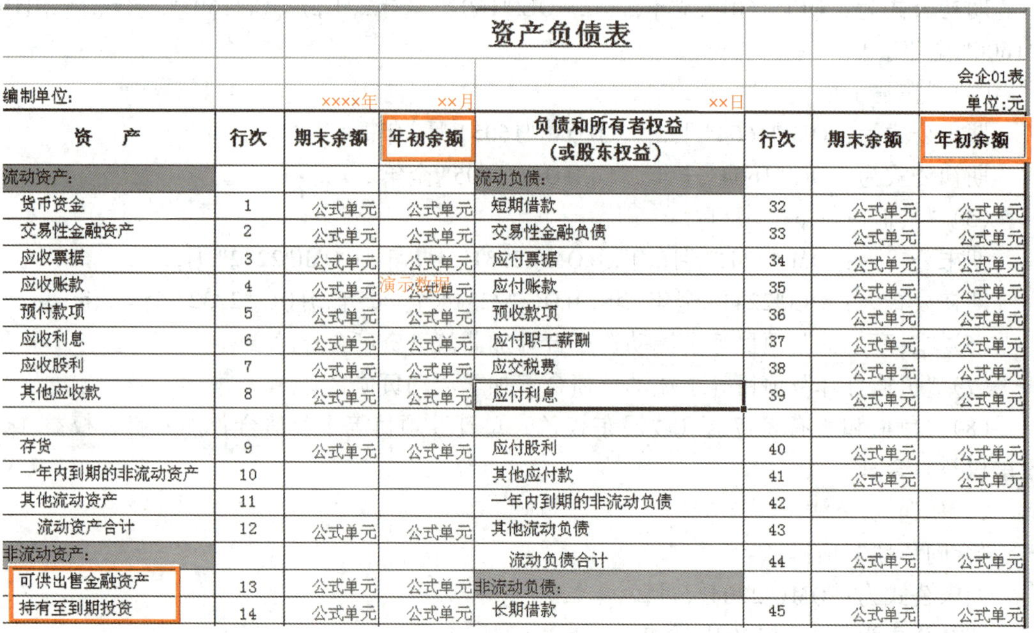
资产负债表
会企01表
编制单位:
xxxx年
xx月
xx日
单位:元
资 产
行次
期末余额
年初余额
负债和所有者权益
(或股东权益)
行次
期末余额
年初余额
流动资产:
流动负债:
货币资金 1 公式单元 公式单元
短期借款 32 公式单元 公式单元
交易性金融资产 2 公式单元 公式单元
交易性金融负债 33 公式单元 公式单元
应收票据 3 公式单元 公式单元
应付票据 34 公式单元 公式单元
应收账款 4 公式单元 公式单元
应付账款 35 公式单元 公式单元
演示数据
预付款项 5 公式单元 公式单元
预收款项 36 公式单元 公式单元
应收利息 6 公式单元 公式单元
应付职工薪酬 37 公式单元 公式单元
应收股利 7 公式单元 公式单元
应交税费 38 公式单元 公式单元
其他应收款 8 公式单元 公式单元
应付利息 39 公式单元 公式单元
存货 9 公式单元 公式单元
应付股利 40 公式单元 公式单元
一年内到期的非流动资产 10
其他应付款 41 公式单元 公式单元
其他流动资产 11
一年内到期的非流动负债 42
流动资产合计 12 公式单元 公式单元
其他流动负债 43
非流动资产:
流动负债合计 44 公式单元 公式单元
可供出售金融资产 13 公式单元 公式单元
非流动负债:
持有至到期投资 14 公式单元 公式单元
长期借款 45 公式单元 公式单元

图7-5 更改的资产负债表项目

2.增加报表项目

根据资料增加资产类项目"合同资产""其他权益工具投资"；负债类项目"合同负债""租赁负债"；所有者权益类项目"其他权益工具"；鼠标选择需要增加行区域，依次执行工具栏上的【数据】【插入】【行】命令，在弹出的插入行对话框中，设置需要增加的行数，单击确定插入空白行，如图7-6所示；双击空白行对应的项目列，输入需要增加的项目名称，如图7-7所示。

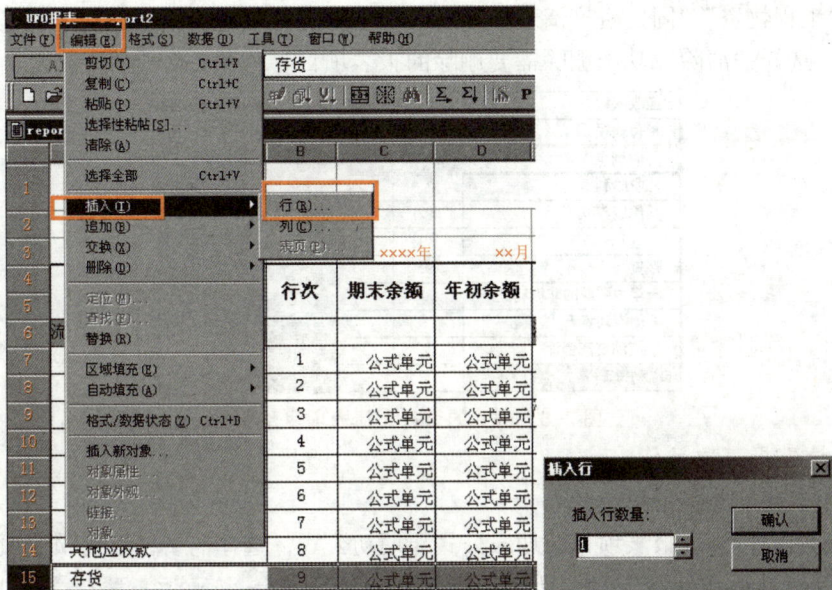

图7-6 资产负债表增加空白行

图7-7 增加的资产负债表项目

3.删除报表项目

根据资料删除表首信息"编制单位";删除"应收利息""应收股利""应付利息""应

付股利""工程物资""固定资产清理"项目；单击鼠标左键选择需要删除的行区域，点击鼠标右键，选择"清除"功能删除需要删除的报表项目，如图7-8所示。

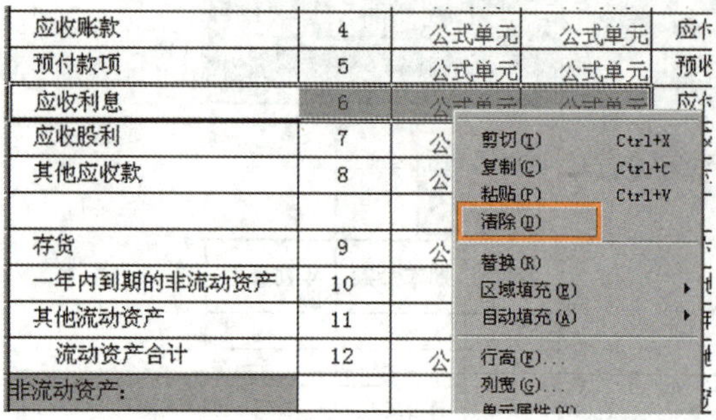

图7-8 删除的资产负债表项目步骤

（二）调整报表项目公式

1.修改报表项目公式

（1）根据资料修改报表项目的期末公式与期初公式，选择需要修改的报表项目对应的公式栏，以"其他应收款"项目为例：点击工具栏上的 *fx*（函数）按钮或双击单元格，在弹出的"定义公式"窗口中，通过函数向导进行函数定义，或者直接手工输入公式，如图7-9所示，单击确定，公式修订完成，如图7-10所示。

图7-9 资产负债表项目定义公式

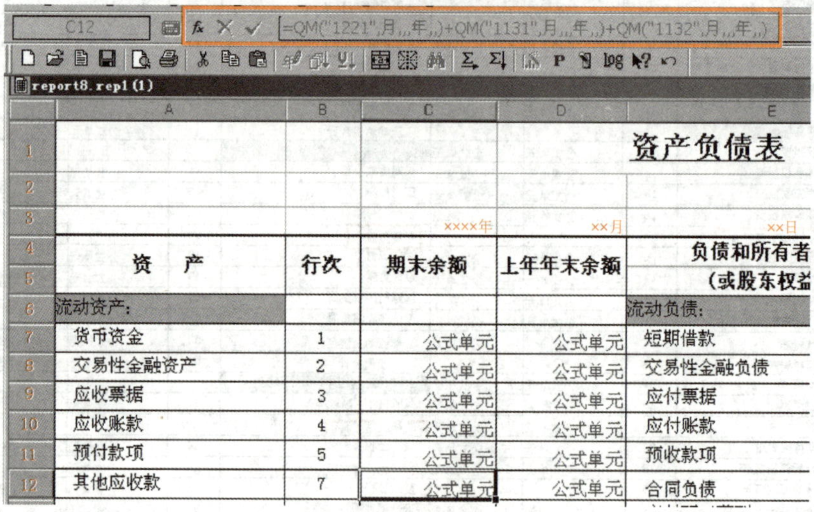

图7-10 修改后的项目公式

2.增加报表项目公式

根据资料增加"合同负债"项目公式，操作步骤参照修改报表项目公式。

操作提示

调整后的报表项目顺序会发生相应的变化，请各位师生根据自己的调整顺序对"行次"与"金额合计"栏的公式进行对应的调整。调整后的报表如图7-11所示。

资产负债表

会企01表
单位:元

资 产	行次	期末余额	上年年末余额	负债和所有者权益（或股东权益）	行次	期末余额	上年年末余额
流动资产：				流动负债：			
货币资金	1	公式单元	公式单元	短期借款	32	公式单元	公式单元
交易性金融资产	2	公式单元	公式单元	交易性金融负债	33	公式单元	公式单元
应收票据	3	公式单元	公式单元	应付票据	34	公式单元	公式单元
应收账款	4	公式单元	公式单元	应付账款	35	公式单元	公式单元
预付款项	5	公式单元	公式单元	预收款项	36	公式单元	公式单元
其他应收款	7	公式单元	公式单元	合同负债	37	公式单元	公式单元
合同资产	8			应付职工薪酬	38	公式单元	公式单元
存货	9	公式单元	公式单元	应交税费	39	公式单元	公式单元
一年内到期的非流动资产	10			其他应付款	40	公式单元	公式单元
其他流动资产	11			一年内到期的非流动负债	41		
流动资产合计	12	公式单元	公式单元	其他流动负债	42		
非流动资产：				流动负债合计	43	公式单元	公式单元
债权投资	13	公式单元	公式单元	非流动负债：			
其他债权投资	14	公式单元	公式单元	长期借款	44	公式单元	公式单元
长期应收款	15	公式单元	公式单元	应付债券	45	公式单元	公式单元
长期股权投资	16	公式单元	公式单元	长期应付款	46	公式单元	公式单元
其他权益工具投资	17			租赁负债	47		
投资性房地产	18	公式单元	公式单元	专项应付款	48	公式单元	公式单元
固定资产	19	公式单元	公式单元	预计负债	49	公式单元	公式单元
在建工程	20	公式单元	公式单元	递延所得税负债	50	公式单元	公式单元
生产性生物资产	21	公式单元	公式单元	其他非流动负债	51	公式单元	公式单元
油气资产	22	公式单元	公式单元	非流动负债合计	52	公式单元	公式单元
使用权资产	23			负债合计	53	公式单元	公式单元
无形资产	24	公式单元	公式单元	所有者权益（或股东权益）：			
开发支出	25	公式单元	公式单元	实收资本（或股本）	54	公式单元	公式单元
商誉	26	公式单元	公式单元	其他权益工具	55		
长期待摊费用	27	公式单元	公式单元	资本公积	56	公式单元	公式单元
递延所得税资产	28	公式单元	公式单元	减：库存股	57	公式单元	公式单元
其他非流动资产	29	公式单元	公式单元	盈余公积	58	公式单元	公式单元
非流动资产合计	30	公式单元	公式单元	未分配利润	59	公式单元	公式单元
				所有者权益（或股东权益）合计	60	公式单元	公式单元
资产总计	31	公式单元	公式单元	负债和所有者权益（或股东权益）总计	61	公式单元	公式单元

图7-11 调整后的资产负债表模板

三、设置报表关键字

【操作指导】

（1）执行【数据】【关键字】【设置】命令，打开"设置关键字"对话框，系统默认关键字为单位名称，单击"确定"按钮，如图7-12所示。

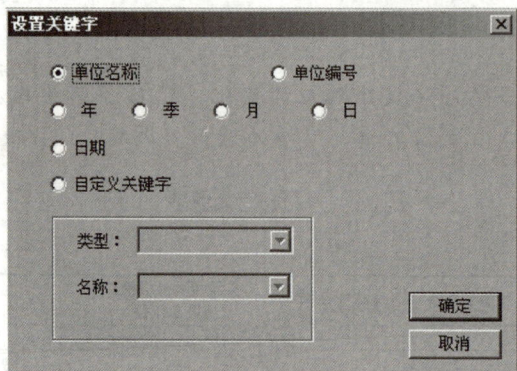

图7-12　设置关键字

（2）将调整后的资产负债表模板切换为"数据"状态。系统弹出"是否确定全表重算？"提示框，单击"是"按钮，系统自动计算资产负债表各项目数据，如图7-13所示。

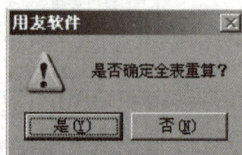

图7-13　是否完全表重算

（3）执行【数据】【关键字】【录入关键字】命令，打开"录入关键字"对话框，单位名称输入"方达国际股份有限公司"，时间为"2024年1月31日"。如图7-14所示。

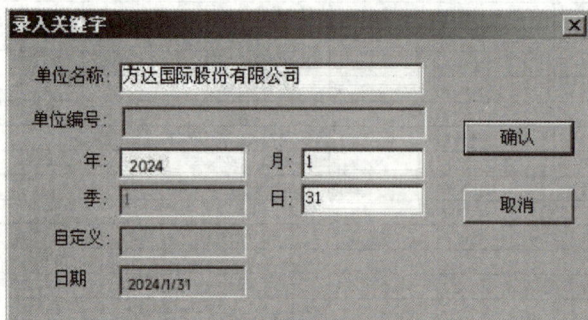

图7-14　资产负债表录入关键字

（4）单击"确认"按钮，系统弹出"是否重算第1页？"提示框，单击"是"按钮，系统自动计算资产负债表各项目数据。如图7-15所示。

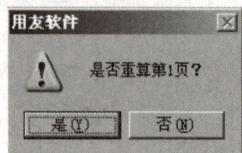

图7-15　是否重算第1页（自动计算生成）

（5）单击"保存"按钮，将资产负债表以"zcfzb.rep"命名，保存到相应文件夹下。如图7-16所示。

资产负债表

会企01表
单位：元

单位名称：方达国际股份有限公司　　　2024年　　　1月　　　31日

资　　产	行次	期末余额	上年年末余额	负债和所有者权益（或股东权益）	行次	期末余额	上年年末余额
流动资产：				流动负债：			
货币资金	1	1,094,941.70	1,181,394.77	短期借款	32	850,000.00	1,200,000.00
交易性金融资产	2	295,957.45	40,957.45	交易性金融负债	33		
应收票据	3	637,008.00	78,900.00	应付票据	34	42,000.00	42,000.00
应收账款	4	129,680.00	823,680.00	应付账款	35	711,474.05	936,166.00
预付款项	5	161,500.00	261,500.00	预收款项	36		157,000.00
其他应收款	7	23,500.00	12,000.00	合同负债	37		
合同资产	8			应付职工薪酬	38	271,116.00	271,116.00
存货	9	3,237,698.58	3,713,870.46	应交税费	39	352,899.52	342,224.95
一年内到期的非流动资产	10			其他应付款	40	111,782.64	101,088.89
其他流动资产	11			一年内到期的非流动负债	41		
流动资产合计	12	5,580,285.73	6,112,302.68	其他流动负债	42		
非流动资产：			演示数据	流动负债合计	43	2,339,272.21	3,049,595.84
债权投资	13			非流动负债：			
其他债权投资	14			长期借款	44	1,200,000.00	1,200,000.00
长期应收款	15			应付债券	45		
长期股权投资	16	256,200.00	256,200.00	长期应付款	46		
其他权益工具投资	17			租赁负债	47		
投资性房地产	18	427,200.00	429,600.00	专项应付款	48		
固定资产	19	8,114,469.08	7,969,876.72	预计负债	49		
在建工程	20	519,500.00	392,000.00	递延所得税负债	50		
生产性生物资产	21			其他非流动负债	51		
油气资产	22			非流动负债合计	52	1,200,000.00	1,200,000.00
使用权资产	23			负债合计	53	3,539,272.21	4,249,595.84
无形资产	24	1,702,600.00	1,726,600.00	所有者权益（或股东权益）：			
开发支出	25			实收资本（或股本）	54	10,000,000.00	10,000,000.00
商誉	26			其他权益工具	55		
长期待摊费用	27			资本公积	56	244,394.00	244,394.00
递延所得税资产	28	32,205.00	32,205.00	减：库存股	57		
其他非流动资产	29			盈余公积	58	699,794.56	699,794.56
非流动资产合计	30	11,052,174.08	10,806,481.72	未分配利润	59	2,148,999.04	1,725,000.00
				所有者权益（或股东权益）合计	60	13,093,187.60	12,669,188.56
资产总计	31	16,632,459.81	16,918,784.40	负债和所有者权益（或股东权益）总计	61	16,632,459.81	16,918,784.40

图7-16　资产负债表（保存）

实训二　利润表

一、生成预置利润表格式

操作视频

利润表

【操作指导】

（1）执行【财务会计】【UFO报表】命令，打开"UFO报表"，单击"文件""新建"按钮，打开一张空白表页。执行【格式】【报表模板（M）】命令，打开"报表模板"对话框，在"您所在的行业"下拉栏选择"2007年新会计制度科目"。在"财务报表"下拉栏选择"利润表"，如图7-17所示。

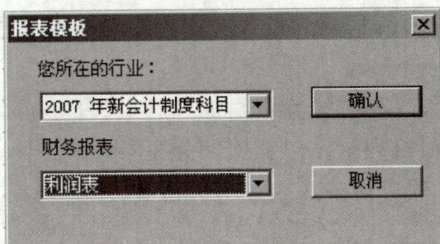

图7-17　利润表模板选择

（2）单击"确认"按钮，系统提示"模板格式将覆盖本表格式！是否继续?"，单击"是"按钮，生成的预置利润表模板如图7-18所示。

利润表

					会企02表
编制单位：		××××年	××月		单位:元
项　　　目	行数	本期金额			上期金额
一、营业收入	1	公式单元			公式单元
减：营业成本	2	公式单元			公式单元
营业税金及附加	3	公式单元			公式单元
销售费用	4	公式单元			公式单元
管理费用	5	公式单元			公式单元
财务费用	6	公式单元			公式单元
资产减值损失	7	公式单元			公式单元
加：公允价值变动收益（损失以"-"号填列）	8	公式单元			公式单元
投资收益（损失以"-"号填列）	9	公式单元			公式单元
其中:对联营企业和合营企业的投资收益	10				
二、营业利润（亏损以"-"号填列）	11	公式单元			公式单元
加：营业外收入	12	公式单元			公式单元
减：营业外支出	13	公式单元			公式单元
其中：非流动资产处置损失	14				
三、利润总额（亏损总额以"-"号填列）	15	公式单元			公式单元
减：所得税费用	16	公式单元			公式单元
四、净利润（净亏损以"-"号填列）	17	公式单元			公式单元
五、每股收益：	18				
（一）基本每股收益	19				
（二）稀释每股收益	20				

演示数据（位于第8行）

图7-18　生成的预置利润表模板

二、确认和调整报表项目、公式、格式

本公司修订报表的依据为《关于修订印发2019年度一般企业财务报表格式的通知》（财会〔2019〕6号）中的利润表模板，如图7-19所示。

（一）调整报表项目

本报表结合公司具体情况，根据《关于修订印发2019年度一般企业财务报表格式的通知》（财会〔2019〕6号）中的利润表模板对预置的利润表进行如下修改：

1.更改报表项目

（1）"营业税金及附加"改为"税金及附加"。

（2）"资产减值损失"项目列示在"加项部分"中。

（3）"五、每股收益："项目调整改为"七、每股收益："。

2.增加报表项目

（1）增加"研发费用"项目。

（2）"财务费用"项目下增加："其中：利息费用""利息收入"项目。

（3）增加"其他收益"项目。

（4）增加"信用减值损失"项目。

（5）增加"资产处置收益"项目。

利润表

会企02表

编制单位：　　　　　　　　　_____年____月　　　　　　　　　单位：元

项目	本期金额	上期金额
一、营业收入		
减：营业成本		
税金及附加		
销售费用		
管理费用		
研发费用		
财务费用		
其中：利息费用		
利息收入		
加：其他收益		
投资收益（损失以"-"号填列）		
其中：对联营企业和合营企业的投资收益		
以摊余成本计量的金融资产终止确认收益（损失以"-"号填列）		
净敞口套期收益（损失以"-"号填列）		
公允价值变动收益（损失以"-"号填列）		
信用减值损失（损失以"-"号填列）		
资产减值损失（损失以"-"号填列）		
资产处置收益（损失以"-"号填列）		
二、营业利润（亏损以"-"号填列）		
加：营业外收入		
减：营业外支出		
三、利润总额（亏损总额以"-"号填列）		
减：所得税费用		
四、净利润（净亏损以"-"号填列）		
（一）持续经营净利润（净亏损以"-"号填列）		
（二）终止经营净利润（净亏损以"-"号填列）		
五、其他综合收益的税后净额		
（一）不能重分类进损益的其他综合收益		
1.重新计量设定受益计划变动额		
2.权益法下不能转损益的其他综合收益		
3.其他权益工具投资公允价值变动		
4.企业自身信用风险公允价值变动		
…		
（二）将重分类进损益的其他综合收益		
1.权益法下可转损益的其他综合收益		
2.其他债权投资公允价值变动		
3.金融资产重分类计入其他综合收益的金额		
4.其他债权投资信用减值准备		
5.现金流量套期储备		
6.外币财务报表折算差额		
…		
六、综合收益总额		
七、每股收益：		
（一）基本每股收益		
（二）稀释每股收益		

图7-19　利润表模板

（6）增加"五、其他综合收益的税后净额"项目。

（7）增加"六、综合收益总额"项目。

3.删除报表项目

（1）删除表首的编制单位。

（2）删除"营业外支出"下"其中：非流动资产处置损失"项目。

（二）调整报表公式

1.更改项目公式

（1）"营业利润"项目。

本期金额公式更改为：?C5-?C6-?C7-?C8-?C9-?C11+?C14+?C15+?C17+?C18+?C19+?C20

（2）"利润总额"项目。

本期金额公式更改为：?C21+?C22-?C23

（3）"净利润"项目。

本期金额公式更改为：?C24-?C25

2.增加项目公式

（1）"其中：利息费用"项目。

本期金额公式为：fs(660302,月,"借",,年)

（2）"利息收入"项目。

本期金额公式为：fs(660303,月,"借",,年)

（3）"信用减值损失（损失以'-'号填列）"项目。

本期金额公式为：-fs(6702,月,"借",,年)

（4）"资产减值损失（损失以'-'号填列）"项目。

本期金额公式为：-fs(6701,月,"借",,年)

（5）"资产处置收益（损失以'-'号填列）"项目。

本期金额公式为：fs(6115,月,"贷",,年)

操作提示

"研发费用""其他收益"等项目无须设置公式，原因是该科目当期没有发生额。

【操作指导】

（一）调整报表项目

1.更改报表项目

（1）将生成利润表模板调整为"格式"状态。如图7-20所示。

图 7-20　利润表模板设置

（2）根据资料更改报表项目："营业税金及附加"改为"税金及附加"；"资产减值损失"项目列示在"加项部分"中；"五、每股收益："项目改为"七、每股收益："，双击单元格直接对项目名称进行修改，修改之处如图7-21所示。

图 7-21　更改的利润表项目

2. 增加报表项目

根据资料增加"研发费用"项目；"财务费用"项目下增加："其中：利息费用""利息收入"项目；"其他收益"项目；"信用减值损失"项目；"资产处置收益"项目；"五、其他综合收益的税后净额"项目；"六、综合收益总额"项目；鼠标选择需要增加行区域，依次执行工具栏上的【数据】【插入】【行】命令，在弹出的插入行对话框中，设置需要增加的行数，单击确定插入空白行，如图7-22所示，双击空白行对应的项目列，输入需要增加的项目名称，如图7-23所示。

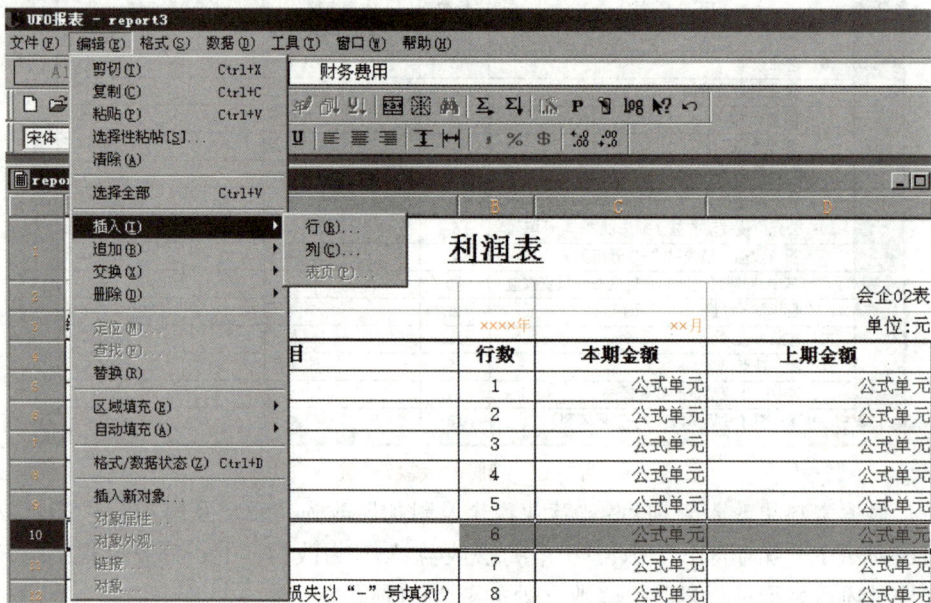

图7-22 利润表增加空白行

图7-23 增加的利润表项目

3.删除报表项目

根据资料删除表首信息"编制单位";删除"营业外支出"下的"其中:非流动资产处置损失"项目;单击鼠标左键选择需要删除的行区域,点击鼠标右键,选择"清除"删除需要删除的报表项目,如图7-24所示。

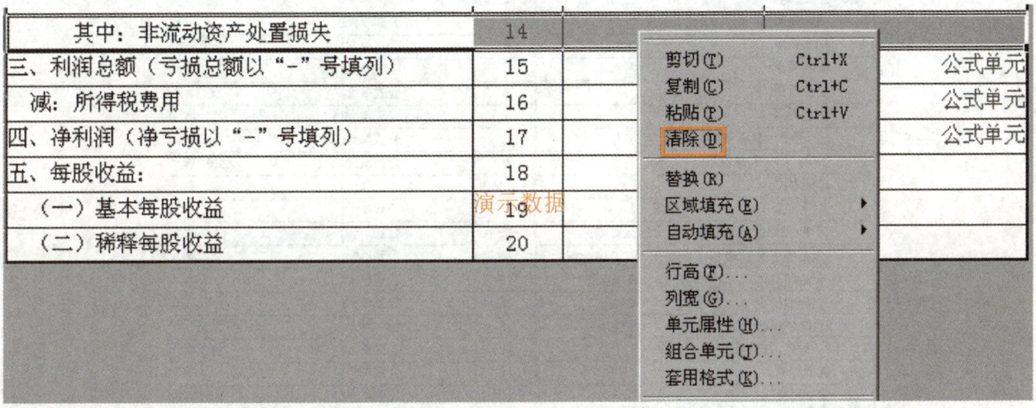

图7-24　删除的报表项目步骤

(二)调整报表项目公式

1.修改报表项目公式

根据资料修改报表项目的本期发生额公式,选择需要修改的报表项目对应的公式栏,点击工具栏上的 fx(函数)按钮或双击单元格,在弹出的定义公式窗口中,通过函数向导进行函数定义,或者直接手工输入公式,如图7-25所示,单击确定,公式修订完成。

图7-25　利润表项目定义公式

2.增加报表项目公式

根据资料增加报表项目本期金额公式,选择需要修改的报表项目对应的公式栏,点击工具栏上的 fx(函数)按钮或双击单元格,在弹出的"定义公式"窗口中,通过函数向导进行函数定义,或者直接手工输入公式,如图7-26所示,单击确定,公式增加完成。

图7-26　利润表项目定义公式(增加)

操作提示

调整后的报表项目顺序会发生相应的变化,请各位师生根据自己的调整顺序对"行次"与"金额合计"栏的公式进行对应的调整。调整后的报表如图7-27所示。

图7-27 调整后的利润表模板

三、设置报表关键字

【操作指导】

（1）执行【数据】【关键字】【设置】命令，打开"设置关键字"对话框，系统默认关键字为单位名称，单击"确定"按钮，如图7-28所示。

（2）将调整后的利润表模板切换为"数据"状态。系统弹出"是否确定全表重算？"提示框，单击"是"，系统自动计算利润表各项目数据，如图7-29所示。

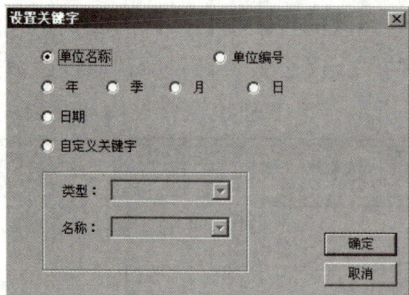

图7-28 设置关键字

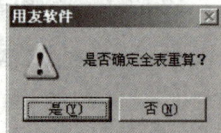

图7-29 是否完全表重算

（3）执行【数据】【关键字】【录入关键字】命令，打开"录入关键字"对话框，单位名称输入"方达国际股份有限公司"，时间为"2024年1月31日"。如图7-30所示。

（4）单击"确认"按钮，系统弹出"是否重算第1页？"提示框，单击"是"，系统自动计算资产负债表各项目数据。如图7-31所示。

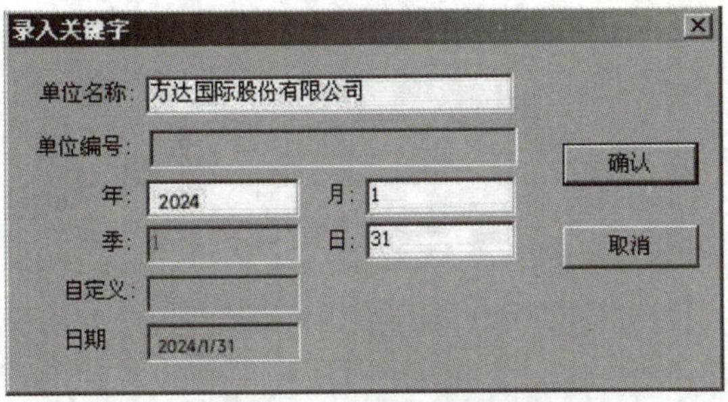

图7-30 利润表录入关键字

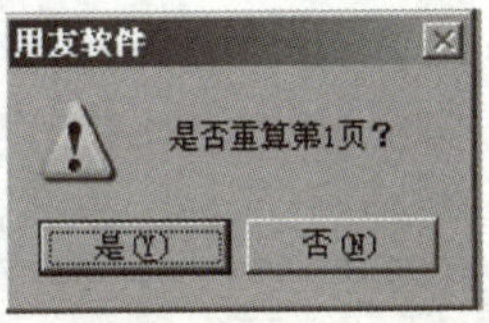

图7-31 是否重算第1页（自动计算生成）

（5）单击"保存"按钮，将利润表以"lrb.rep"命名，保存到相应文件夹下。如图7-32所示。

利润表

会企02表

单位：元

单位名称：方达国际股份有限公司　　　　2024年　　　　1月

项　　目	行数	本期金额	上期金额
一、营业收入	1	2,045,360.00	
减：营业成本	2	1,117,892.04	
税金及附加	3	32,605.18	
销售费用	4	72,483.36	
管理费用	5	213,819.09	
研发费用	6		
财务费用	7	6,777.35	
其中：利息费用	8	5,040.97	
利息收入	9		
加：其他收益	10		
投资收益（损失以"-"号填列）	11	8,619.62	
其中：对联营企业和合营企业的投资收益	12		
公允价值变动收益（损失以"-"号填列）	13	55,957.45	
信用减值损失（损失以"-"号填列）	14		
资产减值损失（损失以"-"号填列）	15	-30,000.00	
资产处置收益（损失以"-"号填列）	16	-21,308.00	
二、营业利润（亏损以"-"号填列）	17	615,052.05	
加：营业外收入	18	280.00	
减：营业外支出	19	50,000.00	
三、利润总额（亏损总额以"-"号填列）	20	565,332.05	
减：所得税费用	21	141,333.01	
四、净利润（净亏损以"-"号填列）	22	423,999.04	
五、其他综合收益的税后净额	23		
六、综合收益总额	24		
七、每股收益：	25		
（一）基本每股收益	26		
（二）稀释每股收益	27		

图7-32 利润表（自动计算生成）

附　录

附录一　用友ERP-U8实训评阅系统教师操作流程说明

附录二　用友ERP-U8实训评阅系统学生操作流程说明